예수 그리스도 외에 다른 터는 없네

NO OTHER FOUNDATION THAN JESUS CHRIST

그리스도인들은 그 책의 사람들, 바로 성경의 사람들입니다. 성경에만 권위를 두고, 성경대로 살며, 성경에 자신을 계시하신 삼위 하나님만을 예배하고 사랑합니다. 이에 **그 책의 사람들**은 하나님께만 영광 돌리고, 하나님의 나라와 교회의 번영과 행복을 위해 성경에 충실한 도서들만을 독자들에게 전하겠습니다.

목회 · 역사 · 현대 신학 주제에 대한 27편의 소고

예수 그리스도 외에
다른 터는 없네

코르넬리스 프롱크 지음 | 임정민 옮김

| 차 례 |

머리말

2008년 11월 13일은 프롱크Cornelis (Neil) Pronk 목사님이 말씀 사역의 직분을 맡은 지 사십 년째 되는 날입니다. 이 사십 년 내내 목사님은 주님을 섬기는 일에 흠뻑 빠져 있었고, 건강과 힘과 통찰력의 복을 받았습니다. 아내인 리키Frederika Brunsveld 사모님도 넘치는 사랑으로 목사님을 꾸준히 내조했습니다. 목사님은 돌아가신 타밍가Jacob Tamminga 목사님에게 목사 안수를 받았는데, 타밍가 목사님은 이때 고린도후서 13장 8절("우리는 진리를 거슬러 아무것도 할 수 없고 오직 진리를 위할 뿐이니")을 본문으로 설교했습니다. 타밍가 목사님은 프롱크 목사님에게 진리를 변호하고 보전하고 지키라는 임무를 맡겼습니다. 그러면서 하나님의 은혜로 주님께서 친히 자기 일을 돌보시는 진리의 왕이심을 배울 때만 이 일을 할 수 있다고 강조했습니다.

지난 사십 년 동안 프롱크 목사님은 말로써 보살피고 설교하고 가르침으로 여러 회중을 섬겼을 뿐 아니라, 특별히 「메신저」The Messenger라는 교단 월간지를 통해 글도 많이 펴냈습니다. 이것으로 프롱크 목사님은 북미자유개혁교회Free Reformed Church of North America(FRCNA)와 그

너머에 있는 수많은 독자를 보살피고, 가르치고, 도전하고, 온전하게 했습니다. 목회 사십 주년 기념일을 맞아 여러 주제를 다룬 이 글 모음에 대해 목사님과 사모님께 경의를 표하게 되어 영광으로 생각합니다. 여기 실린 글들은 목사님의 사역 범위가 얼마나 넓었는지 보여 줍니다.

프롱크 목사님이 글로 쓴 작품은 말로 한 가르침과 설교와 마찬가지로 특별히 '예수 그리스도 외에 다른 터는 없다'는 주제에 초점을 맞추고 있습니다. 목사님은 명예 목사로 추대받을 때 특별히 고린도전서 3장 11절("이 닦아 둔 것 외에 능히 다른 터를 닦아 둘 자가 없으니 이 터는 곧 예수 그리스도라")을 설교 본문으로 골랐습니다. 그리고 다음과 같은 취지로 선포해 나갔습니다. "하나님께서는 지옥에 가야 마땅한 죄인들을 위해 예수 그리스도 안에서 구원의 터를 닦으셨습니다. 우리는 그리스도 안에서만 의롭다 하심을 받을 수 있습니다. 이것이 전해야 할 소식입니다. 집이 제대로 지어지려면, 나머지 건축물이 터(주 예수 그리스도) 위에 곧게 세워져야만 합니다. 집을 지을 때 가장 먼저 터를 닦는 것처럼, 예수 그리스도께서도 교회의 처음이자 으뜸이십니다. 터 없는 집이 있을 수 없듯이, 예수 그리스도 없는 교회도 있을 수 없습니다. 자유개혁교회의 특징이 성경과 체험에 근거를 둔 설교라고 해도, 예수 그리스도를 희미하게 하면서까지 이것을 강조해서는 절대로 안 됩니다. 강조점은 언제나 '보라, 하나님의 어린양이로다!'(요 1:36)에 있어야 합니다. 우리는 그리스도의 의로 옷 입을 때만 이 거룩하신 하나님 앞에 설 수 있습니다."

목사님의 글은 성경과 신앙고백과 개혁주의 신학의 이 핵심에 초점을 두고 있습니다. 말씀 사역자로서 목사님의 관심은 성경을 펼쳐 하나님의 말씀 전체에 담긴 지극히 신령한 소식(우리 창조주 하나님의 성품, 하나님의 창조, 죄로 타락한 인간, 예수 그리스도 안에 있는 구속, 성령으로 말미암은 구원의 적용)을 선포하는 것이었습니다. 목사님은 창조자와 구원자와 성화자이신 삼위일체 하나님의 뜻을 모두 다 전하는 데 관심이 있었습니다(행 20:27). 십자가가 복음의 핵심이기는 하지만, 아버지와 성령의 사역도 복음에서 없어선 안 될 부분입니다. 목사님은 구약성경과 신약성경을 넘나들며 성경 전체에 흐르는 구속 역사의 줄기를 따라 설교했습니다. 그러면서도 체험에 초점을 두었고, 아버지와 아들과 성령의 사역을 강조했습니다.

이 책에 실린 글들은 프롱크 목사님이 우리가 사는 세상에서 얼마나 앞장선 목회를 했는지 보여 줍니다. 여기서 목사님은 우리가 세상과 육신과 마귀라는 세 원수와 맞닥뜨릴 때 우리 자신의 영혼, 곧 하나님과 맺은 인격 관계가 중요하다고 강조합니다. 교회 지체들이 살면서 날마다 마주치는 수많은 현실의 어려움과 시급한 문제를 다룹니다. 그리고 분명하게 정리된 성경의 관점, 건전한 교리, 신학의 눈으로 갈수록 세속화되는 세상 문제를 바라봅니다.

프롱크 목사님은 목회할 때 사람들에게 따뜻하고 진실한 관심을 보였고, 사람들을 이해하고 보살피려고 애썼습니다. 목사님이 그렇게 할 수 있었던 까닭은 사람들에게 가장 먼저 무엇이 필요한지(그리스도 안에 있는 하나님의 사랑) 배웠기 때문입니다. 목사님은 사람들에게 하나님을 가리켜 보였고, 하나님을 구하라고 권면했습니다. 목사님은 모든 사람이 하나님을 발견하기를 진심으로 바랐습니다. 특별한 직분은 사람의 성품을 키우는 방편일 수 있습니다. 하나님의 은혜가 프롱크 목사님을 목사와 설교자와 선생과 친구로 만들었고, 하나님께서 자기 일에 쓰신 사역자로 만들었습니다(고전 3:5). 목사님에게는 자신의 일이 아니라 하나님의 일이 중요했습니다.

이와 관련해 프롱크 목사님은 예부터 이어져 내려온 참된 신학, 신앙고백과 개혁주의와 청교도와 분리파의 신학을 사랑합니다. 이런 신학이 정말 목사님의 것이 되었기 때문에, 목사님이 설교와 가르침으로 성경을 열어 보일 때마다 순수한 개혁 신학의 농축액이 흘러나옵니다. 성부, 성자, 성령 하나님의 사역과 더불어, 언약, 선택, 약속, 중생, 믿음에 대한 개념들이 본문에서 그저 가물거리는 것이 아니라 밝히 빛납니다.

프롱크 목사님과 사모님, 하나님께서 자기 이름의 영광을 위해 두 분이 우리 가운데서 더 오래 일하게 해주시길 빕니다!

로렌스 빌커스L. W. Bilkes
미시간, 그랜드래피즈

약전을 담은 머리말

존경받을 만한 책을 낸 목사님의 약전을 담아 보잘것없는 머리말을 쓰게 된 것은 커다란 영광입니다. 이것이 제게 더욱 큰 영광으로 다가오는 것은 목사님과 제가 다 커서야 친구가 되었기 때문입니다.

프롱크 목사님은 1937년 7월 5일, 지금은 네덜란드 행정 수도 헤이그의 교외 해변 휴양지가 된 당시 스헤베닝언 어촌에서 태어났습니다. 목사님의 아버지는 빵 굽는 분이었습니다. 목사님의 부모님은 지역 네덜란드 개혁교회Gereformeerde Gemeenten(GG)의 회원이었고, 목사님은 거기서 헤이코프M. Heikoop 목사님에게 세례를 받았습니다. 이 교회가 비게 되자 목사님의 부모님은 지역 기독개혁교회Christelijke Gereformeerde Kerken(CGK)(자유개혁교회(FRC)와 자매 교회)에 참석하기 시작했고, 거기서 목사님은 어린 나이에 벌써 던 부르L. S. den Boer나 니우벤하위저M. W. Nieuwenhuijze 같은 목사님들의 설교를 듣고 깊은 감동을 받았습니다. 이분들은 값없이 제안되는 하나님 은혜를 기쁨으로 체험할 것을 진지하게 고집했고, 이것이 그 설교의 특징이었습니다. 이런 설교가 어린 프롱크 목사님의 마음을 움직였습니다. 목사님은 그때를 되돌아보면서 영광스러운 사역의 충만함 가운데 계신 그리스도를 설교하고 싶은 마음이 자기 안에 피어나고 있었음을 이제야 깨닫습니다.

부모인 크레인Krijn과 아드리아나Adriana, 쌍둥이 누나 엘리자베스Elizabeth와 빌헬미나Wilhelmina, 누나 오드레이Audrey, 열여섯 살의 코르넬리스Cornelis로 이루어진 프롱크 가족은 1953년에 잘 알려진 낡은 이민 배 흐로트 베이르Groote Beer호를 타고 캐나다로 떠났습니다. 가는 길에 지금은 웃어넘길 수 있는 가벼운 사건이 있었습니다. 하지만 이것은 앞날에 대한 깊은 근심과 걱정을 어느 정도 상징하는 일이었습니다. 목사님과 누나 오드레이가 배의 휴게실에 있을 때였습니다. 둘은 성직자용 칼라까지 차려입은 가톨릭 사제가 배에 갇힌 승객들을 즐겁게 해주려고 기타 치며 노래하는 것을 듣고 있었습니다. 그런데 목사님 아버지 귀에 그 노래는 속되게 들렸고, 음악도 시끄러웠습니다. 목사님의 아버지는 근엄한 눈과 손짓으로 이 젊은 죄인들을 군중 사이에서 끌어냈습니다. 군중은 크게 당황했습니다. 목사님 아버지가 보기에, "야곱 수사님, 아직도 주무세요?"라는 프랑스 민요는 그 자녀에게 그야말로 듣기 버거운 것이었고, 낯설고 위험천만한 이 영어권 세계에만 있을 성싶은 세속성의 또 다른 공격의 전조 같았습니다. 목사님의 아버지는 어머니에게 이렇게 한탄했습니다. "우리가 대체 무슨 일을 벌인 걸까요?" 하지만 되돌릴 수 없었습니다.

목사님의 아버지와 어머니는 서로 상대방의 모자란 부분을 잘 채워주었습니다. 아버지는 비관주의자였고 어머니는 낙관주의자였습니다. 그 뒤로 언젠가 아버지가 뒷간이 원시시대 것 같다고 한탄하자, 어머니는 문에 난 조그만 구멍으로 기막힌 경치를 즐기라고 제안했습니다. 우리의 귀한 형제는 아버지와 비슷해 보이지만, 복되게도 어머니의 밝은 성격을 물려받았습니다.

프롱크 가족은 온타리오 지역에 있는 해밀턴에 도착하고 나서 곧바로 같은 생각을 가진 이주민들의 교회에 들어갔습니다. 이 이주민들은 던다스에서 돌아가신 함스트라Jetse Hamstra 목사님의 지도 아래 옛날기독개혁교회Old Christian Reformed Church를 이루었습니다. 그 뒤로 얼마 안 있어 이 초보 교단에 틈이 생겼고, 프롱크 가족은 지금의 해밀턴 자유개혁교회가 된 곳에 들어갔습니다. 감사하게도 후에 이 틈이 메워졌고, 북미자유개혁교회는 교단을 이루었습니다.

프롱크 목사님은 십대 때 해밀턴에 있는 미국 통조림통 회사에서 해상 운송 일을 하면서 제대로 된 인문계 고등학교 졸업장을 따려고 야간 학교 과정을 밟기 시작했습니다. 노는 데 더 취미가 있었던 또래들을 볼 때, 이것은 한 젊은이에게 꽤 큰 결실입니다. 하지만 토요일에는 축구를 하려고 시간을 냈고, 실력도 꽤 늘었다고 목사님은 만족스레 주장합니다.

이주한 가정은 자신들이 감당해야 할 시련과 슬픔의 몫을 피하지 못했습니다. 쌍둥이 자매는 모두 젊은 나이에 남편과 자식들을 남겨 놓고 죽었습니다. 목사님의 아버지와 어머니도 노년이었지만 하나님께서 데려가셨고, 우리는 두 분 모두 주님과 함께 영광 가운데 있다고 믿습니다.

프롱크 목사님은 1959년에 참으로 돕는 배필인 리키 사모님과 결혼했습니다. 두 분은 지금은 벌써 결혼한 데이브Dave와 팀Tim을 낳았고, 감사하게도 손주도 일곱 명 보았습니다. 목사님은 결혼하고 나서 해밀턴에 있는 맥매스터 대학McMaster University에 들어갔고, 거기서 역사를 전공해 문학사 학위를 받았습니다. 겉으로는 선생이 되고 싶다고 한 목사님이지만, 마음속에서는 말씀의 종이 되어야겠다는 확신이 자라고 있었습니다. 목사님은 스물세 살에 해밀턴 교회에서 집사라는 특별한 직분을 받았습니다. 라만W. F. Laman 목사님이 재임하는 동안 이런 일이 있었는데(1956-1964년), 라만 목사님은 주님께서 프롱크 목사님을 다듬으려고 쓰신 또 다른 설교자였습니다.

목회에 대한 부르심은 분명하고 강력해졌고, 교회들도 이 사실을 인정했습니다. 목사님은 1968년에 칼빈 신학교Calvin Theological Seminary를 졸업했고, 그해 11월 13일에 브리티시 콜롬비아 알더그로브(지금의 애버츠퍼드)에 있는 자유개혁교회 목사로 임명받았습니다. 그 뒤로 목사님은 1973년부터 1987년까지 미시간에 있는 그랜드래피즈에서, 1987년부터 1994년까지 온타리오에 있는 세인트 토마스에서, 1994년부터 2006년까지 온타리오에 있는 브랜트퍼드에서 잇달아 자유개혁교회를 섬겼습니다. 이 교회들을 맡을 때 하나님께서는 목사님의 사역에 숫자가 늘어나는 복을 주셨을 뿐 아니라, '은혜 교리'에 대한 지식과 체험이 깊어지는 복을 주셨습니다. 브랜트퍼드에서 성장한 것이 세인트 조지에서 사람들이 모이는 계기가 되었고, 2005년 9월 23일에 정식으로 교회가 세워졌습니다. 프롱크 목사님은 2006년 9월 15일에 명예 목사로 추대된 뒤, 이 새로운 교회에서 가르치는 장로로 섬기기 시작했습니다.

누군가 목사님의 목회를 표현하려 할 때, 차분한 지도력을 바탕으로 한 탄탄한 교리 설교와 가르침이라는 말이 떠오를 수 있습니다. 오류나 핍박이 교회와 교회의 진리를 위협할 때 보통은 흔들림 없고 때로는 날카로운 목사님은 친절하고 느긋한 성격으로 잘 알려져 있습니다. 목사님은 교단에서 여태까지 있었던 거의 모든 교단 위원회를 섬겼습니다. 목사님이 가장 크게 이바지한 영역은 해외 선교, 신학 교육, 교단 교류, 출판입니다.

프롱크 목사님이 오랜 시간 자유개혁교회의 '얼굴'이었다고 해도 조금도 지나친 말이 아닙니다. 우리 교단이 생긴 초기에는 새로운 땅에 교단이 세워지는 몇 년 동안 교단을 이끈 몇몇 선조들에게 이런 딱지를 붙일 수 있었을 것입니다. 그때는 주로 네덜란드에 있는 교회나 다른 네덜란드와 개혁주의 이주 교회와 관계를 맺고 있었습니다. 이런 관계가 아직도 남아 있지만(교제의 깊이나 관심의 정도는 다 다릅니다), 교제의 범위가 넓어졌습니다. 교회를 연합하려는 프롱크 목사님의 마음이 여기서 중요한 구실을 했습니다. 목사님은 청교도주의에 커다란 관심이 있었고, 이것은 영국과 미국의 여러 장로교인, 개혁주의 침례교인, 독립교인과 교제로 이어졌습니다. 목사님은 역사 신학을 좋아해서 그랜드 래피즈에서 목회하는 동안 칼빈 신학교에서 더 공부하게 되었고, 결국 1987년에 신학 석사 학위를 받았습니다. 석사 논문의 제목은 "포퍼 마르틴 턴 호르F. M. ten Hoor: 아브라함 카이퍼Abraham Kuyper의 애통과 Doleantie 관점에 맞선 분리파Afscheiding 원리의 옹호자"였습니다. 목사님은 또한 우리 가운데서 처음으로 진리의 깃발 연례회에서 강연한 목사가 되었습니다(잉글랜드 레스터에 있는 원래 진리의 깃발 연례회 장소에서 강연한 분은 우리 가운데서 프롱크 목사님밖에 없습니다). 여러 교파가 모이는 다른 많은 곳도 목사님의 강단이 되었고, 거기서 목사님은 사람들을 일깨우는 강의를 했습니다.

아마 더 분명하고 더 오래 자유개혁교회의 '얼굴'일 수 있었던 것은 자유개혁교회의 진리의 깃발 라디오 사역 때문이었을 것입니다. 삼십 년 넘게 세계 곳곳에 있는 여러 라디오 방송국에서 15분짜리 간단한 성경 강해 방송으로 목사님의 목소리가 흘러나왔습니다.

위에서 저는 리키 사모님이 참으로 목사님의 돕는 배필이라고 썼습니다. 실로 두 분은 서로 모자란 부분을 잘 채워 줍니다. 지금까지 행한 모든 목회 사역에서 사모님은 목사님 옆과 무대 뒤에 서있었을 뿐 아니라(이것은 그 자체로 목사에게 헤아릴 수 없는 선물입니다), 여러 분야의 일을 적극 맡기도 했습니다. 그랜드래피즈에 있는 당시 개혁성경대학을 졸업하고 칼빈 신학교에서 교회교육 학위를 받은 사모님은 주일학교와 성경학교를 위해 여러 과정의 학습 자료를 만들었고, 꽤 많은 개혁주의 교단에서 이것을 쓰고 있습니다. 이 자료의 스페인어 번역본은 라틴 아메리카에서 폭넓게 쓸 수 있는 잠재력이 있습니다.

사모님의 훌륭한 도움으로 목사님은 사람들이 라디오 방송을 듣고 보내온 편지를 처리할 수 있었습니다. 이 편지들은 말 그대로 세계 곳곳에 있는 집과 목사의 서재, 병원과 감옥에서 보내온 것이었습니다. 영원이 이 사역의 열매를 드러낼 것입니다.

「메신저」는 교단의 경계를 훨씬 넘어서기도 했지만, 주로 교단 안에서 들린 목사님의 목소리였습니다. 목사님은 1988년부터 이 잡지의 편집자였고, 목사님의 지도로 이 잡지는 판형을 여러 번 바꾸었습니다. 판형이 바뀔 때마다 잡지는 더욱 세련되어졌고, 더 매력 있어졌습니다. 사모님은 여기서도 많은 일을 했습니다. 목사님이 편집자라면, 사모님은 편집장으로 인정받아야 합니다. 모든 교정을 사모님이 다 봅니다(이것은 늘 쉬운 일이 아닙니다). 사모님은 또한 배치하는 일과 그밖에 지금 우리 손에 들어오는 것을 만드는 데 필요한 모든 행정 업무에 관여합니다. 물론 이 모든 일을 지도하는 분은 목사님입니다. 이것이야말로 진정한 협력입니다. 「메신저」는 생각을 자극하고 도전을 주는 편집자의 글을 빼고는 엄밀한 의미에서 목사님의 흔적을 지닌 결과물이 아닙니다. 이 책의 기획자들은 달마다 나온 이 글들에서 꽤 많은 편집자의 글을 모아 이 책의 각 장에 소개했습니다.

목차만 대충 봐도 목사님이 가진 관심의 범위가 얼마나 넓은지, 예수 그리스도의 교회가 마주한 쟁점과 문제와 도전이 얼마나 다양한지 알 수 있을 것입니다. 교리문답 설교는 개혁교회 안에서만 논의되겠지만 (슬프게도 더는 개혁교회 안에서조차 논의되지 않을지 모릅니다), 신앙고백 표준을 고수하고 가르치는 원리는 모든 신자에게 소중히 논의되어야 합니다. 결코 끝날 것 같지 않은 논쟁인 칭의와 성화의 관계는 적어도 여덟 번 주목을 받습니다. '바울을 보는 새 관점'과 거기서 흘러나온 갖가지 문제와 관련해 칭의와 성화의 관계를 다룬 목사님의 글은 통찰력 있고 깨우침을 줍니다. 다시 읽을 가치가 충분합니다. "한주의 끝(week-end)과 주말(weekend)"이라는 글은 목사님이 역사에서 정확하려고 애썼고, 성경을 토대로 사회 문제에 관심 가졌음을 보여 줍니다.

「메신저」를 꼬박꼬박 읽는 사람들은 왜 어떤 글이 뽑히지 않았는지 궁금할 수 있습니다(저는 최근에 나온 본질이 아닌 것들을 본질로 만들어선 안 된다는 내용의 "쉽볼렛과 십볼렛(삿 12:6)"[1]이라는 글이 떠오릅니다). 하지만 이런 책은 크기와 덕을 세우려는 의도에 한계가 있기 마련이고, 또 어떤 글이 가장 알맞은지 결정하는 것은 고르는 사람의 지혜입니다. 저는 이분들이 이 일을 훌륭하게 해냈다고 생각합니다.

우리는 목사님과 사모님이 목사 안수 사십 주년을 기념하고 싶어하는 때를 즈음해서 주님 안에서 우리의 귀한 동료요 친구요 형제인 목사님에게 이 책을 바치려고 합니다. 이렇게 해서 우리는 목사님과 사모님을 존경하고 싶습니다. 목사님은 자유개혁교회 목사 가운데서 처음으로 사역 전체를 이 작은 교단을 섬기는 데 썼습니다. 우리는 두 분과 함께 교회에 이런 신실한 종을 주신 모든 은혜의 주 하나님께 감사

---

1) 「메신저」 2007년 9월 호에 실린 글.

하고 싶습니다. 목사님은 그랜드래피즈에 있는 자유개혁교회에 취임할 때 스가랴 4장 6절("만군의 여호와께서 말씀하시되 이는 힘으로 되지 아니하며 능력으로 되지 아니하고 오직 나의 영으로 되느니라")을 본문으로 설교했습니다. 목사님 목회의 전체 태도나 이 책에 나타난 정신을 볼 때, 목사님이 고른 이 본문이 목사님 사역의 신조가 되었던 것이 분명합니다. 우리는 목사님과 목사님이 한 일에 대해 하나님께 감사합니다. 우리의 사랑스러운 친구에게 경의를 표합니다.

칼 숄스C. A. Schouls

온타리오, 브랜트퍼드

2008년 8월

1부

목자의 인도

| 일러두기 |

이 책은 학술 잡지가 아닌, 교단 월간지에 실으려고 쓴 글들이라서 참고한 자료의 출처를 낱낱이 밝히지 않았다는 것을 꼭 유의해 주기를 부탁드립니다. 옮긴이의 섬김으로 참고 성경 구절이나 참고 자료의 출처가 더 풍성해졌습니다. 독자 여러분도 책을 읽으시다가, 본문에 인용된 자료의 출처를 아는 부분이 있으시다면, 알려 주십시오. 다음 인쇄 때 반영해 나가겠습니다.

1장
믿음과 회개로 부르심[2]

믿고 회개하라는 부르심은 아주 중요한 주제입니다. 아마도 모든 것의 중심에 이 주제가 있을 것입니다. 적어도 우리의 설교와 가르침에서 그렇습니다. 이것은 아주 폭넓은 주제이고, 그래서 여러 각도와 관점에서 볼 수 있습니다. 어떤 사람은 이 부르심을 속죄와 관련해 살펴볼 수 있습니다. 또 어떤 사람은 이것을 사람의 무능력과 선택 교리와 관련지을 수 있습니다.

믿고 회개하라는 이 부르심의 모든 측면과 결과를 낱낱이 살펴볼 수는 없습니다. 개혁주의 공동체 안에서만 해도, 이 주제에 대해 오늘날 존재하는 모든 견해를 다 보여 주려면 책 한 권은 써야 할 것입니다. 이번 글에서 제 계획은 그냥 몇 가지 지침을 세우는 것입니다. 아마 몇 가지 명제로 나눠 말하는 것이 가장 좋은 방법일 것입니다.

---

2) 「메신저」 1977년 6월과 7/8월 호에 실린 글. 이것은 '자유개혁 장로·집사 집회'에서 강의한 것을 간추린 글이다.

1. 성경이 말하는 참된 설교는 언제나 믿고 회개하라는 부르심을 포함합니다

이것은 성경으로 쉽게 증명할 수 있습니다. 세례 요한과 주 예수 그리스도께서는 "회개하고 복음을 믿으라"(막 1:15)고 선언하심으로 사역을 시작하셨습니다. 회개와 믿음은 그리스도의 사역을 떠받치는 한 쌍의 기둥이었습니다. 예수님의 말씀을 듣던 사람들이 어떻게 해야 하나님의 일을 할 수 있느냐고 묻자, 예수님께서는 "하나님께서 보내신 이를 믿는 것이 하나님의 일이니라"(요 6:29)고 답하셨습니다. 사도들도 이 분명한 부르심을 선포했습니다. 요한일서에서 사도는 그 아들 예수 그리스도의 이름을 믿는 것이 하나님의 계명이라고 말합니다(3:23).

2. 이 부르심은 모든 사람에게 전해져야 합니다

바울은 아덴 사람들에게 이렇게 말합니다. "하나님께서는……어디에서나 모든 사람에게 회개하라고 명하십니다"(행 17:30, 새번역). 사도행전 26장에서는 아그립바 왕에게 자신이 유대인과 이방인 모두에게 "회개하고 하나님께로 돌아와서 회개에 합당한 일을 하라"(20절)고 전했다고 말합니다. 한 구절만 더 보태면, 이것이 모든 사람을 향한 부르심임을 보여 주기에 충분할 것입니다. 잠언 8장 4-5절에서 지혜자는 이렇게 말합니다. "사람들아 내가 너희를 부르며 내가 인자들에게 소리를 높이노라 어리석은 자들아 너희는 명철할지니라 미련한 자들아 너희는 마음이 밝을지어다." 이와 같은 구절을 근거로 우리 개혁주의와 청교도 선조들도 이 보편 부르심의 필요성을 똑똑히 말했습니다.

3. 이것은 모든 사람을 향한 부르심일 뿐 아니라, 좋은 뜻을 담은 진실한 부르심입니다

우리가 모든 사람에게 이르는 외적 부르심과 택함 받은 사람에게만 제한되는 내적 부르심을 구별한다고 해도, 우리는 이 차이를 꼭 외적 부르심이 덜 중요하고 덜 진실한 것처럼 설명해서는 안 됩니다. 윌리엄 헤인스William Heyns는 『개혁주의 교리 안내』Manual of Reformed Doctrine에서 이렇게 말합니다.

> 이 차이를 마치 내적 부르심의 내용이 외적 부르심의 내용보다 더 풍성하고 충만하다는 듯이 부르심의 내용에서 찾아서는 안 됩니다. 둘 다 그 내용은 복음의 소식이고, 풍성하고 충만한 은혜의 제안이며, 그리스도와 그리스도가 주시는 모든 은택과 보물이기 때문입니다. 또 내적 부르심은 좋은 뜻으로 부르시는 것이고 외적 부르심은 아니라는 듯이 좋은 뜻이냐 아니냐에서 그 차이를 찾아서도 안 됩니다. 외적 부르심도 하나님의 부르심으로 좋은 뜻으로 부르시는 것이 틀림없기 때문입니다(겔 33:11; 고후 5:20).

이안 머리Iain Murray는 "정수 논쟁에 비추어 본 복음의 값없는 제안"이란 글에서 '복음의 제안'이란 말은 종교개혁자들이 벌써 쓰던 말이고, 개혁주의 신앙고백서들에서도 나타난다고 주장합니다. 이를테면, 머리는 칼빈을 인용합니다. "하나님께서는 외적 설교에서 모든 사람을 차별 없이 초대하시고, 이 초대에서 자신의 은혜를 우리에게 제안하십니다."[3] 우리가 더 잘 아는 진술은 도르트 신조 둘째 교리 5항입니다.[4]

---

3) John Calvin, *Tracts*, vol. 3, pp. 253-254; Iain Murray, "The Free Offer of the Gospel Viewed in the Light of the Marrow Controversy," *Banner of Truth Magazine* 11(June 1958), pp. 8-16에서 재인용. 참고한 자료의 출처를 낱낱이 밝히지 않았다는 것을 꼭 유의해 주기를 부탁한다. 학술 잡지가 아닌, 교단 월간지에 실으려고 쓴 글들이라 그렇다.

4) 편집자—도르트 신조에 대한 내용은 다음 책을 참고하라. 코르넬리스 프롱크, 『도르트 신조 강해』 황준호 옮김(수원: 그 책의 사람들, 2012).

더욱이 십자가에 못 박히신 그리스도를 믿는 자마다 멸망하지 않고 영생을 얻는다는 것이 복음의 약속이다. 이 약속은 회개하고 믿으라는 명령과 함께 하나님께서 그 기쁘신 뜻대로 복음을 보내시는 모든 민족과 모든 사람에게 보편적으로 차별 없이 전파되고 선포되어야 한다.

셋째·넷째 교리 8항에서도 복음의 부르심을 다룹니다.

복음으로 부르심을 받는 사람들은 모두 진실하게 부르심을 받는다. 하나님께서 자신이 기뻐하시는 것, 곧 부르심을 받는 모든 사람이 이 초청에 응해야 한다는 것을 가장 참되고 진실하게 선포하셨기 때문이다. 하나님께서는 또한 자신에게 나아와 자신을 믿는 모든 사람에게 영혼의 안식과 영원한 생명을 진지하게 약속하신다.

웨스트민스터 신앙고백에서도 이렇게 말합니다. "하나님께서는 죄인들에게 구원받기 위한 수단으로 그리스도께 대한 믿음을 요구하시며 예수 그리스도로 말미암은 생명과 구원을 값없이 제안하신다"(7장 3항).

4. 좋은 뜻을 담은 이 복음의 보편 부르심만이 죄인이 그리스도께 나아가야 할 유일한 자격과 근거입니다

죄책을 지고 지옥에 가야 마땅한 죄인이 구원받기 위해 주 예수 그리스도께 나아갈 권리는 어디에 있습니까? 이것은 18세기 초 스코틀랜드에서 일어난 정수 논쟁[5]에서 뜨겁게 논의한 문제입니다. 이 논쟁의 한쪽

---

5) 옮긴이─에드워드 피셔의 『현대 신학의 정수』Marrow of Modern Divinity라는 책과 관련해 일어난 논쟁을 말한다. 한쪽에는 이 책을 반대한 스코틀랜드 교회 총회가 있었고, 다른 한쪽에는 이 책을 찬성한 '정수주의자들'marrow men(토머스 보스턴과 어스킨 형제를 비롯한 12명)이 있었다.

에는 토머스 보스턴Thomas Boston, 에버니저 어스킨Ebenezer Erskine과 랠프 어스킨Ralph Erskine 형제, 그밖에 덜 알려진 다른 인물들이 있었습니다. 이 사람들은 복음의 보편 부르심과 제안을 믿었습니다. 다른 한쪽에는 총회파가 있었는데, 값없는 제안을 부인한 해도우James Hadow 학장이 이들을 이끌었습니다. 이들은 자각한 죄인, 곧 죄를 깨닫고 통회한 사람만이 그리스도께 나아갈 자격이 있다고 주장했습니다. 다시 말해, 그리스도께 나아갈 자격은 하나님의 명령이나 약속이 아니라, 오로지 내면의 자질에서 찾아야 한다는 것입니다.

이에 맞서 정수주의자들은 복음의 값없는 제안만이 죄인이 그리스도께 나아갈 근거라고 강조했습니다. 보스턴은 이렇게 말합니다.

> 그리스도께서는 모든 사람, 심지어 가장 끔찍한 죄인까지도 차별 없이 이 신령한 잔치에 초대하십니다. "오호라 너희 모든 목마른 자들아 물로 나아오라 돈 없는 자도 오라 너희는 와서 사 먹되 돈 없이, 값없이 와서 포도주와 젖을 사라 너희가 어찌하여 양식이 아닌 것을 위하여 은을 달아 주며 배부르게 하지 못할 것을 위하여 수고하느냐"(사 55:1-2). "원하는 자는 값없이 생명수를 받으라"(계 22:17). 이것이 어떤 조건도 가로막지 못하는 복음의 초대입니다. 이 복음의 초대는 그리스도를 기꺼이 영접하려는 모든 사람을 아우릅니다. 이들의 처지가 어떠하거나 어떠했는지는 상관없습니다. [6]

정수주의자들은 또한 이 부르심과 제안이 그것을 듣는 한 사람 한 사람에게 하는 특별한 제안임을 알았습니다. 에버니저 어스킨은 이렇게

---

6) Thomas Boston, *The Whole Works of Thomas Boston*, vol. 10, p. 95.

말합니다. "하나님께서는 마치 그 이름을 꼭 집어 부르시듯이 모든 죄인에게 특별하게 말씀하십니다. 죄사함이 바로 여러분에게 전파됩니다. 우리가 하나님과 화목하기를 권하는 것도 바로 여러분입니다. 이약속의 대상 또한 바로 여러분입니다. 저로서는 이 사실을 인정하지 않는 사람이 만드는 복음이 무엇인지 모르겠습니다."[7]

정수주의자들을 반대한 사람들은 이 모든 것을 부인했습니다. 이 사람들은 복음이 오로지 택함 받은 사람, 적어도 자신이 잃어버린 죄인임을 알고, 택함 받은 증거를 보여 준 사람에게만 전파된다고 가르쳤습니다. 하지만 이것은 위험한 가르침이었고, 여전히 위험한 가르침입니다. 복음의 부르심과 제안을 거듭난 사람한테만 제한하는 것은, 죄인이 그리스도께 나아갈 자격을 그리스도 자신과 그 약속의 말씀이 아니라 자기 내면에서 찾도록 부추기는 일입니다.

정수주의자들은, 구원을 위해 그리스도께 나와도 된다는 이 권리나 허락은 우리가 구원받은 죄인으로가 아니라 잃어버린 죄인으로, 더 정확히 말하면, 그냥 죄인으로 받는 권리라고 주장했습니다. 이 사람들은 또한 그리스도께서 죄인에게 요구하시는 그 믿음은 구원을 받았다는 확신이 아니라, 구원받기 위해 그리스도께 자신을 의탁하는 것이라고 강조했습니다. 물론 우리가 구원받았다는 확신은 믿음의 결과지만, 이런 확신은 믿음이 처음 발휘되는 것과는 상관이 없습니다. 믿음이 처음 발휘될 때, 우리는 우리 구주도 되어 달라고 기도하면서 구주께 우리 자신을 맡깁니다. 사람들은 이것을 이해하지 못해 끝없는 혼란에 빠졌습니다.

희한하게도 아르미니우스주의자들과 극단 칼빈주의자들이 여기서

---

7) Ebenezer Erskine, *Gospel Truth accurately stated and illustrated*, p. 355.

함께 잘못하고 있습니다. 아르미니우스주의자들은 보편 속죄, 곧 그리스도께서 모든 사람을 위해 죽으셨다는 교리를 믿습니다. 그래서 이들은 설교할 때 모든 사람을 이런 말로 부릅니다. "그리스도께서 여러분을 위해 죽으셨음을 믿으십시오. 그리스도께서 여러분의 죄를 갈보리 십자가에서 속하셨습니다!" 한편 극단 칼빈주의자들은 올바르게도 제한 속죄 교리를 굳게 지키고 있습니다. 이 사람들은 그리스도께서 택함 받은 사람만을 위해 죽으셨다고 믿습니다. 그래서 청중에게 택함 받은 표지가 있는지 확인해 보라고 권고합니다. 그러고 나서야만 청중은 그리스도를 믿을 수 있고, 그리스도께서 자신을 위해 죽으셨다는 위로를 받을 수 있습니다.

자, 우리도 영원 전에 아버지께서 그리스도께 주신 사람들만을 위해 그리스도께서 죽으셨다고 믿습니다. 그렇다 해도 우리는 복음 설교를 택함 받은 사람에게만 제한하지 않습니다. 우리는 성경도 그렇게 하지 않는다고 믿습니다. 신약성경 어디에서도 사도들이 택함 받은 죄인만을 믿고 회개하라고 부르는 것을 볼 수 없습니다. 도리어 사도들은 죄인들에게 믿고 회개하라고 권고했습니다.

신약성경이 요구하는 것은 그리스도 자신을 믿으라는 것입니다. 이는 죄인들을 위해 죽으신 살아 계신 구주를 신뢰하라는 말입니다. 이처럼 구원 얻는 믿음의 대상은 엄밀히 말해, 속죄가 아니라 속죄를 이루신 주 예수 그리스도십니다. 복음은 예수 그리스도를 믿는 자마다 멸망하지 않고 영생을 얻으리라는 약속을 신뢰하라고 우리를 부릅니다(요 3:14-16). 우리에게 그리스도께 도망갈 자격을 주는 것은 복음의 제한 없고 값없는 제안이지, 우리 안에 있는 어떤 자질이 아닙니다. 물론 이것은 죄를 깨닫고 회개하고 죄에 대해 슬퍼할 필요가 없다는 말이 아닙니다. 이것을 다음 명제에서 다루겠습니다.

5. 보편 부르심과 제안은 죄인이 스스로 그리스도를 믿을 수 있음을 뜻하지 않습니다

물론 아르미니우스주의자들은 바로 이 사실을 믿습니다. 이들은 죄인이 스스로 그리스도를 믿을 수 있다고 생각합니다. 보편 부르심이 그 부르심에 복종할 능력을 암시한다고 생각합니다. 하지만 정수주의자들을 비롯해 모든 칼빈주의자는 이 견해를 반대합니다. 칼빈주의자들은 값없는 제안을 주장해서 자주 아르미니우스주의라는 비난을 받았지만, 극단 칼빈주의 형제들만큼이나 전적 타락을 확고히 주장했습니다.

그렇다면 정수 신학과 아르미니우스주의 신학은 어떤 점에서 다릅니까? 이안 머리는 앞서 인용한 글에서 이렇게 말합니다. "아르미니우스주의자들은 복음의 제안과 초대에서 사람에게 응답할 능력이 있다는 결론을 이끌어 냅니다. 이와 반대로 정수주의자들은 사람이 해야 할 것과 사람이 할 수 있거나 하고 싶은 것은 다르다고 주장했습니다."

사람은 믿고 회개해야 합니다. 하지만 사람 스스로는 회개할 수도, 회개하고 싶어하지도 않습니다. 사람이 복음의 부르심에 복종할 수 있고 복종하고 싶게 하려면, 성령님의 거듭나게 하시는 역사가 필요합니다. 하지만 정수주의자들이 새로운 마음의 필요성을 아무리 강조했다고 한들, 이들은 여전히 같은 강도로 죄인이 구원받기 위해 그리스도께 나아갈 권리는 성령님께서 마음속에서 하시는 일이 아니라, 오로지 복음의 초대와 명령에 있다고 주장했습니다.

사람들은 당연히 이렇게 물을 것입니다. "이것은 그냥 말장난 아닌가요? 너무 조그만 차이 아니에요?" 제 답은 아니라는 것입니다. 절대 아닙니다! 구원을 찾는 수많은 영혼이 몇 년째 계속 얽매어 있는 것은, 바로 자기 상태를 알아야 하고 죄를 깨달아야 한다는 사실을 잘못된 방식으로 강조한 설교를 들었기 때문입니다. 죄인이 언제든 구원을 위해 그리스도께 나아가려면, 먼저 자기 상태를 알아야 하고 죄를 깨달아야 한다는 것을 다시 한 번 분명히 하겠습니다. 하지만 설교자가 자기 죄와 죄책을 진실로 깨달은 사람만이 그리스도께로 피할 수 있다고 말하는 순간, 그는 심각한 잘못을 저지른 것입니다. 이 설교자는 그리스도와 그리스도의 복음을 잘못 전했습니다. 자리에 앉은 사람들에게 더는 "여러분은 죄인입니까?" 하고 묻지 않고, "여러분은 자각한 죄인입니까?" 하고 묻는 것입니다.

많은 사람이 정확히 여기서 헷갈려 합니다. 이 사람들은 스스로 묻습니다. "나는 내 죄를 충분히 아는 걸까? 내 상태를 얼마나 잘 알고 있을까? 그토록 선하신 하나님께 지은 죄를 정말로 회개하고 있는 걸까?" 이것은 위선자나 거짓 회심자에게 아무런 문제가 안 되지만, 진실로 근심하는 바로 그 사람을 괴롭히는 문제입니다. 스펄전C. H. Spurgeon의 자서전에 보면, 스펄전은 자기가 처음 죄를 깨닫게 되면서 겪은 문제를 이렇게 적고 있습니다.

> 하나님의 약속을 읽었을 때, 나는 이 약속이 내 것임을 믿지 못했다……"수고하고 무거운 짐 진 자들아 다 내게로 오라 내가 너희를 쉬게 하리라"(마 11:28)는 말씀을 읽고서 나는 이렇게 말했다. "이건 내 형제나 자매를 위한 말씀이야." 아니면 내 주변 사람들을 위한 말씀이었다. 내 생각에 이들은 다 '무거운 짐'을 졌기 때문이다. 하지만 나는 아니었다. 설령 하나님께서 내가 마음이 상할 정도로 울고 슬퍼했을 것임을 아신다고 해도, 누군가 내게 죄 때문에 슬퍼했냐고 물었다면, 나는 이렇게 대답해야 했을 것이다. "아니요. 저는 죄 때문에 진심으로 슬퍼한 적이 없어요."

보십시오. 이상한 점은 자각한 죄인에게 전하는 초대를 가장 안 받아들일 것 같은 사람은 바로 자각한 죄인이라는 사실입니다. 자각한 죄인은 죄를 깨우친 증거를 찾으려고 자기 마음을 살필 것이고, 격려가 될 만한 증표를 찾으려고 자기 마음을 들출 것입니다. 하지만 다 헛된 일입니다. 찾은 것이라고는 부패함밖에 없습니다.

그렇다면 벌써 크게 괴로워하고 있는 사람들한테 이러이러한 것이 있으면 구주께 피할 수 있고, 구주를 믿을 수 있다고 말하는 것이 얼마나 잘못된 일입니까? 바울이 전한 복음은 많이 달랐습니다. "미쁘다 모든 사람이 받을 만한 이 말이여 그리스도 예수께서 죄인을 구원하시려고 세상에 임하셨다 하였도다"(딤전 1:15). 바울은 회개하고, 죄를 깨닫고, 구도하는 죄인이라고 말하지 않습니다. 실로 바울은 자격이 될 만한 어떤 말로도 수식하지 않습니다. 바울은 그냥 죄인이라고 말합니다. 랠프 어스킨이 이 주제를 어떻게 설명하고 있는지 한번 귀 기울여 보십시오.

어떤 사람들은 이런저런 조건들로 그리스도를 제안할 것입니다. "여러분은 먼저 이러이러하게 겸손해져야 하고, 이러이러하게 회개해야 합니다. 그래야 여러분께 그리스도를 제안할 수 있습니다." 그래서 자신이 잃어버리고 죄악 되고 겸손하지 않고 회개하지 않고 비참한 피조물임을 발견한 사람은 결코 그 제안에 손댈 수가 없습니다. 어떤 사람이 친구한테 가장 좋은 포도주 한 잔을 내밀고 마시라고 제안하는데 그 사이에 이 포도주를 불에 펄펄 끓인다면 제안을 받는 친구는 이 포도주에 입술을 갖다 댈 엄두조차 못 내는 것처럼, 많은 사람이 사람들한테 그리스도를 제안하고 구원의 잔을 내밀지만, 이들은 자신들에게 있는 복음의 술을 말하자면 율법의 불에 팔팔 끓입니다. 그러니까 제 말은 자신이 모든 길에서 죄악 되고 좋은 자질이 전혀 없고 잃어버린 죄인임을 발견한 불쌍한 영혼들이 수많은 율법의 조항과 조건과 자격 때문에 복음을 맛보려고 입술을 갖다 댈 엄두를 못 낼 뿐 아니라, 입술을 갖다 대서는 안 된다고 생각한다는 것입니다. 우리는 죄인들이 그리스도께 나아가 이 제안을 받아들이지 못하게 하려고 애쓸 필요가 없습니다. 죄인들 스스로도 충분히 그리스도께 나아가고 싶어하지 않기 때문입니다. 게다가 죄인들은 그리스도께로 나아가 그리스도와 그리스도 안에 있는 모든 좋은 것, 모든 은혜와 영광, 모든 거룩함과 행복을 받아들이기 전까지 결코 어떤 좋은 자질도 갖추지 못할 것입니다. 이처럼 여러분은 복음 안에서 그리스도가 누구에게 제안되는지 봅니다. [8]

가난하고 궁핍한 죄인에게 부요하고 충만하신 그리스도를 설교하는 것이 얼마나 필요합니까! 우리는 절박함과 강권함과 권면함으로 설교해야 합니다. 그저 구원의 길을 제시하고, "주님께서 적용해 주실 거야" 하고 경건히 바라는 일로 끝난다면, 복음을 설교하고 있는 것이 아닙니다. 실로 바울은 그렇게 설교하지 않았고, 종교개혁자들과 청교도들도 마찬가지였습니다. 이들은 청중이 죄와 마귀에서 벗어나 그리스도와 그 구원에 이르도록 권면하고, 간청하고, 유혹하고, 꾀어냈습니다. 바울은 이렇게 썼습니다. "우리는 주의 두려우심을 알므로 사람들을 권면하거니와"(고후 5:11).

하지만 이것에 대해서는 충분히 말했기 때문에, 저는 믿고 회개하라는 부르심과 관련해 우리가 맞닥뜨린 또 다른 위험에 대해 말해야겠습니다. 정확히 반대쪽으로 가는 심각한 오류가 있습니다. 바로 '안일한 믿음'의 위험입니다. 이것이 제가 말하려는 여섯 번째 명제입니다.

---

8) Ralph Erskine, *Beauties of Rev. Ralph Erskine*, vol. 1, p. 86.

6. 믿고 회개하라는 부르심은 자주 성령님과 그 구원 사역의 필요성을 거의 무시하는 것으로 나타납니다

오늘날 많은 개혁교회 안에는 이른바 단순한 복음을 설교하려는 흐름이 있습니다. 우리는 사람들이 이렇게 말하는 것을 듣습니다. "외적 부르심과 내적 부르심이나 성령님의 일반 역사와 특별 역사와 같은 케케묵은 구분은 이제 사라졌으면 좋겠어요. 그냥 하나님께서 성경에서 말씀하시는 것을 믿고 그리스도를 우리 개인의 구주로 영접하기만 하면 되죠." 물론 아직도 성령님의 일하심이 필요하다고 말합니다. 한편으로는 아직 전통이 완전히 사라지지 않아서, 한편으로는 성령님이 필요하다는 솔직한 생각 때문에, 많은 사람이 성령님과 성령님의 사역이 중요하다고 어쩌다 한 번씩 말하기를 계속합니다. 하지만 기껏해야 성령님께 입에 발린 말을 하는 것뿐입니다. 이 사람들은 스스로 모든 일을 합니다. 자기가 믿고 회개하고, 그리스도를 자기 개인의 구주로 영접합니다. 이 사람들은 친절하게도 이 모든 일의 공로를 성령님께 돌리고, 그러면서 자신들이 아주 개혁주의답다고 생각하기까지 합니다.

하지만 여러분의 구원 계획에서 그저 머리로 성령님을 위한 자리를 조금 떼어 놓는 것으로는 부족합니다. 실로 여러분은 모든 것이 성령님의 사역에 달려 있음을 절실히 느껴야 합니다. 하지만 안타깝게도 이런 깨달음은 오늘날 교회에서 거의 사라져 버렸습니다. 우리 교회도 예외가 아닙니다. 이런 생각이 차츰차츰 우리 교회에도 스며들고 있습니다. 다음 인용문은 아더 핑크가 아르미니우스주의 교회를 두고 말한 것이지만, 제 생각에 이것은 우리에게도 해당되는 경고입니다.

> 오늘날 사람들은 아담의 타락한 후손이 크게 잘못한 것이 없기 때문에, 성경을 읽고 복음 설교를 듣기만 하면 그리스도께로 쉽게 돌이키리라고

흔히 생각합니다. 약간의 지식에 약간의 간절한 설득만 더하면, 거의 누구나 결단 카드에 서명하고 그리스도를 개인의 구주로 영접하라는 권고를 받을 수 있습니다. 그 결과 겸손하고, 의지하고, 열렬하고, 하나 되고, 인내하는 마음으로 성령님의 능력을 위해 하나님을 기다리는 것은 이제 옛일이 되어 버렸습니다. 참된 은혜의 기적도 마찬가지로 정말 보기 드문 일이 되었습니다. [9)]

여러분, 여기 아더 핑크가 약 사십 년 전에 쓴 글이 오늘날 더더욱 사실이 되었습니다. 아르미니우스주의가 대체로 개혁교회를 휘어잡았습니다. 우리 교단에는 손대지 않았다고 생각하지 맙시다. 우리 가운데 많은 사람, 특별히 젊은 사람들은 자기가 알든지 모르든지 아르미니우스의 가르침에 영향을 받고 있습니다. 어디서 배우는지 모르겠지만(아마 학교에서 배우거나 잘못된 책을 읽고 배울 것입니다), 제 경험이 이 사실을 입증합니다.

저는 이런 흐름이 상당히 걱정스럽고, 이런 걱정을 시작한 지도 벌써 몇 년이 흘렀습니다. 우리는 머리로라도 하나님께서 어떻게 죄인을 구원하시는지 여전히 알고 있습니까? 저는 온 마음으로 우리 교회의 신조와 가르침을 믿습니다. 우리 교회의 특징 가운데 하나는 복음의 값없는 제안을 설교한다는 것입니다. 하지만 절대로 잊지 말아야 할 것은, 우리가 값없는 제안을 설교하면서 우리의 죄와 죄책을 드러내시는 성령님의 사역을 똑같이 강조하지 않는다면, 그런 설교는 아르미니우스주의를 낳을 것이라는 사실입니다. 우리는 사람의 전적 타락과 무능력과 원하지 않음, 하나님의 주권적 선택 교리를 담대히 설교해야 합니

9) A. W. Pink, "Its Reception," in *The Satisfaction of Christ*(Lafayette, IN: Sovereign Grace Publishers, 2001).

다. 제 말뜻은 이것입니다. 우리는 믿고 회개하라는 부르심을 설교해야 하지만, 또한 사람이 그 부르심에 응답할 능력도 없고, 응답하고 싶어하지도 않는다고 설교해야 합니다. 우리는 사람이 복음의 부르심에 복종할 능력과 의지가 없는 것이 사람의 죄가 된다는 식으로 설교해야 합니다. 달리 말해, 사람은 회개할 수 없어도 회개해야 합니다. 하나님께서는 우리에게 믿고 회개하라고 요구하실 권리가 있습니다. 우리 회중은 남자나 여자나, 젊은이나 어린아이나, 나는 할 수 없지만 해야 한다는 이 진리를 굳게 믿어야 합니다.

우리는 언제나 한쪽으로 잘못 가지 않으면, 또 다른 쪽으로 잘못 가게끔 유혹을 받습니다. 우리가 회심하지 않은 사람에게 그가 여전히 자기 문제에 대해 뭔가를 할 수 있다는 인상을 남긴다면, 우리는 실패한 것입니다. 제가 죄인들이 자신에게 절망하게 되지 않고도 믿고 회개하기 시작한다는 식으로 믿고 회개하라는 부르심을 설교했다면, 저는 뭔가 잘못한 것입니다. 저는 복음이 말하는 그리스도를 설교한 것이 아닙니다. 젊은 부자 관리는 자신의 모든 재물을 버려야 합니다. 자신이 가진 모든 것을 팔아야 합니다. 낙타가 바늘귀로 들어가는 것이 부자가 하나님의 나라에 들어가는 것보다 쉽기 때문입니다(눅 18:25). 따라서 제 마지막 명제는 이것입니다.

7. 믿고 회개하라는 부르심은 율법 설교와 떼려야 뗄 수 없는 관계에 있습니다

다시 아더 핑크의 글을 인용합니다.

> 설교자는 복음의 씨앗을 뿌리려고 하기 전에 먼저 부지런히 율법의 쟁기를 써야 합니다. 성령님께서 영혼들에게 그리스도가 절실히 필요함을 깨

우쳐 주시려고 쓰시는 이 성경의 도구를 쓰기 전까지 사람들한테 자꾸 그리스도를 믿으라고 해봐야 아무 소용이 없습니다……죄인은 자신에게 만족하던 것을 다 비우게 되고, 자신이 하나님의 원수임을 깨닫게 되고, 하나님 앞에서 티끌과 같이 되고 나서야 비로소 그리스도를 귀하게 여길 준비가 됩니다.

육에 속한 사람이 스스로 할 수 없는 일을 절대로 하게 하지 마십시오. 열심히 노력하기만 하면 그 일을 할 수 있다는 인상을 주지 마십시오. 아마 여러분은 사람들을 설득해서 어느 정도는 믿고 회개하게 할 수 있을 것입니다. 하지만 성령님이 이 일과 아무런 관계도 없음을 여러분은 확신할 수 있습니다. 스펄전은 이렇게 말합니다.

아르미니우스주의자는 사람을 활동하게 하고 싶어하지만, 우리는 사람을 아주 옴짝달싹 못하게 해서 그가 잃은 바 되고 망하게 된 자임을 보여 주고 싶습니다. 아르미니우스주의자는 사람을 일으켜 세우려고 하지만, 우리는 사람을 거꾸러뜨리려고 합니다. 그래서 그가 하나님의 손안에 있고, 그가 할 일은 하나님께 무릎 꿇고 "주여 구원해 주시옵소서. 그렇지 않으면 저는 멸망하나이다" 하고 크게 울부짖는 것임을 느끼게 하고 싶습니다. 우리는 사람이 자기 스스로 아무것도 할 수 없다고 느끼기 시작할 때만큼 은혜에 가까이 있을 때는 없다고 생각합니다. 기도할 수 있고, 믿을 수 있고, 이것저것을 할 수 있다고 말할 수 있는 한, 사람은 여전히 자기 자신에게 만족하고 있는 것입니다.[10]

---

10) C. H. Spurgeon, "High Doctrine," in *The New Park Street Pulpit*, vol. 6(Pasadena: Pilgrim Publications, 1981).

데이비드 브레이너드는 1745년에 자신의 설교를 듣던 인디언들에게 임한 놀라운 부흥에 대해 이야기하면서, 자신이 이 이방인들에게 어떤 교리를 강조하며 설교했는지 말합니다. "타락한 피조물을 겸손하게 하고, 그 육에 속한 상태의 비참함을 보여 주고, 주권적 자비 앞에 엎드리게 하고, 위대하신 구속자를 높이는 일과 가장 직결된 교리들입니다."[11]

그렇다면 성경이 말하는 믿음과 회개 설교는 무엇입니까? 사람이 믿어야 할 의무와 그렇게 할 수 없는 죄악 된 무능력이라는 두 위대한 진리를 받아들이고, 이 진리를 죄인의 양심에 바이스 플라이어[12]의 두 턱처럼 쓰는 설교입니다. 그래야만 "나를 이끌어 돌이키소서 그리하시면 내가 돌아오겠나이다"(렘 31:18) 하는 기도가 나옵니다.

> 저와 같은 악인을 구원하실 능력이
> 오직 주님께만 있음을 아나이다
> 제가 주님을 저버린다면
> 누구한테로, 어디로 갈 수 있겠나이까?

아담과 행위 언약으로 갈 수 있습니까? 아닙니다. 그 길은 끊겼습니다. 모세와 율법으로 갈 수 있습니까? 아닙니다. 율법의 행위로는 아무도 의롭다 하심을 얻지 못할 것입니다. 그리스도께로 갈 수 있습니까? 그렇습니다. 주 예수 그리스도와 그 값없고 주권적인 자비의 복음으로 갈 수 있습니다. 이 복음은 이렇게 말합니다. "오 이스라엘아 네가 스스로 패망하였으나 네 도움은 내게 있느니라"(호 13:9, KJV 직역).

---

11) Jonathan Edwards, "First Appendix to Mr. Brainerd's Journal," in *The Works of Jonathan Edwards*(Edinburgh: Banner of Truth Trust, 1974), p. 417.

12) 옮긴이—물체가 움직이지 못하게 단단히 고정할 때 쓰는 펜치처럼 생긴 연장이다.

1 '믿음과 회개로 부르심'에 대해 지은이가 말하는 첫 번째 명제는 무엇입니까?

2 두 번째 명제는 무엇입니까?

3 세 번째 명제는 무엇입니까?

4 『도르트 신조 강해』 167-181쪽과 270-283쪽을 읽고 더 깊이 공부하고 나눠 봅시다. 웨스트민스터 신앙고백 7장 3항도 읽어 봅시다.

5 네 번째 명제는 무엇입니까?

6 정수 논쟁이 무엇입니까? 총회파의 입장과 정수주의자들의 주장을 비교 하여 말해 봅시다.

7 총회파의 입장이 위험한 가르침인 까닭은 무엇입니까?

8 그러면 우리는 어떻게 해야 하는지 네 번째 명제를 갈무리해 봅시다.

9 다섯 번째 명제는 무엇입니까?

10 정수 신학과 아르미니우스 신학은 어떤 점에서 다릅니까?

11 바울이 디모데전서 1장 15절에서 전한 복음과 랠프 어스킨이 한 말을 읽고, 이들이 전한 복음을 다시 정리해 봅시다. 그리고 이 말씀이 주는 위로를 생각해 보고 자신에게 적용합시다.

12 여섯 번째 명제는 무엇입니까? 우리 자신은 이 명제에 대해 그동안 어떻게 생각해 왔는지 나눠 봅시다. 합심하여 성령님의 은혜를 구합시다.

13 마지막 명제는 무엇입니까?

14 그렇다면 성경이 말하는 믿음과 회개 설교는 무엇입니까? 그리고 우리가

이 설교를 들었다면, 우리는 누구에게로 갈 수 있습니까?

15 이 장을 다 읽고 나서, 살아남을 수 있는 시간이 얼마 남지 않은 사람에게
    복음을 전할 기회가 생겼다고 합시다. 이때 우리는 무엇을 그 사람에게 전
    해 줄 수 있겠습니까? 가상으로 그에게 할 말을 생각해 보고 나눠 봅시다.

16 이 장을 읽으면서 하나님께서 깨닫게 해주신 것과 베풀어 주신 은혜를 생각
    하며 감사합니다. 또 깨달아 배우고 확신한 일에 거할 수 있게 해달라고 기
    도합시다.

목사는 확신 교리를 중심으로 한 질문을 자주 받습니다. 사람들은 자꾸 자신의 영원한 상태에 의문을 표합니다. 많은 사람이 "제가 구원받았는지 어떻게 알죠?"나 "제 믿음이 진짜인지 어떻게 확신할 수 있죠?"와 같은 질문으로 괴로워합니다. 어떤 사람들은 특정한 설교를 들은 특정한 집단에서만 이런 의심이 생겨난다고 생각하는데, 이런 분들에게 먼저 말씀드릴 것은 이 교리가 기독교회에서 몇 세기에 걸쳐 많은 혼란과 논쟁을 일으킨 주제였다는 사실입니다.

사람이 자기 구원을 확신할 수 있습니까? 이 질문에 여러 답변이 주어졌습니다. 어떤 사람들은 "그럼요. 확신할 수 있죠" 하고 말할 뿐 아니라, 한 걸음 더 나아가 "반드시 확신해야 해요. 그렇지 않으면 구원받을 수 없거든요" 하고 말합니다. 정반대쪽에는 개인의 확신은 있을 수 없다고 강조하는 사람들이 있습니다. 이 두 극단 사이에서 여러분은 확신은 가능하고 아주 바람직한 일이지만, 구원에 반드시 필요한

---

13) 「메신저」 1997년 3-5월 호에 실린 글.

것은 아니라는 견해를 가지고 있습니다.

확신이 구원에 꼭 필요하다는 첫 번째 견해는 초기 개혁자들의 견해입니다. 확신의 가능성조차 부정하는 두 번째 견해는 로마 가톨릭 교회와 수많은 아르미니우스주의자의 견해입니다. 확신은 가능하지만 꼭 필요한 것은 아니라고 생각하는 세 번째 견해는 잉글랜드와 스코틀랜드 청교도들, 네덜란드 제2종교개혁 지도자들에게서 볼 수 있습니다.

오늘날 많은 사람이 종교개혁 신학으로 돌아가자고 목소리를 높입니다. 개혁교회에 속한 많은 사람이 우리는 초기 개혁자들의 단순한 믿음으로 돌아가야 한다고 주장합니다. 루터와 칼빈 같은 사람들은 복음의 약속을 확고히 믿었고, 오늘날 많은 사람처럼 의심에 시달리지 않았다는 것입니다. 우리 가운데 아주 적은 사람만이 믿음의 확신을 가진 것은, 우리가 벌써 몇 세대에 걸쳐 잘못된 설교(곧, 약속에 대한 믿음보다는 은혜의 표지를 강조하는 설교)를 들어왔기 때문이라고 이들은 주장합니다. 사람들은 자신을 살펴보고 어떤 표지나 증거를 기초로 자신에게 구원 얻는 믿음이 있는지 없는지를 결정해야 했습니다. 하지만 그 표지가 진짜인지 가짜인지 사람은 절대로 확실히 알 수 없기 때문에, 이런 식으로는 많은 사람이 결코 확신에 이를 수 없었다는 것입니다. 이 비평에 따르면, 우리는 아직도 직접이든 간접이든 이런 설교의 영향을 받고 있습니다. 그러니까 우리는 누구나 흔히 믿음의 확신을 가졌던 종교개혁 때의 순금으로 돌아가야 한다는 것입니다. 그때 확신이 흔했던 까닭은 죄인들에게 오직 복음의 약속만을 구원의 근거로 바라보게 했기 때문이라는 것입니다. 죄인들은 그리스도를 믿으라고 격려받았고, 그 결과는 기쁘고 승리하는 믿음이었다고 이들은 말합니다.

우리가 확신이 모자란 것은 대체로 잘못된 설교 때문이라는 이 주장에 대해 우리는 무슨 말을 해야 할까요? 솔직히 저는 이런 진술을 읽을 때마다 늘 못 미더운 마음이 듭니다. 이런 주장에 아무 진리가 없다고 말하는 것이 아닙니다. 진리가 있습니다. 하지만 우리는 이런 진술을 굉장히 조심해야 합니다. 게다가 확신에 이르려면 종교개혁자들의 '단순한 믿음'으로 돌아가야 한다는 이 모든 말속에 저는 커다란 위험이 있다고 생각합니다. 그렇게 하다가 많은 사람이 끝내 잘못된 확신(기껏해야 역사 신앙[14]에 근거를 둔 거짓된 확신)에 이르게 될까 무섭습니다.

이 글에서 저는 먼저 역사를 살펴봄으로 확신이란 주제에 대해 종교개혁자들과 청교도들의 견해가 어떻게 달랐는지, 또 왜 달라졌는지 보여 드리겠습니다. 둘째로, 이른바 실천 삼단논법(논리에 따른 추론)에 담긴 의미를 설명하고, 그것이 여전히 유효한지 성경과 신앙고백에 비추어 검토하겠습니다. 끝으로, 근심하는 영혼을 어떻게 근거가 충분한 확신으로 인도할 수 있을지 실제로 도움이 될 만한 몇 가지 제안을 드리고 싶습니다.

확신에 대한 개혁자들과 청교도들의 가르침

칼빈

종교개혁자들이 확신의 필요성을 강력하게 주장한 것은 부인할 수 없는 사실입니다. 이를테면 칼빈은 구원 얻는 믿음을 이렇게 정의합니다. "믿음은 우리에게 베푸시는 하나님의 호의를 아는 견고하고 확실한 지식으로, 그 토대는 그리스도 안에서 거저 주시는 하나님의 약속에 대한 진리이고, 성령으로 말미암아 우리 생각에 계시하시고 우리 마음에 인

---

14) 편집자—역사 신앙(역사적 믿음)이란 예수 그리스도와 그분의 복음을 어떤 역사를 받아들이듯 순전히 지성으로만 믿는 신앙을 가리킨다. 따라서 이런 종류의 믿음은 예수님에 대한 사실들을 믿지만, 예수님을 인격적으로 받아들인 것은 아니다. 즉, 구원 얻는 믿음이 아니다. 더 자세한 이해를 위해서는 다음 책을 참고하라. 루이스 벌코프, 『조직 신학』 권수경,이상원 옮김(고양: 크리스챤다이제스트, 2000), p. 752.

치신 것입니다."15)

칼빈은 믿는다고 주장하면서도 자기가 그리스도께 속해 있음을 확실히 알지 못하는 사람에게 거의 소망을 주려고 하지 않았습니다. "어디든 이 살아 있는 믿음이 발견되는 곳에는 영원한 구원에 대한 소망이 반드시 함께 있어야 합니다."16) "자신이 하나님의 자녀임을 알지 못하는 그 누구도 하나님의 자녀라 할 수 없습니다."17)

이처럼 칼빈과 다른 대부분의 개혁자들은 확신이 구원에 꼭 필요하다고 가르쳤습니다. 칼빈의 영향은 16세기 여러 신앙고백서에서 쉽게 볼 수 있습니다. 아우크스부르크 신앙고백, 제네바 교리문답, 하이델베르크 교리문답은 확신이 믿음의 본질에 속한다는 칼빈의 견해를 거의 분명하게 담고 있습니다. 사실 이것은 거의 한 세기 동안 칼빈주의와 루터교 신학자들이 흔히 가지고 있던 견해였습니다.

청교도와 웨스트민스터 신앙고백

하지만 17세기 중반쯤 되어 확신에 대한 이 지나친 견해가 누그러졌습니다. 가령 웨스트민스터 신앙고백 18장 3항에는 이렇게 쓰여 있습니다. "이 오류 없는 확신은 믿음의 본질에 속한 것이 아니어서, 참된 신자라도 이 확신에 참여하기까지 오랫동안 기다리고 많은 어려움에 부딪칠 수 있다." 웨스트민스터 신앙고백에 따르면, 참된 신자여도 믿음의 확신이 없을 수 있습니다. 바꿔 말해, 확신은 믿음의 본질이나 믿음 자체에 속하는 것이 아니라, 견고한 믿음에 속한다는 것입니다.

---

15) 존 칼빈, 『기독교 강요』 3권 2장 7절. 크리스찬다이제스트, 생명의말씀사, 기독교문사 등에서 우리말로 옮겼다.
16) 앞의 책, 3권 2장 42절.
17) 존 칼빈, 『로마서 주석』 8장 16절. 크리스찬다이제스트 등에서 우리말로 옮겼다.

청교도들은 확신이 부지런히 구해야 할 값비싼 진주라고 가르쳤습니다. 확신은 쉽게 볼 수 없는 진귀한 복이었지만, 하나님께서는 믿는 사람에게 그 믿음을 단련하시고 시험하신 뒤에 이것을 선물로 주셨습니다. 토머스 브룩스Thomas Brooks는 '근거가 충분한 확신'을 갖는 것은 실로 이 땅에서 누리는 천국이라고 했습니다. 브룩스에 따르면, 하나님께서 절대로 헐값에 팔지 않으실 다섯 가지가 있는데, 곧 그리스도, 진리, 하나님의 영광, 천국, 확신입니다.

이런 진술들은 확신에 대한 초기의 선언에서 관점까지는 아니더라도 강조점이 달라졌음을 똑똑히 보여 줍니다. 개혁자들과 청교도들이 이렇게 다른 까닭은 무엇입니까?

왜 달라졌는가

칼빈과 다른 개혁자들은 왜 확신의 필요성을 크게 강조했습니까? 대단한 스코틀랜드 신학자인 윌리엄 커닝엄에 따르면, 두 가지 이유가 있습니다.

첫째, 종교개혁자들이 회심한 사람으로 몸소 겪은 체험이 이들이 확신을 이해하는 데 영향을 미쳤다는 것입니다. 주님께서는 이들에게 많은 그리스도인이 보통 받는 것보다 더 충만한 확신을 부어주셨는데, 이는 주님께서 힘든 일로 부르신 사람들에게 늘 특별하게 나타나시기 때문이라는 것입니다.

둘째, 개혁자들은 로마 가톨릭의 반대 의견 때문에 확신에 대해 아주 단호하게 말했다는 것입니다. 로마 가톨릭은 확신의 자리가 교회뿐이라고 했고, 신자 개인은 확신을 가질 수도, 가질 필요도 없다고 주장했습니다. 신자 개인이 해야 할 일은 다만 어머니인 교회를 무조건 믿는 것뿐입니다. 이들은 개신교인들이 성경의 어떤 구절도 올바로 해석했는지 절대로 확실히 알 수 없기 때문에, 개인의 확신을 위한 근거로 성경에 호소할 수 없다고 주장했습니다.

개혁자들은 이런 반대에 맞서 교회의 중재 없이도 개인은 확신할 수 있고 확신해야 한다고 강력히 변호했습니다. 이들은 자신들을 뒤따르는 사람들에게 확신을 구하라고 권면했고, 그래야 반대자들에게 소신 있게 답할 수 있다고 말했습니다.[18]

하지만 셋째 이유도 있었습니다. 존 매클라우드는 이렇게 말합니다. "종교개혁 당시에는 한 세대의 신자들이 개인 구원에 대해 많은 확신을 누렸습니다. 이 한 세대 동안 값없는 은혜의 복음이 그 모든 놀라움으로 완전히 새롭게 나타났습니다."[19] 헨드리쿠스 베르코프는 이렇게 쓰고 있습니다. "루터의 복된 발견은 바로 여기에 있었습니다. 곧, 우리와 같은 죄인들을 위한 은혜의 말씀이 있다는 것입니다."[20] 하지만 이 발견에 대한 흥분은 차츰 잦아들었습니다. 둘째, 셋째 세대가 되자, 개신교인들은 하나님의 은혜를 대수롭지 않게 여기기 시작했습니다. 구원받는다는 것은 아주 평범한 일일뿐, 더는 기적이 아니었습니다. 이런 태도는 결국 죽은 정통(성경 진리에 믿는 마음으로 반응하지 않고 그저 머리로 찬성하는 것)의 위험으로 이어졌습니다. 바로 이런 배경 때문에 구원 얻는 믿음에서 나오는 확신과 성경의 진리를 그저 찬성하는 데서 나오는 확신을 분명히 구분해야 했음을 여러분은 볼 수 있습니다.

청교도들은 여기서 뛰어났습니다. 이들은 자신들의 양 떼를 근거가 충분한 확신으로 인도하려고 힘썼고, 자신들이 말하는바 '견실한 토대' 위에 있지 않은 거짓된 평화는 모두 피하라고 권고했습니다.

---

18) William Cunningham, *The Reformers and the Theology of the Reformation*(Edinburgh: Banner of Truth Trust), pp. 113-118.

19) John MacLeod, *Scottish Theology*(Edinburgh: Banner of Truth Trust), p. 28.

20) Hendrikus Berkhof, *Geschiedenis der Kerk*(Callenbach), p. 242.

확신에 이르는 방편

실천 삼단논법

청교도 목사들은 이런 토대가 잘 닦인 확신으로 사람들을 인도하려고, 실천 삼단논법, 네덜란드 말로는 믿음의 삼단논법이라고 하는 것을 자주 썼습니다. 삼단논법은 어떤 주장을 증명하는 데 쓰이는 논리 장치로, 대전제, 소전제, 결론으로 이루어져 있습니다. 보기를 들면 이렇습니다.

모든 사람은 죽어야 한다.
나는 사람이다.
그러므로 나는 죽어야 한다.

실천 신학에서 삼단논법은 다음과 같이 진행됩니다.

그리스도를 믿는 자마다 영원한 생명을 얻는다.
나는 그리스도를 믿는다.
그러므로 나는 영원한 생명을 얻는다.

'그리스도를 믿는 자마다 영원한 생명을 얻는다'는 대전제는 객관적입니다. 이것은 하나님 말씀에 들어 있으니까 언제나 참입니다. 하지만 '나는 그리스도를 믿는다'는 소전제는 주관적입니다. 이것은 참일 수도 있고 거짓일 수도 있습니다.

따라서 '나는 영원한 생명을 얻는다'고 결론지으려면 소전제를 충분히 증명해야 합니다. 이것을 어떻게 증명할 수 있습니까? 내가 그리스도를 믿는다는 것을 나는 어떻게 압니까? 여기서 은혜의 표지가 들어옵니다.

은혜의 표지와 자기 성찰

청교도들은 마음의 속임을 알았기 때문에 내면의 표지나 은혜의 증거가 꼭 필요하다고 강조했습니다. 결국 우리는 토머스 브룩스에게 귀 기울이게 됩니다. 브룩스는 독자들에게 "구원에 속한 것"(히 6:9), 곧 지식, 믿음, 회개, 순종, 사랑, 기도, 인내, 소망이 있는지 보라고 말합니다.

리처드 백스터Richard Baxter는 독자들에게 이렇게 호소합니다.

> 성령님께서 여러분의 영혼에 일하신 시간이나 순서를 기억하냐고 묻지 않겠습니다. 그 시간과 순서는 별로 확실하지도 않고 잘못 알기도 쉽기 때문입니다. 하지만 저는 여러분이 여러분의 마음속을 들여다보고, 성령님께서 여러분 안에 일하신 증거가 있는지 봤으면 좋겠습니다. 여러분 안에 이런 성령님의 역사가 있음을 여러분이 확실히 안다면, 이 일이 언제 어떻게 일어났는지는 알든 모르든 크게 중요하지 않습니다.

같은 시기에 살았던 네덜란드 신학자들의 글에서도 비슷한 표현을 볼 수 있습니다. 이를테면, 비치위스Herman Witsius는 죄에 대한 슬픔이나 의에 주리고 목마름과 같이 꼭 필요한 은혜의 표지가 있는 사람들에게 다음의 실천 삼단논법으로 결론을 내리라고 조언합니다. "그리스도께서는 지치고 굶주리고 목마르며, 자신에게 굴복하기를 바라는 모든 사람에게 자신을 온전한 구주로 제안하신다. 나는 지쳐 있고, 그리스도께 굶주리고 목말라 있다. 그러므로 그리스도께서는 실로 나에게 자신을 제안하셨다. 이제 그리스도는 내 것이고, 나는 그리스도의 것이며, 그 어떤 것도 나를 그리스도의 사랑에서 끊을 수 없다."

브라컬Wilhelmus à Brakel과 페트뤼스 이먼스한테서도 비슷한 표현을 볼 수 있습니다. 페트뤼스 이먼스는 『경건한 성찬 참여자』[21]에서 직접 얻는 확신과 간접으로 얻는 확신을 구분합니다. 간접으로 얻는 확신은 설교 말씀 듣기, 성례 참여, 기도와 같은 방편을 씀으로 얻게 됩니다. 직접 얻는 확신은 하나님께서 느닷없이 주권적으로 자녀 된 우리를 사랑으로 껴안으시며 우리가 하나님의 자녀라는 확신을 주실 때 받게 됩니다.

은혜의 표지에 근거를 둔 이 실천 삼단논법에 대해 우리는 어떻게 말해야 할까요? 이것을 아직도 설교와 목회 사역에서 쓸 수 있습니까? 오늘날 많은 사람이 안 된다고 대답합니다. 사람들은 이 주제에 대한 우리 선조들의 가르침을 비판합니다. 이 방법은 죄인들이 자기 자신에게 너무 기대게 만든다는 것입니다. 죄인들이 자신을 지나치게 살피게 하고, 그래서 그리스도보다 경험을 의존하게 한다는 것입니다. 이 때문에 많은 사람이 초기 개혁자들과 그들이 복음의 객관적 약속을 강조한 데로 돌아가고 싶어합니다.

무엇보다 저는 이것이 근거 없는 비판은 아니라고 말하겠습니다. 은혜의 표지를 너무 지나치게 강조할 위험이 있습니다. 17세기 신학자들이 객관적 약속보다 주권적 경험을 더 강조해서 가끔가다 도를 넘은 것은 부인할 수 없는 사실입니다. 하지만 제가 이런 위험에 주의를 끈다고 해도, 저는 목욕물을 버리겠다고 아이까지 버리는 일은 하고 싶지 않습니다. 저는 잠깐이라도 은혜의 표지와 자기 성찰의 필요성을 부인하고 싶지 않습니다. 청교도들이 설교할 때 이런 것들을 눈에 띄게 강

---

21) Petrus Immens, *Godvruchtige Avondmaalganger*. 존 바셋 목사가 영어로 옮긴 이 네덜란드 고전의 번역본(1801년에 나옴)을 얼마 전에 우연히 발견했다(구글에서도 볼 수 있다). 머리말에는 유니언 대학 총장인 존 스미스의 추천사도 담겨 있는데, 스미스는 이렇게 쓰고 있다. "성찬을 다룬 페트뤼스 이먼스 목사의 실천을 돕는 이 작품은 참된 그리스도인을 가르치고 위로하기에 꼭 알맞기 때문에, 이 작품을 누구나 읽을 수 있게끔 영어로 옮기려는 노력은 각 교단의 진지한 사람들에게 격려를 받아야 마땅합니다." 이 유익한 책이 다시 나왔으면 좋겠다.

조했기 때문이 아닙니다. 성경과 신앙고백이 이런 것들의 마땅한 자리를 인정하기 때문입니다.

그렇다면 먼저 성경은 뭐라고 말합니까? 이와 관련해 적어도 네 구절이 자주 인용됩니다. 마태복음 12장 33절에서는 이렇게 말합니다. "그 열매로 나무를 아느니라." 내면의 삶은 외면의 행실로 드러납니다. 물론 이 본문은 구원의 확신과 관련해 결론을 이끌어 내는 것에 대해서는 아무 말도 하지 않습니다. 고린도후서 13장 5절은 더 중요합니다. "너희는 믿음 안에 있는가 너희 자신을 시험하고 너희 자신을 확증하라 예수 그리스도께서 너희 안에 계신 줄을 너희가 스스로 알지 못하느냐 그렇지 않으면 너희는 버림 받은 자니라." 여기서 사도는 믿는 사람들에게 자기 자신을 시험해 보라고 권고하고 있습니다. 이 말은 긍정이든 부정이든 어떤 결과가 나올 수 있는 시험을 실시하라는 뜻입니다. 그러나 여기서도 이런 시험으로 구원의 확신에 이를 수 있는지는 분명하게 말하지 않습니다.

이제 베드로후서 1장 10절로 눈을 돌려 봅시다. "그러므로 형제들아 더욱 힘써 너희 부르심과 택하심을 굳게 하라 너희가 이것을 행한즉 언제든지 실족하지 아니하리라." 문맥을 보면, 베드로는 지금 믿는 사람들에게 성화의 삶을 권하고 있습니다. 믿는 사람들은 이런 삶을 실천함으로 주 예수 그리스도의 은혜와 그를 아는 지식에서 자라 갈 것입니다(벧후 3:18). 따라서 누군가가 부르심과 택하심을 확신하는 것은 성화와 밀접한 관련이 있습니다. 이 본문은 구원을 확신하는 데서 성화의 중요성을 보여 줍니다. 성화는 이 확신을 낳는 것이 아니라, 확증합니다.

가장 좋은 증거는 요한일서 3장 11-24절에서 나옵니다. 여기서 사도는 많은 은혜의 표지를 언급할 뿐 아니라, 이 표지에서 어떤 결론을 이끌어 냅니다. 사도는 14절에서 이렇게 잘라 말합니다. "우리는 형제를

사랑함으로 사망에서 옮겨 생명으로 들어간 줄을 알거니와." 18-19절
에서는 이렇게 권고합니다. "자녀들아 우리가 말과 혀로만 사랑하지
말고 행함과 진실함으로 하자 이로써 우리가 진리에 속한 줄을 알고
또 우리 마음을 주 앞에서 굳세게 하리니."

　이런 표지나 증거가 삶에서 나타나는 것을 볼 때, 믿는 사람의 통회
하는 마음은 용기와 위로를 얻습니다. 이어서 사도는 "이는 우리 마음
이 혹 우리를 책망할 일이 있어도 하나님은 우리 마음보다 크시고 모든
것을 아시기 때문이라"(20절)고 말합니다. 이것이 무슨 말입니까? 베드
로의 경우가 좋은 예입니다. 베드로가 그리스도를 부인하고 나서, 베
드로의 마음은 베드로를 책망했습니다. 그래서 구주께서 베드로에게
세 번이나 "네가 나를 사랑하느냐?"고 물으셨을 때, 베드로는 감히 사
랑한다고 말할 용기가 없었습니다. 하지만 모든 것을 아시는 주님이
베드로의 위로였습니다. 그래서 베드로는 주님께서 모든 것을 아심에
호소했습니다. "주님 모든 것을 아시오매 내가 주님을 사랑하는 줄을
주님께서 아시나이다"(요 21:17). 다른 말로 하면, "제 끔찍한 죄 때문에
제 마음이 저를 정죄한다고 해도, 제 마음은 주님 앞에 열려 있나이다.
주님께서는 우리가 사랑하는 관계임을 아시나이다. 저는 이 사실을 부
인할 수도 없고, 부인해서도 안 되나이다. 이것은 주님 자신의 일이옵
나이다."

　이런 구절들은 성경이 믿음의 참되고 진실함을 확증하는 수단으로
은혜의 표지를 인정한다는 사실을 보여 줍니다. 이제 신앙고백서로 눈
을 돌려 봅시다.

　벨직 신앙고백 29항은 참된 신자임을 알 수 있는 몇 가지 표지를 언
급합니다. 곧, 믿고, 그리스도만을 구주로 받아들이고, 죄를 피하고,
의를 좇는 것과 같은 표지들입니다. 하이델베르크 교리문답도 믿음의

열매와 구원의 확신이 관련 있다고 보고 있습니다. "우리는 왜 여전히 착한 일을 해야 합니까? 사람은 저마다 그 열매로 자기 믿음에 확신을 얻을 수 있기 때문입니다"(32주일 86문답). 아브라함 카이퍼는 32주일과 관련해 재밌는 말을 했습니다. 카이퍼에 따르면, 여기서 말하는 착한 일은 자기희생의 위대한 행위나 그밖에 사람이 자랑할 수 있는 다른 행실과 큰 관련이 없고, 도리어 마음이 상하고, 주님의 위엄 앞에 낮아지고, 의에 굶주리는 것과 같은 내면의 활동과 관련이 있습니다. 카이퍼는 이런 내면의 활동이 사람들에게 보이지 않는다는 바로 그 이유 때문에, 뭇사람 앞에서 행하는 일보다 믿음의 진실성을 더 강력히 보증한다고 말합니다.

도르트 신조 첫째 교리 12항도 중요합니다. 여기서 우리는 완벽한 실천 삼단논법을 볼 수 있습니다.

> 택함 받은 자들은 하나님의 때에 자신들의 영원하고 변함없는 선택에 대해 비록 단계가 다양하고 정도가 다르지만 확신을 얻는다. 이 선택의 확신은 하나님의 비밀스럽고 깊고 오묘한 것들을 호기심으로 파고들어 감으로 얻는 것이 아니라, 하나님의 말씀에 나타난 틀림없는 선택의 열매들, 곧 그리스도를 믿는 참된 믿음, 자녀로서 갖는 하나님에 대한 경외심, 죄에 대한 거룩한 슬픔, 의에 목마르고 굶주림과 같은 것들을 신령한 기쁨과 거룩한 즐거움과 함께 자기 안에서 관찰함으로 얻는다(다섯째 교리 10항[22]도 보십시오).

이처럼 우리는 성경과 우리의 신앙고백을 놓고 볼 때, 실천 삼단논법이라고 하는 것이 설교와 목회 사역에서 알맞은 자리를 차지하고 있음을 알 수 있습니다. 하지만 너무 큰 자리를 주지 않도록 조심합시다. 제 말은 실천 삼단논법이 먼저 와서는 안 되고, 두 번째로 와야 한다는 것입니다. 믿음, 곧 세례 때 우리에게 표시되고 인 쳐지는 복음의 약속을 믿는 믿음이 먼저 옵니다.

몇몇 선조들이 은혜의 표지를 강조하는 데서 가끔가다 도를 넘은 것은 사실입니다. 이 때문에 죄인들은 예수 그리스도와 그분이 다 이루신 사역을 유일한 터로 의지하는 대신에, 온갖 주관적 논증과 결론 위에 자기 소망을 쌓을 위험이 있었습니다.

당대 최고 신학자 가운데 한 사람인 콤리Alexander Comrie는 이 위험을 아주 똑똑히 봤습니다. "저는 예수님께 대한 갈망과 굶주림과 목마름이 믿음의 첫째 원리라고 굳게 믿습니다. 하지만 이런 표지를 진리 안에서 발견할 때마다, 죄인은 이것을 의지할 근거로 삼지 않고, 오히려 이 것 때문에 날로 가난해집니다." 이런 죄인에게 필요한 것은 예수님 자신께로 인도받고 시간과 영원을 위해 예수님을 영접하는 일입니다.

이것이 우리를 마지막 요점으로 인도합니다.

근심하는 영혼을 어떻게 근거가 충분한 확신으로 인도할 것인가

여기서 기본 원리는 우리의 설교와 목회 사역에서 언제나 죄인이 복음의 약속을 바라보게 해야 한다는 것입니다. 이것은 객관적 근거입니다. 객관적이라는 말은 우리 밖에 있다는 말입니다. 오직 그리스도만이 소

---

22) 하지만 이 확신은 하나님의 말씀을 거스르거나 하나님의 말씀과 상관없는 사사로운 계시로 생기는 것이 아니라, 하나님께서 우리를 위로하시려고 하나님의 말씀에 지극히 풍성하게 나타내신 하나님의 약속을 믿는 데서 생겨난다. 또한 우리의 영과 더불어 우리가 하나님의 자녀이고 상속자인 것을 증언하시는 성령의 증거에서 생겨나고(롬 8:16-17), 마지막으로 선한 양심과 선한 일을 간절하고 거룩하게 사모하는 데서 생겨난다. 하나님께 택함 받은 자들이 마침내 승리하리라는 이 견고한 위로와 영원한 영광에 대한 이 틀림없는 보증을 이 세상에서 갖지 못한다면, 이들은 모든 사람 가운데 가장 불쌍한 사람일 것이다.

망의 터이시기 때문에, 확신의 참된 근거는 언제나 우리 밖에서만 볼 수 있습니다. 그러면서도 우리는 여전히 우리 안을 살펴봐야 합니다. 왜 그렇습니까? 확신의 근거나 터가 우리 밖에 있다고 하더라도, 우리가 이 터를 딛고 서 있는지 보려면 우리 안을 살펴봐야 하기 때문입니다. 많은 사람이 이 요점을 반대하면서, 우리가 약속의 말씀이 소망의 안전하고 충분한 근거가 아니라는 뜻을 내비친다고 생각합니다. 하지만 앞에서 말했다시피 오직 하나님의 말씀만이 확신의 근거라고 해도, 성령님께서는 말씀을 소망의 객관적 근거로만 쓰시지 않고, 우리 믿음을 시험하는 주관적 방편으로도 쓰십니다. 우리는 우리에게 확신을 주는 성경만 있으면 됩니다. 하지만 성경의 모든 것이 필요합니다. 제 말뜻은 이것입니다. 우리가 그저 믿고 구원받아야 한다고 분명히 선언하는 바로 그 성경이 또한 진짜로 믿는다는 것이 무엇인지 분명히 설명해 준다는 사실입니다. 또 바로 그 성경이 우리 믿음을 시험하는 방법을 보여 주며, 우리 믿음이 진짜인지 가짜인지 확실히 알 수 있는 방법을 보여 줍니다. 믿음은 시험대에 올라야 합니다. 우리 마음은 재판을 받는 대상이기 때문에, 재판관이 될 수 없습니다.

우리는 성경 말씀에 비추어 우리 마음을 살펴봐야 합니다. 많은 사람이 이것을 회피하고, 거짓된 소망에 매달려 무지 가운데 살기를 더 좋아합니다. 번연John Bunyan의 『천로역정』(크리스챤다이제스트)에 나오는 무지의 사례는 오늘날 신앙을 고백하는 수많은 그리스도인의 특징을 아주 똑똑히 보여 줍니다. 크리스천과 무지가 나눈 이야기에 잠깐 귀 기울여 봅시다.

크리스천: 그동안 어떻게 지내셨어요? 하나님과 당신 영혼의 관계는 어떤가요?

무　　지: 좋은 것 같아요. 걸어오는 내내 마음속에 좋은 생각이 떠올라
　　　　 서 위로를 받았거든요. 온통 그 생각뿐이었어요.

크리스천: 어떤 좋은 생각이요? 말해 주시겠어요?

무　　지: 물론 하나님이랑 천국 생각이죠.

크리스천: 그런 생각은 귀신이나 지옥에 있는 영혼도 해요.

무　　지: 하지만 저는 그냥 생각만 하는 게 아니라 원하기까지 하는 걸요?

크리스천: 천국에는 얼씬도 못할 것 같은 사람들도 많이 그래요. 하지만 게
　　　　 으른 사람은 마음으로 원해도 얻지 못한다고 했죠(잠 13:4).

무　　지: 하지만 전 하나님과 천국을 얻으려고 모든 것을 버렸는데요?

크리스천: 믿기 힘들군요. 가진 것을 모두 버리는 것은 정말 어려운 일이
　　　　 니까요. 사람들이 알고 있는 것보다 훨씬 어려운 일이죠. 그런
　　　　 데 어쩌다가 하나님과 천국을 위해 다 버렸다고 생각하게 되
　　　　 었죠? 무슨 증거가 있나요?

무　　지: 제 마음이 그렇게 말해요.

크리스천: 지혜자는 자기 마음을 믿는 사람은 미련하다고 했어요(잠
　　　　 28:26).

무　　지: 그건 악한 마음을 가리켜 한 말이죠. 제 마음은 선해요.

크리스천: 그걸 어떻게 증명할 수 있죠?

무　　지: 제 마음은 제가 천국에 이르리라는 위로와 확신을 주거든요.

크리스천: 마음의 속임으로도 얼마든지 그럴 수 있어요. 사람의 마음은
　　　　 뭔가를 소망할 때 그 소망이 이루어지리라고 기대할 근거가 전
　　　　 혀 없는데도 위로를 줄 수 있거든요.

무　　지: 하지만 제 마음과 삶은 일치하는 걸요? 그러니까 제 소망의 근
　　　　 거는 충분해요.

크리스천: 누가 마음과 삶이 일치한다고 말해 줬나요?

무   지: 제 마음이요.

크리스천: 마음이 그렇게 말해 줬다고요? 이 문제에서 하나님의 말씀이
         증언하는 것 말고 다른 증언은 소용없어요.

불쌍한 무지가 확신을 얻었지만, 이것은 거짓된 확신이었습니다. 크리
스천은 뒤이어 무지에게 자기 마음을 시험하는 방법에 대해 묻고 답하
지만, 무지는 화를 냅니다. 무지는 자신의 진짜 상태는 전혀 모른 채
하나님께서 자신을 받으셨다고 온전히 확신하며 즐거이 자기 길을 걸
어갑니다. 심지어 아무 탈 없이 강을 건너고, 헛된 소망이라고 하는 뱃
사공에게 고맙다는 인사까지 합니다. 무지가 천성으로 들어가는 문에
이르자, 그곳을 지키는 사람들은 무지에게 왕에게 가져다 보여 줄 증
서가 있느냐고 묻습니다. 무지는 그런 것이 있는지 품속을 뒤져보지
만 아무것도 찾지 못합니다. 무지는 머릿속에 약속에 대한 커다란 지식
을 가지고 있었지만, 자기 마음과 내면의 증거를 살피려 하지 않았습니
다. 번연의 책 마지막 줄에는 이렇게 적혀 있습니다. "그때 나는 지옥으
로 가는 길이 멸망의 도시에서만 있는 것이 아니라 천국 문에서도 있다
는 사실을 알았다."

교훈은 분명합니다. 객관적 확신은 주관적 검증을 필요로 합니다.
객관적인 확신에서나 주관적인 확신에서나 하나님의 말씀은 시험하는
도구이고, 성령님은 증인이자 재판관이십니다.

우리에게 구원 얻는 참된 믿음이 있는지 우리는 어떻게 알 수 있습니
까? 사도 요한은 자신의 첫 번째 서신에서 아주 분명하게 답합니다.
"우리가 그의 계명을 지키면 이로써 우리가 그를 아는 줄로 알 것이요
그를 아노라 하고 그의 계명을 지키지 아니하는 자는 거짓말하는 자요
진리가 그 속에 있지 아니하되"(요일 2:3-4).

구원받았다는 말만으로는 부족합니다. 그 말은 맞을 수도 있고 틀릴 수도 있습니다. 이것은 다만 우리가 율법과 어떤 관계에 있는지에 달려 있습니다. 하나님께서 죄인들과 하시는 논쟁은 죄인들이 예수 그리스도가 주후 33년에 십자가에 못 박히셨다는 것을 비롯한 다른 역사의 사실들을 믿을 것인가로 끝나지 않습니다. 하나님의 진노는 진리에 복종하지 않는 사람들의 모든 경건하지 않음과 불의에 대해 나타납니다(롬 1:18). 우리는 하나님과 하나님의 율법을 거역한 자입니다. 우리는 다 일부러 율법을 어기고 곁길로 빠졌습니다. 육신의 생각이 하나님과 원수가 되는 것은 하나님의 법에 굴복하지 않기 때문입니다(롬 8:7). 그러니까 성령님께서 이런 거역함과 적대감을 없애 주시고 우리 생각과 마음을 바꿔 주시는 것은 구원의 본질에 속하는 일입니다. 이런 일이 실제로 일어났다는 증거는 요한복음 3장 16절이 진리라고 믿는다고 말하는 데 있지 않습니다. 우리는 우리의 믿음이 이 열매(믿음에 반드시 뒤따르는 열매)를 맺었는지 보기 위해 우리의 마음과 체험을 시험해야 합니다. 우리는 성령님께서 우리 마음에 우리가 그리스도의 것임을 증언하신 적이 있는지 스스로 물어야 합니다.

성령님의 증언이 무엇입니까? 토머스 왓슨Thomas Watson은 이렇게 말합니다. "이것은 입에서 나오거나 귀로 들을 수 있는 소리가 아닙니다. 천사나 계시의 도움으로 우리에게 오는 것도 아닙니다. 확신은 실천 삼단논법에 있습니다. 여기서 하나님의 말씀은 대전제를 이루고, 양심은 소전제를 이루며, 하나님의 성령께서 결론을 내리십니다." 말씀은 이렇게 말합니다. '하나님을 경외하고 사랑하는 자는 하나님의 사랑을 받느니라.' 이것이 대전제입니다. 양심은 소전제를 이룹니다. '나는 하나님을 경외하고 사랑한다.' 그런 다음 성령님께서 결론을 내리십니다. '그러므로 너는 하나님의 사랑을 받느니라.' 왓슨은 성령님의 이런 증언이 반드시 마음의 틀에 생기를 불어넣거나 감정의 체험을 낳는 것은 아니라고 강조합니다. 하지만 성령님께서는 그 거룩하게 하시는 능력으로 우리 마음속에 신성한 성품을 주입하십니다.

그러니까 성화는 확신의 열쇠입니다. 우리가 그리스도와 그리스도의 말씀에 더 가까이 살면 살수록, 우리는 더욱 믿음의 확신을 얻을 것입니다.

끝으로, 성경과 더불어 확신을 가장 잘 다룬 몇 권의 책을 연구하라고 권하고 싶습니다. 토머스 브룩스의『지상에서 누리는 천국』(지평서원)이나 존 번연의『천로역정』같은 책들은 우리 믿음의 본질과 관련해 영적인 어려움 가운데 있는 우리를 인도하는 데 아주 뛰어난 책입니다. 이 책들은 우리의 '무지'와 '거만'이 드러나도록 돕겠지만, 또 '적은 믿음'과 '넘어짐'을 격려할 것입니다.

번연은 적은 믿음이 '겁쟁이'와 '불신'과 '죄책감'이라고 하는 세 형제에게 어떻게 확신(생활비)을 빼앗겼는지 적고 있습니다. 하지만 적은 믿음은 자기가 가진 보석은 잃어버리지 않았습니다. 소망은 적은 믿음을 또 다른 에서로 여겼지만, 크리스천은 이렇게 말합니다. "형제는 아직도 머리에 껍데기를 뒤집어쓰고 있는 새끼 새처럼 말하는군요." 이어서 크리스천은 믿음이 적은 것과 없는 것은 다르다고 설명해 갑니다.

우리도 가끔 머리에 이런 껍데기를 뒤집어쓰고 있습니다. 그래서 약한 믿음이 아무리 심각한 문제가 있어도 참된 믿음일 수 있음을 보지 못합니다. 신령한 삶을 판단하는 일은 직분자와 목사에게 늘 아주 어려운 일입니다. 누군가는 이렇게 말했습니다. "괴로워하는 사람을 위로하고 평안한 사람을 괴롭히는 것은 어려운 일입니다." 평안함이 모자라면 참되지만 약한 믿음은 모든 확신을 빼앗길 것이고, 불안함이 모자라면 거짓된 확신을 낳을 것입니다. 두 극단이 다 잘못된 것이지만,

뒤의 경우가 더 위험합니다. 확신이 없어도 믿음이 참되다면 천국에 이르겠지만, 참된 믿음 없이 확신이 넘치면 멸망할 것이기 때문입니다. 넘치도록 확신하지만 완전히 잘못 판단하는 것보다, 많은 의심을 거쳐 참된 것을 갖는 것이 낫습니다. 고뇌와 불확실 속에서 죽음의 강을 건넌 크리스천과 헛된 소망의 배를 타고 죽음의 강을 건넌 무지를 견주어 보는 것은 흥미로운 일입니다.

물론 마치 그리스도인이 천국으로 가는 길이 두렵고 떨림으로 가는 길밖에 없는 것처럼 이것을 표준으로 삼고 싶지는 않습니다. 많은 사람이 승리의 함성으로 천국에 들어갔습니다. 하지만 번연은 '거만'이라는 커다란 위험에 대해 우리에게 경고하고 싶어했습니다. 아, 근거가 충분한 확신에 이르기를 구합시다. 아무것도 이런 확신과 견줄 수 없습니다. 이것은 실로 이 땅에서 누리는 천국입니다.

1 믿음의 확신에 대한 종교개혁자들과 청교도들의 견해는 어떻게 달랐습니까?

2 이들은 왜 달라졌습니까?

3 실천 삼단논법이란 무엇입니까?

4 은혜의 표지에 근거를 둔 이 실천 삼단논법에 대해 우리는 어떻게 말해야 할까요? 마태복음 12장 33절, 고린도후서 13장 5절, 베드로후서 1장 10절, 요한일서 3장 11-24절을 읽어 봅시다. 그리고 벨직 신앙고백 29항, 하이델베르크 교리문답 86문답도 읽어 보고 나서, 나눠 봅시다.

5 『도르트 신조 강해』78-94쪽과 420-434쪽을 읽고, 더 깊이 공부하고 나눠 봅시다.

6 근심하는 영혼을 어떻게 근거가 충분한 확신으로 인도할 수 있을까요? 우리 영혼을 돌아보고, 합심하여 은혜를 구합시다.

7 크리스천과 무지의 대화를 읽어 봅시다. 각자 자신을 되돌아본 뒤, 나눠 봅시다.

8 우리에게 구원 얻는 참된 믿음이 있는지 어떻게 알 수 있습니까? 요한일서 2장 3-4절과 토머스 왓슨의 말을 읽고 나서, 나눠 봅시다.

9 누군가 "당신은 지금 죽어도 하나님의 품에 안길 수 있습니까?"라고 묻는다면, 어떻게 대답하겠습니까? 이 장을 읽기 전에는 어떻게 대답했습니까? 이 장을 읽고 나서 대답에 달라진 점이 있습니까?

10 토머스 브룩스의 『지상에서 누리는 천국』을 읽고 나눠 봅시다.

11 존 번연의 『천로역정』을 읽고 나눠 봅시다.

12 우리 영혼을 돌아보고, 근거가 충분한 확신에 이르기를 구합시다.

13 이 장을 읽으면서 하나님께서 깨닫게 해주신 것과 베풀어 주신 은혜를 생각 하며 감사합시다. 또 깨달아 배우고 확신한 일에 거할 수 있게 해달라고 기 도합시다.

3장

존재와 행함 [23)]

삶이란 더 활발한 사람과 그렇지 않은 사람이 있게 마련입니다. 쉴 새 없이 움직이고, 하는 일이 하나라도 없으면 불행해하는 사람이 있습니다. 그런가 하면 어떤 사람은 더 조용하고 사색하는 삶을 좋아합니다. 이 둘은 교회 안에서도 볼 수 있는데, 안타깝게도 언제나 서로 잘 어울리지를 못합니다. 활발한 사람들은 더 느긋하고 생각이 깊은 자신의 형제자매를 게으르고 수동적이라고 자꾸 비난합니다. 반면에 느긋한 사람들은 활발한 사람들의 활동에 '육에 속한 열심'이나 '행위 의'라는 꼬리표를 붙이려고 합니다. 이런 두 유형의 사람들에게서 쉽게 나타날 수 있는 이런 갈등을 대표하는 사례가 바로 누가복음 10장에 기록된 마르다와 마리아 이야기입니다.

---

23) 「메신저」 1995년 10월 호에 실린 글.

특별한 방문

예수님께서 베다니에 있는 두 자매의 집에 찾아오셨을 때, 마르다는 준비하는 일이 많아 마음이 분주했고, 동생인 마리아는 예수님의 발치에 앉아 있었습니다(눅 10:39-40). 안주인인 마르다는 저녁을 준비하느라 정신이 없었지만, 마리아는 가만히 앉아 예수님의 말씀을 들었습니다. 마리아는 아마 잠깐 마르다를 도왔을 것입니다. 하지만 예수님께서 말씀하시는 소리가 들리자, 이내 자질구레한 집안일에 흥미를 잃고 자기 언니와 솥과 냄비를 내버려 둔 채 자기 주인의 발치에 자리를 잡았습니다.

두 자매가 다 예수님을 사랑했지만, 사랑을 표현하는 방식이 달랐습니다. 마르다는 부엌에서 하는 일을 과시함으로, 마리아는 차분히 앉아 영생의 말씀을 들음으로 예수님을 향한 사랑을 보여 주었습니다. 이런 두 가지 표현과 태도를 모두 교회 안에서 볼 수 있고, 둘은 저마다 알맞은 자리가 있습니다. 둘 모두에게 성령님의 바로잡으시고 인도하시는 능력이 필요합니다. 그렇지 않으면 둘 다 잘못된 방향으로 나아갈 것이기 때문입니다. 사랑하는 마음에서 우러나온 마르다의 섬김은 쉽게 행위 의나 육에 속한 열심이 될 수 있습니다. 마찬가지로 마리아의 감성과 경건도 자칫 잘못하면 그릇된 수동성에 빠지거나 세상에서 그리스도인으로 부르신 것을 부인하는 데로 나아갈 수 있습니다.

엇나간 섬김

하지만 교회 안에 있는 마르다들에게는 또 다른 위험이 있습니다. 곧, 교만과 조바심입니다. 하나님의 은혜로 하나님 나라에서 많은 일을 할 수 있게 된 사람들이 가끔가다 저지르는 잘못이 바로 이것입니다. 이들은 자신들이 주님을 위해 얼마나 많은 일을 하고 있는지 볼 때, 자기들 생각에 일은 제대로 하지도 않으면서 기도하는 데만 시간을 쏟는 사람들에게 화를 냅니다. 이들은 '기도하고 일하는 것은 좋다. 하지만 하던 일은 확실히 마무리 짓자'는 식으로 이 문제를 바라봅니다. 마르다도 이 덫에 걸렸습니다. 마르다는 예수님의 발치에 가만히 앉아 있는 마리아를 보고 화가 났습니다. 더는 견딜 수 없었던 마르다는 거실로 뛰어가 예수님을 마주 보고 불쑥 이렇게 말했습니다. "주여 내 동생이 나 혼자 일하게 두는 것을 생각하지 아니하시나이까 그를 명하사 나를 도와주라 하소서"(눅 10:40).

솔직해집시다. 우리는 마르다의 말에 공감하지 않습니까? 어쨌든 누군가는 이 일을 해야 합니다. 누군가는 먹을 것을 준비해야 합니다. 왜 마르다 혼자 다 해야 합니까? 이 이야기를 읽을 때 우리는 이런 식으로 반응하려는 경향이 있습니다. 하지만 이것은 잘못된 생각입니다. 우리는 겉모습으로 너무 많은 것을 판단합니다. 그러나 주님께서는 마음을 보십니다. 주님께서는 마르다의 머릿속에서 무슨 일이 일어나고 있는지 아셨습니다. 마르다의 비난이 근거 없음을 아셨습니다. 마르다의 잘못은 주님을 섬기려면 무조건 자기처럼 해야 한다고 생각한 데 있었습니다. 마르다는 마리아가 자기처럼 식사를 준비하는 일로 들뜨고 바쁘기를 바랐습니다. 마리아가 그저 궂은일은 안 하려고 예수님 발치에 앉아 있었다면, 꾸지람을 들어도 쌌을 것입니다. 주님께서도 틀림없이 마리아를 혼내셨을 것입니다. 하지만 사실은 그렇지 않았습니다. 마리아는 마르다를 도와 식사 준비를 했지만, 이제 그 일에는 시간을 쓸 만큼 썼다고 느꼈습니다.

예수님께서는 틀림없이 자신이 언제 찾아가실지 미리 알려 주셨을 것입니다. 우리는 예수님이 열두 제자를 데리고 자기 친구 집에 느닷없이 들이닥치셨다고 생각해서는 안 됩니다. 누가복음 9장 52절, 10장 1절,

22장 8절과 같은 구절을 보면, 우리 주님께서는 늘 습관처럼 미리 사자를 보내서 자기를 맞을 준비를 할 수 있게 하셨습니다. 예수님께서는 아주 사려 깊으셨기 때문에, 어느 누구도 제대로 통보받지 못하고 그런 큰 무리의 식사를 준비해야 하는 곤란한 상황에 빠뜨리지 않으셨을 것입니다.

마르다와 마리아는 예수님과 제자들을 맞을 준비가 되어 있었습니다. 그러니까 마무리만 빼면 이제 식사 준비는 다 되었고, 마르다는 지금쯤 마리아와 함께 자기 주인의 발치에 앉아 있어야 했습니다. 그런데 마르다는 아직 부엌을 떠날 수가 없었습니다. 이것저것 살펴보고 모든 일이 빠짐없이 제대로 되었는지 확인해야 했습니다. 마르다는 준비하는 일이 많아 마음이 분주했지만, 조금 엉뚱한 곳에 힘을 썼습니다. 마르다는 도를 지나쳤습니다.

예수님께서는 정성스러운 식사를 대접받으시려고 자기 친구 집에 가신 것이 아니었습니다. 간단한 요리도 괜찮았을 것입니다. 그래서 주님께서는 마르다를 꾸짖으셨습니다. "마르다야 마르다야 네가 많은 일로 염려하고 근심하나 몇 가지만 하든지 혹은 한 가지만이라도 족하니라 네가 내 육신의 필요를 돌보고 싶어하나 내가 네 영혼의 필요를 돌보는 것이 훨씬 중요하노라 내가 네 집에 온 것은 하늘에서 온 떡을 주려 함이라 이 떡은 마리아가 앉아 있는 내 발치에서만 받게 되노라 마리아는 이 좋은 편을 택하였으니 빼앗기지 아니하리라"(눅 10:41-42 참고).

이것은 마르다뿐 아니라 마르다와 같은 마음을 가진 모든 사람에게 필요한 책망입니다. 요즘에는 온갖 활동과 기획에 참여하지 않는 한 좋은 그리스도인이 될 수 없어 보입니다. 존재보다는 행함을 강조합니다. 오늘날 기독교는 균형과 조화가 모자랍니다. 많은 고백하는 그리스도인이 내면생활, 곧 주님과 교제하는 삶을 거의 또는 아예 모릅니다. 어떤 사람은 "오늘날 교회가 경건devotion이 아니라 소란commotion을 강조한다"고 썼습니다. 이런 종교행동주의는 복음주의 안에서 벌써 상당히 오랫동안 설교되어 왔고, 그래서 누구도 감히 그 건전성에 의문을 제기하지 못하는 상황입니다. 끊임없이 활동하지 않는 한, 여러분의 영적 상태는 의심을 받습니다. 물론 이런 미친 듯한 활동은 대체로 그 의도가 선합니다. 사람들은 자신들이 이런 식으로 주님의 일을 섬기고 있으며, 이 모든 일에서 자신들이 매우 진실하다고 생각합니다. 하지만 진실하게 잘못할 수는 없을까요? 예수님께서 여기서 마르다에서 하신 말씀을 오늘날 예수님을 따르는 많은 제자도 들어야 합니다. "너희가 많은 일로 염려하고 근심하나 몇 가지만 하든지 혹은 한 가지만이라도 족하니라 너희는 마리아와 함께 내 발치에 앉아야 하노라 마리아는 이 좋은 편을 택하였으니 빼앗기지 아니하리라"(눅 10:41-42 참고).

예수님의 발치에 앉음

우리는 예수님의 발치에서 우리의 큰 선지자요 선생이신 그분께 하나님 나라의 비밀을 배웁니다. 거기서 무지한 죄인들에게 구원의 길이 설명됩니다. 우리가 먼저 주님께 배우지 않는 한, 주님을 위해 뭔가를 하려는 노력은 모두 부질없는 일입니다. 예수님께서는 언젠가 자기 백성에 대해 이렇게 말씀하셨습니다. "그들이 다 하나님의 가르치심을 받으리라"(요 6:45). 구원받은 사람은 누구나 다 하나님의 가르치심을 받습니다. 이들은 하나님께서 거룩하시고 의로우신 분이심을 알게 되고, 자신들이 불쌍하고 잃어버린 죄인임을 알게 됩니다. 또 예수 그리스도께서 길이요 진리요 생명이심을 알게 됩니다. 이것이 해야 할 한 가지 일이기 때문에, 주님을 기쁘시게 할 열매를 맺는 길도 이 길밖에는 없습니다.

마르다는 자신의 발을 의지함으로만 주님을 섬길 수 있다고 생각했습니다. 하지만 예수님께서는 아니라고 하십니다. 자기 발치에 앉아야만 자기를 섬기는 법을 배울 수 있다고 말씀하십니다. 마리아는 그렇게 했습니다. 우리는 그리스도께서 죽으시기 바로 전에 마리아가 예수님의 발에 값비싼 향유를 부음으로 위대한 사랑의 행동을 한 것을 봅니다. 마리아는 어떻게 이런 사랑의 희생을 할 수 있었습니까? 예수님께서 누구신지 충분히 배울 만큼 예수님의 발치에 오래 있었기 때문입니다. 마리아는 거기서 예수님이 자기 목숨을 바쳐 자기 백성을 그 죄에서 구원하시려고 오신 하나님의 아들이심을 배웠습니다. 오직 마리아만이 예수님의 메시아 사역이 지닌 참뜻을 이해했습니다. 그 무렵에는 어떤 제자도 이 사실을 꿰뚫어 보지 못했습니다.

여기서 우리는 주님을 섬길 것인가 아니면 주님의 발치에 앉을 것인가가 쟁점이 아님을 보게 됩니다. 오히려 문제는 우리가 주님께서 받으실 만하게 주님을 섬기는 법을 어디서 어떻게 배우는가 하는 데 있습니다. 성경의 순서는 이것입니다. 먼저 예수님의 발치에 앉고, 그런 다음 일어나 섬깁니다. 예수님과 맺어진 이런 친밀한 인격 관계가 없다면, 교회는 죽을 것입니다. 그저 바쁘다는 것이 살아 있음을 나타내지는 않습니다. 아무리 시끌벅적해도, 그것이 영적으로 살아 있다는 증거는 못 됩니다. 그것은 에스겔이 마른 뼈의 골짜기에서 들었던 것처럼 그저 죽은 뼈들이 맞춰질 때 나는 요란한 소리에 지나지 않을 수 있습니다(겔 37:7). 교회의 생명은 그리스도 안에서 하나님과 하는 교제에 달려 있습니다. "여호와의 친밀하심이 그를 경외하는 자들에게 있음이여 그의 언약을 그들에게 보이시리로다"(시 25:41). 주님과 하는 이 교제는 다음과 같이 기도하는 법을 배운 겸손한 영혼만이 체험할 수 있습니다.

여호와여 주의 진리의 도를 내게 가르치소서

내가 그것을 떠나지 아니하리이다

내게 깨닫는 마음을 주소서

내가 한결같이 지키리이다

나로 주의 계명의 길로 행하게 하소서

주의 율법은 내 즐거움이니이다

내게 주의 뜻을 사랑하는 마음을 주시고

시기와 불평에서 벗어나게 하소서(시 119:33-36).[24]

마르다에게는 이 마지막 줄에 문제가 있었습니다. 마르다는 자기 동생을 볼 때 그 마음에 시기와 불평이 가득했습니다. 그래서 예수님께서는 마르다의 섬김을 받으실 수 없었고, 마르다를 사랑으로 꾸짖으셔야 했습니다.

받음과 섬김

우리 가운데도 마르다와 마리아가 있습니다. 남자로 말하자면, 베드로와 요한이 있습니다. 이들은 언제나 서로 잘 맞지 않고, 서로를 의심하기까지 할 때도 있을 것입니다. 하지만 둘 다 주님을 사랑하고, 더 중요한 것은 주님께서 둘을 모두 사랑하신다는 사실입니다. 그렇지만 마르다는 여전히 잘못하고 있었습니다. 그날 마르다의 섬김은 그리스

---

24) 325:1-2, in *The Psalter: with responsive readings*(United Presbyterian Board of Publication, 1912).

도와 교제한 데서 나온 열매가 아니었기 때문입니다. 주님께서는 그런 섬김을 받으실 수 없습니다. 하지만 마르다는 믿는 사람이었습니다. 마르다가 자기 오라비 나사로의 무덤에서 한 말을 보면 이 사실을 알 수 있습니다. 거기서 마르다는 "주는 그리스도시요 세상에 오시는 하나님의 아들이신 줄 내가 믿나이다"(요 11:27) 하고 고백했습니다.

하지만 그리스도의 교회 안에는 자신이 주님의 제자라고 생각하지만 주님의 제자가 아닌 사람도 많습니다. 왜 그렇습니까? 이 사람들은 마르다와도, 마리아와도 공통점이 없기 때문입니다. 이들은 준비하는 일이 많아 분주하지도 않고, 주님의 발치에 앉아 있지도 않습니다. 주님을 섬기려 하지도 않고, 주님께 섬김을 받으려 하지도 않습니다. 이런 '신앙고백자'는 모두 사도 바울의 말을 기억해야 합니다. "만일 누구든지 주를 사랑하지 아니하면 저주를 받을지어다 우리 주여 오시옵소서"(고전 16:22).

1 누가복음 10장 38-42절을 읽어 봅시다.

2 우리도 마르다처럼 '주님을 섬기려면 무조건 나처럼 해야 한다'고 생각하
   거나 종교행동주의에 빠져 있지는 않은지 돌아보고, 나눠 봅시다.

3 혹시 우리는 마리아처럼 예수님의 발치에 앉아 있기만 하는 자들은 아닌
   지 돌아보고, 나눠 봅시다.

4 우리는 예수님의 발치에 앉고, 그런 다음 일어나 섬기는 자인지 돌아봅시다.

5 각자 예수님과 맺어진 친밀한 인격 관계가 있는지 나눠 봅시다. 있다면
   어떻게 교제하고 있는지, 그리고 그 풍성한 은혜를 나눠 봅시다. 친밀한
   인격 관계가 이루어져 있지 않다면, 먼저 예수님의 발치에 앉아 예수님께
   배우는 데 시간을 들입시다.

6 교회 안에 있는 마르다와 마리아를 우리는 어떻게 이해하고, 나아가 돕
   고 격려할 수 있을까요? 함께 고민해 보고 나눠 봅시다.

7 그리스도의 교회 안에서 자신이 주님의 제자라고 생각하지만 실상은 주
   님의 제자가 아닌 사람들이 기억해야 할 말씀을 읽어 봅시다. 갈라디아서
   5장 6절도 읽어 봅시다. 이 외에 이들의 영혼을 위해 나눌 수 있는 말씀을
   더 찾아보고 나눠 봅시다.

8 이 장을 읽으면서 하나님께서 깨닫게 해주신 것과 베풀어 주신 은혜를 생각
   하며 감사합시다. 또 깨달아 배우고 확신한 일에 거할 수 있게 해달라고 기
   도합시다.

4장
성화 또는 행위 의 [25)]

개신교인이라면 누구나 칭의 교리가 중요하다는 데 찬성하고, 그 가운데 많은 사람은 '교회를 서게도 하고 넘어지게도 하는 조항'이라고 한 루터의 주장에 맞장구치기까지 할 것입니다. 오직 믿음으로 말미암아 오직 은혜로 구원을 받는다는 이 교리는 우리 자유개혁교회에서도 아주 소중히 여기는 성경의 개념입니다. 하지만 우리는 정말 이 개념을 이해하고 있습니까? 이것이 그리스도인의 삶에서 어떤 뜻을 담고 있는지 알고 있나요? 저는 우리 가운데 많은 사람이 특별히 성화와 관련해 칭의의 정확한 뜻을 정의하라고 하면 제대로 된 답을 내놓기 힘들어할까 봐 걱정됩니다.

---

25) 「메신저」 1994년 6월 호에 실린 글.

젊은 그리스도인의 순진함

이 관계를 놓고 가장 흔히 잘못 생각하는 것 가운데 하나는, 칭의는 하나님이 홀로 하시는 일이라고 바르게 보면서 성화는 하나님이 도우시긴 하지만 거의 사람이 하는 일로 여기는 것입니다. 여기서 나타나는 위험은 사람이 할 일이 너무 커져서 성화를 사실상 사람의 책임으로 보게 된다는 것입니다. 하나님께서도 하나님이 맡으신 일(칭의)을 하셨으니까, 이제 사람도 사람이 맡은 일(성화)를 해야 한다는 것입니다. 여기서 오류는 성화가 칭의와 나뉘거나, 적어도 너무 구별되어서 성화가 칭의와 상관없이 존재하기 시작한다는 것입니다. 결국 성화는 기껏해야 도덕주의가 되고 맙니다.

특별히 젊은 그리스도인들이 여기서 빗나가기 쉽습니다. 이들은 자기 죄를 보게 되었고, 그래서 그리스도가 필요함을 보게 되었습니다. 이들은 구원이 오직 은혜로 말미암고, 하나님께 받아들여지려면 오직 그리스도의 사역을 의지해야 한다는 것을 깨닫습니다. 이때 이들은 그리스도를 구주로 영접하고 나서, 그리스도인으로 살아갈 준비가 되었다고 느낍니다. 이들은 말씀을 공부하고, 기도하고 묵상하며, 죄악 된 즐거움을 주는 곳을 피하고, 육신의 유혹과 맞서 싸우며, 온갖 그리스도인의 활동에 참여합니다. 이런 것들은 다 좋고 칭찬할 만한 일입니다. 하지만 이런 활동을 의지하기 시작하고, 스스로를 성화에서 참된 진전을 이루고 있는 좋은 그리스도인으로 여기기 시작할 것이라는 데 위험이 있습니다.

이 젊은 그리스도인들은 주님을 위한 열심과 열정으로 나이 든 그리스도인들을 자주 부끄럽게 하고, 왜 이토록 체험 많은 신자가 아직도 죄와 모자란 확신 때문에 한숨짓는지 이해하지 못합니다. 이 젊은이들은 죄와 싸우는 데서 큰 진전을 이루었고, 자신의 구원을 더더욱 확신하게 됩니다. 또 자신들이 웬만한 나이 든 세대보다 성경과 은혜 교리를 더 잘 알고 있다고 솔직하게 믿습니다.

하지만 늘 모자란 것은 마음속 부패에 대한 날카로운 인식과 자기가 할 수 있는 일이라고는 죄 짓는 것밖에 없다는 뼈아픈 깨달음입니다. 이들이 은혜를 모른다는 말이 아닙니다. 이 가운데 많은 사람이 주님을 섬기고 싶어하는 진실하고 올곧은 그리스도인입니다. 그리고 나이 든 지체들 가운데 열심을 잃어버린 듯한 지체가 있다는 것도 사실입니다 (열심이 아예 없었던 것일지도 모릅니다). 이 나이 든 지체들이 부패에 대해 말하는 것은 들을 수 있지만, 그리스도의 자유하게 하시는 은혜와 주님을 섬기는 기쁨에 대해 증언하는 것은 좀처럼 듣기가 힘듭니다. 하지만 저는 이런 감지된 불균형을 바로잡으려고 노력하는 몇몇 젊은 지체가 어느 모로 보나 성경과 개혁주의와는 다른 성화관을 갖게 될까 두렵습니다.

제가 보는 것처럼, 여기에는 두 가지 오류가 있습니다. 첫 번째 오류는 율법의 신령함을 보지 못하는 것입니다. 율법을 겉으로만 지키면 되는 계명으로 생각하는 한, 적어도 어느 정도까지는 이 계명을 지키는 데 성공했다고 생각할 수 있고, 또 그런 순종에 상당히 만족할 수도 있습니다. 하지만 율법의 신령한 성격, 곧 하나님을 무엇보다 사랑하고 이웃을 자기 몸과 같이 사랑하라고 하는 율법의 본질이 드러나는 순간, 영적인 의미에서 율법을 지키기란 도무지 불가능하다는 사실을 분명히 알게 될 것입니다. 이 사실을 깨닫게 되자마자 두려움과 혼란에 사로잡히고, 전에 있던 구원의 확신은 눈 녹듯 사라질 것입니다. 믿는 사람은 자기가 한 착한 일이 모두 죄로 물들어 있고, 하나님께서 사람을 위해 그분의 율법에서 세우신 기준에 자신이 한참 못 미치는 것을 볼 때, 더는 자신의 성화에서 위로를 얻을 수 없고, 자기 소망을 쌓을 더 견고한 터가 필요하게 됩니다.

여기서 두 번째 실수가 들어옵니다. 곧, 성화가 칭의에 단단히 뿌리 내리게 하는 데 실패하는 것입니다. 성화는 성령 하나님께서 믿는 사람 안에서 하시는 일입니다. 이 거룩하게 하시는 일은 중요한 것이지만, 구원의 근거도 아니요 그리스도인의 소망의 터도 아닙니다. 성화가 은혜의 역사라 해도, 성화는 더 높고 주된 은혜의 역사인 칭의의 샘에서 양분을 공급받습니다. 성화가 칭의에 뿌리내리지 않고 칭의로 끊임없이 되돌아가지 않는 한, 도덕주의와 자기 의와 절망이라는 세 가지 위험을 피할 수 없습니다.

바울은 그리스도인의 삶에서 절대 초보가 아니었지만, 자기 안에 있는 죄와 벌이는 싸움에 대해 이렇게 말합니다.

> 우리가 율법은 신령한 줄 알거니와 나는 육신에 속하여 죄 아래에 팔렸도다……내 속 곧 내 육신에 선한 것이 거하지 아니하는 줄을 아노니 원함은 내게 있으나 선을 행하는 것은 없노라 내가 원하는 바 선은 행하지 아니하고 도리어 원하지 아니하는 바 악을 행하는도다……오호라 나는 곤고한 사람이로다 이 사망의 몸에서 누가 나를 건져 내랴 우리 주 예수 그리스도로 말미암아 하나님께 감사하리로다(롬 7:14, 18-19, 24-25).

콜브뤼허의 고백

콜브뤼허Hermann Friedrich Kohlbrugge 박사보다 바울의 이 탄식을 더 잘 이해한 사람은 없습니다. 콜브뤼허는 자신의 유명한 로마서 7장 14절("나는 육신에 속하여 죄 아래에 팔렸도다") 설교에서 믿는 사람이 육신에 속하여 죄의 종이 되었고, 죽을 때까지 그 상태에 머물 것이라고 말합니다.

콜브뤼허는 점진적 성화, 곧 믿는 사람이 자기 죄를 죽임으로 날로 더 거룩해질 수 있다는 개념을 두둔하는 사람들에게 이렇게 호통칩니다.

> 여러분의 거룩함이라는 목발을 집어 던지십시오! 아주 멀리 내던지십시오! 그것으로는 결코 주님의 산에 오르지 못할 것입니다. 여러분의 상처를 가리려고 하는 그 누더기를 찢어 버리고, 의로우시고 거룩하신 분 앞에 있는 그대로 나아가십시오! 하나님 앞에서는 자기 절망이 구원입니다. 그리스도의 의를 의지하는 것이 시작이요 끝입니다. 믿는 사람은 결코 "나는 육신에 속하였도다!"는 바울의 고백이 틀렸다고 입증하지 못할 것입니다. 몸과 영혼, 생각과 의지, 내 모든 감각과 지체가 육신에 속했습니다. 내 온 존재가 죄입니다. 하지만 나는 믿음으로 그리스도의 온전한 의와 거룩함에 참여합니다……누구도 스무 살 때보다 쉰 살 때 옛사람이 더 죽었다고 생각하지 못하게 하십시오. 차츰차츰 죄를 이긴다는 것은 신기루요 물거품입니다. 육신을 마음껏 즐기게 하는 것밖에는 안 됩니다.

콜브뤼허를 반대하는 사람들이 콜브뤼허에게 율법폐기론자라는 혐의를 씌운 것은 그리 놀랄 일이 아닙니다. 하지만 저는 이들이 부당한 혐의를 씌웠다고 확신합니다. 물론 콜브뤼허가 가끔가다 이단의 경계에 아주 가까이 간다는 것은 저도 인정합니다만, 그는 절대로 그 선을 넘지 않았습니다. 콜브뤼허에게 성화는 과정이라기보다는 그리스도와 연합에서 나오는 지위입니다. 믿는 사람은 그리스도 안에서 의로울 뿐아니라 거룩합니다. 이와 관련해 콜브뤼허가 가장 좋아하는 본문은 고린도전서 1장 30절입니다. "너희는 하나님으로부터 나서 그리스도 예수 안에 있고 예수는 하나님으로부터 나와서 우리에게 지혜와 의로움과 거룩함과 구원함이 되셨으니." 콜브뤼허는 우리가 그리스도 안에서 모든 것을 가졌다고 몇 번이고 되풀이해 말합니다. "일단 그리스도를 가지면, 내 성화에 대해 더는 걱정할 필요가 없습니다. 그러나 내 주 그리스도 예수를 아는 지식이 가장 고상한 까닭에 나는 쉼 없이 달려가고 모든 것을 해로 여깁니다."

이런 표현은 수동성으로 나아가는 경향을 내비치며, 또 콜브뤼허를 따르는 몇몇 사람이 콜브뤼허의 가르침에서 성경과 전혀 다르고 개혁주의 신앙고백과도 어울리지 않는 결론을 이끌어 냈다는 것도 부인할 수 없는 사실입니다.

성경을 대충만 봐도 성경이 점진적 성화를 가르친다는 것을 알 수 있습니다. 또 성경은 믿는 사람들에게 이 신령한 활동에서 애쓸 것을 거듭 권면하고 있습니다. 우리는 하나님을 두려워하는 가운데서 거룩함을 온전히 이루고(고후 7:1), 거룩함을 따르고(히 12:14), 항상 선을 따르고(살전 5:15), 사랑을 추구하고(고전 14:1), 의와 경건과 믿음과 사랑과 인내와 온유를 따라야 합니다(딤전 6:11). 베드로는 "오직 우리 주 곧 구주 예수 그리스도의 은혜와 그를 아는 지식에서 자라 가라"(벧후 3:18)고 말합니다. 이런 구절들은 꾸준하고 적극스러운 노력을 나타내는 것이 분명합니다.

개혁교회의 신앙고백서들도 이 문제에서 아주 분명합니다. 하이델베르크 교리문답 44주일에서는 "하나님의 형상을 따라 더욱더 새로워지는 것"에 대해 말합니다(115문답). 마찬가지로 벨직 신앙고백에서도 '헛된 믿음'을 경고하는데, 이것은 성경이 말하는 사랑으로 역사하는 믿음, 곧 "하나님께서 자신의 말씀에서 명하신 일들을 실천하게 하는 믿음"과 반대되는 믿음을 말합니다(24항). 도르트 신조에서는 "육신을 더더욱 죽이고 온전함의 푯대를 향하여 달려가라"고 권고합니다(다섯째 교리 2항).

성화에서 모세와 그리스도

성경과 신조가 거룩함을 따라야 할 믿는 사람의 의무에 대해 이렇게 분명하게 말한다면, 누군가는 도대체 왜 이 문제를 놓고 논쟁을 해야 하느냐고 물을 수 있습니다. 그 까닭은 '자라고', '싸우고', '달려가고'와 같은 표현이 쉽게 율법주의의 의미로 해석되어서, 은혜 안에서 자라는 것보다 도덕주의의 자기 수양을 나타내게 될 수 있기 때문입니다.

이런 말들이 암시하는 활동을 사람이 자기 힘으로 해야 할 활동으로 보게 될 위험이 언제나 있습니다. 물론 입술로는 성령님께 공을 돌립니다. 거룩하게 되려면 성령님의 도우심이 필요하다고 말합니다. 하지만 이런 필요를 그냥 교리로만 안다면, 우리는 행위 의로 기울 수밖에 없습니다. 믿는 사람은 이 교리를 고백할 뿐 아니라 체험할 때만, 은혜의 일이 시작되고, 이어져 나가고, 온전히 이뤄지는 데 자신이 얼마나 철저히 성령님께 의존하고 있는지 알 것입니다.

성경의 성화 교리가 도덕주의의 자기 수양으로 전락할 것이라는 이 두려움 때문에 콜브뤼허는 믿는 사람들에게 시도 때도 없이 거룩함을 힘써 좇으라고 권하는 사람들에게 맞섰습니다. 이렇게 하는 데서 콜브뤼허의 주된 동기는 쉴 새 없이 쏘아 대는 거룩해지라는 권면을 듣고 낙심한 영혼들, 자기 선생이 요구하는 것을 자기가 할 수 없다는 사실을 깨닫고 괴로워하는 영혼들을 돕는 것이었습니다. 그리스도보다는 모세를 설교한 사람들이 이들을 죄책감에 사로잡히게 했습니다.

콜브뤼허는 당시 널리 퍼져 있던 이런 율법주의와 도덕주의 설교에 맞서 분명한 반대의 목소리를 냈고, 오직 믿음(솔라 피데)이라는 종교 개혁 본래의 가르침으로 사람들을 되돌리려고 애썼습니다. 이 말씀만이 근심하는 영혼에게 위로를 줍니다. 콜브뤼허는 그리스도께서 우리를 위해 모든 것을 하셨다고 해서 율법폐기론자로 의심을 받았지만, 이 영광스러운 진리를 타협하려 하지 않았습니다. 앞에서 말했다시피 이런 혐의는 부당한 것이었습니다. 콜브뤼허만큼 성실하고 올바르게 산 그리스도인도 드뭅니다. 콜브뤼허도 루터처럼 오직 믿음으로 말미암는 칭의(이 칭의는 물론 잘못 이해된 성화의 뒷문으로 몰래 행위를 들여옴으로 얻는 것이 아닙니다)가 주는 위로를 누구한테도 빼앗기지 않으려 했습니다. 콜브뤼허의 두려움은 완전히 정당했습니다. 콜브뤼허는 벨직 신앙고백에서 표현한 것과 본질상 같은 것을 걱정했습니다. "우리 구주의 고난과 죽으심의 공로를 의지하지 않는 한, 우리의 불쌍한 양심은 끊임없이 시달릴 것이다"(24항).

이 사실을 까먹거나 덜 강조할 때마다 율법주의가 나타날 것이며, 심지어 경건한 가면을 쓰고 나타날 것입니다. 우리가 칭의와 성화 또는 믿음과 선행을 잇는 끈을 느슨하게 하자마자, 우리는 결국 교만이나 절망을 낳는 행위 의에 빠지게 됩니다. 점진적 성화라는 성경의 개념은 '믿음의 창이 하나님의 은혜에 열려 있는'(베르카우어G. C. Berkouwer) 곳에서만 제 기능을 할 수 있습니다. 성경은 우리에게 거룩함을 따르라고 명령하지만, "나를 떠나서는 너희가 아무것도 할 수 없음이라"(요 15:5)고 하신 예수 그리스도의 은혜와 그를 아는 지식에서 자라 가는 것과 이 명령을 결코 떼어 놓지 않습니다(벧후 3:18). 우리는 우리 자신의 힘만으로 하나님의 율법에 세워진 높고 거룩한 기준을 만족시킬 수 없습니다. 이 율법은 흠 없는 완전함을 요구합니다. 그래서 과녁을 털끝만큼 빗나간 것이라도 완전히 빗나간 것이나 다름없습니다.

그리스도 안에 거함

그렇다면 성화의 비결은 무엇입니까? 믿음으로 말미암아 그리스도 안에 거하는 것입니다. 오직 그리스도의 공로만을 온전히 의지하는 것입니다. 그리스도의 능동적이고 수동적인 순종에 끊임없이 머물지 않는한, 우리는 율법의 저주에서 벗어날 수 없습니다. 존 번연은 『천로역정』에서 이 진리를 아름답게 보여 줍니다. '신실'은 자신의 세 딸(육신의 정욕, 안목의 정욕, 이생의 자랑)과 결혼하라는 '옛 사람'의 유혹을 당당히 물리쳤습니다. 그런데 얼마 안 있어 '모세'라는 사람이 뒤따라와, '옛 사람'에게 동조하려는 은밀한 성향이 있다며 '신실'을 사정없이 때립니다. 손에 못 자국이 있는 사람의 자비와 중재가 아니었으면, '신실'은 율법을 나타내는 '모세'한테 맞아 죽었을 것입니다.

가장 거룩한 성도의 가장 거룩한 상태도 율법의 판단 아래서는 다 헛될 뿐입니다. 존 라일J. C. Ryle은 "우리의 가장 순결한 행위도 하나님의 율법에 비추어 판단할 때는 더러운 옷과 같다"고 말합니다. 그래서 바울은 "오호라 나는 곤고한 사람이로다!"(롬 7:24) 하고 울부짖은 것입니다. 바울은 그저 자신이 싫어하는 자신의 악한 일에 대해서만 하나님의 정죄를 받아야 마땅하다고 말하는 것이 아닙니다. 실로 옳은 일을 행할 때조차, 율법이 요구하는 순결함에 비추어 보면 자신의 행위가 비참하다는 것입니다.

그러니까 가장 거룩한 하나님의 성도라도 시편 기자와 함께 거듭거듭 이렇게 기도해야 할 것입니다. "주의 종에게 심판을 행하지 마소서 주의 눈앞에는 의로운 인생이 하나도 없나이다"(시 143:2). 하나님의 자비로운 판단을 떠나서는 성도들의 선행도 '대죄'(마르틴 루터)일 것입니다. 중보자 그리스도께서 그 공로의 구름으로 덮어 주시지 않는 한, 하나님께서는 아무것도 기뻐받으실 수 없습니다. '우리 안에 있는 죄' 때문에, 우리에게는 영적 순례가 시작될 때만큼이나 끝날 때도 자비가 필요합니다. 옛 본성은 그때도 여전히 악하기 때문입니다. 그러니까 은혜 안에서 자란다는 말은 갈수록 덜 죄악 되다는 말이 아니라, 자기가 보기에는 갈수록 더 죄악 되다는 말입니다. 우리가 거룩하게 된 상태에서도 비참하다는 이런 깨달음(이런 깨달음은 율법에서 옵니다)은 성화가 '자기 의'라는 암초에 걸리지 않도록 지켜 주며, 그리스도인의 작은 배가 그의 유일한 소망의 별인 칭의(그리스도께서 얻으시고 복음 안에서 불쌍하고 궁핍한 죄인에게 값없이 제안되는 온전한 의를 믿음으로 말미암는 칭의)를 끊임없이 보고 가도록 지켜 줍니다. 죄인의 피난처는 언제나 성도의 피난처여야 합니다. "여호와의 이름은 견고한 망대라 의인은 그리로 달려가서 안전함을 얻느니라"(잠 18:10). "그 이름은 여호와 우리의 의라 일컬음을 받으리라"(렘 23:6, 개역한글판).

1 본문을 읽기 전까지, 여러분은 칭의와 성화가 각각 누구의 일이라고 여겨 왔는지 나눠 봅시다.

2 본문에 나오는 젊은 그리스도인들이 저지를 수 있는 두 가지 오류는 무엇입니까? 기존에 여러분이 생각해 왔던 것과 비교해 봅시다.

3 74쪽을 읽고, 성화와 및 성화와 관련한 칭의를 말해 봅시다.

4 〈콜브뤼허의 고백〉을 읽고 답해 봅시다.

   1) 점진적 성화가 무엇입니까?

   2) 점진적 성화를 말하는 성경의 증거 구절들과 신앙고백서들의 내용을 찾아서 읽어 봅시다.

5 누군가 성경과 신조가 거룩함을 따라야 할 믿는 사람의 의무에 대해 위와 같이 분명하게 말하는데, 도대체 왜 이 문제를 놓고 논쟁을 해야 하냐고 묻는다면, 여러분은 뭐라고 답하겠습니까?

6 그렇다면 성화의 비결은 무엇입니까?

7 존 머리의 『조직 신학』(크리스챤다이제스트) 2권 〈21장 확정적 성화〉와 〈22장 확정적 성화의 행위〉를 읽고 나눠 봅시다.

8 은혜 안에서 자란다는 말뜻은 무엇입니까? 자신의 경험에 비추어 나눠 봅시다.

9 바울의 탄식 "오호라 나는 곤고한 사람이로다!"(롬 7:24)가 우리 마음속 깊은 곳에서부터 나오는 탄식입니까? 시편 기자와 함께 "주의 종에게 심판을 행하지 마소서 주의 눈앞에서는 의로운 인생이 하나도 없나이다"(시

143:2) 하고 기도합시다.

10 우리의 유일한 위안이요 피난처 되시는 예수 그리스도를 온전히 찬송합시다.

11 이 장을 읽으면서 하나님께서 깨닫게 해주신 것과 베풀어 주신 은혜를 생각하며 감사합시다. 또 깨달아 배우고 확신한 일에 거할 수 있게 해달라고 기도합시다.

5장

그리스도인의 청지기 직분 [26]

건강 다음으로 우리에게 돈보다 더 중요한 것은 없을 것입니다. 돈을 벌고 쓰는 것은 우리 삶의 커다란 부분을 차지합니다. 우리는 돈 없이 살 수 없습니다. 먹을 음식, 입을 옷, 살 집, 탈것, 그밖에 그럴듯한 생활수준을 유지하기 위해 필요한 것들을 사려면 돈이 있어야 합니다. 교회와 학교와 자선 단체도 우리의 도움을 필요로 합니다. 또 예금 계좌나 퇴직금 계좌에도 얼마씩 돈을 넣어야 하고, 오락, 취미, 운동, 휴가를 위해서도 어느 정도의 돈이 필요합니다. 돈을 어디에 써야 하고, 위에서 말한 것들에 각각 얼마씩 써야 하는지 우리는 어떻게 알 수 있을까요? 이것은 상당히 중요한 질문입니다. 더구나 이것이 우리 돈이 아니라 주님의 돈임을 깨달을 때 그렇습니다. 우리는 모두 하나님의 청지기입니다.

---

26) 「메신저」 2005년 3월 호에 실린 글.

그리스도인의 청지기 직분이란 무엇인가

청지기 직분이란 무엇보다 우리가 가진 것을 관리하는 일을 말하는데, 하나님께서 우리에게 맡기신 돈도 여기에 들어갑니다. 하나님께서는 만물의 창조주이시고, 만물을 다스리게 하시려고 우리를 땅에 두셨습니다. 창세기 1장에 보면, 하나님께서는 사람에게 복 주시고 짐승과 새와 물고기뿐 아니라, 사실상 모든 것을 다스리게 하셨습니다. 하지만 사람은 죄에 빠졌고, 하나님의 청지기이기를 포기했습니다. 사람은 이제 그 죄악 된 상태에서 하나님의 좋은 선물을 자기 유익을 위해 씁니다. 우리는 본성상 다 그렇습니다. 이것은 주님께서 우리 삶에 찾아오셔서 우리를 구원해 주실 때만 달라질 것입니다. 사도 바울이 말하다시피 그때 우리는 그리스도 안에서 새로운 피조물이 되고(고후 5:17), 창조 때 사람에게 맡기신 원래의 청지기 직분을 되찾기 때문입니다. 그제야 우리는 다시 하나님을 위해, 하나님의 교회와 나라와 영광을 위해 살기 시작할 것입니다.

성경 시대에 청지기는 가정이나 재산을 관리하는 사람이었습니다. 이 사람은 거의 모두 종이었을 것입니다. 보기를 들면, 아브라함과 이삭의 종인 엘리에셀이 있습니다. 요셉도 한 보기가 됩니다. 창세기 39장에 보면, 자기 형들한테 팔린 요셉은 애굽으로 끌려가 보디발의 청지기가 됩니다. 이런 청지기들은 일한 대가로 공짜로 먹고 잘 수 있었지만, 자기 소유는 전혀 없었습니다. 무엇이든 마음대로 썼지만, 실제로 가진 것은 아무것도 없었습니다. 모든 것이 자기 주인의 소유였습니다.

여기에 그리스도인의 청지기 직분을 이해하는 열쇠가 있습니다. 우리가 믿는 사람이면, 우리는 그리스도의 종이고, 사실상 그리스도의 노예입니다. 사도 바울은 "너희는 너희 자신의 것이 아니라"(고전 6:19)고 말합니다. 여러분은 여러분 자신의 것이 아닙니다. 주 예수 그리스도께서 여러분을 사셨습니다. 이 말씀이 하이델베르크 교리문답 1주일에서 메아리치고 있습니다. 여기서 우리의 유일한 위로는 우리가 더는 우리 자신의 것이 아니라, 우리를 자기 피로 사신 우리의 신실하신 구주 예수 그리스도의 것이라는 데 있다고 말합니다. 그 긴 답의 끝에 가면, 그리스도의 성령께서 우리가 마음을 다해 즐거이 그리스도를 섬기게 하신다고 말합니다. 실로 우리가 가진 모든 것이 주님의 것입니다.

19세기 미국 장로교 목사인 로버트 대브니Robert Dabney는 어떤 책에서인가 이렇게 썼습니다. "우리의 재산은 처음부터 맡은 것이기 때문에, 모두 주인의 유익을 위해 써야 합니다." 대브니에 따르면, 우리는 주님을 위해 얼마를 쓰고 우리 자신을 위해 얼마나 쓸 수 있는지 물어서조차 안 됩니다. 하나님의 몫과 내 몫은 절대 나누어서도 안 되고, 그 사이에 선을 그어서도 안 됩니다. 모든 것이 하나님 것이고 모든 것을 하나님을 위해 써야 하기 때문입니다. 우리는 우리 몸과 영혼과 마음, 우리 힘과 재능과 은사와 감정으로만 아니라, 우리가 가진 물질로도 주님을 섬겨야 합니다.

우리가 가진 물질은 하나님의 것임

돈에 대해 말하는 것이 신령하지 않게 들릴 수 있습니다. 하지만 제대로 이해하기만 하면 이것은 아주 신령한 일입니다. 우리가 구약성경이든 신약성경이든 성경을 읽을 때, 돈은 흔히 나오는 주제입니다. 예수님도 돈에 대해 자주 말씀하셨습니다. 가령 마태복음 6장에서 특별히 우리가 돈에 대해 어떤 태도를 가져야 하는지 말씀해 주십니다. 사도들도 주님의 본을 따라 같은 일을 했습니다. 실로 돈에 대해 말하는 것은 아주 신령한 일입니다.

예수님께서는 왜 자꾸 돈에 대해 말씀하셨습니까? 돈에 빠져 계셨기 때문이 아닙니다. 절대 아닙니다! 돈에 대한 우리의 태도가 우리의 품성을 보여 주는 열쇠라는 것을 아셨기 때문입니다. 그래서 구주께서는 부자가 하나님 나라에 들어가기가 정말 힘들다고 하신 것입니다(마 19:24). 왜 그렇습니까? 자기 소유에 애착이 너무 강하기 때문입니다. 예수님께서 씨 뿌리는 자의 비유에서 말씀하셨듯이 재물은 너무 쉽게 말씀을 막습니다(마 13:7, 22). 돈은 사람이 하나님 나라에 들어가는데 어마어마한 걸림돌이 될 수 있고, 자주 걸림돌이 되고 있습니다. 한편 재물은 좋은 곳에 쓰일 수 있습니다. 돈은 언제나 나쁜 것도 아니고, 나쁘기만 한 것도 아닙니다. 우리는 돈을 좋은 쪽으로 쓸 수 있습니다. 하지만 오직 그리스도를 주인으로 모시고 쓸 때만, 돈은 좋은 효과를 낼 수 있습니다. 그렇지 않으면 돈은 많은 사람에게 그렇듯이 저주가 되기 십상입니다.

우리의 돈을 씀

우리가 부유하건 가난하건 사도 바울은 돈을 사랑함(돈 자체가 아님)이 일만 악의 뿌리라고 말합니다(딤전 6:10). 그렇기 때문에 하나님께서 우리에게 주신 돈에 대해 좋은 청지기가 되는 것이 정말 중요합니다. 여러분과 제가 돈을 어떻게 바라보고, 돈을 어떻게 모으고 쓰는지는 우리 영혼의 상태에 대해 많은 것을 이야기해 줍니다. 특별히 우리가 돈을 어떻게 쓰는지 보면, 우리의 상태가 어떤지 알 수 있습니다. 우리의 씀씀이는 우리가 정말 누구의 것이고, 누구를 섬기는지를 보여 줍니다.

그리스도인의 청지기 직분은 우리가 돈을 지혜롭게 쓴다는 뜻입니다. 우리가 맨 먼저 신경 써야 할 것은 언제나 주님과 주님의 일입니다.

우리가 봉급을 탈 때, 우리는 그것을 어떻게 쓸지 세심하게 생각해야 합니다. 우리는 먼저 교회를 위해 얼마, 선교를 위해 얼마, 기독교 학교를 위해 얼마, 그밖에 기독교와 관련된 다른 좋은 일을 위해 얼마를 쓸지 결정하고, 그런 다음에 나머지를 가지고 우리 자신과 가정을 위해 지혜롭게 써야 합니다. 이렇게 할 때 우리는 복음의 좋은 청지기입니다.

우리 자신을 위해 얼마나 쓸 수 있는가

우리가 "주님께 얼마를 드리고 나를 위해 얼마를 떼어 놓을까?" 하고 묻는다면, 이것은 벌써 질문 자체가 잘못된 것입니다. 모든 것이 주님의 것이기 때문입니다. 그러니까 이 모든 것을 주님의 영광과 주님께서 이 땅에서 하시는 일을 위해 써야 합니다. 우리가 우리 자신(먹을거리와 옷과 오락)을 위해 쓰는 돈은 주님께서 우리를 위해 쓰라고 허락해 주신 주님의 돈입니다. 우리는 먹고 입고 놀아야 합니다. 하지만 이 모든 것을 주님을 섬기는 데 써야 하고, 주님께서 이 땅에서 하시는 일에 유익하게 써야 합니다.

알맞게 즐김

하나님께서는 우리에게 즐길 거리를 많이 주셨습니다. 칼빈은 『기독교 강요』에서 하나님께서 우리가 먹고사는 것뿐 아니라 우리의 즐거움을 위해 주신 수많은 복을 설명하는 데 많은 지면을 할애하고 있습니다. [27] 우리에게는 먹을 것이 필요합니다. 이것이 없으면 우리는 굶어 죽

---

27) 『기독교 강요』 3권 10장 1-2절.

을 것입니다. 하지만 칼빈은 주님께서 또한 우리에게 입맛을 주셔서, 우리가 그냥 살려고만 먹게 하시지 않고 즐기려고도 먹게 하셨다고 말합니다. 칼빈은 또한 주님께서 들에 핀 꽃처럼 갖가지 색깔의 옷을 우리에게 주신다고 말합니다. 자연에 있는 다른 많은 것도 여러 색깔과 무늬로 되어 있습니다. 우리는 이런 것들을 즐겨야 합니다. 하나님께서는 정말 선하십니다. 하지만 주님과 교제할 때만 이런 것들을 제대로 즐길 수 있지, 주님과 떨어져서는 결코 제대로 즐길 수 없습니다. 우리가 주님과 떨어져서 이런 것들을 즐긴다면, 우리는 세상이 하는 그대로 하는 것입니다. 세상은 오로지 쾌락을 위해서만 삽니다. 세상은 절대로 하나님과 하나님의 영광을 생각하지 않습니다. 그래서 사도 바울은 쾌락을 사랑하기를 하나님 사랑하는 것보다 더하는 사람들에 대해 말하는 것입니다(딤후 3:4). 바울은 바깥 세상에 대해서만 말하고 있지 않습니다. 슬프게도 교회 안에도 이런 표현이 어울리는 사람이 많습니다.

우리는 우리 삶을 풍성하게 하는 것들에 돈을 쓸 수 있습니다. 가끔가다 휴가를 떠날 수도 있고, 어떤 취미를 가질 수도 있습니다. 그런데 언제나 주님을 섬기는 데 힘쓰기 위해 이런 일들을 해야 합니다. 우리는 긴 겨울이 지나고 지칠 때, 며칠이나 몇 주 동안 멀리 떠나 마음 편히 쉬고 싶어합니다. 목사들도 이런 것이 필요합니다. 보통 목사들은 겨울철이 끝나갈 즈음에 바쁜 일정 때문에 지칩니다. 그럴 때 쉬는 시간을 갖는다면 다시 힘을 얻어 생기를 되찾을 수 있고, 새로운 열정과 새로워진 힘으로 다시 시작할 수 있습니다.

주님께서는 이 모든 놀라운 것을 우리에게 주시지만, 우리가 또한 이런 것들을 알맞게 쓰기를 바라십니다. 우리는 휴가와 여행을 위해 살아서는 안 됩니다. 날마다 우리 자신을 어떻게 즐겁게 할까만 생각해서, 일하는 데 가장 적은 시간을 쓰고 자신을 즐겁게 하는 데 가장 많은 시간을 써서는 안 됩니다. 여기서도 우리는 하나님의 말씀으로 가르침을 받아야 합니다. 그리스도께서 언제나 우리의 주인이심을 기억해야 합니다. 우리가 시간과 돈과 힘을 여가와 오락에 얼마만큼 써야 하는지 아는 일에서도 마찬가지입니다.

성경의 예

마가복음 12장에 나온 과부의 두 렙돈 이야기에 따르면, 예수님께서는 성전 어귀에 앉아서 바리새인들이 헌금함에 십일조 넣는 것을 보셨습니다. 과부도 와서 자신의 잔돈을 넣었습니다. 주 예수님께서는 바리새인들은 그 풍족한 중에서 넣었지만 이 과부는 자기가 가진 모든 것을 넣었다고 말씀하십니다.

주님께서는 먼저 우리가 얼마나 많이 드리는지 보시는 것이 아니라, 어떤 동기로 드리는지 보십니다. 우리는 주님과 주님의 일을 사랑하기 때문에 드립니까? 교훈은 분명합니다. 우리는 희생하며 드려야 합니다. 이 과부의 예는 우리가 가진 모든 것을 드려야 한다는 말이 아니라, 주님께서 우리가 손해를 보기까지 드리기를 바라실 때가 있다는 뜻입니다.

예수님께서는 젊은 부자 관리에게 제자가 되려면 가진 것을 모두 팔아야 한다고 말씀하셨습니다. 하지만 이 부자 청년은 자신의 소유에 애착이 강해서 그렇게 할 수가 없었습니다. 저는 그리스도께서 모든 사람에게 이것을 문자 그대로 요구하신다고 생각하지 않습니다. 하지만 그리스도께서는 제자가 되려는 모든 사람에게 이 세상에서 애착을 가진 무엇이든 그리스도 자신과 복음을 위해 기꺼이 포기하라고 요구하십니다.

사도 바울은 고린도후서 8-9장에서 그리스도인의 헌금의 본보기로서 마게도냐 사람들의 너그러움에 대해 아주 자세히 말합니다. 바울은 8장에서 마게도냐 그리스도인들이 주님을 위해 헌금한 것을 칭찬하고 있습니다. 이것은 사도가 예루살렘에 있는 가난한 사람을 위해 모은 연보와 관련 있었습니다(롬 15:26). 마게도냐 사람들은 기쁘고 자비롭고 너그러운 마음으로 헌금했습니다. 사도 바울은 이 사람들이 먼저 주님께 자신을 드리고 나서 자신의 돈도 드렸다는 사실을 특별히 말합니다.

　　바울은 또한 주 예수 그리스도께서 우리의 큰 본보기이심을 보여 줍니다. 사도는 그리스도께서 죄인인 우리를 부요하게 하시려고 가난하게 되셨다고 말합니다. 이것을 꼭 영적으로만 해석해서는 안 됩니다(물론 초점은 거기에 있습니다). 예수님께서는 자기 안에서 우리를 부요하게 하시려고 가난하게 되셨습니다. 이것은 또한 그리스도인이 물질이 필요한 사람들에게 어떤 관심을 보여야 하는지 가르쳐 줍니다. 우리는 어렵고 가난한 사람을 도와주기 위해 기꺼이 우리 자신을 가난하게 해야 합니다.

　　초기 그리스도인들이 이 말씀을 이런 식으로 해석했다는 것은 의심할 여지가 없습니다. 이들은 대부분 가난했습니다. 제자들도 그리스도를 위해 모든 것, 곧 집과 가족과 소유와 하던 일을 버렸습니다(마 19:27-30). 제자들도 자신들의 주인처럼 하나님의 손길로 살았습니다. 이것은 제자들이 가진 능력의 비결이었고, 복음이 성공한 것도 이것과 큰 관련이 있었습니다. 사도행전 2장을 보면, 그리스도인들은 모든 물건을 서로 통용했고, 다른 사람을 위해 살았습니다.

　　기독교 역사는 교회가 물질이 많아질 때마다 영적으로 가난해지고 능력을 잃었다고 가르쳐 줍니다. 중세 교회는 여러 수도회를 세움으로 신약성경의 상황으로 되돌아가려 애썼습니다. 수도원에 들어가려면 가난 서약이나 순결 서약(또는 둘 다)을 해야 했습니다. 이것은 허울뿐인 의식이 되었고, 결국 종교개혁자들은 이렇게 강제로 가난해지는 것을 피하게 되었습니다.

십일조

십일조는 어떻습니까? 신약성경의 그리스도인은 여전히 십일조를 해야 합니까? 어떤 사람들은 안 해도 된다고 말합니다. 십일조는 모세 율법에 속한 것이고, 신약성경의 그리스도인은 율법이 아닌 은혜 아래 있기 때문이라는 것입니다. 이들은 우리가 순전히 자진해서 드려야 한다고 결론 내립니다. 저도 우리가 적어도 구약성경의 신자들이 드린 만큼 드리려면, 자진해서 드려야 한다는 데 찬성합니다. 그런데 자신들이 '그리스도 안의 자유'라고 하는 것 뒤에 숨는 사람들은 이것을 오직 양심이 말하는 만큼만 드릴 자유가 있다는 뜻으로 해석합니다. 그리고 이것은 자주 구약성경 신자들보다 훨씬 적게 드린다는 뜻입니다.

우리가 정말 자유롭고 싶다면, 구약성경의 신자들보다 더 많이 드리는 데서 자유로워야 합니다. 구약성경의 십일조는 바닥이어야 하지, 천장이어서는 안 됩니다. 십일조는 출발점이어야 하지, 한계점이어서는 안 됩니다. 복음 시대의 신자는 율법 아래의 신자보다 적게 드려서는 안 됩니다. 어떤 사람은 십일조에 대해 "저는 율법 아래 있지 않아요" 하고 말합니다. 하지만 여러분이 율법보다 더 낮은 기준을 받아들인다면, 여러분은 은혜grace 아래 있는 것도, 율법 아래 있는 것도 아닙니다. 여러분은 수치disgrace 아래 있는 것입니다.

어떤 사람은 십일조(십분의 일)라는 말에 너무 빠져서, 이것이 우리가 드려야 할 전부라고 생각하기도 합니다. 하지만 십일조를 공부하다 보면, 이스라엘이 해마다 적어도 십분의 이를 드렸고, 그밖에도 삼년마다 또 다른 십분의 일을 드렸음을 알게 될 것입니다(레 27:30-33; 신 14:22-29).

주 예수님께서는 십일조 드리는 태도를 보고 바리새인들을 나무라셨지만, 십일조를 드린다는 사실 때문에 나무라신 것은 아니었습니다. 마태복음 23장에서 우리 구주께서는 이렇게 말씀하십니다. "화 있을진저 외식하는 서기관들과 바리새인들이여 너희가 박하와 회향과 근채의 십일조는 드리되 율법의 더 중한 바 정의와 긍휼과 믿음은 버렸도다 그러나 이것도 행하고 저것도 버리지 말아야 할지니라"(23절). 예수님께서는 이들이 십일조를 드렸기 때문에 비난하신 것이 아니라, 십일조만 드리면 끝이라고 생각했기 때문에 비난하셨습니다.

이들은 더 중요한 일, 곧 긍휼과 믿음(또는 신실함)을 보여 주는 일을 저버렸습니다. 주 예수님께서는 십일조를 지지하셨습니다. 초기 교부들이 모두 십일조를 실천했고, 이런 실천을 옹호했다는 것은 조금도 놀라운 사실이 아닙니다. 개혁자들은 율법주의가 무서워서 십일조의 필요성을 덜 강조할 수밖에 없었지만, 이것은 종교개혁이 일어난 다음에나 있었던 일입니다. 그렇지만 많은 개혁교회에서 지금까지도 꾸준히 십일조를 실천하고 있고, 이것은 분명히 잘못된 일이 아닙니다.

십분의 일보다 더 많이 드리는 그리스도인이 많습니다. 여러분이 교회와 학교와 선교 단체, 또 그 밖의 일들에 드리는 돈을 다 더하면, 여러분이 번 돈의 십분의 일이 넘는 것은 당연할 것입니다. 물론 그보다 적게 드리는 사람도 많습니다. 그러나 이것은 심각한 실패이고, 주님을 슬프시게 하고 우리 영혼을 피폐하게 하는 일입니다. 하나님의 말씀이 이 사실을 증명합니다. 이스라엘이 주님께 십일조 드리는 일에 실패할 때마다, 하나님의 심판이 이스라엘에게 임했습니다. 반대로 부흥이 올 때 가장 먼저 일어난 일 가운데 하나는 사람들이 주님께 십일조를 가져오는 것이었습니다. 히스기야 왕과 그 뒤로 개혁자 에스라와 느헤미야 아래서 큰 부흥이 있었을 때, 이런 일이 일어났습니다. 사람들은 다시 주님께 즐거이 십일조를 드리게 되었습니다.

헌금의 복

다윗은 하나님의 위대하심을 깨닫고 이렇게 외칩니다. "여호와여 위대하심과 권능과 영광과 승리와 위엄이 다 주께 속하였사오니"(대상 29:11). 그 즉시 다윗은 주님을 위해 성전을 짓고 싶어했고, 이를 위해 자신의 많은 은과 금을 바쳤습니다. 다윗이 아닌 솔로몬이 이 성전을 짓도록 허락받았지만, 이를 위해 어마어마한 양의 돈과 보석을 모은 것은 다윗이었습니다. 마찬가지로 우리도 다윗과 같이 하나님의 위대하심을 보고, 비참하고 자기밖에 모르는 아담의 아들딸인 우리를 자비로 다루시는 것을 볼 때, 우리 자신을 바쳐 주님을 섬길 수밖에 없을 것입니다. 우리는 다메섹으로 가는 길에 부활하신 주님을 만난 바울과 함께 이렇게 여쭐 것입니다. "주님 무엇을 하리이까"(행 22:10)?

고린도전서 16장과 고린도후서 8-9장을 토대로 간추리자면, 우리의 헌금을 특징짓는 몇 가지 태도가 있습니다.

우리는 일정한 비율에 따라 드려야 합니다. 고린도전서 16장 2절에서 사도 바울은 "매주 첫날에 너희 각 사람이 수입에 따라 모아 두어서 내가 갈 때에 연보를 하지 않게 하라"고 말합니다. 우리는 하나님께서 벌게 해주시는 것에 비례해서 드려야 합니다. 이것은 때마다 다르고, 해마다 다를 것입니다. 하나님께서 우리에게 주신 복을 따라 드리십시오. 가난한 해에는 그에 맞게 드리십시오.

우리는 계획에 따라 드려야 합니다. "매주 첫날에 너희 각 사람이 수입에 따라 모아 두어서." 이 말씀은 우리가 주님의 날에 주님께 무엇을 드릴 것인지 교회에 가기 전 한 주 동안 벌써 생각해 놓고 있어야 한다는 뜻입니다. 우리는 교회를 위해 얼마를 떼어 두어야 합니다. 또 학교를 위한 헌금이 있다면, 학교와 다른 일들을 위해 얼마를 떼어 놓아야 합니다. 계획이 있어야지, 되는 대로 해서는 안 됩니다. 어떤 사람은 세금영수증을 받으려고 크리스마스 때마다 한 번씩 수표를 쓰는 습관이 있습니다. 이런 일 자체는 전혀 잘못된 것이 아닙니다. 하지만 우리는 해마다 한 번이나 해마다 몇 번만 드려서는 안 됩니다. 주일마다 드려야 합니다. 헌금은 예배 행위이고, 따라서 기도하는 마음으로 드려야 합니다.

우리는 희생하며 드려야 합니다(고후 8:1-2). 마게도냐 그리스도인들은 분에 넘치게 드렸습니다. 이들은 가난했고 그래서 분명 자신들을 위해 돈이 필요했습니다. 그런데도 오히려 풍성한 연보를 넘치도록 했습니다.

우리는 즐겁고 자원하는 마음으로 드려야 합니다. 고린도후서 8장 2-3절에서 바울은 마게도냐 그리스도인들이 기뻐했다고 말합니다. 고린도후서 9장 7절에서는 "각자 그 마음에 정한 대로 할 것이요 인색함으로나 억지로 하지 말지니 하나님은 즐겨 내는 자를 사랑하시느니라"고 말합니다. 이들은 자원했습니다(고후 8:3).

믿음의 시금석

우리가 주님께 드리는 헌금은 우리 믿음의 시금석입니다. 그리스도께서는 제자들에게 그들의 의가 바리새인의 의보다 더 나아야 한다고 가르치셨습니다(마 5:20). 이것은 영적으로도 적용되지만, 물질에도 적용됩니다. 바리새인들은 자신의 수입을 율법에 적힌 그대로, 때로는 그것을 넘어서까지 주님께 성실하게 드렸습니다. 그렇다면 우리는 자원함과 자유의지와 사랑과 즐거움과 희생의 드림으로 이것을 넘어서야 한다는 것이 분명합니다. 주님께서는 우리에게 어느 정도만 요구하시는 것이 아니라, 우리의 모든 것을 원하십니다. 우리가 믿는 사람이고 은혜의 삶에 대해 뭔가를 안다면, 우리는 주님께서 그리스도 안에서 자신의 모든 것을 우리에게 주셨음을 이해할 것이고, 그러면 아이작 왓츠Isaac Watts가 자신의 유명한 찬송에서 말한 것도 이해할 것입니다.

> 온 세상 만물이 다 내 것이라 해도
> 예물로 드리기에는 너무 보잘것 없네
> 놀랍고 신성한 사랑은
> 내 영혼과 내 목숨과 내 모든 것을 요구하네.[28]

하나님께서 '주님께 드리는 헌금'이라는 이 가장 중요한 주제에서 우리를 인도해 주시길 빕니다.

---

28) 옮긴이 역—"주 달려 죽은 십자가," 새찬송가 149장 4절.

1 각자 자신에게 돈이란 어떤 의미가 있는지 나눠 봅시다.

2 그리스도인의 청지기 직분이란 무엇입니까?

3 하이델베르크 교리문답 1문답과 로버트 대브니의 말을 읽어 보고, 우리의
   청지기 직분에 대해 나눠 봅시다.

4 예수님께서는 왜 자꾸 돈에 대해 말씀하셨습니까?

5 복음의 좋은 청지기가 되려면, 지출에 대한 우선순위를 어떻게 정해야 할
   까요?

6 89-90쪽에 나오는 성경의 예들을 읽고, 우리가 배워야 할 점은 무엇입니
   까? 자신을 돌아보고 나눠 봅시다.

7 여러분의 돈 씀씀이가 하나님의 영광을 위한 씀씀이였는지 돌아보고 나
   눠 봅시다. 필요하다면, 지출 계획을 다시 세워 봅시다.

8 십일조에 대한 생각을 나눠 보고 갈무리해 봅시다.

9 고린도전서 16장과 고린도후서 8-9장을 토대로 헌금을 낼 때, 우리 태도
   가 어떠해야 하는지 나눠 봅시다.

10 우리의 온 맘을 다해 새찬송가 149장 4절을 함께 부릅시다. 그리고 하나
   님께서 '주님께 드리는 헌금'이라는 이 가장 중요한 주제에서 우리를 인도
   해 주시기를 위해서 기도합시다.

11 이 장을 읽으면서 하나님께서 깨닫게 해주신 것과 베풀어 주신 은혜를 생각
   하며 감사합시다. 또 깨달아 배우고 확신한 일에 거할 수 있게 해달라고 기
   도합시다.

6장

오늘날 교회 안에 있는 신령한 은사[29]

목사와 신자

신령한 은사라는 주제는 우리 교단에서 마땅히 받아야 할 주목을 받지 못했습니다. 우리가 은사에 대해 뭔가 말할 때, 우리는 목사가 설교자와 목자로서 갖춰야 할 자격에 초점을 맞추는 경향이 있습니다. 우리는 아무개 목사가 타고난 연설가라고 말하거나, 아무개 목사가 목회에 뛰어난 은사가 있다고 말하곤 합니다. 실제로 우리 개혁교회 사람들은 보통 모든 신자의 직분보다는 특별한 직분에 더 관심이 많습니다. 청교도들에 대한 패커의 말은 우리 네덜란드 개혁주의 선조들에게도 해당되는 말입니다. "은사를 논의할 때 청교도들의 관심은 온통 목회 사역에 쏠려 있었습니다. 그래서 청교도들은 이 목사 직분에 자격을 주는 특별한 은사에만 관심을 가졌지, 다른 사람들에게 있는 다른 은사에 대해서는 거의 묻지 않았습니다."[30] 청교도들은 자신들을 앞선 개

---

29) 「메신저」 1996년 5월 호에 실린 글.

30) 이 글에서 인용한 존 오웬의 글은 다음 책에서 가져온 것이다. J. I. Packer, "John Owen on Spiritual Gifts," in *A Quest for Godliness*(Wheaton, IL: Crossway Books, 1994), pp. 219-230. 우리말로는 『청교도 사상』(기독교문서선교회)으로 옮겨졌다.

혁자들처럼 주로 목회에서 높은 기준을 확보하는 데 관심이 있었습니다. 이것은 로마 가톨릭의 미신에 물든 일반 성도들을 교육하기 위함이었습니다.

그런데 이것이 싹 달라졌습니다. 지난 50-75년 동안 사람들은 일반 성도의 은사를 엄청나게 강조했습니다. 이 때문에 교회의 특별한 직분에 대한 관심이 일반 회원들이 교회 일에 참여하는 것으로 바뀌게 되었습니다. 게다가 오순절주의자들과 은사주의자들은 초대 교회에 널리 퍼져 있었지만 지금은 무시당하는 방언이나 예언이나 병 고침과 같은 은사를 되찾았다고 주장합니다. 은사주의 교회가 아니더라도 오늘날 교회는 '은사'에 대해 상당히 많이 이야기합니다. 완전히 새로운 '은사 신학'이 불현듯 나타났고, 대륙 곳곳에서 세미나를 열어 그리스도인들에게 특별한 은사를 찾아서 쓰라고 가르치고 있습니다.

특별한 은사에 대한 이런 느닷없는 관심을 우리는 어떻게 생각해야 할까요? 우리는 이것을 무작정 거절해야 합니까? 아니면 여기에 우리가 그동안 놓쳤을지 모르는 뭔가가 있을까요? 패커는 이런 운동이 지나치다고 경고하면서도 일반 성도의 은사를 이렇게 강조하는 것은 건전한 일이며 꽤 필요한 일이라고 생각합니다. 또한 신령한 은사 문제를 다룬 몇몇 청교도 저자를 언급합니다(물론 이들의 강조점은 여전히 목회 은사에 있었습니다). 가령 존 오웬은 교회 안에 있는 은사를 다루는 논문을 썼습니다. 오웬은 『목사와 구별된 사람들의 의무』Duties of Pastors and People Distinguished에서 이렇게 말합니다. "그리스도인은 목사뿐 아니라 일반 그리스도인도 자기 안에 있는 은사를 불일듯하게 해서 서로의 유익을 위해 써야 합니다." 또 다른 작품인 『신령한 은사 강론』Discourse of Spiritual Gifts에서는 이렇게 썼습니다. "믿는 사람은 누구나 은사를 받습니다. 이들은 모두 이 은사를 써서 서로를 권고하고 권면하여 서로를 지극히 거룩한 믿음 위에 세워야 합니다." 그러고 나서 오웬은 이런 말을 덧붙입니다. "그리스도인이라고 하는 대부분의 사람들 사이에서도 이런 의무에 대해 듣기 힘들 정도로 많은 사람이 이런 의무를 완전히 무시하게 된 까닭은 이런 특별한 은사를 잃어버렸기 때문입니다."

오웬은 우리에게 익숙한 상황을 암시하고 있습니다. 오늘날 사람들은 목사를 존경할지 모르지만 모든 일을 목사와 장로들에게 떠맡기고는 교회에 나와 가만히 구경만 합니다. 이들은 교회의 어떤 활동에도 결코 자진해서 참여하지 않습니다. 저는 오웬의 말이 아주 솔직하면서도 올바르다고 확신합니다.

> 신령한 은사와 신령한 은사의 실천 없이 진정한 교회생활이란 있을 수 없습니다. 성령의 은사가 없으면 교회는 세상에서 살아남을 수 없고, 믿는 사람도 그들이 마땅히 해야 하는 바 그리스도의 영광을 위해 서로에게 유익이 되고 나머지 인류에게 유익이 될 수 없습니다.

하이델베르크 교리문답에서도 신령한 은사가 교회의 본질은 아니더라도 교회의 건강을 위해 반드시 필요하다고 분명하게 말합니다. 55문에 보면, 모든 사람이 다른 지체의 유익과 구원을 위해 선뜻 그리고 즐거이 자기 은사를 사용할 의무가 있음을 알아야 한다고 말합니다.

몸의 지체

더 중요한 것은 신약성경 자체가 지역 교회를 몸으로 표현한다는 사실입니다. 여기서 모든 회원 또는 문자 그대로 모든 지체는 전체의 건강과 성장을 위해 저마다 맡은 일이 있습니다. 특별히 사도 바울이 이 부분에서 우리에게 분명한 가르침을 주었습니다. 바울은 에베소서 4장 11-12절, 로마서 12장 4-8절, 고린도전서 12-14장과 같은 구절에서 신령한 은사를 논의합니다.

먼저 고린도전서 12장을 봅시다. 고린도전서 12장은 신령한 은사라는 주제를 가장 분명하게 설명하는 곳입니다. 바울은 고린도 교회에 일어난 몇 가지 문제 때문에 이 서신을 썼는데, 그 가운데 신령한 은사와 그 쓰임새와 관련한 문제가 있었습니다. 고린도 사람들이 이 은사를 잘못 쓰고 있는 것이 분명해 보였고, 바울은 이 일에서 그들을 바로잡아야 했습니다. 바울은 이 사람들에게 은사가 있음을 부인하지 않습니다. 사실 바울은 이들에게 많은 은사가 있는 것을 축하하고 있습니다(고전 1:7). 하지만 애처롭게도 고린도 사람들은 제정신을 잃을 만큼 자기 은사에 빠져 있었습니다. 큰 은사를 가진 사람은 덜 중요해 보이는 은사를 가진 사람을 얕잡아 봤습니다. 교만이 들어오고 질투가 일어나, 회중 사이에 갈등과 분열이 생겼습니다. 사람들은 이런 신령한 재능을 하나님의 영광과 서로 부요함을 위해 쓰기는커녕, 자신의 영광과 이익을 위해 썼습니다.

바울은 사람의 몸에 빗대어 이것이 얼마나 잘못된 일인지 일깨워 줍니다. 사람의 몸도 서로 다른 여러 지체가 몸의 유익을 위해 함께 일하는 것처럼, 그리스도의 몸인 교회도 몸의 건강과 제대로 된 기능을 위해 저마다 이바지하는 여러 지체로 이루어져 있습니다. 우리 몸의 지체 가운데 더러는 아주 중요하고 더러는 덜 중요하지만, 쓸모없는 지체는 없습니다. 아무리 작고 하찮아 보여도 지체마다 하는 일이 있습니다. 몸이 건강한 유기체로 제구실을 하려면 각 지체는 다른 지체를 필요로 합니다.

은사와 재능

바울의 요점은 남자든 여자든 모든 신자에게 은사가 있고, 이 은사는 초자연 은사라는 것입니다. 이것은 재능이 아닙니다. 재능은 믿는 사람이나 안 믿는 사람이나 똑같이 받는 것입니다. 재능은 일반 은혜로 모든 사람이 받는 은사이지만, 특별한 은사는 오직 믿는 사람만이 받습니다. 많은 사람이 누군가 회심하기 전에 어떤 분야에서 뛰어난 재능이 있으면, 이 사람은 변화 받고 나서 주님을 섬기는 데 이 은사를 더 잘 쓸 수 있을 것이라고 생각합니다. 하지만 반드시 그렇지가 않습니다. 실로 하나님께서는 타고난 재능을 자주 원료로 쓰시지만, 이것을 그리스도의 교회를 섬기기 위한 전제 조건으로 생각해서는 절대로 안 됩니다. 하나님께서는 타고난 능력이 아예 없던 사람들한테 특별한 은사를 주실 수 있습니다. 잉글랜드의 존 번연과 윌리엄 헌팅턴William Huntington, 네덜란드 드리베르헌의 농사꾼인 뷜페르트 플로르Wulfert Floor가 그 예입니다. 이 사람들은 정식 교육을 아주 조금밖에 못 받았지만, 이런 안 좋은 여건에서도 주님의 일에 아주 크게 쓰임을 받았습니다. 하나님께서는 이 모든 경우에 자신이 도구로 쓰시고 싶어하는 사람들에게 주권적으로 자신의 은사를 베푸십니다.

신령한 은사라고 생각하는 것이 사실은 종교의 옷을 입은 타고난 재능에 지나지 않을 때가 많습니다. 오늘날 교회에 타고난 연설자, 유능한 조직자, 능숙한 경영자는 조금도 모자라지 않습니다. 하지만 거룩한 삶을 낳는 능력 있는 설교에서 나타나는 성령님의 기름 부으심은 어디에 있습니까? 존 오웬은 자기가 살던 때에 벌써 그리스도의 교회 안에 수많은 육신이 있음을 알았습니다. 신령한 은사에 대해 이야기하면서 오웬은 이렇게 말합니다. "타고난 능력과 열심으로는 신령한 은사를 가져올 수도, 신령한 은사에 이를 수도 없습니다. 하나님의 성령께서만 주실 수 있는 값없는 은사가 아니고는 결코 하나님께서 받으실 만하게 이행할 수 없는 일들을 자신의 능력으로 하려는 사람들이 교회 안에 있습니다."

그렇다면 신령한 은사란 무엇입니까? 다시 오웬의 정의가 아주 도움이 됩니다. 오웬에 따르면, 신령한 은사는 "하나님께서 내려 주시고 보존하시는 것으로, 다른 사람과 자기 자신의 덕을 세우기 위해 신령한 세계의 실재와 그리스도 안에 있는 하나님을 아는 지식을 이해하고 표현하는 능력"입니다. 이 정의가 도움이 되긴 하지만, 아주 완벽한 것은 아닙니다. 오웬은 신령한 은사를 지성의 재능에만 제한하는 듯 보입니다. 하지만 사도 바울은 '서로 돕고', '구제하고', '긍휼을 베풀고'처럼 지성의 능력이 아닌 것도 넣고 있습니다. 은사를 다룬 신약성경의 세 가지 주요 본문을 주의 깊게 살펴본다면, 바울이 나열한 신령한 은사의 범위에 지성의 능력뿐 아니라 성품의 은혜와 실천적 지혜의 은혜도 들어감을 알게 될 것입니다.

여러 가지 은사

이제 사도가 고린도전서 12장뿐 아니라 로마서 12장과 에베소서 4장에서 말한 몇 가지 은사를 간단히 살펴봅시다. 이 세 장에 나타난 목록을 견주어 보면, 겹치는 은사도 있고, 같은 은사인데 이름을 조금 다르게 쓰는 은사도 있음을 알 수 있습니다. 이 세 목록을 기초로 볼 때, 초대 교회에는 약 열아홉 개나 스무 개의 서로 다른 은사가 있었던 것이 분명합니다. 이 가운데는 병 고침이나 기적이나 방언과 같이 잠깐 있다 사라지는 은사도 있었습니다. 이런 은사들의 목적은 기록된 형태의 성경이 나오고, 정경이 완성될 때까지 표적으로서 사도들이 전하는 하나님의 말씀을 확증하는 것이었습니다.

다음의 은사들은 더 지속되는 은사들입니다.

- 지혜의 말씀 – 이것은 성경에서 발견한 진리를 삶의 여러 상황에 적용하는 은사를 말합니다. 사도 시대 내내 계시된 새로운 진리도 여기에 들어갑니다.

- 지식의 말씀 – 이 은사는 믿는 사람에게 있는 비상한 능력으로 하나님의 말씀을 이해하고 이 지식을 동료 그리스도인에게 전하는 것과 관련 있습니다.

- 믿음 – 여기서 말하는 믿음은 구원 얻는 믿음이 아니라, 어마어마한 장애물에 맞닥뜨릴 때 하나님을 비상하게 신뢰하는 능력입니다. 바울이 한 예입니다. 바울은 자신이 로마로 가려고 탄 배가 물속에 막 가라앉으려 했을 때, 배에 탄 사람들이 모두 안전할 것임을 믿을 수 있었습니다.

- 예언 – 이것이 잠깐 있다 사라지는 은사인지 지속되는 은사인지 성경 연구자들끼리 의견이 엇갈립니다. 이것을 계시의 은사로 볼 때는 틀림없이 잠깐 있다 사라지는 은사겠지만, '예언'은 하나님의 말씀을 선언하거나 선포하는 것을 뜻할 수도 있습니다. 이런 의미로 볼 때는 이 은사가 오늘날 아직도 우리와 함께 있습니다.

- 분별 – 이것은 진리와 오류를 분별하는 은사이며, 거짓말하는 영을 알아내고, 설교자와 교사를 평가할 수 있는 특별한 능력을 가진 은

사입니다. 이 은사는 잘못 쓰기 쉽고, 자칫하면 해롭고 좋지 않은 비판이 될 수도 있습니다. 바르게 쓰면, 잘못된 가르침에서 교회를 지키는 데 도움이 됩니다.

· 서로 돕는 것 – 가장 넓은 의미에서 이 은사는 그날그날의 상황에 따라 다른 사람을 돕고 뒷받침하는 것입니다. 이것은 '섬기는 일'과 같은 은사입니다(롬 12:7). 헬라어로는 다른 사람의 짐을 가져다가 자신이 짊어진다는 뜻입니다. 에바브로디도가 이런 '돕는 자'였습니다(빌 2:25, 30).

· 다스리는 것 – 이것은 지도하는 은사입니다. 여기서 다스린다는 말은 헬라어로 배를 몬다는 뜻입니다. 이것은 교회라는 배의 키를 잡고 교회가 꾸준히 옳은 방향으로 가게 하는 것을 말합니다. 이 은사는 특별히 목사에게 필요하지만, 지도하는 자리에 있는 장로나 다른 사람에게도 필요합니다.

로마서 12장에서는 몇 가지 은사를 더 말하고 있습니다. '구제'는 평상시에 요구되는 것 이상으로 베푸는 은사입니다. '긍휼'은 어려움에 놓인 사람을 불쌍히 여기는 은사입니다. '절제'는 독신으로 남아 주님을 섬기는 데 모든 시간을 바치는 능력입니다. 에베소서 4장에서는 '사도'와 '선지자'와 '목사'와 '교사'를 나열합니다.

은사를 불일듯하게 함

위에서 말한 모든 은사는 우리가 꼭 그런 이름으로 부르지는 않더라도 오늘날 교회에서 여전히 볼 수 있습니다. 이런 지속되는 재능은 목사나 다른 교회 지도자에게만 제한되지 않는 것이 분명합니다. 남자나 여자나 성령님께 이런 은사 가운데 적어도 하나는 받습니다. 그러니까 우리는 우리 은사를 찾으려고 애써야 하고, 그런 다음 이 은사를 불일듯하게 해야 합니다. 그래야 교회의 유익을 위해 우리 재능을 최선으로 쓸 수 있습니다. 하나님께서 우리에게 어떤 은사를 주셨든지, 교회는 그 은사를 필요로 합니다. 이것이 없이 교회는 완전하지 않습니다. 이것이 바울이 고린도전서 12장에서 말하는 바입니다. 동기는 언제나 주님과 주님의 교회를 섬기는 것이어야 합니다. 그것이 우리의 관심사라면, 우리는 주님께 우리의 특별한 은사가 어디에 있는지 보여 달라고 구해야 합니다.

보통은 동료 그리스도인이 여러분보다 먼저 여러분의 은사를 알아볼 것입니다. 이것이 가장 좋은 길입니다. 성령님께서 사도들에게 임하셨을 때, 사도들은 자기 머리 위에 있는 불의 혀는 보지 못하고, 다른 사람들의 머리 위에 있는 불의 혀만 봤습니다. 여러분에게 가르치는 은사가 있다고 생각해서 그렇게 말하는데 아무도 그 사실을 인정하지 않는다면, 여러분이 잘못 생각하고 있다고 결론 내리는 것이 안전합니다. 마찬가지로 교회, 특별히 당회는 어떤 지체에게 은사가 있는 것을 본다면, 그 지체가 그 은사를 키우고 쓸 수 있도록 격려해야 합니다. 이것은 직분자를 뽑는 일과 관련해 아주 중요한 문제입니다. 어떤 때는 훨씬 적은 은사를 가진 사람 때문에 분명한 은사를 가진 사람을 지나치기도 합니다. 그 선택이 마침 더 안전하기 때문입니다. 특별히 교회 지도자들은 목회의 가능성이 있는 재능 있는 젊은이들을 끊임없이 지켜봐야 합니다(딤후 2:2).

물론 여기서 주의가 필요합니다. 언제나 고린도 사람들처럼 자기 은사에 깊이 감명 받는 사람들이 있습니다. 은사를 가진 것만으로는 경건의 확실한 증거가 아닙니다. 보통 믿는 사람만이 특별한 은사를 받는다 해도, 특별한 은사와 신령한 은혜는 다릅니다. 신령한 은혜만이 새로운 탄생의 표지입니다. 그러니까 은사가 많고 교회에 유익해 보이면서도 여전히 은혜에는 외인일 수 있습니다. 존 오웬은 이렇게 말합니다.

> 은사는 빛의 효력으로 삶을 뜯어고칠 수 있을지 몰라도 마음을 바꿀 능력은 없습니다. 또 하나님께서 보통 악한 사람들에게 은사를 주시지도 않고, 은사를 받고 나서 악해진 사람들에게 은사를 계속 갖고 있게 하시지도 않지만, 그렇다고 해도 새롭게 되지 않은 사람들에게 은사는 있을 수 있고, 이 은사가 사람들을 가장 끔찍한 죄에서 완전히 지켜 주지 못할 수 있습니다. 은사만으로는 마음을 바꾸거나, 생각을 새롭게 하거나, 영혼을 하나님의 형상으로 변화시키지 못합니다.

그러니까 신령함을 알아보는 그리스도의 틀림없는 시금석은 '그들의 은사로 그들을 알리라'가 아니라 "그들의 열매로 그들을 알리라"(마 7:20)입니다. 바울도 이 사실을 떠올려 줍니다. "오직 성령의 열매는 사랑과 희락과 화평과 오래 참음과 자비와 양선과 충성과 온유와 절제니"(갈 5:22-23). 그렇다면 우리는 성령의 은혜와 은사에 모두 관심을 갖되, 언제나 이 순서를 지킵시다. 그럴 때만 그리스도의 교회와 나라는 우리 은사에서 참된 유익을 얻어, 그리스도의 이름에 영광이 되고 그리스도의 백성에게 덕이 될 것입니다.

1 오늘날 특별한 은사에 대한 느닷없는 관심을 우리는 어떻게 생각해야 할
　까요? 우리는 이것을 무작정 거절해야 합니까? 아니면 여기에 우리가 그
　동안 놓쳤을지 모르는 뭔가가 있을까요?

2 하이델베르크 교리문답 55문답을 읽어 보고, 은사의 필요성에 대해 나눠
　봅시다.

3 고린도전서 12장을 읽어 봅시다. 은사 문제에서 고린도교회가 빠진 오류
　는 무엇이었습니까? 우리 자신과 교회를 돌아보고 나눠 봅시다.

4 은사와 재능을 구분하여 말해 봅시다.

5 신령한 은사란 무엇입니까?

6 〈여러 가지 은사〉를 읽고 답해 봅시다.

　1) 병 고침이나 기적이나 방언과 같은 은사들의 목적은 무엇이었습니까?

　2) 은사들을 설명해 봅시다. 이런 은사들이 교회를 어떻게 건강하게 세울
　　수 있는지 나눠 봅시다.

7 주님과 주님의 교회를 섬기는 것이 우리의 관심사라면, 주님께 우리의 특
　별한 은사가 어디에 있는지 보여 달라고 간구합시다.

8 신령함을 알아보는 그리스도의 틀림없는 시금석은 무엇입니까? 왜 이 순
　서가 중요합니까?

9 98쪽 하단에 있는 존 오웬의 말을 다시금 떠올려 봅시다. "믿는 사람은
　누구나 은사를 받습니다. 이들은 모두 이 은사를 써서 서로를 권고하고
　권면하여 서로를 지극히 거룩한 믿음 위에 세워야 합니다." 우리의 은사

가 이런 역할을 함으로써 교회를 바르게 세울 수 있게 해달라고 기도합시다.

10 이 장을 읽으면서 하나님께서 깨닫게 해주신 것과 베풀어 주신 은혜를 생각하며 감사합시다. 또 깨달아 배우고 확신한 일에 거할 수 있게 해달라고 기도합시다.

7장

새로운 감정의 내쫓는 능력[31)]
– 세상을 사랑하던 사람이 어떻게 하나님을 사랑하는 사람이 되는가

이번에 제가 고른 주제를 보고 여러분은 조금 어리둥절할 수도 있습니다. 여러분은 "도대체 새로운 감정의 내쫓는 능력이 뭔가요?" 하고 물을 수 있습니다. 먼저 말씀드릴 것은 이 낯설게 들리는 제목은 제가 지은 것이 아니라는 사실입니다. 저는 토머스 차머스Thomas Chalmers라고 하는 스코틀랜드 목사에게 이 말을 빌려 왔습니다. 차머스는 아주 오래전에 요한일서 2장 15절을 본문으로 이런 제목의 설교를 했습니다. 차머스의 이 특이한 표현이 무슨 뜻인지 곧 설명드리기에 앞서, 19세기 초 스코틀랜드에서 살고 일한 이 대단한 신학자요 설교자에 대해 간략히 말씀드리겠습니다.

---

31) 2006년 9월 4일에 온타리오의 던다스에서 있었던 자유개혁교회의 날(동부)에 전한 강의다.

토머스 차머스

토머스 차머스는 1780년에 태어났고, 남다른 재능을 가진 아이라는 것이 곧 드러났습니다. 차머스는 열두 살에 세인트앤드루스대학University of St. Andrews에 들어갔는데, 거기서 신학과 과학, 특별히 수학을 공부했습니다. 그리고 열아홉 살에 목사 안수를 받았습니다. 하지만 아직 하나님과 하나님의 은혜를 알지 못했기 때문에, 차머스의 설교는 성경과 거의 상관 없는 도덕주의에 가까웠습니다. 1809년에 차머스는 심각한 병에 걸렸습니다. 그러면서 자신이 아직 자신의 창조주를 만날 준비가 되지 않았음을 깨달았고, 그때부터 이전에 멀리했던 성경과 청교도 문헌을 읽기 시작했습니다.

목회를 다시 시작했을 때, 차머스의 설교는 완전히 달라졌습니다. 오직 하나님의 주권적 은혜로 말미암는 구원이 설교의 중심 주제가 되었습니다. 그 결과 차머스의 회중은 부흥을 체험했습니다. 차머스의 이름이 스코틀랜드 곳곳에 퍼졌고, 마침내 영어권 전체에 퍼졌습니다. 이것은 차머스의 강력한 설교 때문만은 아니었습니다. 누군가도 말했을 것이다시피 특별히 차머스가 사회의 가난하고 불우한 사람들을 위해 일했기 때문입니다. 또한 지역 복음화와 해외 선교에 큰 열심이 있었습니다.

1843년에 차머스는 450명의 목사들과 함께 스코틀랜드 국교회에서 나와 스코틀랜드 자유교회를 세웠습니다. 차머스는 새 교단에서 처음 열린 총회의 의장으로 뽑혔고, 얼마 안 있어 에든버러에 있는 자유교회대학의 신학 교수와 초대 학장으로 임명받았습니다. 차머스가 가르친 많은 학생 가운데는 앤드루 보너Andrew Bonar, 윌리엄 커닝엄, 로버트 맥체인Robert Murray M'Cheyne이 있었습니다.

차머스는 목사로뿐 아니라, 기독교 철학자, 사회 개혁가, 과학자로도 어마어마한 영향력을 떨쳤고, 정치와 경제와 교육을 비롯한 수많은 주제를 놓고 폭넓게 글을 쓰고 강의했습니다. 차머스는 스코틀랜드에서 그 뒤에 아브라함 카이퍼가 네덜란드에서 그랬던 것만큼 유명했습니다. 1847년, 차머스가 죽자 온 나라가 슬퍼했습니다.

차머스의 설교

차머스의 잘 알려진 설교 가운데 하나는 "새로운 감정의 내쫓는 능력"이라는 희한한 제목을 달고 있습니다. 이것은 요한일서 2장 15절을 본문으로 전한 설교의 주제입니다. 여기서 사도는 이렇게 말합니다. "이 세상이나 세상에 있는 것들을 사랑하지 말라 누구든지 세상을 사랑하면 아버지의 사랑이 그 안에 있지 아니하니."

요한은 이 엄숙한 말로 동료 그리스도인들에게 배역의 죄를 경고합니다. 배역은 여러 형태를 띠지만, 여기서 사도는 그 특징을 세상 사랑으로 봅니다. 이 편지를 받은 사람들은 신앙을 고백하는 그리스도인들이며, 그리스도인으로 살아가는 사람들입니다. 요한은 이 사람들에게 계속 그리스도인으로 살아가고, 거룩함을 좇으라고 권면합니다. 이들은 세상의 유혹을 뿌리치고 온전히 주님만 따라야 합니다. "이 세상이나 세상에 있는 것들을 사랑하지 말라"는 요한의 권면이자 경고입니다. 여기서 '세상'이란 하나님께서 지으신 자연 세계를 말하는 것이 아니라, 아담 안에서 타락하고, 죄에 사로잡히고, 사탄의 노예가 되고, 하나님과 그 아들 예수 그리스도를 거역하며 사는 죄악 된 인류를 말합니다.

세상을 사랑하는 감정

요한은 이 세상을 사랑해서는 안 된다고 말합니다. 이 말은 세상의 죄악 된 행실에 참여하지 말고, 세상의 유행을 따르지 말고, 세상의 즐거움을 좇지 말라는 뜻입니다. 이 경고를 무시할 때, 우리는 커다란 위험에 놓이게 됩니다. 곧, 우리가 고백하는 믿음은 결국 거짓으로 밝혀질 것입니다. 왜 그렇습니까? 세상과 하나님을 같이 사랑할 수 없기 때문입니다. 요한은 세상을 사랑하면 아버지를 사랑할 수 없다고 말합니다. 세상과 하나님은 서로 완전히 반대되기 때문에, 둘을 한꺼번에 사랑하는 것은 있을 수 없는 일입니다.

우리는 이런 경고를 심각하게 받아들여야 합니다. 세상을 사랑한다는 것이 무슨 뜻이고, 세상을 사랑하면 어떤 결과를 맞게 될지 깨달아야 합니다. 하지만 경고만으로는 죄인들이 세상을 그만 사랑하고, 하나님을 사랑하게 할 수 없습니다. 차머스에 따르면, 죄인들의 사랑과 감정이 세상에서 하나님께로 옮겨 가도록 설득할 수 있는 방법은 크게 두 가지가 있습니다.

첫째, 세상과 그 즐거움은 헛되고 덧없으니까 사랑할 가치가 없다고 증명하는 것입니다.
둘째, 우리가 마땅히 사랑해야 할 참되고 유일한 대상으로 하나님을 소개하는 것입니다.

차머스는 첫 번째 방법은 효과가 없다고 말합니다. 육신에 속한 사람에게는 이 세상과 세상에 있는 것만이 현실이기 때문입니다. 이 사람은 이것을 하나님과 하나님께 속한 것과 바꾸지 않을 것입니다. 하나님과 하나님께 속한 것은 이 사람에게 막연한 개념이기 때문입니다. 바울은 이렇게 말합니다. "육에 속한 사람은 하나님의 성령의 일들을 받지 아니하나니 이는 그것들이 그에게는 어리석게 보임이요 또 그는 그것들을 알 수도 없나니 그러한 일은 영적으로 분별되기 때문이라"(고전 2:14). 죄인은 성령님께서 그 먼눈을 열어 주셔야만 비로소 세상이 주는 것과 하나님께서 값없이 베푸시는 것이 다르다는 사실을 알게 됩니다(고전 2:12).

　이런 기적이 일어나기 전까지, 죄인은 자기가 사랑하는 것을 빼앗아 가지 못하게 하려고 끝까지 버틸 것입니다. 이것을 포기하면 자기에게 가치 있는 것이 하나도 남지 않을 것이라고 생각하기 때문입니다. 그러니까 죄인들이 세상을 포기하게 하려면, 이치를 따져 설득하거나 일어날 결과를 놓고 경고하는 것만으로는 부족합니다. 물론 우리는 믿지 않는 사람에게 다가올 진노에서 피하라고 경고해야 하고, 세상의 쾌락과 보화를 좇는 것이 얼마나 어리석은 일인지 가르쳐 주어야 합니다. 하지만 주님께서 먼눈과 귀를 열어 주시기 전까지, 이것은 씨알도 안 먹힐 것입니다.

설교

차머스는 더 뛰어나고 효과 있는 길을 제안합니다. 곧, 그리스도 안에 있는 하나님의 사랑, 세상을 저버리지 않으면 세상에 대한 사랑 때문에 영원히 멸망하고 말 죄인을 향한 하나님의 압도하고 정복하는 사랑을 설교하는 길입니다.

　하나님을 사랑하는 것과 세상을 사랑하는 것은 뿌리부터 다른 감정입니다. 이 두 감정은 서로 경쟁할 뿐 아니라 서로 싫어해서, 한 마음 안에 같이 살 수 없습니다. 하지만 마음의 의지와 성향으로 세상을 포기하는 것은 있을 수 없는 일입니다. 그렇게 하면 그 마음은 진공 상태가 되어, 비참하고 불행할 것이기 때문입니다. 그러니까 새로운 감정의 내쫓는 능력으로만 사람의 마음에서 옛 감정을 몰아낼 수 있습니다. 목사가 충실하게 선포한 복음을 성령님께서 효력 있게 적용해 주실 때, 죄인의 마음속에 이 새로운 감정이 불붙습니다. 복음의 충실한 선포란 무엇입니까? 차머스에게 그 잣대는 하나님께서 자기 아들의 희생제사로 말미암아 세상을 자기와 화목하게 하시는 분으로 제시되느냐입니다. 차머스는 설교의 목적이 세상을 사랑하는 죄인에게 세상을 정말 사랑하사 자기 독생자를 주시고 그를 믿는 자마다 멸망하지 않고 영생을 얻게 하시는 분으로 하나님을 제시하는 것이라고 말합니다(요 3:16). 우리는 하나님께 죄를 지었고, 하나님의 진노를 받아야 마땅합니다. 그런데 바로 그 하나님께서 구주를 주사 죗값을 치르게 하셨습니다. 차머스에 따르면, 참된 복음 설교는 그리스도 안에 있는 하나님의 사랑을 죄인의 마음 보좌를 차지하고 있는 세상 사랑을 몰아낼 방식으로 제시하는 것입니다.

회개에서 하나님의 사랑

제한 속죄

이 시점에서 어떤 분들은 이렇게 말할지 모릅니다. "잠깐만요! 죄인들한테 그저 '하나님께서 당신을 사랑하십니다' 하고만 말할 수는 없어요. 이것은 오해를 일으키는 말이에요. 아르미니우스주의죠. 이 자유의지 신봉자들은 언제나 하나님께서 모든 사람을 사랑하시고, 그리스도께서 모든 사람을 위해 죽으셨다고 얘기해요. 하지만 우리 개혁주의자들은 제한 속죄를 믿어요. 그리스도께서는 자신이 택하신 사람들만을 위해 죽으셨어요. 자신이 영원 전부터 사랑하신 사람들이죠. 그러니까 우리가 죄인들한테 전할 소식은 그들이 허물과 죄로 죽었고, 하나님의 진노 아래 놓여 있고, 그래서 이 진노를 피하고 회개하고 자비를 구해야 한다는 것이어야 해요. 이것이 개혁주의다운 길이고, 성경이 말하는 길이에요."

정말 그렇습니까? 거의 맞습니다. 하지만 더 말할 수 있거나, 말해야 할 것은 없습니까? 물론 우리는 죄인들에게 회개하고 믿으라고도 해야 합니다. 이것을 잊지 맙시다. 예수님께서는 회개하고 복음을 믿으라고 하셨습니다. 자, 그런데 회개가 무엇입니까? 우리는 무엇을 믿고 누구를 믿어야 하나요?

웨스트민스터 소교리문답

저는 회개에 대한 웨스트민스터 소교리문답의 정의를 좋아합니다. "생명에 이르는 회개는 구원의 은혜인데, 이것으로 죄인은 자기 죄를 바로 알고 그리스도 안에 있는 하나님의 자비를 깨달아, 자기 죄를 슬퍼하고 미워하며, 그 죄에서 하나님께로 돌이키고, 굳은 결심과 노력으로 새롭게 순종하게 됩니다"(87문). 여기서 열쇠가 되는 구절은 '그리스도 안에 있는 하나님의 자비를 깨달아'입니다. '깨달아'apprehension라는 말은 현대 영어에서 두려움, 조마조마함, 불길한 예감을 뜻합니다. 하지만 17세기에 이 말은 이해하고, 파악하고, 꼭 붙든다는 뜻이었습니다.

회개하는 죄인은 성령님의 조명하심으로 하나님께서 그리스도 안에서 자비하시다는 위대한 복음의 진리를 이해하기 시작합니다. 그분은 형벌을 요구하시는 거룩하시고 공의로우시고 의로우신 하나님이실 뿐 아니라, 그리스도 안에서 죄인의 구원을 위해 일하신 자비하시고 은혜로우신 하나님이십니다. 죄인은 이 영광스러운 진리를 깨닫고 꼭 붙듭니다. 죄인이 이 진리를 차지한다고도 말할 수 있습니다.

랠프 어스킨

랠프 어스킨은 에스겔 16장 62-63절을 설교하면서 죄인이 복음을 믿는 순간 참된 회개가 시작된다고 말합니다. [32] 복음이 무엇입니까? 하나님께서 자기 아들의 속죄 제사로 원수와 화해하신다는 소식입니다.

이 본문에서 하나님께서는 죄 많은 유다에게 이렇게 말씀하십니다. "내가 네게 내 언약을 세워 내가 여호와인 줄 네가 알게 하리니 이는 내가 네 모든 행한 일을 용서한 후에 네가 기억하고 놀라고 부끄러워서 다시는 입을 열지 못하게 하려 함이니라 주 여호와의 말씀이니라." 여기서 용서한다는 말은 속죄 제사를 근거로 화해한다는 뜻입니다. 하나님께서 말씀하시는 본질은 이것입니다. "나는 그리스도의 속죄하는 피 때문에 너희와 화해하노라." 하나님께서는 그리스도께서 십자가 위에서 이루신 것 때문에 죄인을 은혜로이 대하실 수 있습니다. 갈보리에서 하나님의 공의가 만족되었습니다. 예수님의 온전한 순종으로 율법의 모든 요구가 충족되었습니다.

우리는 이 사실을 믿어야 합니다. 우리가 깨닫고 붙들어야 할 자유를 주는 진리는 하나님께서 자기의 사랑하시는 아들 안에서, 그 아들로 말미암아 자비하시고 은혜로우시다는 것입니다. 가장 끔찍한 죄인이라도 예수님을 믿고 예수님의 피를 신뢰하면 용서를 받습니다. 여러분이 이 진리를 깨닫고, 용서하시고 노여움을 푸시고 화해하시는 하나님을 볼 때, 여러분은 비로소 간절히 회개하기 시작합니다.

많은 사람이 이 사실을 보지 못하고, 깨닫지 못합니다. 이들은 먼저 회개하고 난 다음에 믿어야 한다고 생각합니다. 하지만 이런 회개는 형식에 치우친 율법주의가 될 수밖에 없습니다. 참된 회개는 화해하시는 하나님, 실로 거룩하시고 의로우실 뿐 아니라 사랑이 넘치시는 자비하시고 은혜로우신 하나님을 믿는 믿음에서 나옵니다.

사도 요한은 이렇게 말합니다. "하나님이 우리를 사랑하시는 사랑을

---

32) 이 설교는 다음 책에서 볼 수 있다. Ralph Erskine, *The Works of Ralph Erskine*, vol. 2(Glasgow: Free Presbyterian Publications, 1991), pp. 401-471.

우리가 알고 믿었노니 하나님은 사랑이시라"(요일 4:16). 헬라어로는 이 본문을 이렇게 바꾸어 쓸 수도 있습니다. "하나님이 우리를 사랑하시는 사랑을 우리가 믿음으로 알았노니." 우리는 믿음으로 우리를 향하신 하나님의 사랑을 압니다. 사도가 여기서 말하는 사랑은 하나님의 작정 가운데 있는 하나님의 은밀한 사랑이 아닙니다. 복음에 나타난 하나님의 사랑, 곧 하나님께서 자기 아들을 선물로 주심으로 뭇사람에게 나타난 하나님의 사랑입니다.

다시 어스킨을 인용합니다. "하나님께서 신앙의 규범으로 삼으신 것은 자신의 은밀한 목적이 아닌 약속의 말씀입니다. 또 여러분이 일단 하나님의 말씀을 받아들이고 믿으면, 하나님의 자비하신 목적을 알 수 있고, 알게 될 것입니다. 하나님께서 여러분과 같은 죄인들에게 하시는 말씀은 '네 모든 행한 일을 용서하노라'입니다." 어스킨은 또 이렇게 말합니다. "이 좋은 소식을 시온에 있는 모든 죄인, 특별히 복음을 듣는 죄인 하나하나에게 선포해야 합니다. 여러분이 이 기쁜 소리를 안다면, 여러분은 이것이 '너를 용서하노라. 내 모든 사신에게 네게 평화의 복음을 전하라고 명하였노라. 이 구원의 말씀을 네게 보내노라'고 하시는 하나님의 말씀임을 알 수 있을 것입니다……하나님께서 여러분을 용서하노라고 하시며 여러분에게 이렇게 사랑을 표현하실 때, 여러분은 여러분의 원수 됨 때문에 마음이 상하지 않겠습니까?"

존 칼빈

칼빈은 어딘가에서 하나님께서 우리를 사랑하신다는 것을 우리가 믿지 않는 한, 우리는 결코 제대로 선을 행하지 못할 것이라고 말했습니다. 우리는 이렇게 말할 수도 있습니다. 곧, 하나님께서 그리스도 안에서 우리와 화해하신다는 사실을 우리가 믿지 않는 한, 세상은 결코 우리 마음에서 쫓겨나지 않을 것입니다. 죄인을 향한 하나님의 사랑, 이 것이 바로 새로운 감정의 내쫓는 능력입니다! 세상과 세상에 있는 것에 대한 타고난 옛 사랑은 이 새로운 사랑과 감정이 일어나 우리 마음과 생각을 사로잡기 시작할 때만 세상과 세상에 있는 것에 매력을 못 느낄 것입니다.

세속성을 이기는 은혜

우리는 우리 교회에서 세속성 문제가 나날이 커지고 있다는 보고를 갈 수록 많이 듣습니다. 이것은 젊은 사람들만의 문제가 아닙니다. 결혼 한 부부와 나이 든 지체도 그 생활 방식이 정상 궤도에서 많이 벗어나 있습니다.

우리는 이 문제를 어떻게 다루어야 합니까? 물론 우리는 세속성을 경 고해야 합니다. 특별히 문란한 성의 모습을 띠고서 우리 문화에 스며든 세속성을 경고해야 합니다. 우리는 세상과 세상에 있는 것을 사랑하다 가 심각한 결과를 맞게 된다고 서로 일깨워 주어야 합니다. 넓은 길로 가 면 결국 멸망할 수밖에 없습니다. 천국에 이르는 길은 좁은 길뿐입니다.

하지만 이 좁은 길을 제대로 전합시다. 이 길은 자기를 부인하고 몸 부림하는 고된 길이지만, 기쁨과 행복이 넘치는 즐거운 길이기도 합니 다. 솔로몬은 "그(지혜) 길은 즐거운 길이요 그의 지름길은 다 평강이니 라"(잠 3:17)고 말합니다. 우리는 넓은 길에서 나와 잘 가지 않는 좁은 길로 가도록 죄인들을 북돋워야 합니다.

예화

제프 토머스Geoff Thomas 목사는 함께 커피를 마시고 있는 두 여인의 이야기를 들려줍니다. 한 여인이 가지런히 빗은 머리에 번쩍이는 구두를 신고 문밖을 나서는 자기 아들을 지켜보고는 친구에게 이렇게 말합니다. "세상에, 나 쟤 때문에 못 살아." 그러자 친구는 이렇게 말합니다. "뭐가 그렇게 못마땅해? 나는 우리 아들도 구두에 광 좀 내고 머리도 네 아들처럼 했으면 좋겠다. 우리 아들은 옷도 거렁뱅이처럼 입고 다녀." 이 어머니는 답합니다. "아니. 그것 때문에 그런 게 아냐. 내가 십 팔 년 동안 못한 걸 긴 생머리랑 맑은 눈망울은 십 분 만에 하더라. 그래서 약 올라." 이 여인은 아들에게 깔끔하게 살자고 수도 없이 잔소리했지만, 소용이 없었습니다. 그러다가 이 아들은 사랑에 빠졌고, 단정해 보이고 싶어했습니다. 이 아들의 게으른 습관을 몰아낸 것은 새로운 감정의 내쫓는 능력이었습니다.

이것은 그저 제가 말하려고 하는 것의 한 보기에 지나지 않습니다. 젊으나 늙으나 죄인이 세상에 대한 애착을 끊을 길은 하나밖에 없습니다. 뭔가가, 아니 누군가가 이 아들의 태도를 완전히 바꿔 놓았고, 이 아들은 기꺼이 자기 생활 방식을 바꾸었습니다. 이 어머니는 자기가 한 모든 권고보다 긴 생머리와 맑은 눈망울이 더 많은 일을 이루었음을 알았습니다.

하나님의 은혜도 그렇습니다. 하나님께서 우리 안에서 우리 마음과 생각에 예수 그리스도의 아름다움을 드러내시기를 기뻐하실 때, 구원에 대한 우리의 모든 저항은 끝이 납니다. 우리는 주의 권능(새로운 감정의 권능)의 날에 즐거이 헌신하게 됩니다(시 110:3).

복음

하나님께서만 이런 변화를 가져오실 수 있지만, 하나님께서는 이 과정에서 기꺼이 사람(특별히 부모와 교사와 설교자)을 쓰십니다. 여기서 우리는 우리 자녀와 젊은이들에게 하나님에 대해 성경이 말하는 균형 잡힌 생각을 심어 주는 것이 얼마나 중요한지 깨달아야 합니다. 이들이 하나님에 대해 알고 들은 것이 하나님께서는 거룩하시고 공의로우셔서 날마다 악인에게 진노하신다는 사실밖에 없다면, 이들은 그런 하나님을 아예 사랑할 수 없는 것은 아니더라도 사랑하기가 힘들다는 것을 알게 될 것입니다. 이들은 하나님을 존경하는 법을 배울 수도 있습니다. 두려움 때문에 대체로 십계명을 따라 살고, 겉으로나 형식으로 하나님을 섬기려고 애쓸 수도 있습니다. 하지만 마음속 깊은 곳에서는 여전히 세상과 세상이 제안하는 모든 것을 더 좋아할 것입니다. 성령님께서 이들의 눈을 여시고 이들에게 새로운 욕구와 감정과 함께 새로운 마음을 주시기 전까지, 이들의 마음은 세상에 있고, 계속 세상에 머물 것입니다. 성령님께서는 우리가 복음을 듣고 배우고 읽을 때, 우리 눈을 여시고 우리에게 새로운 마음을 주십니다. 그렇다면 우리는 복음을 반드시 좋은 소식으로 제시해야 합니다. 그것이 바로 복음이기 때문입니다. 헬라어로 복음을 나타내는 '유앙겔리온'은 큰 기쁨의 즐거운 소식을 뜻합니다.

우리는 목사와 교사와 부모로서 주님과 주님을 섬기는 일에 대해 말할 때, 구원의 복음을 매력 있게 만들려고 최선을 다해야 합니다. 무엇보다 중요한 것은 우리 자녀가 우리한테서 주님을 사랑하고 주님의 길로 즐거이 행하는 모습을 볼 수 있어야 한다는 사실입니다. 우리 삶에서 주님을 사랑하는 모습이 나타납니까? 우리를 사랑하셔서 우리를 위해 자신을 버리신 그리스도께 대한 이 새로운 감정의 능력이, 우리가 모두 가지고 태어난 세상에 대한 옛 감정을 쫓아내었나요? 여러분이 하나님의 자녀라면, 여러분은 이 내쫓는 능력이 무엇인지 안다고 말할 수 있어야 합니다.

그런데 어떤 분들은 이런 말을 덧붙여야 할지 모릅니다. "주님이 처음 제 삶에 찾아오셨을 때, 저는 그 능력이 뭔지 알았어요. 그땐 상황이 많이 달랐죠. 주님과 처음 사랑에 빠졌을 때, 세상은 제게 아무 매력이 없었어요. 제겐 하나님과 하나님께 속한 것이 정말 소중했어요." 하지만 지금도 그렇게 말할 수 있습니까? 여러분은 그럴 수 없다고 답합니다. 적어도 자신감과 확신의 정도가 다릅니다. 무슨 일이 일어났습니까? 윌리엄 쿠퍼William Cowper는 자신의 유명한 찬송에서 이런 질문을 합니다. 이 찬송은 이렇게 시작합니다.

> 내가 처음 주님을 뵐 때 알았던 그 복은 어디 있는가
> 예수님과 예수님의 말씀을 보던
> 영혼을 새롭게 하는 눈은 어디 있는가
> 나는 한때 얼마나 평화로운 시간을 즐겼던가
> 그 기억이 아직도 얼마나 달콤한가
> 그러나 그 시간들은 세상이 결코 채울 수 없는 공허함만 남겼네.

다윗의 시편

주님께서는 처음 우리를 구원하실 때, 우리 안에 주님 자신과 주님의 말씀에 대한 사랑을 일으키셔서 세상과 세상의 죄악 된 매력에 대한 흥미를 싹 잃게 하십니다. 우리는 아삽과 함께 "하늘에서는 주 외에 누가 내게 있으리요 땅에서는 주밖에 내가 사모할 이 없나이다"(시 73:25) 하고 말합니다. 하지만 이 첫사랑의 때가 얼마 지나지 않아, 우리는 우리가 그리스도와 하나 됨으로 죄에 대해 죽었는데도 우리 안에서 죄가 전혀 죽지 않았음을 발견합니다. 가끔은 우리를 압도할 만한 힘으로 되살아나, 주님께서 정말 우리 안에서 착한 일을 시작하셨는지 의심하게 만듭니다. 하지만 이런 결론이 언제나 타당한 것은 아닙니다. 여기서 우리

가 배우는 것은, 신령한 것에 대한 우리의 '새로운 감정'이 우리의 순례 여정 내내 끊임없이 새로워지고 다시 불붙어야 한다는 사실입니다.

새로운 감정의 이 내쫓는 능력이 처음에만 필요한 것이 아니라 계속 새롭게 되어야 한다는 이 진리는 조나단 에드워즈가 강조한 진리입니다. 이 대단한 미국 신학자는 이 주제를 놓고 『신앙 감정론』(부흥과개혁사)이라는 책을 썼습니다. 에드워즈에 따르면, 참된 신앙은 주로 감정의 문제입니다. 참된 신앙에는 느낌과 갈망과 사모함과 즐거움과 기쁨이 따릅니다.

육신에 속한 사람도 이 모든 것을 가지고 있습니다. 물론 다른 점은 이 사람이 세상의 것을 사모하고 갈망하고 기뻐하고 즐거워한다는 데 있습니다. 그런데 서글프게도 주님의 백성이 하나님을 사랑하는 것보다 믿지 않는 사람이 세상을 사랑하는 것이 더 격렬하고 뜨거워 보인다는 사실입니다. 하지만 시편과 다른 성경 구절들을 읽다 보면, 하나님의 백성이 하나님께 대한 사랑을 아주 강력하게 표현하는 것을 자주 볼 수 있습니다.

이를테면 다윗을 보십시오. 시편 63편에서 다윗은 하나님을 향한 자신의 갈망을 목마른 사람의 심한 갈증과 견주고 있습니다. "하나님이여 주는 나의 하나님이시라 내가 간절히 주를 찾되 물이 없어 마르고 황폐한 땅에서 내 영혼이 주를 갈망하며 내 육체가 주를 앙모하나이다"(1절). 시편 42편에서는 사슴이 시냇물을 찾기에 갈급함같이 자신이 하나님을 갈망한다고 말합니다. 또 시편 119편에서는 하나님의 말씀을 통해 하나님을 알고 싶은 바람과 거기서 얻는 기쁨에 대해 되풀이해 말합니다. 다윗은 하나님의 말씀을 즐거워하고 사모하고 사랑한다고 말합니다. 다윗에게는 하나님의 말씀이 돈보다 더 귀하며, 꿀보다 더 답니다(72, 103절). 이 시의 끝자락에 가면, 말씀에 온 힘을 쏟는 다윗을 볼 수 있습니다. "나의 마음은 주의 말씀만 경외하나이다 사람이 많은 탈취물을 얻은 것처럼 나는 주의 말씀을 즐거워하나이다 나는 거짓을 미워하며 싫어하고 주의 율법을 사랑하나이다……주의 법을 사랑하는 자에게는 큰 평안이 있으니……내 영혼이 주의 증거들을 지켰사오며 내가 이를 지극히 사랑하나이다"(161-167절).

다윗의 감정이 하나님 말씀의 진리에 뿌리내리고 있음을 눈여겨보십시오. 다윗은 감정 자체를 위해 감정을 끌어올리려고 함으로 현실을 회피하려 하지 않습니다. 실로 하나님의 말씀이 다윗의 발에 등이요 다윗의 길에 빛이었습니다(시 119:105). 하나님의 말씀을 살피면 살필수록, 하나님을 향한 다윗의 갈망과 감정은 더욱 커져 갔습니다. 이것은 다윗이 날마다 즐겁고 행복했기 때문이 아니라, 주님과 사랑에 빠져 있었기 때문입니다.

결혼 관계

저는 우리가 다 여전히 하나님의 말씀에 관심이 있다고 믿습니다(우리가 여기 있는 것이 그 증거입니다). 하지만 다윗과 견주어 우리가 모두 심각한 '감정 결핍'에 빠졌다고 말해도 저는 지나치지 않다고 생각합니다. '갈망', '사모함', '두근거림'과 같은 말을 보면, 뜨겁게 사랑하는 연인의 모습이 떠오릅니다. 그런데 성경은 이 성경의 성도들이 하나님과 맺은 친밀하고 깊은 인격의 연합을 나타내려고 이런 말들을 쓰고 있습니다.

우리의 결혼생활이 행복할 때, 우리는 서로 사랑하고, 함께 있는 것을 즐거워하고, 흥분과 좌절을 함께 나누고, 잠깐 떨어져 있을 때는 그리워합니다. 하지만 하나님과 맺은 관계에서는 이런 인격과 감정의 요소가 얼마나 끔찍이 모자랍니까! 이런 경우에 우리의 관계는 인격보다 형식에 바탕을 두게 되는데, 이것은 굉장히 위험한 일입니다. 결혼 관계가 이어지려면, 부부를 하나로 묶는 감정이 적어도 어느 정도는 있어야 합니다. 이 가까움과 친밀함이 없으면, 머잖아 별거하게 되고 외도의 문이 열릴 것입니다. 우리는 이 사실을 잘 알면서도, 웬일인지 이것이 하나님과 우리의 관계에는 해당되지 않는다고 생각합니다.

우리는 주님과 인격이나 감정 없는 관계를 맺는 것이 아주 평범한 일이라고 생각하는 경향이 있습니다. 심지어 이것이 기분과 감정을 따라 사는 것보다 더 건강하다고 생각할 수도 있습니다. 제 말은 신령한 삶에서 감정을 가장 중요한 것으로 만들어야 한다는 뜻이 아닙니다. 사람끼리 관계를 맺든 하나님과 관계를 맺든 건강한 관계에서 감정이 하는 일이 있다는 말입니다. 조셉 하트Joseph Hart는 이렇게 말했습니다. "참된 신앙은 관념, 그 이상입니다. 뭔가를 알고 느껴야 합니다."

주님과 우리의 관계는 왜 자꾸 미지근하고, 차갑기까지 합니까? 이 감정 결핍 문제를 어떻게 풀어야 할까요? 첫 번째 물음에 답하려면, 우리는 맨 먼저 이 관계를 차갑게 한 책임이 순전히 우리 각자에게 있음을 받아들여야 합니다. 언제나 잘못은 우리 자신에게 있지, 절대로 주님께 있지 않습니다. 사람의 결혼에서 일이 잘못되어 갈 때, 우리는 늘 양쪽 다 잘못이 있다고 말합니다. 그리고 이것은 보통 옳은 관찰입니다. 하지만 하나님과 하나님 백성의 결혼에서는 모든 문제가 다 우리 때문에 생긴 것입니다. 하나도 빠짐없이 전부 그렇습니다. 그래서 주님께서는 절대로 미안하다고 하실 필요가 없습니다. 하지만 우리는 거듭해서 잘못했다고 고백해야 합니다. 주님께서는 많은 무리와 행음한 이스라엘에게 이렇게 말씀하십니다. "너는 오직 네 죄를 자복하라 이는 네 하나님 여호와를 배반하고 네 길로 달려 이방인들에게로 나아가 모든 푸른 나무 아래로 가서 내 목소리를 듣지 아니하였음이라……여호와의 말씀이니라 배역한 자식들아 돌아오라 나는 너희 남편임이라"(렘 3:13-14).

사탄이 하는 일

우리의 배역을 책임져야 하는 것은 언제나 우리 자신이지만, 우리는 이 모든 일에서 사탄이 하는 일이 있음을 알아야 합니다. 사탄은 행복한 결혼생활을 보기 싫어합니다. 그래서 행복한 결혼생활을 망가뜨리려 하고, 오늘날은 더욱 그렇습니다. 사탄이 여기서 얼마나 성공을 거두었는지 우리는 다 압니다. 사탄은 하나님과 하나님 백성의 결혼도 싫어합니다. 그래서 여호와와 여호와께서 비싼 값을 주고 사신 신부의 사랑 관계를 무너뜨릴 수만 있다면, 사탄은 무슨 일이든 할 것입니다. 요한계시록 2장에서 에베소 교회가 그 처음 사랑을 빼앗긴 것을 볼 때, 우리는 악한 자가 차갑게 하는 과정에 깊이 관여하고 있음을 확실히 알 수 있습니다.

보통 사탄은 맨 먼저 기도하는 시간을 줄이라고 우리를 타이릅니다. 영적 쇠퇴가 기도의 골방에서 시작된다는 것을 알기 때문입니다. 에베소 사람들에게 보낸 편지는 교리를 잘 아는 그리스도인에게 보낸 편지였습니다. 이들은 이단을 쉽게 알아볼 수 있었고, 순교할지언정 기쁨으로 진리를 변호했습니다. 도덕에서도 나무랄 데가 없었습니다. 그래서 예수님께서는 이 모든 착한 일을 칭찬하십니다. 그런데도 예수님께서는 이들이 처음 사랑에서 떠난 것을 책망하고 계십니다.

이들은 구주와 맺은 인격 관계를 업신여겼습니다. 이런 사실을 믿기 힘들 수 있지만, 이유가 있습니다. 사탄은 하나님의 자녀에게 자주 '이중 전략'을 씁니다. 가령 사탄은 핍박을 무릅쓰고라도 진리를 변호하라고 우리를 설득할 수 있습니다. 그런데 우리가 누구를 위해 진리를 변호하는지는 못 보게 하는 것입니다. 바꿔 말해, 그리스도와 맺은 친밀한 인격 관계를 결국 뒷전으로 미루게 합니다.

마귀의 접근 방법은 우리가 주님한테서 천천히 멀어지게 하는 것이 그 특징입니다. 존 번연은 『죄인 괴수에게 넘치는 은혜』(규장)라는 책에서 이 엄청난 사기꾼의 접근 방법을 이렇게 적고 있습니다. "마귀가 내게 말했다. '너를 강퍅하게 하겠다. 눈치채지 못하게 조금씩 조금씩 차갑게 하겠다. 네 마음을 냉랭하게 하는 데 칠 년이 걸린다 한들, 내가 마침내 그 일을 해낼 수 있다면 무슨 상관이 있겠느냐? 꾸준히 흔들어 달래면 우는 아이도 잠들 것이다……지금은 네 마음이 타오른다고 해도 너를 이 불에서 끄집어낼 수 있다. 머지않아 너를 차갑게 하겠다.'"

믿는 사람이 그리스도께 대한 처음 사랑을 잃어버릴 때, 이것은 절대로 의식하고 결정한 결과가 아닙니다. 이것은 타이어에 아주 조그만 구멍이 난 것과 비슷합니다. 처음에 나타나는 특징은 개인 경건의 시간을 갖고 싶은 마음이 줄어드는 것입니다. 사탄은 기도를 아예 멈추고 하나님 말씀을 그만 읽으라고 말하는 것이 아니라, 우선순위를 조금 바꿔 보라고 제안합니다. 사탄은 우리가 교회와 관련한 온갖 활동에 헌신해도 신경 쓰지 않습니다. 설교를 듣고 성경을 배우고 당회와 다른 모임에 참석하더라도, 주님과 은밀히 만나는 시간이 적어지기만 하면 마귀는 즐거워합니다. 마귀는 우리가 주님과 우리의 인격 관계로 이루어진 수직의 차원을 망가뜨려 가며, 신앙의 수평 관계에 사로잡혀 있기를 바랍니다.

그리스도와 관계가 끊어진 상태에서 그분을 섬기려 하는 것보다 신령한 삶에 더 해롭고, 신령한 삶을 더 무디게 하는 것은 없습니다. 이것을 계속 내버려 두면, 마침내 영혼은 메마를 것이고, 양심은 불안할 것이며, 주님의 임재는 기쁘고 즐겁지 못할 것입니다.

회복

이제 우리는 두 번째 물음에 답해야 합니다. 우리의 처음 사랑을 되찾으려면 어떻게 해야 할까요? 요한계시록 2장에서 에베소 사람들에게 하신 우리 주님의 권고를 받아들이는 것이 가장 좋으면서 유일한 길입니다. 주님의 권고에는 세 단계가 있습니다.

먼저, 주님께서는 어디서 떨어졌는지 생각하라고 말씀하십니다(5절). 여러분을 지금 안 좋은 상황에 놓이게 한 그 단계들을 되짚어 보십시오. 처음에는 여러분과 주님 사이가 얼마나 좋았습니까! 주님의 사랑은 여러분 위에 깃발이었습니다(아 2:4). 그런데 어찌 된 일입니까? 여러분은 만족을 얻으려고 다른 곳을 보기 시작했습니다. 다른 애인이 여러분을 유혹하기 시작했고, 여러분은 그에게 홀딱 빠졌습니다. 세상과 세상에 있는 것이 여러분의 눈길을 도로 빼앗았습니다. 죄악 된 옛 감정이 주님께서 여러분 마음에 부어 주신 사랑을 몰아냈습니다.

회복은 지금은 죄 때문에 빼앗긴 즐거웠던 한때를 깊이 생각하는 데서 시작됩니다. 우리는 탕자처럼 집에서 누렸던 풍족한 삶을 떠올리고는 일어나 아버지께 가야겠다고 해야 합니다(눅 15:18). 실로 우리는 호세아의 부정한 아내처럼 돌아와야 합니다. 호세아의 아내는 자기가 사랑하는 사람들에게 수없이 실망하고서 마침내 이렇게 말하게 되었습니다. "내가 본 남편에게로 돌아가리니 그때의 내 형편이 지금보다 나았음이라"(호 2:7). 이런 생각이 마음에 다시 불을 지핍니다. 결국 우리는 우리의 지난 행실을 부끄러워하게 되고, 성경이 우리의 결혼식이라고 하는 날로 다시 돌아가기를 새로이 갈망하게 됩니다.

이것은 좋은 시작이지만, 여기서 멈추어서는 안 됩니다. 그래서 예수님께서는 다음으로 우리에게 회개하라고 권고하시는 것입니다(계 2:5). 우리가 첫사랑을 되찾고 싶다면, 우리는 필요한 단계를 밟고, 탕자와 함께 우리 죄 때문에 노여워하시고 슬퍼하시는 아버지께로 돌아가야 합니다. 우리는 탕자처럼 아버지께서 우리를 다시 받아 주시지 않는 것은 아닐까 두려워할 수 있지만, 그 아버지가 탕자를 따뜻하게 받아들인 것을 보고 두려움을 가라앉혀야 합니다.

회복에 이르는 마지막 단계는 처음 행위를 가지라는 요구입니다(계 2:5). 이것은 두 가지를 포함합니다. 첫째, 하나님께서 처음 여러분 삶에 들어오셔서 여러분을 구원하셨을 때 여러분에게 보여 주신 사랑에 감사하고 감격하는 것입니다. 여러분이 여러분의 처음 사랑을 떠났다면, 그 까닭은 여러분을 구원해 주심에 대한 감사가 모자라기 때문입니다. 요한은 "우리가 사랑함은 그가 먼저 우리를 사랑하셨음이라"(요일 4:19)고 말합니다. 우리가 시편 찬송에서 부르듯이, 하나님께서 여러분을 어디서 구원해 주셨는지 기억하십시오.

> 여호와께서 우리의 깊은 슬픔 가운데서 우리를 도우셨나니
> 그 은혜로우심이 영원히 거하리로다
> 여호와께서 우리의 모든 원수에게서 우리를 속량하셨나니
> 그 자비로우심이 영원히 실패하지 않으리로다(시 136:23-24). [33]

'처음 행위를 갖는 것'의 두 번째 국면은 영적 성장의 정해진 방편으로 영적 건강을 되찾는 것입니다. 하나님의 말씀을 먹고, 기도로 하나님의 얼굴을 구하고, 다른 신자와 교제하기를 구하십시오. 이 성장과 회복의 방편을 반드시 올바른 태도로 추구하십시오. 제 말은 이런 방편들

---

[33] 378:3, in *The Psalter: with responsive readings* (United Presbyterian Board of Publication, 1912).

을 율법의 의무로 생각하지 말라는 것입니다. 여러분이 여러분과 같은 죄인을 살리신 놀라운 은혜를 경외할 때 가졌던 바로 그 태도로 이런 방편들을 가까이 하십시오.

십자가 아래서

'새로운 감정의 내쫓는 능력'을 얻고, 되찾고, 간직하는 길은 처음부터 거듭해서 십자가 아래로 인도받는 길밖에 없습니다. 거기서 잃어버린 죄인은 하나님의 마음을 보도록 허락받습니다. 하나님의 마음속에는 죄인들을 향한 사랑이 가득합니다. 우리의 회개가 하나님의 사랑을 불러일으키는 것처럼 생각해서는 안 됩니다. 우리가 회개하기 전에 하나님의 심장은 벌써 뛰고 있습니다. 사도 바울은 "우리가 아직 죄인 되었을 때에 그리스도께서 우리를 위하여 죽으심으로 하나님께서 우리에 대한 자기의 사랑을 확증하셨느니라"(롬 5:8)고 말합니다. 이 사실을 보고 깨닫고 믿을 때, 세상을 향한 옛 사랑을 모조리 몰아내는 새로운 감정의 이상하고 신비한 능력이 솟아나게 됩니다.

"이스라엘아 네 하나님 여호와께로 돌아오라 네가 불의함으로 말미암아 엎드러졌느니라……내가 그들의 반역을 고치고 기쁘게 그들을 사랑하리니 나의 진노가 그에게서 떠났음이니라……에브라임의 말이 내가 다시 우상과 무슨 상관이 있으리요 할지라"(호 14:1, 4, 8).

> 놀랍고 신성한 사랑은
>
> 내 영혼과 내 목숨과 내 모든 것을 요구하네.[34]

---

34) 옮긴이 역—"주 달려 죽은 십자가," 새찬송가 149장 4절.

1 토머스 차머스의 사역에 대해 알아봅시다.

2 요한일서 2장 15절을 읽고, 그 내용을 이해합시다.

3 차머스가 말하는 죄인들의 사랑과 감정이 세상에서 하나님께로 옮겨 가
   도록 설득할 수 있는 방법 두 가지는 무엇입니까? 이 중 첫 번째 방법이
   효과가 없는 까닭을 말해 봅시다.

4 차머스가 제안하는 더 뛰어나고 효과 있는 길은 무엇입니까? 설명해 봅
   시다.

5 회개가 무엇입니까? 웨스트민스터 소교리문답 87문답으로 답해 봅시다.

6 회개에서 하나님의 사랑이 어떤 역할을 하는지 말해 봅시다.

7 오늘날 교회 안에서 세속성 문제가 나날이 커지고 있는 가운데, 우리는
   이 문제를 어떻게 다루어야 합니까?

8 우리는 목사와 교사와 부모로서 주님과 주님을 섬기는 일을 말할 때, 어
   떻게 전해야 할까요?

9 우리는 세속성을 이기는 것이 오직 은혜임을 알게 되었습니다. 그러나 우
   리가 그리스도와 하나 됨으로 죄에 대해 죽었는데도 우리 안에서 죄가 전
   혀 죽지 않았음을 발견합니다. 이럴 때 우리는 무엇을 배우게 됩니까?

10 시편 42편, 63편, 119편에 표현된 다윗의 고백을 보며 우리는 다윗의 감
   정이 하나님 말씀의 진리에 뿌리내리고 있음을 보게 됩니다. 우리 자신은
   어떠한지 돌아보고, 앞으로 어떻게 해야 할지 나눠 봅시다.

11 주님과 우리 관계는 왜 자꾸 미지근하고, 차갑기까지 합니까? 사탄이 하

는 일을 참고하여 우리 자신을 돌아본 뒤, 나눠 봅시다.

12 이 감정 결핍 문제를 어떻게 풀어야 할까요? 즉 우리의 처음 사랑을 되찾으려면 어떻게 해야 할까요?

13 '처음 행위를 갖는 것'의 두 번째 국면은 무엇입니까? 이것을 추구할 때의 올바른 자세도 말해 봅시다.

14 새로운 감정의 내쫓는 능력을 얻고, 되찾고, 간직하기 위해 어떻게 해야 합니까? 그 자리에서 하나님의 은혜를 간절히 구합시다.

15 이 장을 읽으면서 하나님께서 깨닫게 해주신 것과 베풀어 주신 은혜를 생각하며 감사합시다. 또 깨달아 배우고 확신한 일에 거할 수 있게 해달라고 기도합시다.

역사에서 배우기

8장
루터와 에라스뮈스: 교회 개혁에 대해 [35]

16세기 개신교 종교개혁은 마르틴 루터라는 이름과 떼려야 뗄 수 없는 관계에 있습니다. 그런데 이 엄청난 사건에서 눈에 띄게 중요한 다른 이름들도 있습니다. 그 가운데 하나가 데시데리위스 에라스뮈스Desiderius Erasmus입니다.

로테르담의 에라스뮈스(1466-1536년)는 대단한 르네상스 학자였고, 고전어 전문가였습니다. 이런 위치에서 에라스뮈스는 종교개혁에 크게 이바지했는데, 이를테면 헬라어 신약성경을 새로 펴냈습니다. 이것은 루터와 다른 사람들이 성경의 본뜻을 되찾는 데 도움을 주었습니다. 그때까지는 불가타로 알려진 라틴어 번역본밖에 구할 수 없었고, 이 공식 성경에는 수많은 오류가 있었습니다. 에라스뮈스는 또한 신학에 크게 이바지했지만 거의 잊혀지거나 무시된 히에로니무스Hieronymus나 아우구스티누스Augustinus나 아타나시우스Athanasius와 같은 교부들의 작품을 엮었습니다. 이렇게 해서 에라스뮈스와 다른 르네상스 학자

---

35) 「메신저」 1992년 11월 호에 실린 글.

들은 개혁자들이 그 시대의 교회가 교부들의 단순한 믿음에서 떠나 신앙의 실천에 사도 시대의 교회는 알지도 못한 형식과 의식으로 짐 지웠음을 증명하는 데 꼭 필요한 역사의 배경을 마련해 주었습니다.

루터는 에라스뮈스가 한 일을 높이 샀고, 그를 크게 존경했습니다. 에라스뮈스도 루터를 깊이 존경했습니다. 에라스뮈스는 루터의 95개 조 반박문을 읽고, 이 젊은 수도사가 토로한 수많은 불만 사항에 찬성했습니다. 에라스뮈스는 루터만큼 면벌부 파는 관행을 반대했고, 루터와 함께 성직자들이 도덕에서 방종한 것을 걱정했습니다.

둘 다 그 시대의 교회가 신약성경 시대나 초기 교회와 완전히 동떨어져 있음을 깨달았습니다. 또 두 사람 모두 교황과 싸웠습니다. 루터는 교황들이 영혼 구원을 위태롭게 해서 싸웠고, 에라스뮈스는 교황들이 겉으로 보이는 의식을 강조하고, 자유로운 연구를 막아서 싸웠습니다. 에라스뮈스는 사람이 만든 온갖 규칙과 규율이 복음의 단순함을 흐릿하게 한다는 사실을 슬퍼했습니다.

에라스뮈스와 루터의 차이

이 두 개혁자에게는 중요한 차이도 있었습니다. 가장 개혁해야 할 것이 정확히 무엇인가 하는 문제에서는 정반대에 있었습니다. 에라스뮈스가 주로 꿈꾼 것은 특별히 성직자 편에서 악습을 개혁하고, 결국 도덕을 개선하는 것이었습니다. 한편 루터는 주로 교회의 교리를 개혁하는 데 헌신했습니다. 루터에게 윤리 행위를 바꾸는 것은 그다음 일이었을 뿐입니다.

에라스뮈스는 르네상스 학자였습니다. 아니면 에라스뮈스를 인문주의자(기독교 인문주의자라고는 해도)라고 표현할 수도 있습니다. 종교개혁 시대 인문주의자는 오늘날 세속 인문주의자와는 다르게 기독교에 푹 젖어 있었고, 그래서 정통 신앙의 기본 교의를 굳게 지켰습니다.

에라스뮈스는 좋은 가톨릭교도였고, 스스로 교회의 충성스러운 아들로 여겼습니다. 그런데 에라스뮈스보고 인문주의자라고 하는 것은 이런 뜻에서입니다. 곧, 에라스뮈스는 사람의 근본이 선하다고 믿었고, 사람의 이성이 종교와 도덕과 관련한 모든 문제에서 오류와 진리를 분별할 능력이 있다고 믿었습니다. 에라스뮈스에게 기독교는 무엇보다 품위와 절제와 균형을 강조하는 삶의 방식이었습니다. 에라스뮈스에 따르면, 교회 개혁을 위해 필요한 것은 그리스도인이 자기 수양을 실천하고, 산상수훈에 대략 나타난 '황금률'의 단순함으로 돌아가는 것이었습니다.

에라스뮈스는 자기와 비슷한 목적을 가지고 있어 보이는 한, 루터를 자기편이라고 생각했습니다. 하지만 루터가 강조점을 악습에서 더 특정한 교리 문제로 바꾸자 이 네덜란드 인문주의자는 불안해졌습니다. 특별히 1520년에 교황이 루터를 파문하겠다고 위협하자 루터가 교황의 칙서를 불태우는 반응을 보였을 때, 에라스뮈스는 자기가 더는 루터를 지지할 수 없음을 알았습니다. 이 독일 수도사가 도를 지나쳤다고 느꼈기 때문입니다. 에라스뮈스는 교리나 다른 어떤 이유 때문에 교회가 나뉘는 것을 바라지 않았습니다.

에라스뮈스는 자기가 루터에게 동의하지 않는다고 알렸지만, 교황과 다른 많은 사람은 이 말을 믿지 않았습니다. 이들은 에라스뮈스가 여전히 루터를 지지한다고 의심했습니다. 그래서 에라스뮈스는 이 비텐베르크의 개혁자(루터)와 정말로 갈라섰음을 밝히려고, 핵심이 되는 교리 문제에서 루터를 공격하는 조그만 책자를 썼습니다.

에라스뮈스: 의지의 자유에 대해

주목할 만한 점은 에라스뮈스가 루터를 공격하기 위해 고를 수 있었던 모든 교리 가운데서 루터의 중심 주제였던 이신칭의 교리가 아니라 사람의 의지에 대한 교리를 골랐다는 사실입니다. 에라스뮈스는 '의지의 자유'를 주장했고, 루터는 에라스뮈스가 의심한 대로 '의지의 속박'을 고수했습니다. 에라스뮈스는 이 주제에서 루터의 교리를 공격하기로 결심했고, 루터를 들추어내서 루터의 견해가 실제로 얼마나 터무니없는지 세상에 증명할 수 있기를 바랐습니다. 에라스뮈스가 쓴 작은 책의 제목은 『의지의 자유』Freedom of the Will였습니다. 이 책에서 에라스뮈스는 도덕적 행위와 책임의 필수 조건으로 자유를 옹호했습니다. 사람의 의지가 자유롭지 않다면, 사람에게 전해진 모든 계명이 의미를 잃고, 회개와 상급에도 아무런 가치를 둘 수 없다는 것입니다.

하지만 에라스뮈스는 사람의 의지에 너무 큰 능력을 주지 않도록 조심했고, 하나님의 은혜가 들어갈 자리를 확실하게 마련했습니다. 필립 샤프Philip Schaff는 에라스뮈스가 하나님께 최고의 영광을 돌리고 사람에게는 최소한의 영광만 돌린다고 하면서, 에라스뮈스의 다음 글을 인용하고 있습니다.[36] "저는 자유 의지에 어느 정도 공을 돌리지만, 주로 하나님의 은혜에 의존하는 사람의 의견을 더 좋아합니다." 그럴듯한 말입니다. 에라스뮈스는 그저 하나님의 주권을 충분히 인정하면서, 사람의 자유가 들어갈 조그만 틈을 마련하고 싶은 듯 보입니다. 하지만 에라스뮈스가 실제로 한 일은 사람의 능력에 하나님의 뜻과 상관없이 선택할 수 있는 엄청난 일을 맡기는 것이었습니다.

---

36) 옮긴이—필립 샤프, 『교회사 전집』 7권 4장 73번, "자유의지 논쟁(1524-1527)." 크리스챤다이제스트에서 우리말로 옮겼다.

루터: 의지의 속박에 대해

루터는 이것을 대번에 알아챘습니다. 에라스뮈스에게 답하면서 루터는 먼저 논쟁의 본질을 드러내 줘서 고맙다고 말합니다. "문제의 중심축을 보고 급소를 겨냥하신 분은 선생님밖에 없군요." 그런 다음 루터는 자신이 믿은 바, 성경의 전적 타락 교리와 그 필연의 결과인 『의지의 속박』 The Bondage of the Will을 낱낱이 설명합니다. 이것이 루터가 쓴 책의 제목이었습니다.

루터에게 복음을 이해하는 첫 단계는 사람의 의지가 자유롭지 않고 죄에 매여 있음을 깨닫고 인정하는 것이었습니다. 이 사실을 보지 못하면, 우리는 구원받을 수 없습니다. "자기 의지가 얽매여 있음을 아직 실제로, 경험으로 배우지 못한 사람은 아직 복음을 조금도 이해하지 못한 사람입니다. 이것은 모든 것이 달려 있는 중심축이고, 복음이 서 있는 토대이기 때문입니다."

루터는 사람이 구원받으려면 반드시 하나님의 주권적 은혜를 의지해야 한다고 주장합니다. 에라스뮈스와 로마 가톨릭의 공식 가르침과 달리, 루터는 하나님의 조건 없는 은혜를 주장했습니다. 곧, 하나님의 은혜는 사람이 얻어 낼 수 있는 것이 아니라는 것입니다. 하나님의 은혜는 사람이 자유 의지를 올바로 써서 얻는 보상이 아닙니다. 낙원에서 타락한 뒤로 자유 의지 같은 것은 없기 때문입니다.

논쟁의 진짜 쟁점

루터와 에라스뮈스가 실제로 놓고 싸운 것은 사람이 오직 은혜로만 구원받느냐 아니냐 하는 문제였음을 똑똑히 봐야 합니다. 이들은 사람의 선택이 실제로 있는지, 어떻게 일어나는지를 놓고 다투지 않았습니다. 루터는 사람이 일상생활에서 아무런 강요 없이 스스로 선택한다는 사실을 부인하지 않았습니다. 하지만 구원과 관련해 자유 의지가 있다는 것은 부인했습니다. 루터는 사람이 스스로를 구원하는 데 전적으로 무능하고, 그래서 하나님의 주권적 은혜가 반드시 필요하다고 주장했습니다.

에라스뮈스는 생각이 달랐습니다. 구원을 협력의 일로 보았습니다. 하나님께서 거의 모든 일을 하시지만, 사람도 자기 의지를 올바로 써서 조금은 이바지한다는 것입니다. 물론 에라스뮈스도 죄가 사람을 연약하게 했다고 기꺼이 인정했지만, 사람이 죄 때문에 하나님의 호의를 얻을 수 있는 일을 아예 할 수 없게 되었다고는 믿지 않았습니다.

에라스뮈스는 사람의 의지에 영원한 구원으로 인도하는 것에 전념할 능력이 있고(물론 아주 적은 능력일 뿐임을 인정합니다),[37] 이것으로 공로를 얻을 수 있다(물론 아주 적은 공로일 뿐임을 인정합니다)고 쓰고 있습니다. 신령한 일에 전념하는 사람은 누구나 내면의 은혜나 구원의 은혜를 선물로 받는다는 것입니다.

루터는 이 말에 찬성하지 않았습니다. 모든 공로 개념은 어떤 이름을 갖다 붙이든 결국 같은 결과를 낳는다는 것입니다. 곧, 사람은 하나님과 상관없이 하나님의 보상을 끌어내는 어떤 행위를 하게 되고, 이 때문에 구원은 사람이 한 일에 대한 하나님의 응답으로 임하게 됩니다. 마침내 사람은 스스로를 구원합니다. 물론 이것은 사실상 펠라기우스주의입니다. 아우구스티누스가 당시에 이 오류와 싸워야 했고, 우리 개혁주의 선조들도 17세기에 있었던 아르미니우스 논쟁에서 비슷한 오류

---

37) 옮긴이—루터는 에라스뮈스를 비판하면서, '구원으로 인도하는 것'은 '사람의 의지에 제시되는 하나님의 말씀(율법과 복음)과 사역'일 것이라고 추측하고, '전념하다'(apply oneself)는 말은 '기꺼워하고, 선택하고, 찬성하다'는 뜻일 것이라고 추측하고 있다.

를 다루어야 했습니다.

해야 한다는 할 수 있다는 뜻이 아니다

하지만 에라스뮈스는 강력한 근거가 있다고 생각했습니다. 에라스뮈스는 자신의 주장(사람에게 틀림없이 선택할 능력이 있다는)을 뒷받침하는 것처럼 보이는 몇몇 성경 구절을 인용합니다. 주님을 섬기기로 선택했다고 하는 구절들은 어떻게 생각하느냐는 것입니다. 루터의 답은 이것입니다. "성경이 사람에게 선택하라고 할 때, 그 밑바탕에는 하나님께서 은혜로 도우신다는 사실이 깔려 있습니다. 사람은 하나님의 은혜로만 성경이 명하는 것을 행할 수 있습니다. 계명을 주시는 하나님께서 계명을 이룰 힘도 주십니다. 의지를 발휘하는 것은 사람이지만, 하나님만이 이 의지를 주실 수 있습니다. 하나님께서는 사람에게 말씀하시는 바로 그 행위로 사람에게 순종할 힘을 주십니다. 곧, 사람에게 돌이키라고 말씀하심으로 사람을 돌이키게 하십니다."[38] 루터는 에라스뮈스가 인용하는 구절들이 실제로 사람의 의무를 가르쳐 주려고 기록된 것이지만, 그 목적은 사람이 그렇게 할 수 없음을 보여 줘서 하나님께 그렇게 할 수 있는 은혜를 달라고 부르짖게 하려는 것이라고 말합니다.

이렇게 해서 루터는 사람이 하나님과 상관없이 행동한다는 개념을 모조리 쓸어 없앱니다. 루터가 볼 때 온 우주에 하나님께서 적극 개입하시지 않는 피조물의 행동 같은 것은 없습니다. 창조주께서는 친히 피조물의 모든 행동에 기운을 불어넣으시고, 모든 행동을 통제하십니다.

---

38) 옮긴이—저자는 도비뉴의 말을 살짝 고쳐서 루터의 말처럼 쓰고 있다. Jean Henri Merle d'Aubigné, *History of the Great Reformation of the Sixteenth Century in Germany, Switzerland, etc*, vol. 3(New York: Robert Carter), p. 301.

모든 일은 하나님의 변함없고 주권적인 뜻에 따라 일어납니다. 그런데도 사람의 행동이 진실로 자발적인 까닭은, 그 행동이 사람의 본성을 나타낸 것이고, 하나님께서 사람 안에서 사람의 본성을 따라 일하시기 때문입니다. 이처럼 하나님께서는 사람 안에서 사람을 통해 일하시기 때문에, 사람의 행동은 결코 하나님을 떠나 공로를 얻을 수 없습니다.

　사람은 하나님께서 우리에게 빚지게 할 수 없습니다. 사람은 하나님과 떨어져 자유롭고 독립된 행위자로 있지 않기 때문입니다. 하나님께서는 우리의 모든 행동, 심지어 죄악 된 행동까지 관여하시지만, 결코 악의 조성자가 아니시며, 오로지 선을 조성하실 뿐입니다. 이것을 이해하기 힘들 수 있지만, 하나님께서 모든 것을 모든 사람 가운데서 이루시는 전능하신 절대 주권자시라면, 이것은 사실이어야 합니다. 그러니까 하나님께서 사람의 행위에 친히 개입하시지 않고 팔짱 끼고 구경만 하시는 분이라는 생각은 재깍 물리쳐야 합니다. 따라서 에라스뮈스가 말하는 '자유 의지', 곧 하나님을 떠나서 행동할 수 있는 사람의 타고난 능력 같은 것은 없습니다. 하나님께서만 자유 의지가 있으시니, 우주에서 하나님만이 독립된 행위자이신 까닭입니다.

하나님의 자유로운 결정에 달린 구원

이처럼 루터는 사람의 의지가 죄에게 묶여 있어서, 사람이 자신의 죄악 된 본성에 따라 행동할 수밖에 없다고 믿었습니다. 사람은 마귀의 나라에 있기 때문에, 거기에 머무르는 선택 말고 다른 선택은 할 수가 없습니다. 혹 다른 선택을 할 수 있다면, 그것은 사람의 본성에서 나온 것이 아닙니다. 사람은 피조물로서 하나님의 손안에 있는데, 하나님께서는 자신의 자유롭고 주권적인 뜻에 따라 사람을 죄의 능력 아래 그대로 두시거나, 사람의 본성을 새롭게 하심으로 죄의 손아귀에서 건지십니다. 사람은 은혜로 구원받기를 뜻할 수조차 없고, 그렇기 때문에 구원의 과정을 추진할 수도 없습니다. 사람은 죄인으로서 아무런 선도 행할 수 없으며, 피조물로서 창조주를 빚지게 할 수도 없습니다. 결론은 사람의 운명이 온전히 하나님의 자유로운 결정에 달려 있다는 것입니다.

이 교리는 에라스뮈스와 같은 위대한 지성뿐 아니라 실로 지각 있는 모든 사람에게 많은 의문을 불러일으킵니다. 곧바로 나타나는 문제 하나는 하나님의 공의와 관련된 것입니다. 하나님께서는 사탄과 죄의 무력한 종을 정죄하시면서 어떻게 여전히 의로우실 수 있습니까? 타락한 사람이 자기 구원을 위해 아무것도 할 수 없다면, 그에게 책임을 묻는 것이 옳은 일입니까? 루터에게 답은 하나밖에 없습니다. 이해할 수 없으면, 믿어야 합니다. 가장 높은 수준의 믿음은 하나님께서 아주 적은 사람을 구원하시고 아주 많은 사람을 정죄하시는 듯 보여도, 하나님께서 자비하시고 공의로우시다고 믿는 것입니다. 루터는 자기가 이것을 이해할 수 있었다면, 믿음은 필요 없었을 것이라고 말합니다. 믿음이 들어갈 틈은 이해할 수 없는 데서 생겨납니다.

하나님의 은밀한 뜻이 아닌 계시된 뜻을 따라야 함

루터는 또한 사변과 쓸데없는 호기심을 경고합니다. 하나님의 숨겨진 목적을 절대로 넘겨짚거나 캐묻지 말고, 하나님의 말씀에 분명히 계시된 것을 넘어서지 말라는 것입니다. "하나님께서 자신을 숨기시고, 우리에게 알리지 않기를 뜻하시는 곳은 어디든 우리하고 아무런 상관이 없는 곳입니다……우리는 하나님의 말씀만 마음에 두고, 하나님의 은밀한 뜻은 손대지 말아야 합니다. 우리가 인도받아야 하는 것은 하나님의 은밀한 뜻이 아니라 하나님의 계시된 말씀이기 때문입니다."

우리는 하나님께서 우리에게 그리스도 안에서 말씀하실 때 하나님께 귀 기울이고 하나님과 마주해야지, 그리스도 없이 하나님을 가까이하거나 하나님과 마주하려 해서는 안 됩니다. 육신을 입으신 하나님, 곧 십자가에 못 박히신 그리스도께 마음을 쏟읍시다. 바울은 그 안에 지혜와 지식의 모든 보화가 감추어져 있다고 말합니다(골 2:3). 하나님께서는 그리스도 안에서 모든 사람을 구원하러 오십니다. 그분은 자신을 모두에게 제안하시고, 자신을 거절한 예루살렘을 위해 슬피 우십니다. 그분께 들으십시오. 담대히 그분의 말씀을 의지하십시오. 그분을 믿는 사람은 언제나 그분이 참되심을 발견하기 때문입니다. 섭리와 예정에 대한 여러분의 문제를 내려놓으십시오. 하나님의 무시무시한 숨겨진 목적에 대해 여러분이 아는 것(또는 안다고 생각하는 것)과 하나님께서 그리스도 안에서 여러분에게 말씀하시는 것이 도무지 맞지 않아 보여도, 그 말씀을 하나님의 말씀으로 받아들이고, 그 말씀을 기초로 그리스도께 여러분을 맡길 수 있을 만큼 겸손하십시오.

오직 은혜에 닻을 내린 오직 믿음

저는 루터의 『의지의 속박』에서 뽑아낸 이 적은 내용이면, 사람들에게 잘 알려지지 않은 이 개혁자의 한 단면을 보기에 충분할 것이라 믿습니다. 사람들은 위에서 밝힌 교리가 정말 루터의 것이라는 사실을 발견하고는 깜짝 놀랍니다. 전적 부패와 그 필연의 결과인 의지의 속박은 보통 칼빈이란 이름과 특별히 칼빈의 뒤를 잇는 테오도뤼 베자Theodorus Beza나 도르트 사람들과 관련 있습니다. 하지만 루터도 이것을 가르쳤습니다.

수많은 루터교도조차 자신들의 위대한 지도자가 이런 견해를 가지고 있었다는 사실을 모릅니다. 그 까닭은 루터가 죽자마자 루터를 따르던 사람들이 루터의 가르침에서 이 부분을 잊기로 결정했기 때문입니다. 적어도 이 사람들은 루터보다 이 부분을 훨씬 적게 강조했습니다. 오직 믿음으로 말미암는 칭의가 종교개혁의 핵심 교리라는 것은 누구나 아는 사실입니다. 그런데 사람들이 알아채지 못하는 것은 개혁자들(루터와 칼빈과 나머지 모두)에게 의지의 속박 교리가 칭의 교리만큼 중요했고, 심지어 칭의 교리보다 더 중요했다는 사실입니다. 왜 그랬을까요? 구원에서 하나님의 주권에 가장 큰 관심이 있었기 때문입니다.

그 자체로 귀중한 이신칭의 교리는 해석이 필요한 교리입니다. '오직 믿음'이라는 원리를 제대로 이해하려면, 이 원리가 '오직 은혜'라는 더 큰 원리에 닻을 내리고 있음을 알아야 합니다. 개혁자들에게 문제는 단순히 하나님께서 율법의 행위 없이 믿는 사람을 의롭다 하시는가 하는 것이 아니었습니다. 더 큰 문제는 죄 가운데 있는 죄인이 완전히 무력한가, 하나님께서 자유롭고 조건 없는 은혜로 죄인을 구원하시는가 하는 것이었습니다. 그러니까 개혁자들이 이해한 칭의는 그저 죄인이 믿음으로 나아올 때 하나님께서 그리스도의 다 이루신 사역을 기초로 죄인을 의롭다고 선언하신다는 것이 아니라, 하나님께서 죄인이 믿게 하시려고 생명의 성령으로 죄 때문에 죽은 죄인을 다시 살리신다는 것이었습니다.

그렇다면 여기에 아주 중요한 문제가 있습니다. 하나님께서 칭의만 아니라 믿음도 주시는 분이십니까? 결국 기독교는 구원과 구원에 필요한 모든 것에서 온전히 하나님만 의지하는 종교입니까, 아니면 자기 의존과 자기 노력의 종교입니까? 믿음으로 구원받는다는 말만으로는 부족합니다. 믿음이 어디서 나오고, 믿음의 지위와 기능은 무엇인지도 물어야 합니다.

하나님께서 주시는 방편인 믿음

역사를 보면 이 물음에 두 가지 답이 주어졌습니다. 루터와 모든 개혁자는 믿음이 하나님께서 주시는 칭의를 받는 하나님께서 주시는 방편이라고 했습니다. 에라스뮈스와 아르미니우스와 오늘날 많은 복음주의자는 믿음이 사람에게 요구되는 칭의의 조건으로, 하나님께서 조금만 도와주셔도 이룰 수 있는 것이라고 답합니다.

저는 16세기 개혁자들이 현대 개신교회의 많은 부분을 인정하기는커녕, 알아보지도 못할까 무섭습니다. 루터의 『의지의 속박』이 루터 자신과 동료 개혁자들이 믿은 바를 공정하게 보여 주고 있다면, 오늘날 수많은 루터교회와 개혁교회는 자신의 장자 명분을 비참하게 팔아넘기고, 루터보다는 에라스뮈스에 가까운 신학을 받아들인 것이 분명합니다.

우리는 어떠한가

종교개혁의 유산을 물려받은 우리는 어떻습니까? 우리는 정통에 관심이 있고, 은혜 교리를 사랑합니다. 그런데 우리 삶에서 이 교리의 능력을 느껴 본 적이 있습니까? 루터가 여기서 다룬 것을 포함한 이 진리들은 우리가 체험한 현실인가요? 우리가 죄인으로서 놓인 곤경을 우리는 이해합니까?

이 곤경에 대한 루터의 진단은 분명하고도 날카롭습니다. 루터의 말은 무엇보다 이런 뜻입니다. "여러분은 소망도 힘도 없이 죄 안에서 잃은 바 되었고, 사탄의 사슬에 매였고, 하나님과 원수 되었고, 성령의 일들에 대해 눈멀고 죽었습니다."

하지만 루터의 치료책 또한 분명합니다. 여러분이 잃은 바 된 것을 인정하십시오. 여러분이 죄 때문에 사탄의 종이 되었음을 고백하십시오.

무력한 죄인으로서 그리스도 안에 있는 하나님의 자비에 매달리십시오. 여러분의 구원이 온전히 하나님의 조건 없고 주권적인 은혜에 달렸음을 인정하고, 이 은혜(곧, 거듭남의 은혜와 회개와 믿음의 은혜뿐 아니라 하나님의 계명을 따라 거룩하게 살아가는 은혜)를 달라고 하나님께 구하십시오. 주님께서 이런 기도에 응답하시고, 이런 간구를 들어주실 것입니다. 우리 구주께서는 이렇게 약속하셨습니다. "구하라 그리하면 너희에게 주실 것이요 찾으라 그리하면 찾아낼 것이요 문을 두드리라 그리하면 너희에게 열릴 것이니"(마 7:7). 이 약속을 믿는 모든 사람이 그 은혜에 의하여 믿음으로 말미암아 구원을 받을 것입니다. 이것은 우리에게서 난 것이 아니요 하나님의 선물입니다. 행위에서 난 것이 아니니 이는 누구든지 자랑하지 못하게 함입니다(엡 2:8-9).

오직 믿음, 오직 은혜, 오직 성경, 오직 하나님께 영광!

1 에라스뮈스와 루터는 서로를 어떻게 생각했고, 두 사람의 공통점은 무엇입니까?

2 에라스뮈스와 루터의 차이점은 무엇입니까?

3 에라스뮈스가 말하는 '의지의 자유'란 무엇입니까?

4 루터가 말하는 '의지의 속박'이란 무엇입니까?

5 논쟁의 진짜 쟁점은 무엇이었고, 각각의 입장을 말해 봅시다.

6 에라스뮈스가 자신의 주장을 뒷받침하는 것처럼 보이는 몇몇 성경 구절을 인용하는 데, 루터가 한 답변은 무엇입니까?

7 〈하나님의 자유로운 결정에 달린 구원〉을 읽고, 내용을 말해 봅시다. 그러고 나서 이에 감사하고 찬송합시다.

8 루터는 사변과 쓸데없는 호기심을 경고합니다. 이 말이 무슨 뜻입니까? 우리 자신을 돌아보고, 나눠 봅시다.

9 개혁자들에게는 의지의 속박 교리가 칭의 교리보다 더 중요했습니다. 왜 그랬습니까?

10 하나님께서는 칭의만 아니라 믿음도 주시는 분입니까?

11 우리의 구원이 온전히 하나님의 조건 없고 주권적인 은혜에 달렸음을 인정하고, 이 은혜를 달라고 하나님께 구합시다.

12 마태복음 7장 7절, 에베소서 2장 8-9절을 읽고, 암송합시다. 우리가 받는 위로를 나눠 보고, 오직 하나님께만 영광을 돌립시다.

우리 북미자유개혁교회는 흔히 칼빈주의라고 하는 종교개혁 분파에서 우리의 유산을 찾습니다. 동시에 우리는 루터도 우리 가운데 하나라고 주장합니다. 하나님께서는 개신교 종교개혁으로 알려진 강력한 성령 운동을 일으키시려고 루터를 도구로 쓰셨습니다. 그런데 거의 모든 사람이 이 독일 개혁자가 95개조 반박문을 쓰고 이신칭의 교리를 되찾은 사실 말고는, 기독교 신앙의 다른 항목에서 어떤 견해를 가지고 있었는지 잘 모릅니다. 그래서 저는 이 위대한 하나님 사람의 신학을 살펴보는 것이 도움이 되리라고 생각했습니다.

루터의 하나님 교리

루터는 첫째로 손꼽히는 신학자였지만, 실로 실천의 사람이었습니다. 루터는 성도의 덕을 세우고 죄인을 돌이키려는 목적으로만 설교하고

---

39) 「메신저」 1999년 2–6월 호에 실린 글.

가르쳤습니다. 루터가 삼위일체 교리를 다룬 데서 벌써 이 실천의 성향을 볼 수 있습니다.

특별히 이 심오한 교리를 다룰 때 사변에 빠지고 자질구레한 문제까지 따지고 든 중세 스콜라 신학자들과는 달리, 루터는 성부, 성자, 성령 하나님의 구속하시는 사랑이란 관점에서 이 교리에 다가갔습니다. 루터에게 삼위일체 하나님은 우리를 구원하시는 하나님입니다. 루터는 그 감춰진 뜻이 쉽게 두려움을 불어넣을 수 있는 '숨어 계신 하나님'이란 현실에 주목할 가치가 있다고 생각했지만, 목사로서 구도하는 영혼에게 숨어 계신 하나님에게서 계시되신 하나님에게로 돌아서라고 권면하지 않을 수 없었습니다.

성경은 하나님을 그리스도 안에서 죄인에게 손을 내미시는 분으로 계시합니다. 이때 하나님께서는 자기 아들에게 나와 어떤 행위도 아닌 오직 믿음으로 말미암아 오직 은혜로 자기 아들이 얻은 구원을 받아들이는 모든 사람에게 영원한 생명을 약속하십니다. 루터는 이렇게 말합니다. "하나님의 말씀 없이 하나님을 가진 사람, 곧 하나님의 말씀에서 가르치지 않는 하나님을 생각해 내는 사람은 하나님을 갖지 못합니다. 하나님께서는 우리가 하나님의 말씀 밖에서 우리의 추측과 사고로 하나님을 생각하고, 구하고, 찾기를 바라지 않으시기 때문입니다."

그리스도께서 우리 선택의 거울이심을 강조한 칼빈처럼, 루터도 선택을 확신하게 되는 유일한 길로서 그리스도께로 죄인들을 인도하려고 애썼습니다. 루터는 이렇게 쓰고 있습니다. "여러분이 아버지를 찾고 싶다면, 눈을 감고 하늘과 땅에서 오직 하나님의 아들만 보십시오." 또 이렇게 썼습니다. "그리스도께서는 '내게로 오라 내가 마실 것을 주리라'고 말씀하십니다. 이는 '너희는 너희 마음을 위로하고 견고하게 할 말씀과 교리를 내 안에서 나로 말미암아 찾을 것이라'는 뜻입니다." 루터는 '숨어 계신 하나님'을 '계시되신 하나님' 반대쪽에 두지 말라고 경고했습니다. 우리가 복음 안에서 발견하는 하나님은 참되고 유일하신 하나님이시니까, 하나님의 은밀한 뜻이 하나님의 계시된 뜻(그리스도 안에 있는 구원)과 반대된다고 생각해서는 안 된다고 강조했습니다.

루터는 많은 신자가 선택 때문에 몸부림치는 것을 이해했습니다. 루터 자신이 수도원에 있을 때 하나님께 택함을 받았는지 못 받았는지를 놓고 괴로워했습니다. 루터의 두려움과 의심은 친절하고 복음적인 수도원장인 존 슈타우피츠John Staupitz 덕분에 어느 정도 사라졌습니다. 슈타우피츠는 루터에게 이렇게 말했습니다. "형제가 형제의 선택을 놓고 논쟁하고 싶다면, 그리스도의 상처에서 시작하시오. 그러면 더는 골치 썩지 않아도 될 거라오. 하지만 형제의 선택을 놓고 계속 논쟁하기를 고집한다면, 그리스도와 말씀과 성례와 그 밖의 모든 것을 잃을 것이오." 루터는 이 권고를 잊지 않고, 비슷한 문제로 근심하는 사람들에게 전해 주었습니다.

루터는 이렇게 말하곤 했습니다. "육신을 입으신 성자께 귀 기울이십시오. 그러면 예정은 여러분에게 저절로 드러날 것입니다……여러분에게 그리스도가 있다면, 여러분에게는 숨어 계신 하나님과 계시되신 하나님이 모두 있을 것입니다." 이처럼 루터는 믿는 사람이 구원의 확신을 복음의 소식, 곧 그리스도 안에 있는 하나님의 사랑에서만 찾아야 한다고 가르쳤습니다. 언제나 그 은혜로운 약속 가운데 계시는 하나님께서는 성령으로 불붙이신 믿음으로 기쁨과 화평과 구원의 확신을 주십니다.

루터는 여기서 아주 단호합니다. 루터는 복음과 성례에서 하나님을 찾을 수 있다고 말할 뿐 아니라, 복음과 성례만이 하나님을 찾을 수 있는 유일한 방편이라고 말합니다. 루터는 '내면의 빛'을 좇는 사람들,

곧 성령께서 하나님의 말씀과 상관없이 새로운 계시와 내면의 확신을 주셨다고 자랑한 열광주의자들에 맞서 이 진리를 있는 힘껏 변호했습니다. 루터는 이렇게 쓰고 있습니다. "하나님께서 믿으라고 주신 보이지 않는 것은 볼 수 있는 징표에 두신 것밖에 없고, 하나님께서는 이것들을 하나가 되게 하십니다. 곧, 말씀과 성례와 같은 외적 표징에 붙은 하나님의 약속입니다."

루터는 복음과 성례를 통해서만 구원을 얻어야 한다고 주장합니다. 성례는 복음에 약속된 하나님 은혜의 표와 인이며, 하나님의 은혜로운 약속을 확신하게 해주는 보이는 말씀이기 때문입니다.

이것은 개혁교회 성도라면 누구나 온 마음으로 찬성할 건전한 성경의 교훈임이 틀림없습니다. 우리가 하이델베르크 교리문답에서 고백하는 것과 방식만 조금 다를 뿐입니다. "성례는 눈에 보이는 거룩한 표와 인입니다. 하나님께서는 복음의 약속을 우리에게 훨씬 더 충만하게 선언하고 확증하시려고 이 성례를 제정하셨습니다. 이 약속은 그리스도께서 십자가 위에서 이루신 단 한 번의 제사 때문에, 하나님께서 우리에게 죄사함과 영원한 생명을 값없이 주신다는 것입니다"(66문답).

루터의 죄 교리

루터는 주로 그리스도 안에 있는 하나님의 사랑에 초점을 두고 설교했지만(복음을 강조한 설교), 사람의 죄와 부패를 향한 하나님의 진노라는 성경의 개념을 설교하는 데도 주저함이 없었습니다. 아마 루터는 다른 어떤 개혁자보다 자신의 청중이 하나님의 율법과 마주하게 했을 것입니다. 루터는 '값없는 은혜와 용서의 복음을 그 모든 달콤함으로 선포하려면, 하나님의 율법을 그 온전한 효력으로' 설교해야 한다고 믿었습니다. 무력함 가운데 있는 사람이 도움을 얻으려고 그리스도께 피하고 그리스도만 믿으려면, 죄에 대한 하나님의 크신 진노와 완전히 잃어버린 바 된 자신의 상태를 깨달아야 합니다. 은혜의 복음은 하나님의 율법으로 자기 전체가 부패했고, 자기를 구원할 능력이 자기에게 없음을 배운 사람에게만 위로를 줍니다. 루터는 이런 관점에서 원죄와 자범죄를 가르쳤고, 더불어 그 마땅한 형벌인 영원한 정죄를 가르쳤습니다.

원죄는 첫째가는 죄이며 모든 자범죄의 근원으로, 아담의 타락이 가져온 사람의 전적 부패입니다. 이것은 사람이 가진 모든 능력(더 귀한 능력이든 더 천한 능력이든)에서 마찬가지입니다. 그래서 사람의 본성에 선한 것이라고는 없습니다. 이 때문에 루터는 펠라기우스주의를 거부했습니다. 루터에게 원죄는 아담에게서 보통 출생법으로 물려받은 사람의 전적 타락이나 부패를 뜻했습니다. 그래서 사람은 본성상 하나님의 진노 아래 있고, 영적으로 죽었고 눈멀었으며, 자신의 회심이나 중생에 눈곱만큼도 이바지할 수 없습니다.

소극적 의미에서 원죄는 사람이 창조받을 때의 의로움과 거룩함이 사람 전체에서 모자라다는 뜻입니다. 루터는 이렇게 쓰고 있습니다. "죄로 타락하고 나서 사람의 의지와 모든 타고난 능력은 부패했습니다…… 사람은 하나님을 향한 바른 판단력과 호의를 잃었습니다. 하나님에 대해 아무것도 바르게 판단하지 못하고 모두 삐딱하게 판단합니다."

적극적 측면에서 원죄는 사람의 강한 욕정, 곧 하나님과 하나님의 뜻을 싫어하고 반대하면서 끊임없이 악으로 기우는 성향을 말합니다. 루터는 육에 속한 사람의 이 삐딱한 성향을 사람의 힘으로 벗어날 수 없는 '화가 잔뜩 난 폭군'이라고 말합니다. 육에 속한 사람의 이 끔찍한 부패는 무엇보다 하나님의 율법과 복음을 믿지 않는 데서 드러납니다. 루터는 이렇게 말합니다. "육에 속한 사람이 가장 삐딱한 부분은 바로 믿지 않는 것입니다." "오직 믿음으로만 의롭다 하심을 받듯이 모든 죄는 믿지 않는 데서 나옵니다."

　루터는 원죄를 그 흉악함 때문에 '근본이 되는 죄', '실로 으뜸가는 죄', '본성의 죄', '모든 자범죄의 근원'이라고 말합니다. 원죄는 부패의 유전만 아니라 죄책의 전가도 포함합니다. 바울이 로마서 5장 12-21절에서 가르치다시피, 하나님께서는 아담의 죄책을 육신에 속한 모든 사람에게 전가하십니다. 루터는 이 전가된 죄책을 이치를 따져 설명하려 하지 않고, 성경에서 가르치는 '엄연한 사실'이라고 잘라 말합니다. 루터는 아담의 죄책이 아담의 후손에게 전가된다는 사실을 부인하면, 그리스도의 의가 그리스도를 믿는 사람에게 전가된다는 사실도 부인해야 한다고 선언합니다. 로마서 5장 12-21절에서 이 전가된 죄책과 전가된 의를 나란히 밝히고 있습니다. 더욱이 루터는 사람의 유전된 부패와 전가된 죄책이 하나님을 죄의 원인으로 만들지 않고, 사람을 죄를 지을 수밖에 없는 운명에 놓인 무력한 피조물로 만들지 않는다고 말합니다. 사람은 강요를 받아 죄를 짓는 것이 아니라, 생각과 욕구와 말과 행실에서 자신의 자유 의지로 죄를 짓기 때문이라는 것입니다.

　하지만 사람은 자신의 부패한 본성을 따라 자유롭게 행동할 수 있다는 뜻에서만 자유롭습니다. 원죄는 '가만있는 성격'이 아니라 '쉼 없이 활동하는 악'입니다. 그래서 사람은 본성상 잃은 바 되고 정죄받아 아무 힘없이 '죄와 죽음의 왕'인 사탄의 나라에 있습니다. 사람은 영적으로 하나님과 떨어져 있고, 그리스도를 믿는 데로 인도받지 않는 한, 지옥에서 영원히 하나님과 떨어져 있을 것입니다. 바로 이 하나님의 진노와 정죄가 사람의 전가된 죄책과 실제 죄책을 증명합니다.

　그렇기 때문에 루터의 신학에는 펠라기우스주의나 아르미니우스주의나 신인협력설(사람이 자기 구원을 확보하는 데 하나님과 협력할 수 있다는 개념)

이 들어설 자리가 없습니다. 오직 은혜, 곧 그리스도를 믿음으로 말미암아 오직 은혜로 얻는 구원이 들어설 자리밖에 없습니다.

오늘날 교회의 생명도 여전히 루터의 죄 교리와 그 필연의 결과인 하나님 은혜의 절대 필요성에 달려 있습니다. 서글프게도 루터의 많은 제자가 기독교 신앙의 이 항목과 다른 많은 항목에서 더는 루터의 견해를 따르지 않습니다. 적어도 확신과 강도가 다릅니다. 이것은 자기 신학의 뿌리를 죄와 은혜의 교리에서 루터와 완전히 같은 견해를 가진 칼빈에게서 찾는 사람들도 마찬가지입니다.

우리 자유개혁교회는 이 성경 진리에서 절대로 떠나지 않고, 우리 주님께서 자신의 알곡을 자신의 곳간에 모아들이러 돌아오실 때까지(마 13:30), 이 진리를 그 구원하고 거룩하게 하는 능력으로 꾸준히 설교하고 이해하고 체험하길 빕니다.

루터의 그리스도 교리

루터는 다만 다음의 구절들을 공정하게 다루려고 그리스도 위격에 대한 모든 글을 썼습니다. "그 아들 예수의 피가 우리를 모든 죄에서 깨끗하게 하실 것이요"(요일 1:7). "그 안에는 신성의 모든 충만이 육체로 거하시고"(골 2:9). "영광의 주를 십자가에 못 박지 아니하였으리라"(고전 2:8). "하나님이 자기 피로 사신 교회"(행 20:28). 이 구절들은 모두 우리 구주 예수 그리스도께서 하나님이시자 사람이시라고 선포합니다. 그리스도께서는 한 인격 안에 두 본성을 지니신 참 하나님이시요 참 사람이십니다. 이 두 본성이 한 인격에 연합한 덕분에 죄인은 육신을 입으신 하나님의 아들, 곧 참 하나님이시요 참 사람이신 그리스도께 자신의 구원을 빚지게 됩니다. 루터는 이 교리를 이치를 따져 설명하려 하지 않고, 도리어 우리가 믿어야 할 성경의 신비라고 가르쳤습니다. 루터는 육신으로 나타난 바 되신 하나님이 경건의 큰 비밀이라고 고백하는 바울을 따르고 있습니다(딤전 3:16).

그리스도의 위격과 사역 교리에서 루터의 관심은 복음에 확실하게 초점을 맞추는 것이었습니다. 루터에게 그리스도의 완벽하고 온전한 구속 교리와 사람이 그리스도를 믿음으로 말미암아 은혜로 받는 구원 교리는 복음의 모든 핵심 가운데서도 '가장 핵심이 되는' 교리였습니다. 빚은 갚아야 합니다. 하나님의 공의의 요구는 만족되어야 합니다. 사람의 죄는 속함을 받아야 합니다. 사람의 원수, 곧 죄와 죽음과 지옥과 사탄을 물리쳐야 합니다. 루터는 이렇게 쓰고 있습니다. "죗값이 치러지지 않거나 하나님의 의가 만족되지 않으면, 죄사함은 일어날 수 없습니다. 자비와 은혜가 우리 안에서 우리를 위해 일할 여지가 없기 때문입니다……먼저 가장 완벽한 방식으로 하나님의 공의가 만족되어야 합니다." 또 이렇게 썼습니다. "하나님께서는 먼저 죗값이 치러져서 만족을 얻으시지 않는 한, 죄를 보고 친절하고 은혜로우실 수 없고, 형벌과 진노를 멈추실 수 없습니다."

루터는 그리스도께서 사람을 구속하신 본질을 대속의 화목제사, 곧 하나님의 공의의 요구를 만족시키시고 죄인이 율법을 어김으로 하나님께 진 빚을 갚으신 것으로 보기보다, 사람의 영적 원수를 물리치신 것으로 보는 오늘날의 견해를 완강히 반대했을 것입니다. 루터는 이렇게 쓰고 있습니다. "그러나 이제 그리스도께서 친히 우리 처지에 놓이셔서, 우리를 위해 율법과 죄와 죽음을 짊어지십니다."

루터의 글에는 이런 표현이 가득합니다. "그리스도께서 우리 죄를 짊어지시고 죗값을 치르셨습니다." "그리스도께서는 세상의 죄를 위한 희생물이시며 지불금이십니다." "그리스도께서는 영원한 죽음과 저주를 맛보셔야 했습니다. 한마디로, 저주받은 죄인이 마땅히 받아야 하고 영원히 겪어야 할 모든 것을 겪으셨습니다." 이처럼 루터는 그리스도의 대리 만족 또는 대리 속죄를 아주 충분히, 크게 힘주어 가르쳤습니다. 루터를 따른다면서도 루터의 교리를 이와 다르게 제시하는 사람들은 루터에게 큰 해를 끼치는 것입니다.

이처럼 그리스도께서는 화가 나신 하나님과 죄 지은 인간을 화목하게 하시고 죄책을 지닌 죄인을 온전한 은혜로 회복하셨기 때문에, 우리의 영원한 '중보자와 중재자'이십니다. 우리에게 더는 어떤 제사도 필요하지 않습니다. "그리스도 피에는 영원한 속죄의 능력이 있기 때문입니다." "그리스도께서 우리를 위해 기도하고 중보하십니다." "하나님의 진노와 지옥은 완전히 사라집니다." 하나님의 진노와 형벌이 더는 죄인을 덮치지 않습니다. "그리스도께서 하나님의 사랑하시는 아들이시며 그 안에 모든 은혜가 거하기 때문입니다. 그래서 아버지께서 이 아들을 보실 때, 하늘과 땅에는 사랑과 은혜밖에 없고, 하나님의 모든 진노는 소멸되고 사라집니다." 그리스도께서는 우리를 하나님의 진노에서 자유롭게 해주신 것처럼, 마귀와 죽음의 권세에서도 자유롭게 해주셨습니다. 그러니까 그리스도를 믿는 사람은 이런 것들을 두려워할 필요가 없습니다.

그리스도께서는 거룩하고 무죄한 고난과 죽으심으로 우리를 구속하셨을 뿐 아니라, 죄인을 대신해 하나님의 율법을 온전히 순종하심으로 우리를 구속하셨습니다. 실로 우리를 위해 모든 의를 이루셨습니다. 루터는 우리를 대신하신 그리스도의 순종을 하나만 가르치지만, 사람들은 이것을 분명하게 하려고 그리스도께서 우리를 대신해 하나님의 율법에 순종하신 것을 그리스도의 '능동적 순종'이라고 하고, 그리스도의 고난과 죽으심을 그리스도의 '수동적 순종'이라고 합니다. 이런 말을 쓰는 목적은 그리스도의 구속이 완전함을 분명히 드러내서, 죄인이 더는 자기 구원을 위해 아무 일도 하지 못하게 하려는 것입니다. 죄인은 그저 성령님께서 말씀을 통해 일으키신 믿음으로 그리스도의 구속을 받아들이면 됩니다. 우리는 그리스도의 이 완전하고 은혜로운 구원을 개인의 믿음으로 받아들입니다. 루터는 승리의 기쁨에 젖어 이것을 이렇게 묘사합니다. "이것을 이루신 분이 계십니다! 나는 그분께 매달립니다. 그분이 나를 위해 이것을 다 이루셨고, 그 이루신 것을 내게 주십니다."

루터의 그리스도 위격과 사역 교리는 승리의 기쁨에 찬 바울의 복음 선언으로 간추릴 수 있을 것입니다. "하나님께서 그리스도 안에 계시사 세상을 자기와 화목하게 하시며……하나님이 죄를 알지도 못하신 이를 우리를 대신하여 죄로 삼으신 것은 우리로 하여금 그 안에서 의가 되게 하려 하심이라"(고후 5:19, 21). 루터는 사도신경의 둘째 항목을 설명하면서 그리스도의 구속 신학 전체를 영광스럽게 제시합니다. 루터는 이렇게 쓰고 있습니다.

영원 전에 아버지에게서 나신 참 하나님이시며, 동정녀 마리아에게서 나신 참 사람이신 예수 그리스도께서 내 주님이심을 믿사오니, 이는 잃은 바 되고 정죄함 받은 죄인인 나를 구속하시고, 은과 금이 아닌 자기의 거룩하고 보배로운 피와 자기의 무죄한 고난과 죽으심으로 모든 죄와 죽음과 마귀의 권세에서 나를 사서 얻으사, 자기가 죽은 자 가운데서 살아나 영원토록 살아서 다스리시는 것과 같이, 나를 자기 것으로 삼으시고, 자기 나라에서 자기의 다스림을 받으며 살게 하시고, 영원한 의와 순결과 복 가운데 자기를 섬기게 하심이니이다. 이것은 가장 확실한 사실이옵나이다.

마르틴 루터 박사의 이 분명한 가르침을 들으면 얼마나 새 힘이 솟습니까! 여기서 우리는 초기 개혁자들의 특징을 보게 되는데, 이들은 객관적 진리, 곧 하나님께서 그리스도 안에서 죄인을 위해 이루신 일을 성경대로 건전하게 강조했습니다. 하지만 우리는 이런 글에서 자비하신 하나님께서 우리에게 보내신 구원의 말씀에 주관적(믿음)으로 반응하고, 이 말씀을 감사함으로 받아들이라는 요구와도 맞닥뜨리게 됩니다 (행 13:26).

여러분은 하나님의 은혜와 성령님의 능력으로 벌써 이렇게 반응하셨습니까?

루터의 구원의 적용 교리

루터는 구원의 적용 교리에도 크게 이바지했습니다. 루터는 이 주제에서 로마 가톨릭과 재세례파의 견해를 모두 반박합니다. 가톨릭 교회는 하나님의 은혜나 거룩하게 하는 능력이 기계적으로 또는 성례가 시행되는 자체로 주입된다고 가르쳤습니다. 반대편 극단으로 가는 재세례파는 성령님께서 어떤 도구나 방편 없이 사람의 마음에 바로 일하신다고 믿었습니다. 루터는 이 두 가지 접근 방법을 성경과 다르다며 모두 거부했고, 성령님께서 은혜의 방편을 통해 그리스도께서 이루신 구원을 죄인의 마음에 적용하신다고 가르쳤습니다. 성령님께서는 특별히 말씀과 성례라는 은혜의 방편을 쓰셔서 사람의 마음에 믿음과 중생과 성화를 일으키십니다. 여기서 핵심 요소는 율법과 복음의 선포입니다.

율법과 복음

루터 설교의 특징은 구원받는 데서 '율법 사역'의 필요성을 강조한 것입니다. 루터는 죄인이 그리스도를 믿고 구원을 받으려면, 먼저 성령님께서 하나님의 율법을 죄인의 마음에 적용하셔서 죄를 깨닫게 하시고, 스스로를 구원할 수 없다는 절망에 빠뜨리셔야 한다고 주장했습니다. 이렇게 해서 성령님께서는 죄인이 죄사함과 생명과 구원을 값없는 선물로 받아들일 수 있게 해주는 복음으로 죄인의 마음에 믿음을 일으키십니다.

루터는 율법과 복음을 모두 분명하게, 법정에서처럼 설교해야 한다고 주장합니다. 율법과 복음을 어떻게 구별하는지 아는 사람만이 재능 있는 신약성경의 목사입니다. 율법과 복음은 그저 모순되는 두 소식이 아닙니다. 율법은 '우리 죄와 하나님의 진노를 알려 주는 하나님의 말씀'이고, 복음은 '그리스도 안에 있는 하나님의 은혜와 용서를 보여 주고 전해 주는 하나님의 말씀'입니다. 이 두 하나님의 소식이 모두 필요합니다. 성령님께서는 복음과 율법을 똑같이 감동하셨습니다. 회개를 위해서는 죄와 하나님의 진노를 올바로 알아야 하고, '죄사함을 위해서는 성령과 은혜를 제안하는' 복음이 있어야 합니다.

그리스도를 믿는 믿음

루터는 "통회는 율법에서 나오고, 믿음은 하나님의 약속에서 나온다"고 쓰고 있습니다. 그런데 루터가 말하는 의롭다 하심을 얻는 믿음 또는 구원 얻는 믿음은 무엇입니까? 루터는 로마 가톨릭에 맞서 우리가 구원 얻는 믿음으로 의롭다 하심을 받을 때, 이 믿음이 선한 행위나 자질이 아니라, 다만 그리스도께서 얻으시고 성령께서 복음 안에서 복음을 통해 통회하는 신자에게 제안하시고 전해 주시는 하나님의 은혜로운 용서를 죄인이 '받아들이는 것'이라고 강조합니다. 이처럼 루터는 믿음이 '행함(곧, 사람의 공로 행위)이 아니라, 받아들임'이라고 말합니다. "믿음은 가만히 있는 것이 아니라, 생기 있고 멈추지 않는 행동입니다……살아 있고 움직이고 절대로 쉬지 않습니다." 믿음은 복음이 제안하는 은혜의 약속을 힘차고 활기 넘치게 붙드는 것입니다. 루터는 이렇게 말합니다. "믿으면 갖고, 믿지 않으면 갖지 못합니다. 여러분은 믿는 만큼 갖습니다."

루터에 따르면, 사랑이 믿음으로 구원받는 근거는 아니지만, 믿음과 사랑은 언제나 함께 있습니다. 사랑은 언제나 믿음의 결과입니다. 두 교리, 곧 '믿음과 사랑, 또는 선행을 받아들임과 선을 행함'은 함께 가야 합니다. "믿음은 그리스도의 선행을 받아들이고, 사랑은 이웃에게 선을 행합니다." 믿음은 선행을 낳습니다. 믿음이 '그리스도로 말미암은 하나님께 대한 진실한 신뢰' 또는 '하나님께서 그리스도로 말미암아 화해하신다는 하나님께 대한 견고하고 분명한 신념이나 확신'이기 때문입니다.

루터가 믿음을 생기 넘치고 힘찬 활동으로 가장 분명하게 잘 정의하고 있는 곳은 아마 『로마서 주석』(크리스챤다이제스트) 서문일 것입니다. 루터는 이렇게 쓰고 있습니다.

> 믿음은 우리 안에서 우리를 바꾸시고 하나님에게서 새로 나게 하시는 하나님의 일로(요 1:13), 옛 아담을 죽이고 마음과 영과 생각과 모든 능력에서 우리를 완전히 다른 사람으로 만듭니다. 믿음은 또한 성령을 동반합니다. 오, 믿음은 얼마나 생기 있고, 분주하고, 활발하고, 힘이 넘칩니까! 따라서 믿음이 선행을 멈춘다는 것은 있을 수 없는 일입니다. 믿음은 선을 행해야 하는지 묻지도 않습니다. 이것을 묻기도 전에 믿음은 벌써 선을 행했고, 줄곧 선을 행하고 있기 때문입니다. 하지만 이런 선행을 하지 않는 사람은 믿음이 없고, 믿음과 선행을 찾아 더듬고 헤매며, 믿음도 선행도 무엇인지 모르는 사람입니다. 그런데도 이 사람은 믿음과 선행에 대해 쉴 새 없이 재잘대고 지껄입니다.

의롭다 하심을 얻는 믿음은 하나님의 은혜에 대한 살아 있고 흔들림 없
는 확신입니다. 너무 확실해서 사람은 이 믿음 때문에 천 번이라도 목숨
을 내놓을 것입니다. 사람은 하나님의 은혜에 대한 이 확신과 지식으로
하나님과 모든 피조물을 기뻐하고 겁내지 않고 즐거워하게 됩니다. 이것
은 성령님께서 믿음을 통해 하시는 일입니다. 이렇게 해서 사람은 자기에
게 이 은혜를 주신 하나님을 사랑하고 찬양하며, 억지가 아닌 기쁨과 즐
거움으로, 모두에게 선을 행하고 모두를 섬기고 모든 일을 견딥니다. 이
처럼 불에서 빛과 열을 나눌 수 없듯이, 믿음에서 행함을 떼어놓을 수 없
습니다.

칭의와 선행

그리스도를 믿음으로 말미암는 칭의 교리와 그 결과인 선행은 루터가
가르친 핵심입니다. 루터에 따르면, 칭의는 법정 행위나 사법 행위로,
하나님께서 그리스도를 신뢰하는 죄인에게 그리스도의 대리 속죄로 확
보된 의가 온전히 네 것이라고 선언하시는 일입니다. 하지만 믿음에 칭
의가 바로 뒤따르는 것처럼, 칭의에도 성화나 선행이 바로 뒤따릅니다.
루터 신학에서 성화는 선을 행한다는 뜻에 지나지 않습니다. 선행은
하나님의 뜻과 일치합니다. 선행은 또한 그리스도를 믿는 참된 믿음
안에서, 성령을 힘입어, 진실로 감사하며, 하나님의 영광과 이웃의 유
익을 위해 하는 것입니다. 실로 로마 가톨릭의 잘못된 가르침과는 달
리 선행은 우리를 의롭게 하지 않습니다. 또 선행 덕분에 우리가 구원에
이르는 믿음 안에 계속 머물 수 있는 것도 아닙니다. 루터는 이렇게 선
언합니다. "행함이 아닌 오직 믿음으로 의롭다 하심을 얻는다는 말과
믿음에 행함이 없다는 말은 아예 다른 말입니다." 또 이렇게 말합니다.
"살아 있는 사람이 움직이지 않을 수 없고, 먹고 마시고, 늘 무슨 일이

든 해야 하는 것처럼······선을 행하려면 여러분은 '그냥 믿으라'고만 하면 됩니다. 그러면 여러분은 자유 의지로 모든 선을 행할 것입니다." 그러니까 루터에 따르면 참된 선행은 오로지 그리스도를 믿는 살아 있는 믿음에서만 나옵니다.

루터의 율법관은 자주 '환원주의'라고 비판을 받았습니다. 사람들은 루터가 율법에 죄를 깨우치고 정죄하는 기능밖에 없는 것처럼 말한다고 생각했습니다. 저는 이런 비판이 공정하지 못하고 근거가 없다고 믿습니다. 설령 칼빈이 율법을 더 균형 있고 더 완벽하게 다룬다고 해도, 저는 '율법 사역'의 필요성에 대한 루터의 강조가 기본에서 옳고, 또 어떤 사람들의 비난과 달리 칼빈주의와 조금도 다르지 않다고 믿습니다.

저는 신령한 삶이 이렇게 쇠퇴하는 까닭이 바로 이 생사가 달린 주제에서 거의 모든 개신교회가 대체로 루터의 가르침을 거부하거나 무시했기 때문이라고 주저하지 않고 말합니다. 물론 "그리스도께로 인도하는 초등교사"로서 율법의 기능을 강조하는 모든 사람이 언제나 성경을 따라 균형 있게 이 일을 하는 것은 아니라는 사실을 저도 인정합니다. 많은 사람이 여기서 저지르는 잘못은 지나치다는 것이고, 또 가장 좋은 설교자라도 이 부분에서 엄격한 도식화라는 덫에 쉽게 걸릴 수 있습니다. 하지만 루터는 근본에서 옳았고, 루터의 본을 따른 목사들도 자신들이 강단에서 한 수고에 주님께서 크게 복 주신 것을 봤습니다. 우리가 율법과 복음을 모두 설교할 때, 마음속에 그리스도를 모시기 위한 복음의 도구로 율법을 강조한다면, 우리는 확신을 가지고 회중에게서 사랑으로 역사하는 믿음의 열매를 기대할 수 있을 것입니다.

루터의 정신을 분명히 보여 주는 다음 찬송은 이 사실을 이렇게 간추리고 있습니다.

하나님의 율법은 선하고 지혜로워
우리 눈앞에 하나님의 뜻과
의의 길을 보여 주네
우리가 어길 때 죽음을 선고하네

율법의 거룩한 빛은
우리가 우리의 잃어버린 상태를 보고
너무 늦기 전에 구원을 찾도록
우리 마음이 죄악 됨을 알려 주네

그리스도 안에 있는 도움을 발견하고서
사랑의 행위가 넘칠 사람들에게
율법은 그분이 기뻐하시는 행실,
선하고 바른 행실이 무엇인지 보여 주네

사람이 제안된 도움을 무시하고
고의로 죄에 머물 때
율법의 공포가 그 귀에 울려
사람의 악함을 억누르네

율법은 선하나 타락한 뒤로
그 거룩함이 우리 모두를 정죄하네
우리 죄 때문에 우리에게 죽음을 선고하네
율법은 우리를 의롭게 할 능력이 없네

우리를 저주에서 건져 주신

예수께로 도망가

그 보좌 앞에 겸손히 경배하네

오직 믿음으로 말미암아 그 은혜로 구원받네. [40]

은혜의 방편: 말씀과 성례와 교회

루터에게 하나님의 말씀은 살아 있고 힘찬 능력으로 사람에게 구원을 선포할 뿐 아니라 구원을 나누어 줍니다. 하나님의 말씀은 성령님께서 사람의 마음에서 일하시는 방편이기 때문입니다. 율법이 하는 일은 다만 준비하는 일입니다. 율법의 기능은 사람의 교만과 반역을 부수는 것입니다. 엄밀히 따지면, 은혜의 방편은 복음밖에 없습니다. 복음은 '성령께서 우리에게 찾아오시는 길이요 다리'기 때문입니다. 그러니까 하나님의 용서를 말하는 기독교 신학자는 다음 두 가지를 밝혀야 합니다. '첫째, 하나님의 용서는 어떻게 획득되고 확보되는가? 둘째, 이 용서는 우리에게 어떻게 나누어지고 전해지는가?'

　루터는 하나님께서 복음으로만 아니라, 복음의 다른 많은 적용(여러분은 아마 여기서 눈이 휘둥그레질 것입니다)으로 죄사함을 나누어 주신다고 말합니다. 이를테면 설교나 독서, 면죄 선언이나 상징(성직자가 죽은 사람 눈앞에 십자가를 들고 있을 때처럼), 세례나 성찬 따위로 죄사함을 나누어 주신다고 말합니다. 복음은 누가 어떻게 적용하든 언제나 구원을 주시는 하나님의 능력이라는 것입니다. 우리는 루터가 은혜의 방편으로서 성례의 중요성에 대해 말한 것만 살펴보겠습니다. 루터는 자신의 『소교리

---

40) Matthias Loy, 1863. Contained in *The Lutheran Hymnal* (St. Louis: Concordia, 1941).

문답』Small Catechism에서 이 주제를 가장 잘 다루고 있습니다.

거룩한 세례

루터에 따르면, "세례는 은혜의 방편인데, 이는 이 성례에서 쓰는 물을 하나님께서 자신의 약속의 말씀과 이어 놓으셨기 때문입니다." 세례의 명령은 마태복음 28장 19-20절에서 주어지고, 세례와 관련된 복음의 약속은 마가복음 16장 15-16절에 기록되어 있습니다. 세례는 "믿고 세례를 받는 사람은 구원을 얻을 것"이라는 복음의 약속 때문에 "죄사함을 일으키고, 죽음과 마귀에게서 건지고, 하나님의 말씀과 약속이 선언하는 것을 믿는 모든 사람에게 영원한 구원을 줍니다." "물이 어떻게 이 모든 일을 이룰 수 있느냐?"고 묻는 사람들에게 루터는 이렇게 답합니다.

> 사실 이 일을 하는 것은 물이 아니라, 물 안에 물과 함께 있는 하나님의 말씀이며, 이 물에 대해 하나님께서 하신 말씀을 믿는 믿음입니다. 하나님의 말씀 없이 물은 물일 뿐이지 세례가 아닙니다. 하지만 하나님의 말씀이 있으면 물은 세례, 곧 은혜로운 생명수가 되고, 사도 바울이 디도서 3장 5절에서 말하는 성령 안에서 "중생의 씻음"이 됩니다.

그러니까 세례가 참된 은혜의 방편인 까닭은 '보이는 말씀'으로 쓰이는 복음의 약속 때문입니다. 세례에는 마법 같은 능력이 없습니다. 세례에 능력이 있는 까닭은 오로지 뚜렷하고 확실하고 변함없는 복음의 약속 때문입니다. 하나님께서는 주시기로 약속하신 것을 영락없이 주시는데, 실로 로마 가톨릭이 가르치듯이 성례를 시행하는 자체로나 기계적으로 주시는 것이 아니라, 성령님께서 복음을 통해 죄인의 마음에 일으키시는 믿음으로 말미암아 주십니다.

세례는 믿는 사람의 성화를 위해서도 엄청나게 중요합니다. "세례는 옛 아담이 날마다 통회하고 회개함으로 모든 죄와 악한 정욕과 함께 물에 빠져 죽어야 함을 나타내고, 하나님 앞에서 영원히 의롭고 순결하게 살 새 사람이 날마다 물에서 살아 나와야 함을 나타냅니다." 하지만 루터는 믿음이 있는 곳에서만 세례의 이런 구원하고 거룩하게 하는 유익을 누릴 수 있다고 강조합니다. 하나님의 은혜로운 세례 언약과 그 영광스러운 복음 약속에 대해 전혀 생각하지 않는 위선자와 이름뿐인 그리스도인은 절대로 세례의 능력을 체험하지 못합니다. 복음을 믿음으로만 세례가 주는 복, 곧 그리스도 안에 있는 용서와 새 생명을 얻기 때문입니다.

성찬

성찬에 대한 가장 좋은 자료도 루터의 『소교리문답』입니다. 루터는 성찬을 짤막하면서도 실천에 도움이 되도록 정의합니다. "성찬은 떡과 포도주 아래 있는 우리 주 예수 그리스도의 참된 몸과 피로, 우리 그리스도인들이 먹고 마시도록 그리스도께서 친히 제정하신 것입니다." 여기서 우리는 루터의 공재설, 곧 그리스도께서 떡과 포도주라는 요소 안에, 요소와 함께, 요소 아래 육체로 계신다는 개념을 보게 됩니다. 이것은 개혁주의를 따르는 우리가 거부하는 교리입니다. 하지만 최근 몇몇 루터파 학자에 따르면, 그리스도께서 이 성례에서 육체로 임하신다는 견해를 너무 문자 그대로 루터에게 돌리거나, 루터가 믿는 사람이 누리는 신령한 유익을 희생하면서까지 이런 국면을 강조했다고 말하면, 우리는 이 위대한 개혁자를 오해하는 것입니다. 이를테면, 뮐러J. T. Mueller 박사는 루터가 그리스도의 몸과 피가 성찬에서 실제로 임한다는 것을 분명히 고수하지만, 많은 칼빈주의자가 정의하는 화병설化餠

說, impanation[41])과 공재설共在說, consubstantiation은 모두 거부한다고 말합니다. 루터를 반대하는 사람들은 로마 가톨릭이 떡과 포도주를 몸과 피로 변화시키거나 바꾸는 것과 마찬가지로, 루터가 떡과 몸을 뒤섞어 새로운 물질이 되게 한다며 루터의 견해에 '화병설'이라는 혐의를 씌웠습니다.

하지만 루터에게 실제 임재설은 성찬 교리의 일부일 뿐입니다. 루터에게 이만큼 중요했고, 심지어 이보다 더 중요했던 것은, 참된 성찬 참여자가 그리스도의 몸과 피를 영적으로 먹고 마심으로 얻는 유익이었습니다. 루터는 『소교리문답』에서 이렇게 적고 있습니다. "우리가 성찬에서 얻는 유익은 '죄사함을 얻게 하려고 너희를 위해 주고 흘리는 것이라'는 말씀에서 나타납니다. 곧, 우리는 성찬에서 이 말씀을 통해 죄사함과 생명과 구원을 받습니다. 죄사함이 있는 곳마다 생명과 구원도 있기 때문입니다."

루터는 그리스도께서 "죄사함을 얻게 하려고 너희를 위해 주고 흘리는 것이라"는 은혜로운 약속으로 말미암아 자신의 몸과 피를 영적으로 또는 믿음으로 받는 사람들에게 용서와 영생과 구원의 복을 모두 주신다고 주장합니다. 그리스도께서는 성찬 때 복음이 일반으로 제안하고 전해 주는 모든 복을 주십니다. 몸으로 먹고 마시는 것이 어떻게 이런 엄청난 일을 할 수 있느냐는 물음에 루터는 이렇게 답합니다. "사실 이런 일을 하는 것은 먹고 마시는 행위가 아니라, 여기에 적힌 '죄사함을

---

41) 옮긴이—이 낱말은 아직 우리나라 개신교에서 일반으로 쓰는 번역어가 없다. 그래서 말을 새로 만들어야 했는데, 고심 끝에 화병(떡이 되심)이라는 낱말을 고르게 됐다. 'impanation'은 성육신(incarnation)에서 나온 말이다. 'incarnation'은 우리말로 성육신 말고도, '화신', '화육'이란 말로 옮겨진다. 여기서 도움을 얻어 '화병'이란 말을 택하게 되었다. 하지만 이 견해는 '화체설'과는 분명히 다르고, '공재설'의 한 견해로 볼 수 있다. 가톨릭에서 나온 라한 사전에서는 이 낱말을 '빵 속의 성체설', '빵과 성체 양립설'이라고 옮기고 있다.

얻게 하려고 너희를 위해 주고 흘리는 것이라'는 말씀입니다. 이 말씀은 몸으로 먹고 마시는 행위와 더불어 이 성례의 주된 요소입니다. 이 말씀을 믿는 사람은 이 말씀이 말하고 표현하는 바, 죄사함을 얻습니다."

루터에 따르면, 이 성례에서 복음의 약속이 제안하는 복은 하나님의 약속에 대한 성찬 참여자의 믿음으로 받습니다. 이 믿음은 성령님께서 복음의 약속을 통해 일으키시고, 자라게 하시고, 견고하게 하십니다.

루터에 따르면, 성찬에 참여하는 모든 사람이 이 성례에서 참된 몸과 피를 받습니다. 루터는 그 증거를 고린도전서 10장 15-22절, 11장 27-30절과 또 다른 구절에서 찾습니다. 루터는 "악하고 자격 없는 사람은 그리스도의 몸과 피를 심판에 이르도록 받지만, 그리스도의 약속을 믿는 성찬 참여자는 구원에 이르도록 받는다"고 쓰고 있습니다.

논쟁이 한창일 때는 복잡한 신학 개념을 만들고 신중한 말로 정의하는 일을 피할 수 없지만, 루터는 늘 독자들보고 성경의 단순한 말씀을 지키라고 권면했고, 성례에서는 더욱 그랬습니다. 루터는 이렇게 쓰고 있습니다. "'죄사함을 얻게 하려고 너희를 위해 주고 흘리는 것이라'는 말씀을 믿는 사람은 참으로 자격 있고 잘 준비된 사람입니다. '너희를 위해'라는 말씀은 모든 마음에 믿음을 요구하기 때문입니다." 믿음은 '너희를 위해'라는 말씀을 믿는 믿음을 뜻합니다. 다른 곳에서도 '말씀만이 하나님 은혜의 수단'이라고 쓰고 있듯이, 루터에게는 이것이 본질이었습니다. 루터에게 성례는 단순한 은혜의 표가 아니고, '하나님 은혜의 효력 있는 표와 인' 또는 '믿음을 섬기고 믿음으로 나아가는 표'였습니다. 그러니까 우리는 성례의 복음 약속이 제안하고 전해 주는 복을 믿음으로 받습니다.

교회 교리

교회를 교황의 절대 권위에 복종하는 사람들로 이루어진 눈에 보이고, 특정 지역에 제한되고, 형체가 있는 유기 구조로 만든 로마 가톨릭의 외형주의에 맞서, 루터는 기독교회의 진정한 의미가 '믿는 사람의 모임'이라고 가르쳤습니다. 이 믿는 사람들은 성령님께서 이 악한 세상에서 복음으로 부르사 그리스도의 은혜의 나라(이 세상)와 영광의 나라(오는 세상)로 모으신 사람들입니다. 이런 의미에서 교회는 하나님께서 아시지만 사람에게는 보이지 않습니다. 그리스도인의 사랑이 주 예수 그리스도를 믿고 섬기는 모든 사람을 참된 그리스도인으로 여긴다고 해도, 누가 하나님께서 택하신 성도인지 확실히 알 수 있는 사람은 없기 때문입니다.

루터는 『소교리문답』에서 사도신경의 셋째 항목을 설명하면서 자신의 교회론을 이렇게 간추립니다.

> 나 자신의 이성이나 힘으로 내 주 예수 그리스도를 믿거나 그분께 나아갈 수 없사오나, 성령께서 나를 복음으로 부르시고, 자신의 은사로 깨우치시고, 거룩하게 하시고, 참된 믿음 안에 있게 하신 것을 믿사옵나이다. 이와 같이 성령께서는 땅에 있는 기독교회 전체를 부르시고, 모으시고, 깨우치시고, 거룩하게 하시고, 예수 그리스도와 함께 하나의 참된 믿음 안에 있게 하사, 이 기독교회 안에서 날마다 풍성하게 나와 모든 신자의 죄를 모두 사하시고, 마지막 날에 나와 죽은 자를 모두 일으키시고, 그리스도 안에서 나와 모든 신자에게 영원한 생명을 주시오리이다. 이것은 가장 확실한 사실이옵나이다.

루터의 『대교리문답』Larger Catechism에서는 "거룩한 공회와 성도가 서로 교통하는 것을 믿사옵나이다"는 사도신경의 말씀을 이렇게 설명합니다. "거룩한 기독교회와 '성도의 모임', 또는 '거룩한 모임'을 믿사옵나이다."

이 '성도의 교통'은 하나님의 말씀이 전해지고 성례가 시행되어, 죄인이 그리스도를 자신의 구주로 구원에 이르도록 알고, 죄사함과 생명과 구원을 위해 오직 그리스도만을 신뢰하는 곳마다 볼 수 있습니다. 루터가 볼 때 교회는 그리스도만을 죄인의 구주로 전하고 믿는 곳에 있습니다. 루터의 말은 우상숭배가 넘쳐 나고 그리스도만이 사람의 구주와 중보자와 중재자이심을 부인하는 로마 가톨릭의 심장을 찌르는 칼이었습니다. 루터에 따르면, 교회는 눈에 보이고, 겉으로 드러나고, 형체가 있는 교통일 수 없습니다. "누군가가 믿는 바는 형체가 있거나 눈에 보이는 것이 아니기 때문입니다."

루터는 교회가 성령 안에 감추어졌기 때문에 진정한 의미에서 우리에게 보이지 않고 하나님만이 아시는 성도의 교통이라고 가르쳤지만, 우리는 또한 이 땅의 교회를 '우리 주 하나님의 적은 무리'로 마주하게 된다고 주장했습니다. 루터는 이 무리를 '거듭난 사람들' 또는 '성령께서 모으시고 지키시고 다스리시며, 날마다 하나님의 말씀과 성례로 양육받는 땅 위의 경건한 신자들의 모임'이라고 합니다.

서글프게도 이런 그리스도인의 모임 안에 수많은 위선자와 악한 사람이 있지만, 이 모임을 여전히 '그리스도인'의 모임이라고 하는 것은 그 안에 참된 신자가 있기 때문입니다. 이들은 그리스도를 믿는 참된 신자로서 '천국 열쇠의 직분', 곧 하나님의 말씀을 선포하고, 성례를 시행하고, 권징을 실천할 권리를 가지고 있습니다. 이 권리는 오로지 그리스도를 믿는 사람의 것입니다. 사람들은 위선자들도 이런 지역 교회의 회원이라 생각할 수 있지만, 교회의 진짜 신령한 회원은 그리스도를 믿는 사람밖에 없습니다. 루터는 지역 교회의 조직을 덜 중요하게 생각합니다. 루터가 보기에 본질은 하나님의 말씀을 교리와 삶에서 굳게 지키는 것입니다. 그리스도인은 죄인의 구원을 위해 그리스도의 순수한 복음을 증언하는 신령한 제사장이요 왕이기 때문입니다. 루터는 이렇게 쓰고 있습니다. "그렇다면 하나님의 말씀을 굳게 지키고 하나님을 위해 기꺼이 고난당하는 이것을 참된 교회로 여겨야 합니다."

루터는 당시의 경제와 정치와 사회 상황 때문에 정교분리의 원리를 실천하지 못했지만, 이 원리를 분명하게 이해하고 선포했습니다. 이를테면 루터는 이렇게 썼습니다. "그러니까 참된 복음과 참된 믿음을 지키려면 두 나라를 서로 뒤섞지 말고……서로 구별하고 분리해야 합니다."

루터의 신학을 이처럼 간단히 살펴보면서 분명해진 것은, 루터의 머릿속에는 온통 하나님이시자 사람이신 그리스도, 곧 죄악 되고 잃어버린 인류의 구속자요 중보자요 중재자밖에 없었다는 사실입니다. 루터는 성경 전체에서 그리스도만 봤듯이, 교회 전체에서도 그리스도만 봤습니다. 루터는 이렇게 쓰고 있습니다. "그리스도를 전하는 것이 하나님의 말씀이듯이(실로 성경 전체가 그리스도를 가르칩니다), 그리스도를 온전하고 충만하게 믿고 고백하고 선포하는 것만이 교회입니다. 땅 위에 있는 이 하나님의 적은 무리가 아무리 변변찮고 버림받고 멸시받고 핍박받는다 해도 말입니다."

마르틴 루터에게 그리스도는 언제나, 어느 모로 보나 '우리 구주요 제사장이신 그리스도'였습니다. 루터에게는 그리스도를 알고, 그리스도를 사랑하고, 말과 행실로 그리스도를 섬기고 고백하는 것, 이것만이 기독교였습니다.

1   〈루터의 하나님 교리〉를 읽고 답해 봅시다.

   1) 성경은 하나님을 어떤 분으로 계시합니까?

   2) 그리스도께서 우리 선택의 거울이심을 강조한 칼빈처럼, 루터도 선택
      을 확신하게 되는 유일한 길로서 죄인들을 누구에게로 인도하려고 애
      썼습니까?

   3) 자신의 '선택' 문제로 근심하는 신자에게 루터는 뭐라고 말하고 있습
      니까?

   4) 루터는 하나님을 찾을 수 있는 유일한 방편이 무엇이라고 말하고 있
      습니까? 하이델베르크 교리문답 66문답도 읽어 보고 나눠 봅시다.

2   〈루터의 죄 교리〉를 읽고 답해 봅시다.

   1) 원죄가 무엇입니까?

   2) 로마서 5장 12-21절을 읽고, 전가된 죄책과 전가된 의를 말해 봅시다.

3   〈루터의 그리스도 교리〉를 읽고 답해 봅시다.

   1) 우리 구주 예수 그리스도께서 하나님이시자 사람이시라고 선포하는
      성경 구절들을 찾아서 읽어 봅시다. 곧 참 하나님이시요 참 사람이신
      그리스도께 우리 자신의 구원을 빚지게 됨에 감사합시다.

   2) 루터의 그리스도의 위격과 사역 교리를 갈무리해 봅시다. 이 부분을
      읽고, 루터나 바울처럼 이 교리로 말미암아 우리 마음에 승리의 기쁨
      이 넘치는 경험을 하게 해달라고 기도합시다.

   3) 루터의 구원의 적용 교리를 갈무리해 봅시다.

4) 루터가 설교할 때, 구원받는 데서 왜 '율법 사역'의 필요성을 강조했습니까?

5) 루터가 말하는 구원 얻는 믿음은 무엇입니까?

6) 그리스도를 믿는 믿음의 특징은 무엇입니까?

7) 칭의와 선행에 대해 말해 봅시다.

4 〈은혜의 방편〉을 읽고 답해 봅시다.

1) 거룩한 세례를 갈무리해 보고, 새롭게 깨닫거나 확신하게 된 것이 있다면 나눠 봅시다.

2) 성찬을 갈무리해 보고, 새롭게 깨닫거나 확신하게 된 것이 있다면 나눠 봅시다.

5 〈교회 교리〉를 갈무리해 봅시다.

6 이 장의 마지막 문단을 다시 한 번 읽어 봅시다.

"마르틴 루터에게 그리스도는 언제나, 어느 모로 보나 '우리 구주요 제사장이신 그리스도'였습니다. 루터에게는 그리스도를 알고, 그리스도를 사랑하고, 말과 행실로 그리스도를 섬기고 고백하는 것, 이것만이 기독교였습니다."

우리 각자에게 이 문장이 어떻게 와 닿는지 나눠 보고, 이 말을 우리 삶에 적용해 봅시다.

7 이 장을 읽으면서 하나님께서 깨닫게 해주신 것과 베풀어 주신 은혜를 생각하며 감사합시다. 또 깨달아 배우고 확신한 일에 거할 수 있게 해달라고 기도합시다.

10장

청교도 기독교 [42]

아직도 여기서 배울 수 있는가

높아지는 관심

종교의 흐름에 낯선 사람이 아니라면 누구나 오늘날 청교도주의에 큰 관심이 있다는 사실을 알 것입니다. [43] 언제나 그런 것은 아니었습니다. 아주 오랫동안 사람들은 청교도주의에 거의 관심이 없었습니다. 개혁주의권이라고 해도 다르지 않았습니다. 이것은 주로 편견 때문이었습니다. 청교도들은 늘 안 좋은 평가를 받았습니다. 청교도주의 하면 보통 율법주의, 광신, 위선, 거룩한 척이라는 말이 떠올랐습니다.

사실 '청교도'라는 이름은 시작부터 진창이었습니다. 1560년대에 눈에 거슬리고 마음에 들지 않는 모든 것을 헐뜯으려고 이런 이름을 지었

---

42) 『메신저』 1997년 1-9월 호에 실린 글.

43) 이 글을 준비하면서 나는 다음 두 권의 책에서 도움을 받았다. 좀 더 최근에 청교도주의를 살펴본 책들이다. James I. Packer, *A Quest for Godliness*(Wheaton, IL: Crossway Books, 1994). 우리말로는 『청교도 사상』(기독교문서선교회)으로 옮겨졌다. Leland Ryken, *Worldly Saints: The Puritans As They Really Were*(Grand Rapids: Zondervan, 1986). 우리말로는 『청교도: 이 세상의 성자들』(생명의말씀사)로 옮겨졌다.

습니다. 사람들은 종교와 도덕 문제에서 누구든 너무 엄격해 보이면 청교도라는 딱지를 붙였습니다. 청교도들은 성경의 노선을 따라 잉글랜드 교회(성공회)를 정화하고 개혁하려고 애썼기 때문에, 만족을 모르고 말썽만 일으키는 사람들이라는 비난을 받았습니다. 후에 '청교도'라는 말은 정치와 관련해 군주제를 반대하고 공화제를 찬성한다는 뜻도 담게 되었습니다. 이 때문에 많은 사람이 청교도들을 국가의 반역자요 원수로 여겼습니다.

하지만 거의 모든 사람에게 '청교도'는 이상하고 지나치고 해로워 보이는 개신교의 한 형태를 말했습니다. 오늘날 '근본주의'라는 말과 같은 뜻을 담고 있었고, 같은 안 좋은 느낌을 풍겼습니다.

잉글랜드에서는 오랫동안 불씨만 보이던 반反청교도 감정이 스튜어트 왕가의 복원(1660년) 이후로 마침내 확 타올랐고, 그 뒤로 꺼지지 않았습니다. 북미에서는 1740년대에 대각성이 있고 나서 사람들이 심심하면 청교도들을 헐뜯었고, 백 년 전 후기 청교도 시대의 뉴잉글랜드에서 그 절정에 이르렀습니다.

오늘날은 상황이 다시 달라지고 있습니다. 1930년대부터 지금까지 쭉 학자들은 청교도들에 대해 더 좋은 그림을 보여 주려고 크게 애써 왔습니다. 페리 밀러Perry Miller, 윌리엄 할러William Haller, 마셜 내픈 Marshall Knappen을 비롯한 많은 역사학자는 사람들이 청교도에 대해 알고 있는 많은 부분이 순전히 꾸민 얘기와 왜곡된 사실에 근거를 두고 있음을 확실히 밝혀냈습니다. 이 16-17세기의 개신교인들에 대해 지금 드러나고 있는 그림은 훨씬 밝고 매력 있습니다. 패커James Innell Packer 는 이렇게 말합니다. "청교도들은 보통 사납고 괴상한 야만인, 광신도, 사회 과격주의자가 아니라, 냉철하고 성실하고 교양 있는 시민으로, 단호하고 잘 훈련받고, 가정 윤리에서 뛰어나고, 하나님께든 사람에게든 뭔가 중요한 것을 말할 때 말에 의존하려는 경향 빼고는 뚜렷한 결점이 없는 원칙의 사람들이었습니다. 마침내 오해가 풀렸습니다."

청교도들의 명예가 회복되었다 한들, 오늘날 우리는 왜 청교도를 연구해야 합니까? 답은 간단합니다. 청교도들은 현세대의 그리스도인들에게 줄 것이 많기 때문입니다. 패커에 따르면, 청교도들의 눈에 띄는 특징 가운데 하나는 이들이 성숙한 그리스도인이었다는 사실입니다. 그래서 우리에게 많은 것을 가르쳐 줄 수 있습니다. 우리는 거의 모두가 미숙한 그리스도인이기 때문입니다. 누구든 청교도 신학과 영성을 연구하는 사람은 마침내 깊은 감명과 도전을 받게 됩니다. 패커에 따르면, 이 사람들은 영적 거인이었지만 우리는 난쟁이일 뿐입니다.

청교도들은 대체로 교육 수준이 높았습니다. 청교도 목사들은 첫째가는 학자였으면서도, 학문이 아닌 경건을 강조했습니다. 이들은 설교할 때 먼저 성경 본문의 정확한 뜻을 설명하고, 그 안에 담긴 교리를 분명하게 진술하려고 했습니다. 하지만 거기서 멈추지 않고, 여러 적용점을 나열하면서 본문에 담긴 속뜻과 본문이 가르치는 특정한 교리를 끌어냈습니다. 이들은 그저 성경 강해만을 강조하고, 성경 강해에서만 뛰어난 것이 아니었습니다. 특별히 하나님 말씀의 적용을 강조했고, 하나님 말씀을 적용하는 데서 뛰어났습니다. 달리 말하면, 청교도들은 머리로 아는 지식에만 관심 있었던 것이 아니라, 특별히 손으로 하는 행동(경건한 삶)을 낳는 가슴으로 아는 지식을 겨냥했습니다. 청교도들은 뛰어난 실천의 사람들이었습니다.

무엇을 배울 것인가

그렇다면 우리는 청교도들에게 무엇을 배울 수 있습니까? 많은 것을 나열할 수 있겠지만, 패커가 말한 것에서 다섯 가지만 꼽겠습니다.

첫째, 우리는 청교도들에게 일상생활을 어떻게 통합하는지 배울 수 있습니다. 청교도들에게 신앙은 모든 것을 아우르는 것이었습니다. 청교도들의 삶은 한결같았고, 요즘 말로 하면 통전적이었습니다. 청교도들은 일이든 여가든, 의무든 오락이든, 하나님의 영광이라는 단 한 가지 목적으로 모든 일을 통합했습니다. 이들은 하나님이 주신 모든 선물의 가치를 알아보았고, 모든 것을 '여호와께 성결'하게 했습니다. 청교도들에게는 거룩함과 속됨의 괴리가 없었습니다. 이들이 보기에 모든 피조물이 거룩했습니다. 그러니까 사람의 모든 행동 또한 거룩해야 했고, 하나님께 영광이 되어야 했습니다.

이것은 우리에게 자주 그러는 것과 달리 그냥 구호가 아니었습니다. 청교도들은 큰 열정과 철저함으로 하나님의 영광을 위해 살려고 애쓰면서도, 아주 균형이 있었습니다. 청교도들은 시간 계획을 신중히 짰는데, 나쁜 것들이 못 들어오게 하려고 그랬다기보다는 좋고 중요한 것들이 모두 들어왔는지 확인하려고 그랬습니다. 우리는 청교도들이 우선순위를 바로 세웠다고 말했을 것입니다. 청교도들에게 본받을 점이 얼마나 많습니까! 우리는 눈코 뜰 새 없이 바쁘고 한시도 정신을 못 차릴 만큼 계획 없이 사는 경향이 있습니다.

둘째, 우리는 청교도들에게서 수준 높은 영적 체험에 대해 배울 수 있습니다. 청교도들에게 가장 중요한 것은 예수 그리스도 안에서 하나님과 누리는 교제였고, 유일한 규범은 성경이었습니다. 청교도들은 자신들이 생각과 감정과 의지가 있는 피조물임을 알았고, 하나님께서 머리를 거쳐 가슴으로 자신의 뜻을 전해 주심을 깨달았기 때문에, 삶에 적용되는 것으로서 성경 진리의 전체 범위를 깊이 묵상했습니다. 청교도들은 이런 묵상 가운데 죄를 미워하고 의를 사랑하는 마음을 불러일으키고, 성경의 약속으로 스스로를 북돋우면서 자기 마음을 살피고 도전했습니다.

청교도들은 죄악 된 마음의 부정직과 속임을 매우 잘 알았기 때문에, 영혼의 맹점과 숨겨진 내면의 악을 찾으려고 자신을 꼬박꼬박 살피며 겸손과 자기 의심을 길렀습니다. 오늘날 사람들은 이런 행위를 보고 자기 영혼의 상태에 대해 쓸데없는 의심을 일으킨다며 재각 병적 자기 성찰이라고 할 것입니다. 하지만 청교도들은 자기를 반성하는 훈련에 이어, 죄를 자백하고 버리며, 용서하시는 자비를 위해 그리스도께 온 마음을 쏟는 훈련이 뒤따름을 알았습니다. 이것은 내면의 큰 평안과 기쁨의 근원이 되는 일이었습니다. 우리는 자꾸 흐릿한 생각과 걷잡을 수 없는 감정과 쉽게 흔들리는 의지로 하나님을 섬기기 때문에, 여기서도 청교도들의 본에서 엄청난 유익을 얻을 수 있습니다.

셋째, 우리는 청교도들에게 어떻게 그리스도인으로 영향력 있고 덕이 되는 행동을 할지 배울 수 있습니다. 청교도들은 성경 연구와 묵상과 기도에만 빠져 있는 사람들이 아니라, 결단력 있는 행동가였습니다. 하지만 패커에 따르면, 자기 의존이라고는 털끝만큼도 모르는 운동가였습니다. "청교도들은 자기 안에서 자기를 통해 일하시는 하나님만 의지하고, 삶을 되돌아볼 때 자기가 뭔가 옳아 보이는 일을 했다면 그 일에 대해 언제나 하나님께만 찬송을 돌린 하나님의 일꾼이었습니다." 청교도들은 자기의 능력을 쓸 때 자기를 드러내지 않고 하나님을 찬송할 수 있게 해달라고 하나님께 간절히 기도했습니다. 이들은 조용하고 평화로운 삶을 더 좋아했지만, 교회와 국가에서 변화가 필요한 곳은 어디든 싸우고 변화를 일으킬 준비가 되어 있었습니다.

우리는 여기서도 청교도들에게 배울 수 있습니다. 서구 그리스도인들은 대체로 열정이 없고 소극적이며, 기도조차 하지 않는 경우도 얼마나 많은지 모릅니다. 우리는 차츰 경건한 척이라는 고치로 개인의 경건을 칭칭 둘러싸며 빈민가 사고방식을 키웠습니다. 우리는 사회 문제가 어떻게 되든 신경 쓰지 않고, 우리가 속한 기독교 집단 너머에는 영향력 미치기를 기대하지도, 구하지도 않습니다. 청교도들은 순결한 교회만 아니라 거룩한 국가를 위해서도 기도하고 일했습니다. 하지만 현대 그리스도인은 사회에서 지극히 평범한 존경을 얻는 데 만족할 뿐, 더 큰 열망이 없어 보입니다.

넷째, 청교도들은 가정의 안정에 대해 한두 가지 가르침을 줄 수 있습니다. 영어권 국가에서 청교도들이 기독교 가정을 만들었다고 해도 지나친 말이 아닙니다. 청교도들에게 결혼을 준비하는 바른 길은 바로 지금 뜨겁게 사랑하는 짝을 찾는 것이 아니라, 가장 좋은 친구로 평생 한결같이 사랑할 수 있는 짝을 찾은 다음, 하나님의 도우심으로 실제로 그렇게 사는 것이었습니다. 청교도들은 자녀 양육이란 자녀들이 마땅히 가야할 길로 가도록 훈련하고, 자녀들의 몸과 영혼을 함께 돌보고, 사려 깊고 경건하고 사회에 도움이 되는 삶을 살도록 교육하는 것이라고 생각했습니다.

청교도들은 오래 참음과 한결같음, 격려하는 태도를 가정 윤리의 본질로 여겼습니다. 날마다 불편한 일투성이에, 치료제는 적고 진통제도 없고, 자주 사별하고, 평균 기대수명이 서른이 채 못 되고, 거의 모든 사람이 가난하게 살던 시대에, 가정생활은 어느 모로 보나 성품을 기르는 학교였습니다. 청교도들은 집에서 성숙하게 행동했습니다. 이들은 어려움과 낙심거리를 실제로 하나님에게서 온 것으로 받아들이고 어떤 일로도 용기를 잃지 않았습니다. 청교도들은 가정을 작은 교회로 만드는 것을 삶의 주된 임무로 여겼습니다. 그래서 가정에 태어난 아이가 하나님께로 다시 태어나는 것을 보려고 최선을 다했습니다.

청교도들은 여기서도 가정생활이 그리스도인들 사이에서조차 그 존재 자체가 위협받기까지 나빠진 현세대에 많은 것을 가르쳐 줍니다.

다섯째, 교회 갱신에 대한 청교도들의 이상에서 배울 교훈이 있습니다. 여기서 주의할 점은, 청교도들이 오늘날 의미에서 '갱신'이란 말을 쓰지 않았다는 사실입니다. 청교도들은 그 대신 '개혁'이나 '개혁하다'는 말을 썼습니다. 우리에게 개혁이란 말은 무엇보다 교회의 교리나 정치나 예배 같은 외적 개혁을 암시합니다. 하지만 청교도들은 개혁이란 말로 그 이상을 뜻했습니다. 이 말속에 내적이고 영적인 갱신의 개념도 담았습니다. 사실 이것이 교회를 개혁하는 진짜 목적이었습니다. 청교도들에게 개혁의 본질은 믿는 사람이 믿음 안에서 자라고 거룩하게 되며, 구원받지 못한 사람이 돌이키는 것이었습니다. 청교도들이 꿈꾼 교회는 참으로 개혁된 목회를 하는 교회, 회중이 철저히 돌이키고, 교리에서 정통이고, 선행이 넘치는 교회였습니다. 청교도들의 목회 사역은 우리가 지금 살펴보고 있는 그 시대 내내 이 목표를 겨냥했습니다.

청교도들은 참되게 회심한 목사가 성실하게 설교하고, 교리문답을 가르치고, 신령한 권고를 함으로만 이런 개혁이 올 수 있다고 믿었습니다. 우리는 리처드 백스터의 유명한 『개혁된 목사』The Reformed Pastor[44]에서, 이런 목사의 표본을 볼 수 있습니다. 여기서 개혁된 목사란 개인의 삶과 목회가 철저히 성경으로 빚어지고, 자신의 양 떼를 그리스도를 향한 깊고 변함없는 사랑으로 인도하려는 목사를 말합니다. 이런 사랑은 거룩한 삶으로 그 모습을 드러냅니다.

백스터 자신이 이런 경건하고 헌신하는 목사의 가장 좋은 보기였습니다. 이천 명쯤 사는 키더민스터라는 작은 도시에서 백스터의 사역은 남달리 복을 받았습니다. 백스터는 이렇게 증언합니다. "제가 키더민

---

44) 옮긴이—우리말로는 『참 목자상』(생명의말씀사), 『참된 목자』(크리스챤다이제스트)로 옮겨졌다.

스터에 왔을 때, 도시 안에서 볼 수 있는 참된 신자는 손에 꼽을 정도로 적었습니다. 이제 이십 년이 흘렀고, 자기 영혼을 걱정하지 않는 사람이 거의 남지 않았습니다."

더 많은 것을 이야기할 수 있겠지만, 왜 아직도 청교도를 공부할 가치가 있는지 제가 작은 실마리라도 드렸기를 바랍니다.

청교도 시대

종교개혁 시기

청교도 시대란 1550년대부터 1690년대까지 150년 정도의 기간을 말합니다. 청교도 시대가 오게 된 역사의 맥락을 알려면, 잉글랜드 종교개혁을 간단히 살펴봐야 합니다. 잉글랜드 종교개혁은 네덜란드와 스코틀랜드 종교개혁과는 달리 끝내 완성되지 못했고, 성공회라고 하는 타협으로 마무리되었습니다. 청교도주의는 가톨릭주의와 칼빈주의의 타협 또는 중도합의로 나왔다고 할 수 있습니다.

잉글랜드 종교개혁은 또한 가장 잉글랜드다웠다는 점에서 달랐습니다. 제 말은 잉글랜드 종교개혁이 그 발전 과정에서 분명히 루터와 칼빈한테 영향을 받았는데도, 그저 독일이나 제네바에서 들여온 것이 아니었다는 뜻입니다. 잉글랜드 종교개혁은 14세기에 일어난 한 운동에서 발전했기 때문에 잉글랜드 종교개혁만의 특징이 있었습니다. 우리는 이 운동이 모두 '종교개혁의 샛별'이라고 하는 존 위클리프John Wycliffe(1320-1384년)와 함께 시작되었다고 말할 수 있습니다.

위클리프와 그 제자들인 롤라드파는 루터가 태어나기 오래전에 로마 가톨릭의 오류와 관행을 알고 그에 맞서 저항했고, 역사에 흔적을 남겼습니다. 옥스퍼드 대학교의 교수였던 위클리프는 교회가 부와 정권으로 부패했기 때문에, 철저한 개혁이 필요하다고 공공연히 말했습니다. 교회가 사도 시대의 가난함과 소박함으로 돌아가야 한다고 말했습니다. 심지어 교황보고 적그리스도라고 했고, 교황의 권위나 교회가 아니라 성경만이 신앙의 규범이어야 한다고 선언했습니다.

하지만 성경은 라틴어로 쓰여 있어서 일반 사람이 쉽게 접할 수 없었습니다. 그래서 위클리프는 성경을 영어로 옮겼습니다. 위클리프를 따르는 사람들이 위클리프의 가르침과 새로 번역된 성경을 잉글랜드 곳곳에 실어 날랐습니다. 가톨릭 교회는 당연히 이 개혁 운동에 반대했고, 위클리프의 입을 막으려고 갖은 애를 썼습니다. 하지만 대체로 위클리프의 뒤를 받쳐 주는 사람이 많았습니다. 그 가운데 아주 힘 있는 귀족들이 몇 있었고, 이들의 보호로 위클리프는 박해자들의 손에 넘어가지 않았습니다. 그래서 좋은 일을 많이 할 수 있었고, 1384년에 평온히 삶을 마쳤습니다.

위클리프의 가르침은 롤라드파를 통해 잉글랜드 곳곳에 꾸준히 퍼져나갔습니다. 가톨릭의 반대도 계속되었고, 시간이 갈수록 거세졌습니다. 그리고 마침내 주교들은 롤라드파를 불태워야 할 이단으로 정죄하는 법을 통과시키는 데 성공했습니다. 많은 롤라드파 사람이 불에 타 죽었지만, 이들의 가르침은 불사를 수 없었습니다. 종교개혁이 일어날 즈음에도 위클리프의 가르침은 여전히 비밀리에 남아 있었습니다. 이처럼 잉글랜드의 땅은 기름졌고, 복음의 씨를 받을 준비가 되어 있었습니다.

어떤 역사가들은 잉글랜드 종교개혁이 주로 정치와 관련된 일이었다고 주장하는데, 이것은 사실이 아닙니다. 이들은 잉글랜드 종교개혁이 잉글랜드 왕인 헨리 8세King Henry Ⅷ가 자기 아내 캐서린Catherine of Aragon과 이혼하는 문제로 로마 가톨릭과 부딪치는 데서 시작되었다고 주장합니다. 물론 이 추악한 사건 전체는 잉글랜드 종교개혁이 발전하는 데 중요한 구실을 했지만, 헨리 왕의 결혼 문제가 이 종교개혁의 주된 원인이었다고 말하는 것은 정확한 말이 아닙니다. 주된 원인은 하나님의 말씀과 은혜의 복음에 대한 수많은 잉글랜드 사람들의 굶주림이었습니다.

헨리 8세가 다스리던 초기(약 1511-1514년)에, 위대한 네덜란드 학자이며 인문주의자인 에라스뮈스는 케임브리지 대학교에서 강의했고, 잉글랜드에서 많은 친구를 사귀었습니다. 에라스뮈스는 헬라어 신약성경을 라틴어로 새로 옮겨 펴냈는데, 이것은 로마 교회를 비판한 에라스뮈스의 다른 글들과 함께 어디에서나 학자들 사이에 큰 관심을 불러일으켰습니다. 몇 년 뒤 비텐베르크에서 루터의 용감한 저항이 있었고, 그 뒤로 루터의 글이 유럽 곳곳으로 퍼져 나가 잉글랜드의 두 대학(케임브리지와 옥스퍼드)에까지 이르렀습니다. 마침내 많은 학생이 루터의 교리를 받아들였습니다.

이 학생들 가운데 윌리엄 틴들William Tyndale이 있었습니다. 처음에는 에라스뮈스에게, 그 뒤로는 루터와 츠빙글리Huldrych Zwingli에게 영향을 받은 틴들은 이 위대한 두 개혁자가 내놓은 진리(특별히 하나님의 말씀만을 신앙과 삶의 규범으로 강조한 것)를 철저히 확신하게 되었습니다. 틴들은 종교개혁 운동을 촉진하는 가장 효과 있는 길은 일반 사람이 성경을 자기 나라 말로 읽을 수 있게 하는 것임을 깨달았습니다. 위클리프의 번역본이 있었지만, 아주 적은 사본만 남아 있었고, 두 세기가 지나는 동안 영어가 많이 바뀌어서 새로운 번역본이 필요하게 되었습니다.

틴들은 독일에서 신약성경을 영어로 새로 옮겨 펴냈습니다. 1525년이었습니다. 틴들은 위클리프처럼 라틴어 성경인 불가타에서 번역하지 않고, 헬라어 원문에서 아주 훌륭하게 번역해 냈습니다. 초판은 육천 부를 찍었고, 그 뒤로 판을 일곱 번 더 찍었습니다. 그리고 나서 구약성경의 일부를 번역했습니다. 틴들은 극심한 핍박을 무릅쓰고 번역 일을 했습니다. 마침내 틴들은 버림받았고, 잡혀가 사형 선고를 받았습니다. 틴들은 1536년 10월 6일에 벨기에 브뤼셀 시 가까이에서 순교했습니다. 하지만 틴들의 영향력은 계속되었고, 틴들이 번역한 성경은 잉글랜드 종교개혁 운동이 발전하는 데 크게 이바지했습니다.

다음으로 헨리 8세가 잉글랜드 종교개혁에서 한 일을 보겠습니다. 헨리 8세가 한 일은 꽤 복잡합니다. 어떤 면에서는 잉글랜드 개신교 운동을 촉진했다고 할 수 있지만, 이 운동을 방해했다고 주장할 수도 있습니다. 헨리 8세는 분명 줄곧 가톨릭교도였고, 개혁 신앙의 철천지원수였습니다. 고등 교육을 받았고, 재능 있는 평신도 신학자였던 헨리 8세는 루터의 가르침에 반대하는 책을 썼고, 그 보답으로 교황 레오 10세Leo X에게 '신앙의 수호자'라는 칭호를 얻었습니다.

헨리 8세는 유별난 사랑을 한 것으로 알려져 있습니다. 비록 한꺼번에 맞아들인 것은 아니지만 헨리에게는 아내가 여섯이나 있었습니다. 이 모든 일은 스페인 아라곤에서 온 캐서린과 함께 시작되었습니다. 교황은 캐서린의 첫 번째 남편이자 헨리의 형인 아서Arthur가 죽자, 헨리와 이 여인의 결혼을 허락해 주었습니다. 하지만 헨리는 캐서린이 자신을 계승할 살아 있는 아들을 주지 못하자(두 아들은 아주 어려서 죽었습니다) 캐서린을 향한 사랑이 식었고, 다른 교황에게 결혼을 물러 달라고 요청했습니다. 헨리는 성경이 형제의 아내와 결혼하지 말라고 했기 때문에(레 20:21), 먼젓번 교황이 자신과 캐서린의 결혼을 절대로 허락하지 말았어야 한다고 주장했습니다. 그러면서 자신은 진정한 의미에서 캐서린과 결혼한 적이 없다고 우겼고(사실 헨리는 그동안 내내 동거한 것입니다!), 그래서 다른 사람과 결혼할 자유가 있다고 느꼈습니다.

교황 클레멘스 7세Clement VII는 이 요구를 들어줄 생각이 없었습니다.

교황은 헨리에게 실제로 안 된다고 하지는 않았지만, 할 수 있는 한 협상을 미뤘고 헨리에게 유리한 결정을 내려 줄 마음이 없었습니다. 클레멘스가 시간을 끈 것은 정치 때문이었습니다. 황제 카를 5세Charles V가 캐서린의 조카였고, 교황은 그를 언짢게 할 처지가 아니었습니다. 카를은 그 시대에 가장 강력한 군주였습니다. 헨리 왕은 괜히 씩씩대며 기다린 셈입니다. 헨리는 캐서린의 시녀인 앤 불린Anne Boleyn과 결혼하고 싶어했고, 마침내 될 대로 되라는 심정으로 교황과 교회와 갈라섰습니다. 헨리는 교황의 승인 없이 토머스 크랜머Thomas Cranmer를 캔터베리 대주교로 임명했습니다. 크랜머는 하나님의 율법에 따르면 자신이 캐서린과 결혼한 적이 없다는 헨리의 주장을 기꺼이 받아들였고, 헨리와 앤의 결혼을 찬성했습니다. 그러고 나서 헨리 왕은 의회를 설득해 수장령(1534년)을 통과시켰고, 자신이 잉글랜드 교회의 머리라고 선언했습니다. 이것으로 교회와 국가의 새로운 배열이 법이 되었습니다.

헨리는 참된 개신교인이 된 적이 없지만, 자기도 모르게 개신교 운동을 촉진했습니다. 이를테면, 크랜머 대주교와 크롬웰Thomas Cromwell 수석 장관의 조언을 따라 일반 사람이 성경을 읽을 수 있게 했습니다. 1538년에 헨리 왕은 나라 안에 있는 모든 교구 교회에 영어 성경을 한 권씩 놓으라고 명령했습니다. 교회는 사람들이 이 성경을 접할 수 있도록 사람들에게 편리한 시간대에 언제나 열려 있어야 했습니다. 이 칙령은 하나님께서 자기 백성의 기도에 응답하심을 가장 놀랍고 뚜렷하게 보여 줍니다. 두 해 전 화형대에서 죽어 가던 윌리엄 틴들은 "주여, 잉글랜드 왕의 눈을 열어 주소서" 하고 기도했고, 이 기도는 문자 그대로 이루어졌습니다.

헨리 왕은 또한 기도서를 소개했고, 이른바 10개 신조를 펴냈습니다. 거기서 이제 자신이 수장인 교회가 어떤 교리를 가르쳐야 하는지 밝혀 놓았습니다. 이 교리 선언은 로마 가톨릭과 개신교 가르침의 절충안으로 만들어졌습니다. 성례는 일곱 개가 아닌 세 개여야 했습니다. 형상과 유물이 허락되었지만, 이런 것들을 너무 우러러보면 쉽게 미신에 빠질 수 있다는 경고가 붙었습니다. 칭의에 대해 어슴푸레하고 아리송한 진술이 들어갔습니다. 그 뒤로 1539년에 발표한 6개 신조에서 헨리는 화체설과 7성례와 성직자의 독신을 주장함으로 가톨릭에 더 가까운 태도로 돌아섰습니다.

1547년까지 다섯 명의 아내가 헨리를 거쳐 갔습니다(둘과는 이혼하고 둘은 목을 베었습니다). 헨리의 남자 계승자는 제인 시모어Jane Seymour에게서 얻은 에드워드Edward Ⅵ 하나밖에 없었습니다. 시모어는 아이를 낳다 죽었습니다. 헨리에게서 살아남은 사람은 마지막 아내뿐입니다. 우리는 헨리의 결혼에서 헨리의 극심한 이기주의와 자신의 사욕과 정치욕에 맞게 양심을 재단하는 헨리의 능력을 확인할 수 있습니다. 헨리가 다스리는 동안 일어난 개혁은 헨리의 행동 덕분에 일어났다기보다, 헨리의 행동에도 불구하고 일어난 것이었습니다.

에드워드는 자기 아버지가 죽을 때 겨우 아홉 살이었습니다. 이 소년은 정식으로 왕이 되었지만, 그가 왕으로 있던 짧은 기간에 실제로 나라를 다스린 것은 섭정들이었습니다. 섭정 기간은 육 년 동안 이어졌고, 그 사이 종교개혁이 급속도로 발전했습니다. 이때쯤 벌써 진실한 츠빙글리파 교도였던 크랜머는 대륙에서 온 개혁자들을 반갑게 맞아들였고, 섭정들과 힘을 합쳐 교회의 성상들을 없앴으며, 로마 가톨릭의 미사 경본(예배서)을 영어로 된 기도서로 바꾸었습니다. 사실은 이런 기도서가 두 권 나왔는데, 하나는 1549년에, 다른 하나는 1552년에 나왔습니다. 앞의 책은 여전히 로마 가톨릭의 어법을 어느 정도 유지했지만, 개신교의 가르침이 더 확고하게 세워짐에 따라, 1552년에 42개 신조가 담긴 제2공동기도서로 교체되었습니다. 그 뒤로 이 42개 신조는 39개로 줄었고, 잉글랜드 교회에서 오늘날까지도 쓰고 있습니다. 1553년에 에드워드는 열여섯 살의 어린 나이로 죽었습니다. 에드워드와 함께 적어도 잠깐 동안은 종교개혁도 죽었습니다. 배다른 누나, 곧 캐서린(헨리 8세의 첫째 부인)의 딸 메리가 에드워드의 뒤를 이었습니다. 메리는 열렬한 가톨릭 신자였고, 자신의 왕국에 가톨릭 신앙을 회복하기로 마음먹었습니다. 다행히 메리의 통치 기간은 5년밖에 안 되었지만, 메리가 다스리는 이 짧은 기간에 잉글랜드 종교개혁은 엄청난 차질을 빚었습니다. 교황의 권위를 되돌려 놓은 폐지령(1554년)으로 시작해, 모든 개신교인은 진정한 공포의 통치를 맛보았습니다. 이것으로 메리는 피의 메리라는 이름을 얻었습니다. 남녀 할 것 없이 삼백 명이 순교했고, 많은 개신교인이 '메리의 망명자들'로 대륙으로 도망갔습니다. 메리에게 처형당한 사람들 가운데 대주교 크랜머도 있었습니다.

서글프게도 거의 모든 성직자가 에드워드에게 그랬듯이 메리에게도 쉽게 순응했습니다. 그 뒤로 엘리자베스 1세Elizabeth I 통치 아래 이들의 충성심은 다시 바뀌었습니다.

엘리자베스 1세

엘리자베스는 메리의 배다른 여동생이었습니다. 엘리자베스는 1558년에 잉글랜드의 여왕이 되었습니다. 엘리자베스가 다스린 긴 시간 동안(엘리자베스는 1603년에 죽었습니다), 개신교는 잉글랜드의 국교가 되었습니다. 타협의 흔적이 뚜렷한 형태의 개신교였습니다. 엘리자베스의 감독 아래 나타난 성공회는 가톨릭과 개신교의 중간에 자리했고, 언제나 그 자리를 지켰습니다.

엘리자베스가 왕위에 오르자 모든 개신교인이 기뻐했지만, 크랜머와 틴들과 같이 철저한 개혁교회를 갈망하고, 교리와 예배와 실천의 모든 면에서 신약성경의 본을 따른 참된 개신교인들보다 더 소망에 찬 사람들은 없었습니다. 엘리자베스는 왕위에 오르고 얼마 안 있어 새로운 수장령을 통과시켰고(1559년), 이것으로 정부는 두 번째이자 이제 영원히 잉글랜드 교회에 대한 교황의 모든 권위를 거부했습니다. 그러고 나서 엘리자베스는 에드워드 6세의 제2공동기도서를 다시 들여왔고, 1563년에는 39개 신조도 받아들였습니다. 39개 신조는 성공회가 믿는 바를 공식화한 것인데, 개신교와 가톨릭의 중도를 취했지만, 기본 관점은 개신교였고 심지어 칼빈주의였습니다. 엘리자베스는 이것을 국교회의 규범으로 삼았고, 이의를 제기하는 성직자는 누구나 바로 면직되었습니다.

엘리자베스표 개신교는 로마 가톨릭의 극심한 반대를 불러일으켰습니다. 1570년, 교황은 엘리자베스를 파문했고, 반란을 일으키라고 엘리자베스의 신하들을 다그쳤습니다. 교황은 사람들을 가톨릭으로 개종시키고 불만을 조장하려고 예수회를 잉글랜드로 보냈습니다. 피의 메리의 남편인 펠리페 2세Felipe II는 잉글랜드를 쳐들어가 정복하려고 무적함대를 보냈지만, 잉글랜드 연안에 몰아친 거센 폭풍으로 거의 모든 배가 완전히 박살나 버렸습니다.

이 위험한 반대에 응하여, 엘리자베스는 잉글랜드에 있는 가톨릭교도를 더욱 엄격히 규제했습니다. 집에서 드리는 개인 예배는 허락했지만, 모든 반역 행위를 단호히 처리했습니다. 엘리자베스가 다스린 45년 동안 220명 정도가 반역자로 처형당했습니다.

엘리자베스는 여러모로 지혜롭고 인자한 여왕이었습니다. 하지만 엘리자베스 왕국에 있는 많은 개신교인은 엘리자베스가 못마땅했습니다. 잉글랜드 교회를 충분히 개혁하지 않는다고 생각했기 때문입니다. 여기서 청교도들이 역사의 무대에 들어옵니다. 소란을 피우기 시작하면서 이런 이름을 얻게 된 청교도들은 대륙의 칼빈주의에 영향을 받았습니다. '메리의 망명자들'은 제네바와 스트라스부르와 프랑크푸르트 같은 곳에서 성경의 처방에 따라 조직된 개혁교회가 로마 가톨릭의 오류와 남용을 모두 제거하고 하나님께 대한 순결한 예배를 회복한 것을 봤고, 망명 생활이 끝나고 나서도 이것이 이들의 마음속 깊이 새겨져 있었습니다.

그래서 이 청교도들은 자신들의 나라에서 비슷한 종교개혁을 하려고 했습니다. 이들은 목사 예복, 기도서, 감독 정치 같은 가톨릭 교회의 자취를 없애면서 잉글랜드 교회를 안쪽부터 깨끗하게 하기를 바랐습니다. 또 예배를 단순하게 하고, 제네바와 다른 곳에 있는 개혁교회에 견줄 만한 장로회 조직을 만들고 싶어했습니다.

하지만 엘리자베스는 이 일에 찬성하지 않았습니다. 엘리자베스는 교회와 나라의 평화를 위해, 자신이 로마 가톨릭의 교조주의와 극단주의를 저항했듯이 자신이 느낀바 청교도들의 교조주의와 극단주의도 저항해야 한다고 믿었습니다.

제임스 1세

엘리자베스는 1603년에 죽었고, 스코틀랜드 왕인 제임스 1세James I가 그 뒤를 이었습니다. 제임스 1세와 그 아들 찰스 1세Charles I의 통치 아래, 청교도들은 1640년 무렵 자신들의 군주에 맞서 무기를 들기 전까지 잉글랜드 사회에서 강한 세력이 되었습니다. 제임스는 절대 군주론자였습니다. 제임스는 왕의 신성한 권리를 믿었고, 자기가 하나님께만 책임이 있지, 백성들에게나 의회에까지도 아무런 책임이 없다고 주장했습니다. 설상가상으로 제임스는 청교도들을 순응하게 만들거나 잉글랜드 밖으로 내쫓겠다며 청교도 반대 운동을 펼쳤습니다. 제임스는 잉글랜드 교회가 칼빈주의나 장로교 노선을 따라 조직된다면 통제하기 힘들 것임을 알았습니다. 이 반대 운동으로 많은 청교도 성직자가 목사직을 잃었습니다. 나라를 떠난 사람도 많았는데, 어떤 사람들은 네덜란드로 갔다가 그 뒤로 아메리카로 건너갔고, 어떤 사람들은 바로 신세계(아메리카)로 건너갔습니다. 하지만 청교도 운동은 폭넓은 지지를 얻었고, 제임스는 이에 크게 놀랐습니다. 의회의 많은 회원(특별히 사업계층)이 왕의 행동에 잔뜩 화가 났고, 결국 제임스의 잦은 사치 행위에 필요한 자금을 대주지 않기로 가결했습니다. 청교도나 청교도가 아닌 사람들이나 모두 한마음으로 제임스의 신권 군주제에 거세게 맞섰습니다.

공위 기간

제임스의 아들 찰스 1세는 자기 아버지의 청교도 반대 정책을 이어 갔고, 청교도들을 훨씬 괴롭혔습니다. 찰스의 행동도 군주제에 대한 사람들의 반대를 부추겼을 뿐입니다. 스코틀랜드의 왕이기도 했던 찰스와 대주교 로드William Laud는 스코틀랜드 장로교도들에게 성공회 기도서를 강요하려고 했는데, 완전히 바보 같은 짓이었습니다. 이 일로 온순한 칼빈주의자들이 반란을 일으키게 되었고, 잉글랜드의 청교도 분파를 지지하게 되었습니다. 이 경솔한 종교 정책과 의회 없이 잉글랜드를 다스리려는 찰스의 노력으로 급기야 일이 터지고 말았습니다. 돈이 절실했던 찰스가 마침내 의회를 불러 모을 수밖에 없었을 때, 찰스는 자신이 철저한 반역을 감당해야 한다는 사실을 알게 되었습니다. 청교도들과 다른 불평분자들은 이 반역으로 찰스를 물리칠 수 있었습니다(1649년에 마침내 찰스의 목을 베었습니다).

이것으로 청교도들에게 길이 열렸습니다. 청교도 의회는 잉글랜드에서 감독 제도를 없애고, 장로교 노선을 따라 교회를 다시 일으켜 세우기 시작했습니다. 이때 작은 저항에 부딪쳤지만, 찰스의 정책은 너무 인기가 없었습니다. 이 개혁을 더욱 진전하려고 웨스트민스터 총회(1643-1649년)를 소집했고, 여기서 장로교회의 기초 문서인 웨스트민스터 신앙고백, 대교리문답, 소교리문답을 만들었습니다.

얄궂게도 바로 이 시점에 잉글랜드 군인이자 독립파 청교도인 올리버 크롬웰Oliver Cromwell(1599-1658년)이 나라의 지배권을 얻었습니다. 크롬웰은 장로교회를 국교회로 세우기를 거부했고, 그 대신 성공회와 가톨릭에 제재를 가하면서 여러 청교도 교회에 관용을 제안했습니다. 국립장로교회가 성공회만큼 너그럽지 못할까 봐 두려워한 많은 사람이 크롬웰의 견해를 지지했습니다.

쇠퇴와 부흥의 시기

크롬웰이 죽고 나서 도덕을 규제하려는 크롬웰의 노력과 불안정한 종교에 지친 잉글랜드 사람들은 다시 군주제로 돌아갔습니다. 찰스 2세 Charles II가 왕위에 오르자, 성공회는 다시 잉글랜드 국교회가 되었습니다. 이 왕정복고기를 지나면서, 청교도주의는 그 영향력을 크게 잃었습니다. 1662년에 이천 명의 청교도 목사가 국교회의 종교정책을 따르지 않기로 해 목사직을 빼앗겼고, 이 대방출로 청교도 운동은 큰 타격을 입었습니다.

청교도주의는 웨슬리John Wesley와 휫필드George Whitefield가 이끈 복음주의 부흥에서 다른 형식과 다양한 정도로 다시 나타났습니다. 미국에서 청교도주의는 18세기를 한참 넘어서까지 줄곧 사회의 강한 세력으로 남아 있었습니다. 하지만 청교도 신학은 자취를 감춘 적이 없고, 앞으로도 감추지 않을 것입니다. 19세기에는 성공회교도인 라일과 침례교도인 스펄전, 더 최근에는 로이드존스D. Martyn Lloyd-Jones 박사 같은 사람이 현대의 청교도였습니다. 오늘날까지도 신앙과 삶에서 기본으로 청교도를 따르는 설교자와 회중이 많습니다.

청교도들의 진짜 목적

청교도 운동은 잉글랜드 교회의 철저한 개혁을 겨냥한 개혁 운동이었습니다. 국교회 안에서 시작된 청교도 운동은 청교도들이 교회의 교리와 예배와 정치에서 꼭 바뀌어야 한다고 생각한 것을 이루기 위해 정부에 탄원하는 모습을 띠기도 했습니다.

엘리자베스 여왕이 다스린 뒤 몇 년이 지나고, 자신들이 바란 철저한 개혁이 오지 않을 것이 분명해지자, 많은 청교도가 국교회를 떠나 자신들이 생각하는 참된 개혁교회를 세우기로 결심했습니다. 어떤 사람들은 장로교도가 되었고, 어떤 사람들은 회중교도가 되었으며, '모인' 교회나 침례교회를 조직한 사람들도 있었습니다. 하지만 상당수의 청교도는 잉글랜드 교회에 남아 있었고, 자기 지역 교구 안에서 있는 힘껏 필요한 개혁을 시행하면서 양 떼에게 설교하는 일에 집중하기 시작했습니다. 많은 사람이 이 일에 큰 성공을 거두었습니다. 더구나 그 주교가 개혁을 좋게 보거나 적어도 개혁을 기꺼이 용인한 청교도 성향의 목사는 회중에게 여러모로 영향을 끼칠 수 있었습니다.

청교도 목사들은 교리와 예배와 교회 정치의 개혁에도 관심이 있었지만, 영혼 구원에 더욱 관심이 많았습니다. 이들이 한 모든 일은 이런 관심에 곁딸린 것이었습니다. 패커는 "청교도주의의 핵심은 영적 부흥 운동이었다"고 말합니다.

청교도들은 독일과 네덜란드의 경건주의자들과 같은 목표를 가지고 있었습니다. 두 운동 모두 신앙의 실험과 체험을 촉진하려 애썼습니다. 이들은 그저 바른 신앙을 고백하고 건전한 교리를 지킨다고 그리스도인이 되는 것은 아니라고 믿었습니다. 참된 신자라는 증거는 도리어 하나님 은혜를 체험하고 그것이 경건한 행실로 나타나는 데 있다고 믿었습니다.

독일 경건주의는 루터파의 죽은 정통에 맞선 저항 운동으로 일어났고, 네덜란드 경건주의는 개혁교회 안의 아르미니우스주의와 형식주의 때문에 일어났습니다. 비슷한 운동이 스위스와 북유럽 국가들과 러시아에서 일어났습니다.

청교도들과 그에 상응하는 유럽 대륙의 루터파와 재세례파 사람들은 어느 정도 중요한 차이가 있었지만, 믿는 사람에게 경건의 실천 또는 실천하는 경건이 반드시 필요하다는 사실에는 서로 의견을 같이했습니다. 이와 관련해 정치체political entity로서 청교도주의와 경건에 주로 관심을 가진 청교도들을 구별하는 것이 중요합니다. 정치체로서 청교도주의는 주로 남은 '가톨릭' 제도를 없애는 데 관심이 있었습니다. 이들은 주교와 예복, 성공회 기도서에 담겨 있다고 생각한 '중세의 관습'을 거세게 비난하는 데 큰 힘을 쏟았습니다.

모든 청교도가 이런 것들을 반대한 것은 분명하지만, 더 진지하고 경건한 청교도들은 해마다 이어지는 정치 논쟁이 마음에 썩 내키지 않았습니다. 청교도 목사들은 맨 먼저 자기 양 떼의 영적인 건강을 걱정했기 때문에, 설교와 경건한 글과 상담으로 사람들의 삶에 영향을 미치려고 힘썼습니다.

영적 운동으로서 청교도주의를 이해하려면, 적어도 다른 모든 형태의 경건주의와 공통되는 네 가지 특징을 알아야 합니다.[45]

---

45) 옮긴이—Fred Ernest Stoeffler, *The Rise of Evangelical Pietism*(Leiden: E. J. Brill, 1965), pp. 13-23.

첫째, 청교도들은 기독교의 본질을 개인이 **하나님과 맺는 뜻깊은 인격 관계**에서 찾아야 한다고 믿었습니다. 청교도들이 자주 쓰는 '실험'이나 체험이란 말이 모든 것을 말해 줍니다. 이 말은 신앙이 인격의 문제이지 그저 겉으로나 형식으로 하는 고백이 아니라는 이 진지한 그리스도인들의 커다란 관심을 한눈에 보여 줍니다.

물론 청교도들은 교리의 순수함을 주장했지만, 사람들이 바른 교리를 고백하기만 하면 자기 영혼에 아무런 문제가 없다고 생각할 위험이 있다는 것도 잘 알았습니다. 이 위험은 상상 속에만 있지 않고 정말 실재하는 것이었습니다. 오늘날도 마찬가지입니다. 교회 역사는 강조점이 개인의 경건에서 종교의 외형(이를테면, 예배 개혁에 대한 집착, 지나친 정치와 사회 참여, 심지어 교리의 순수함)으로 옮겨질 때마다 신령한 삶이 쇠퇴하는 경향이 있음을 보여 줍니다. 결과는 늘 형식주의입니다. 이것이 잉글랜드 청교도들과 유럽 대륙의 경건한 형제들이 죽을 만큼 두려워했던 것입니다. 이들은 형식주의가 도덕 '무차별주의'와 종교 '무차별주의'의 전제 조건이라고 믿었습니다. 이들에게 겉모습에 온 힘을 쏟는 형식상의 기독교는 아예 기독교가 아닌 것보다 조금 나을 뿐이었습니다.

청교도주의의 두 번째 특징은 종교 **이상주의**입니다. 경건주의는 어떤 형태든 완전주의의 요소를 담고 있습니다. 청교도들은 그리스도인이 이 세상에서 완전함에 이를 수 있다고 믿는다는 뜻에서 완전주의자는 아니었습니다. 하지만 이들은 그리스도인이라면 누구나 반드시 완전함에 이르려고 애써야 한다고 믿었습니다.

청교도들은 바로 이 점에서 잉글랜드 교회와 생각이 달랐습니다. 잉글랜드 교회는 처음부터 중용과 타협을 옹호했습니다. 이것은 자주 현실에 안주하고 만족하는 태도를 낳았습니다. 이들은 청교도들만 보면 부아가 치밀었습니다. 청교도들이 너무 열광하고 지나치게 경건하다고 생각했기 때문입니다. 이들이 보기에 청교도들은 국교도들의 광교회주의와 미지근함을 아주 싫어했습니다. 청교도들에게 그리스도인의 삶이란 죄로 물든 옛 삶을 뿌리째 끊고, 그리스도 안에서 사는 새 삶과 이런 삶이 뜻하는 모든 일에 온전히 헌신한다는 뜻이었습니다. 그래서 청교도들은 설교할 때 회심과 성화 없는 기독교는 빈껍데기며, 회심과 성화 없는 신앙고백은 거짓될 뿐이라고 강조했습니다. 하나님께 받아들여지는 유일한 근거로서 그리스도의 충분한 희생 제사를 훼손하려고 그런 것이 아니었습니다. 그리스도의 의가 믿는 죄인에게 전가되는 이신칭의 교리의 중요성을 어떻게든 깎아내리길 바란 것도 아니었습니다.

오직 믿음으로 말미암아 의롭다 하심을 얻는다는 교리는 루터파와 개혁파 정통주의자들만큼 청교도들이 기뻐한 교리였습니다. 하지만 이 정통주의자들보다 청교도들이 더 강조한 것은 한결같고 거룩한 행실을 낳지 않는 한, 칭의는 의미 없다는 사실이었습니다. 청교도들은 칭의가 하나님의 법정 행위로 끝나는 것이 아니라, 사람의 체험에 들어와야 하고, 참되게 회심한 모든 사람의 체험에 실제로 들어온다고 생각했습니다.

하나님께서 일으키시는 회심의 기적은 언제나 성화의 삶으로 이어집니다. 여기서 청교도들은 초기 개혁자들을 메아리치고 있을 뿐입니다. 초기 개혁자들은 하이델베르크 교리문답에서 이렇게 가르쳤습니다. "참된 믿음으로 그리스도께 뿌리내린 사람들은 감사의 열매를 맺지 않을 수 없습니다"(24주일 64문답). "자기 피로 우리를 구속하시고 건져 주신 그리스도께서 또한 자기 성령으로 자기 형상을 따라 우리를 새롭게 하십니다"(32주일 86문답). 초기 개혁자들은 성화의 필요성을 분명히 가르쳤지만, 잇따른 세대들은 루터파든 개혁파든 성화와 거의 별개로 칭의에 초점을 맞추는 경향이 있었습니다. 아니나 다를까, 이것은 율법폐기론과 느슨한 삶으로 이어졌습니다.

청교도들은 이와 관련해 엄격한 객관성으로 기우는 정통주의의 경향이 위험하고 오해를 일으키기 쉽다고 주장했습니다. 그래서 설교와 목회 사역에서 복음의 객관적 진리만 아니라, 그리스도와 그리스도의 모든 은택을 주관적으로 차지하는 것(이것은 변화된 삶으로 증명됩니다)도 강조했습니다. 정통주의자들이 보기에 성화에 대한 이런 강조는 잘못된 것이었습니다. 이들은 이것을 신인협력설(사람이 착한 행실로 자신의 구원을 거들어야 한다는 개념)이라고 했습니다. 그리고 그리스도인으로 한결같이 살려고 애쓰는 모든 사람에게 재깍 완전주의라는 꼬리표를 갖다 붙였습니다. 하지만 청교도들은 이것을 그냥 성경이 말하는 기독교로 여겼고, 이것은 당연한 일이었습니다.

청교도 설교의 요점은 멸망에 이르는 넓은 길과 생명에 이르는 좁은 길이라는 두 갈래 길 개념이었습니다. 청교도들은 이 교리를 간절히 설교하고 믿었는데, 오늘 우리 눈에는 이것이 꽤 지나쳐 보일 수 있습니다. 게다가 17세기의 상당수 개신교인도 이 교리의 가치를 거의 알아보지 못했습니다. 당시 국교도 사이에서 인기 있었던 견해는 세례를 받고, 은혜의 방편(특별히 엘리자베스 시대 잉글랜드에서 의무였던 예배 참석)을 이용해 교회와 어느 정도 형식상의 관계를 유지하고, 교회의 신조에 나타난 진리를 대체로 믿는 사람은 누구나 그리스도인이라는 것이었습니다.

청교도들은 이런 기독교를 얄팍하고 천박하고 의미 없는 기독교라고 하면서 강렬함 넘치는 설교 기술로 이런 기독교에 맞섰습니다. 이 '복음의 위선자들'은 경건한 행실을 거의 드러내지 못했기 때문에 멸망으로 가는 길에 있다고 여겨졌습니다.

청교도주의의 세 번째 기본 특징은 **신앙의 실천**을 강조한 것이었습니다. 청교도주의는 이런 점에서도 루터파와 개혁파 정통주의와 달랐습니다. 루터파와 개혁파 정통주의는 그 강조점을 실천이 아닌 이론과 학문에 두려는 경향이 있었습니다.

청교도들은 성경과 신학이 일상의 문제에 대해 어떻게 말하는가 하는 물음에 관심이 있었습니다. 이런 강조점이 청교도들의 설교와 경건 서적에서 밝히 드러납니다. 청교도들은 먼저 성경 본문을 설명하지만, 곧이어 본문의 쓰임, 곧 실제 적용으로 나아갑니다. 청교도들도 당시 모든 개신교인과 같이 신학을 학문으로 여겼습니다. 그러나 정통주의 학자들은 신학 자체를 위해 신학을 공부하려는 경향이 있었던 반면에, 청교도들은 신학을 목적에 이르는 방편으로 보았습니다. 그 목적은 성화 또는 경건한 삶이었습니다.

특별히 윌리엄 에임스Willam Ames(1576-1633년)가 신학을 "'하나님을 위한 삶'을 다루는 학문"이라고 하면서, 이 말이 뜻하는 바를 자세히 풀어냈습니다. 에임스는 프랑스 철학자 페트뤼 라뮈Petrus Ramus한테 영향을 받았는데, 라뮈는 아리스토텔레스 스콜라 철학의 가장 큰 원수였습니다. 라뮈는 기술 측정의 학문(기술을 그 본질과 용도에 따라 정의하는 학문)을 발전시킨 것으로 잘 알려져 있습니다. 라뮈에 따르면, 모든 기술에는 본질과 용도가 있습니다. 그러니까 신학은 삶을 잘 사는 기술입니다.

네덜란드 프라네커르에서 오랫동안 신학 교수로 섬긴 에임스는 프라네커르를 라뮈파의 중심지로 만들었습니다. 에임스는 스콜라주의 신학의 주된 반대자가 되었습니다. 에임스는 신학을 '하나님을 위한 삶'을 다루는 교리라고 하면서, 이론과 실천의 엄격한 구분을 비판했고, 신학의 실용성을 강조했습니다. 또 신학자의 주교재로 성경의 중요성을 강조했고, 형이상학적 사변을 경고했습니다. "굳은 머리와 차가운 가슴을 조심하라"가 에임스의 좌우명이었습니다.

키스 스프렁거Keith Sprunger는 『박식한 학자 윌리엄 에임스』The Learned

Doctor William Ames라는 아주 재밌는 책을 썼는데, 이 책에서 이렇게 말합니다. "에임스는 학생들이 양심과 양심의 일에 대해 진지하게 생각할 수 있도록 신학을 모호하고 헷갈리고 대수롭지 않은 질문과 논쟁에서 불러내어 삶과 실천에 들여왔습니다." 따라서 청교도들의 관심은 막연히 교리에 있지 않고, 주로 윤리와 도덕에 있었습니다. 이는 청교도들의 설교와 태도가 도덕주의였다는 말이 아닙니다. 청교도들의 윤리와 도덕은 신약성경에 확고히 뿌리내리고 있었습니다. 청교도들이 과한 음주, 야한 옷, 지나친 몸치장, 잔치, 춤 같은 것들을 반대했을 때, 이들은 신약성경의 윤리를 당시 기독교에 타협 없이 바로 적용하려 했을 뿐입니다. 그리스도인이라고 고백하는 사람들은 자기 몸이 하나님의 성전이고, 자기 몸으로 하나님께 영광 돌려야 함을 기억해야 했습니다(고전 6:19-20). 육신의 일을 도모해서는 안 되었습니다(롬 13:14).

청교도주의의 네 번째 특징은 성경에 대한 철저한 복종이었습니다. 청교도들은 성경주의자라는 혐의를 받았습니다. 이런 혐의는 어느 정도 사실입니다. 청교도들은 성경이 정말 하나님의 말씀이라고 믿었고, 모든 문제를 안내하는 길잡이로서 성경만을 의존할 준비가 되어 있었습니다. 이것이 성경주의라면, 우리는 다 이런 꼬리표를 달게 받아들여야 합니다.

청교도들은 이치에 맞는 성경 해석을 고집했지만, 객관적으로 뚜렷한 말씀의 권위(청교도들은 말씀에 이런 권위가 있다고 생각했습니다)에 이성을 확실히 복종시켰습니다. 물론 우리는 이들이 본문을 문자 그대로 해석하는 이 원리를 가끔가다 도를 지나칠 정도로 이행하려는 경향이 있었음을 인정해야 합니다. 어떤 사람은 문맥을 충분히 고려하지 않아서, 특별히 구약성경의 구절들을 잘못 적용하기도 했습니다.

이것은 특별히 대륙 경건주의의 문제였는데, 이들은 신학 훈련을 받지 않은 평신도의 의견을 신학자의 의견보다 더욱 존중했습니다. 물론 이들의 생각은 하나님의 성령께서 전문 신학자들의 고문과 같은 해석 없이도 성경의 진리를 사람들의 생각과 마음에 권하실 수 있다는 것이었습니다. 정통주의 옹호자들과 고교회파 사람들에 대한 실망으로, 일반 성도들은 간증과 권면만 아니라 설교까지도 허락받았습니다. 이처럼 만인 제사장론은 또다시 단순한 교의에서 벗어나, 교회 안에서 그 영향력을 마음껏 행사하게 되었습니다.

잉글랜드 청교도들은 언제나 목사들이 수준 높은 교육을 받아야 한다고 주장했고, 이 일은 칭찬받아야 마땅합니다. 그 가운데 많은 목사가 위대한 학자였지만, 배울 만큼 배웠을 그때에도, 이들은 늘 실천과 경건에 힘썼고, 일반 사람들과 가까이 지냈습니다. 회중이 하나님을 경외함으로 행하고 구원의 기쁨을 누리는 것을 보는 것이 이들의 주된 관심사였습니다. 이들은 진짜 목사였습니다.

존 오웬: 성경에 대한 신령한 이해

청교도주의의 주된 특징 가운데 하나는 높은 성경관입니다. 청교도들에게 성경은 감동하심을 입은 하나님의 말씀이었고, 그래서 신앙과 삶의 유일한 권위였습니다. 여기서도 청교도들은 성경의 분명함과 충분함뿐 아니라, 성경의 유일한 권위와 절대 필요성을 믿은 개혁자들을 확고히 지지했습니다. 하지만 단순히 개혁자들을 따르기만 하지 않았습니다. 청교도들은 특별히 사람이 성경을 구원에 이르도록 이해할 수 있게 하시는 성령의 사역과 관련해 개혁자들을 넘어섰습니다. 모든 청교도 가운데 가장 박식한 존 오웬(1616-1683년)보다 성경론의 이런 면을 더 분명히 밝힌 사람은 없습니다.

같은 시대 사람들은 오웬을 재능 있는 복음 설교자로 여겼지만, 오웬은 주로 신학과 관련한 글 때문에 이름이 났습니다. 오웬이 남긴 가장 큰 유산은 폭넓은 주제를 다룬 어마어마한 양의 책과 논문인데, 이 작품들은 열띤 논쟁을 하면서도 경건합니다. 오웬의 작품들 가운데 가장 손꼽히는 것은 오웬의 성경 강해입니다. 이를테면, 히브리서와 시편 130편 주석이 있고, 성령의 사역, 시험과 죄 죽임을 다룬 논문이 있습니다. 우리는 이런 작품에서 오웬이 성경 진리뿐 아니라 신령한 삶의 세세한 부분까지 얼마나 놀랍게 이해하고 있는지 볼 수 있습니다.

오웬은 사역하는 내내 아르미니우스주의, 소시누스주의, 가톨릭주의에 맞서, 힘차게 개혁 신앙을 변호했습니다. 오웬에게 개혁 신앙은 단순히 건전한 교리 체계가 아니라, 죄를 죽이고 거룩함을 좇으면서 하나님의 주권적 은혜를 겸손히 의존하는 삶의 방식이었습니다.

존 오웬은 청교도 운동의 신학자였습니다. 오웬의 문체는 결코 '독자의 편의'를 봐주지 않지만, 오웬을 읽는 일에 수고를 마다하지 않는다면 넉넉한 보상을 받을 것입니다. 오웬의 글을 끈질기게 파헤치는 사람은 캐내어지기를 기다리는 진리(성경과 체험에서 나온)의 금광을 발견할 것입니다.

지금 우리의 초점은 오웬의 성경관에 있고, 특별히 그 가운데서 자주 무시당하는 '죄인이 어떻게 구원에 이르도록 하나님의 말씀을 이해하는가?' 하는 국면에 있습니다. 오웬은 먼저 하나님께서 자신의 생각을 사람의 생각에 어떻게 전달하시는지를 설명합니다. 오웬은 하나님께서 우리 영혼의 사고력 안에서, 우리 영혼의 사고력을 통해 자기 생각과 뜻을 가르쳐 주신다고 말합니다.

우리는 하나님의 형상을 지녔기 때문에, 우리의 창조주와 생각을 주고받을 수 있습니다. 따라서 하나님께서는 우리에게 낱말로 말씀하실 수 있고, 우리는 하나님께서 주신 계시의 테두리 안에서 우리의 생각으로 하나님을 이해할 수 있습니다. 패커는 오웬이 자기를 앞선 칼빈과 마찬가지로 오늘날 개혁주의권조차 휘어잡고 있는 신정통주의 신학의 비이성주의를 철저히 배격했을 기독교 이성주의자였다고 말합니다. 신정통주의 학파를 세운 칼 바르트Karl Barth에 따르면, 사람은 하나님에게서 명제로 된 진리를 받아들일 능력이 없습니다. 바꿔 말해, 하나님께서는 우리에게 낱말과 문장으로 말씀하지 않으십니다. 바르트는 도리어 우리가 늘 받아들일 수 있는 하나님께 대한 '지식'은 의사소통이 아닌 형태로 하나님과 만나는 데서 온다고 말합니다.

그러면 성경은 어떻습니까? 자, 바르트에게 성경은 이렇게 하나님과 만나는 동안 하나님의 말씀이 되는 사람의 말만을 담고 있습니다. 이 때 사람은 하나님을 체험합니다. 경외감에 압도당하고, 하나님의 임재를 깊이 자각합니다. 이런 체험을 한 구약성경의 선지자들과 신약성경의 사도들이 실제로 그것을 기록했습니다. 하지만 이들이 쓴 것은 하나님의 말씀이 아니었습니다. 이들은 하나님의 계시에 대한 자신들의 증언을 썼을 뿐입니다. 그리고 이 증언에는 오류가 있었습니다. 선지자들과 사도들도 한낱 인간으로 인간의 모든 한계를 지녔기 때문입니다.

오웬은 이런 견해를 단박에 물리치며, 하나님께서 우리에게 생각을 주셨다고 말했을 것입니다. 이 말은 하나님께서 우리에게 하나님 자신에 대해 진짜 말로 된 지식을 전해 주실 수 있다는 뜻입니다.

물론 오웬은 타락의 결과로 사람의 생각이 엄청나게 달라졌음을 알았습니다. 우리가 더는 아담과 같은 위치에 있지 않기 때문에, 우리의 생각은 하나님의 생각과 완벽하게 조화를 이루지 않습니다. 사람의 타락한 본성에 대해, 죄는 행동에만 아니라 생각에도 영향을 끼쳤습니다. 아담에게서 받은 우리의 유산 가운데 하나는, 우리가 더는 신령한 진리에 반응하지 않는다는 것입니다. 성경은 우리의 타고난 상태를 마음이 눈멀고 굳었다고 표현합니다.

타락한 사람은 하나님의 진리를 어느 정도 이해할 수 있지만, 그 진리의 신령한 뜻을 분별할 수는 없습니다. 대표가 되는 증거 본문은 고린도전서 2장 14절입니다. 바울은 "육에 속한 사람은 하나님의 성령의 일들을 받지 아니하나니 이는 그것들이 그에게는 어리석게 보임이요 또 그는 그것들을 알 수도 없나니 그러한 일은 영적으로 분별되기 때문이라"고 말합니다. 또 로마서 8장 7절에서는 "육신의 생각은 하나님과 원수가 되나니 이는 하나님의 법에 굴복하지 아니할 뿐 아니라 할 수도 없음이라"고 말합니다.

사람은 어떻게 하나님의 말씀을 찬성하고 사랑하고 순종하도록 하나님의 말씀을 이해할까요? 오웬은 이를 위해 성령님이 필요하다고 말합니다. "성령님께서만 우리 마음을 하나님의 말씀에, 하나님의 말씀을 우리 마음에 여실 수 있습니다. 하나님께서 빛을 비추셔야만, 하나님께서 선언하시는 것을 이해하고 확신하고 찬성할 수 있습니다."

패커가 보기에, 타락한 뒤로 사람의 생각이 끔찍이도 어두워지고 비뚤어졌고, 그래서 하나님의 것들이 언제든 효력 있게 전달되려면 성령님께서 설교자와 청중 안에서 반드시 똑같이 일하셔야 한다는 사실을 오웬만큼 잘 아는 청교도는 없었습니다. 오웬은 이 조명을 교회에 약속하셨다고 말합니다. 우리 구주께서는 제자들에게 성령이 오셔서 죄인들이 성경을 하나님의 감동으로 된 것으로 믿게 하시고, 이들을 모든 진리 가운데로 인도하시리라고 말씀하셨습니다(요 16:13).

오웬에 따르면, 우리가 성경을 하나님의 말씀으로 믿어야 하는 까닭은 교회가 그렇게 말하기 때문이 아니라, 성령님께서 우리 마음속에서 증언하시기 때문입니다. 로마 가톨릭은 우리가 무엇을 믿든 어머니인 교회의 권위 위에서 믿어야 한다고 가르쳤고, 아직도 그렇게 가르칩니다. 오웬은 이것을 거부합니다. 이것은 믿음이 사람의 증언에 달려 있다는 뜻일 것이기 때문입니다. 오웬이 보기에, 우리 믿음의 알맞은 토대는 신적 증언, 곧 먼저 하나님 말씀의 신성한 성격을 깨닫게 하시고, 그리스도와 구원의 길을 비롯한 다른 모든 문제에서 성경이 가르치는 모든 것을 깨닫게 하시는 성령의 증언입니다. 이 말에는 그리스도를 믿는 구원 얻는 믿음이 성경의 신적 영감을 믿는 앞선 믿음에 의존한다는 뜻이 담겨 있습니다.

여기서 이런 의문이 떠오릅니다. 오웬과 다른 청교도들은 성경을 하나님의 오류 없는 말씀으로 알고 받아들이기 전까지 그리스도를 자신의 구주로 믿을 수 없다고 가르쳤을까요? 이 물음이 오늘날 의미 있는 까닭은, 복음주의와 개혁주의 교회 안에 성경의 완전하고 충분한 영감을 부인해도 참된 그리스도인이 될 수 있다고 주장하는 사람이 많기 때문입니다.

이 물음에 답하면서 먼저 지적할 것은 오웬이 살던 때는 성경의 영감과 신빙성이 도전받지 않았다는 사실입니다. 그러니까 사람들은 그리스도인이라면 으레 성경을 하나님의 말씀으로 받아들이겠거니 생각했습니다. 오늘날에는 성경이 하나님의 말씀임을 부인하는 사람도 그리스도를 믿는다고 정당하게 주장할 수 있다고 생각하는 사람이 많지만, 우리는 오웬이 이런 견해를 아주 탐탁지 않게 여겼으리라고 확신할 수 있습니다. 오웬에게 성경이 하나님 말씀임을 부인하는 것과 그리스도를 믿는 것은 함께 있을 수 없는 것이었습니다. 오웬은 그리스도께서 오직 성경의 그리스도시니까, 그리스도를 믿으려면 반드시 그리스도에 대한 성경 말씀을 믿어야 한다고 주장했을 것입니다.

게다가 패커가 지적하다시피, 오웬은 사람이신 예수를 하나님이신 구주로 받아들이도록 죄인을 일깨우시는 성령의 사역과 사람의 기록을 하나님의 말씀으로 받아들이도록 죄인을 설득하시는 성령의 사역이 같은 것이라고 주장했을 것입니다. 다른 말로 하면, 그 마음에 예수의 신적 구주 됨에 대한 성령의 증언을 받은 사람은 모두 사실상 성경의 신적 기원에 대해 비슷한 증언을 받은 사람입니다.

오웬은 성경의 신성한 성격을 증언하시는 성령의 사역을 설명하는 데서 칼빈을 비롯한 대륙의 개혁자들을 넘어섭니다. 칼빈은 『기독교 강요』에서 성령의 증언을 성경을 믿는 근거로 보는 자신의 교리를 밝히고 있습니다. 교회의 외적 증언을 강조한 로마 가톨릭에 맞서 칼빈은 믿는 사람의 마음속에 있는 성령의 내적 증언을 강조했습니다. 하지만 칼빈은 이런 성령의 내적 증언과 일치하는 말씀에 대한 성령의 외적 증언은 크게 눈여겨보지 않았습니다. 오웬은 이런 면을 크게 눈여겨봤고, 이 부분에서 칼빈이 모자란 점을 채워 주고 있습니다. 오웬은 성경에 대한 성령의 이중 증언을 가르칩니다. 오웬은 이렇게 정의합니다.

> 여기에 성령님께서 하나님의 말씀에 이것이 하나님의 말씀이라고 주시는 증언이 있습니다……친히 성경 전체의 저자이신 성령님께서는 성경 안에서 성경으로 말미암아 성경이 하나님에게서 온 하나님의 진리임을 증언하시되, 성경에 새겨진 신적 권위와 진실성을 특성으로, 이 신적 권위와 진실성이 성경의 능력과 효력을 통해 저절로 드러나게 하심으로 증언하십니다……이런 식으로 신구약성경은 스스로 살아 계신 하나님의 말씀임을 아주 넉넉히, 걷잡을 수 없이 드러냅니다.

오웬에 따르면, 성령님께서는 세 가지 활동으로 이런 효과를 일으키십니다. 첫째, 성경에 빛의 영속성을 주십니다. 빛은 본질상 자명합니다.

오웬은 아무리 빛을 하찮게 여기고 얕봐도, 빛은 여전히 빛난다고 말합니다. 빛은 어두운 곳에 빛살과 빛줄기를 쏟으며, 스스로를 드러낼 것입니다. 이처럼 성경도 신령한 빛을 비춘다는 뜻에서 빛납니다. 우리는 하나님 보시기에 우리가 누구이며 어떤 존재인지, 그리스도가 누구시며 어떤 존재이신지, 또 우리가 어떻게 살아야 할지를 보기 시작합니다. 둘째, 성경에 신령한 효과를 낼 수 있는 능력을 주십니다. 성경은 사람의 삶을 쇄신하고 재창조함으로 그 기원이 하나님께 있음을 증명합니다(행 20:32; 고전 1:18; 히 4:12). 셋째, 성경이 하나님께서 친히 각 사람에게 하시는 말씀으로 개인의 양심에 영향을 미치게 하셔서, 사람들에게 경외하는 마음과 하나님 앞에 있다는 감각을 일깨워 주십니다.

이것이 오웬이 성경의 위엄에 대해 말할 때 뜻한 바입니다. 이처럼 성령의 외적 증언은 성령의 내적 증언으로 알게 되고 받아들이게 됩니다. 성령의 내적 증언은 어떻게 일어납니까? 오웬은 성령의 내적 증언이 다른 방법으로는 알 수 없는 사실을 계시해 주시는 내면의 음성(사적 계시)이 아니라고 말합니다. 이것은 객관적 근거 없이 안에서 치밀어 오르는 비이성적 확신도 아닙니다. 성령의 내적 증언은 오히려 마음속에 빛을 비추시는 활동으로, 영혼의 타고난 무지를 없애시고, 마음의 눈에서 수건을 벗기시고, 교만과 편견을 함께 깨뜨리시고, 신령한 사실을 이해하고 맛보게 하시는 일입니다. 오웬은 마태복음 11장 25-27절, 에베소서 1장 17-19절, 요한일서 2장 27절을 증거 구절로 언급합니다.

오웬은 이 이중 증언을 받은 사람에게 이제 성경은 일관성 있게 보인다고 말합니다. 성경은 더 이상 별개의 사항을 뒤죽박죽 섞어놓아 갈피를 못 잡게 하는 책이 아닙니다. 성경의 모든 부분이 조화와 일치 속에서, 성경의 모든 진리가 강력하고 절실하게, 모두 한데 모여 하나가 다른 하나를 증언하고 그 모두가 전체를 증언합니다. 이 문제에 대해 오웬의 글을 더 인용해 보겠습니다.

> 성령님께서는 믿는 사람에게 그 믿는 바의 능력과 실재를 영적으로 깨닫
> 게 하심으로 그들의 믿음을 크게 세우십니다……바로 이 신령한 체험 때
> 문에, 영에 속한 것을 지각하는 우리의 인식은 자주 자연에 속한 것을 확
> 신하는 방편들(이를테면 보고, 느끼고, 맛보는 것과 같은 감각 행동)로 표현
> 됩니다……성령님께서 믿는 사람에게 주시는 이 신령한 체험은 이성을 가
> 지고 논쟁할 수 있는 것이 아닙니다. 이 체험을 받은 사람이 이 체험을 온
> 전히 표현하지 못하고, 이 체험을 받지 못한 사람이 이 체험과 이 체험이
> 가진 효력(마음을 지키고 세우는)을 이해하지 못하기 때문입니다. 이 체험
> 을 결정할 수 있는 사람은 "지각을 사용함으로 연단을 받아 선악을 분별
> 하는 자들"(히 5:14)뿐입니다. 그리고 이것은 성령의 내적이고 주관적인
> 증언에 속합니다.

성령의 이 이중 증언을 어떻게 받습니까? 오웬은 말씀을 꾸준히 읽어야
하고, 특별히 성령의 가르치시는 사역이 우리 삶에 효력을 내게 해달라
고 개인마다 기도해야 한다고 강조합니다. 오웬은 성령의 가르치시는
사역을 떠나서는 하나님 말씀의 진리만 아니라 그 능력도 배울 수 없
다고 주장합니다. "겸손하고 기도하는 심령으로 오십시오. 하나님께서
자신의 말씀을 주신 목적을 겨냥해 공부하십시오. 하나님께서는 자신
을 나타내시고, 사람의 길을 인도하시고, 위로와 소망을 주시고, 믿는
사람에게 영생에 대한 확신을 주시려고 자신의 말씀을 주셨습니다."
　오웬의 성경관과 성경을 구원에 이르도록 이해하는 방법을 따르고
실천한다면, 이제 걱정스러울 정도로 여기서 벗어난 개혁교회들은 틀림
없이 배교에 빠지지 않게 될 것입니다. 성경의 저자이신 하나님의 영광

과 위엄을 본 사람이 어떻게 감히 성경의 참됨에 의문을 제기하고 성경의 권위를 제한하려고 할 수 있겠습니까? 누군가 성경이 구원이 아닌 문제에서 권위 있게 말할 수 있느냐고 묻는다면, 오웬과 다른 청교도들은 아마 깜짝 놀랄 것입니다. 하나님께서 성경을 감동하셨다면, 모든 성경이 어떤 문제를 다루든 같은 권위로 말한다는 것은 이들에겐 너무 훤한 일이었습니다.

물론 청교도들에게 성경은 가장 먼저 종교의 진리를 시험하는 권위 있는 기준이었습니다. 성경은 '모든 교리를 시험하는 시금석이며, 모든 종교 문제와 종교 논쟁의 재판관이자 결정자'였습니다.

그런 다음 청교도들은 성경의 권위를 도덕의 문제까지 넓혔습니다. 이들은 성경이 '우리의 모든 행동을 통제하기에 충분하다'고 봤고, '율법의 완벽한 체계나 틀로서 사람의 모든 도덕 행위를 지도한다'고 봤습니다.

청교도들은 교회 문제도 성경이 통제한다고 봤습니다. 토머스 카트라이트Thomas Cartwright는 "하나님의 말씀은 교회와 관련한 모든 일에 대한 지침을 담고 있다"고 선언함으로 잉글랜드 교회에 혁명을 일으켰습니다.

하지만 청교도들은 성경의 권위를 종교 문제에 가두어 두지 않았습니다. 이들은 삶의 모든 영역이 종교라고 믿었습니다. 토머스 구지Thomas Gouge는 이렇게 썼습니다. "하나님의 자녀는 말씀에 어느 정도 알맞은 지침과 규범이 없는 상황에 놓일 수 없습니다." 리처드 십스Richard Sibbes도 이에 찬성했습니다. "이 세상에서 성경에 일반 규범이 없는 어떤 일이나 상황도 그리스도인에게 닥치지 않습니다. 그리고 본보기가 이 규범에 생기를 불어넣는데, 이 규범은 실천 지식인 까닭입니다." 카트라이트에게 성경은 "인생의 모든 부분에 닥칠 수 있는 모든 일에 대한 지침을 담고 있습니다." 윌리엄 퍼킨스William Perkins에 따르면, 성경은 "많은 거룩한 학문을 아우릅니다……따라서 학교와 대학에서 배우는 모든 과목을 성경과 관련지을 수 있습니다."

오늘날 사람들은 이 높은 성경관, 곧 모든 일에 대한 성경의 권위를 '성경 숭배'라며 쉽게 묵살합니다. 참으로 경솔한 비난입니다. 왜냐하면 자기 믿음을 뒷받침할 어떤 권위를 내세우지 않는 사람은 없기 때문입니다. 성경을 최종 권위로 붙든다는 것은 청교도들이 성경을 숭배했다는 뜻이 아닙니다. 인크리스 매더Increase Mather는 우리가 "복된 성경을 다른 모든 책보다 존중해야 하지만, 성경이 아니라 성경의 저자만을 경배해야 한다"고 말합니다. 청교도들은 성경의 저자를 지극히 높게 생각했기 때문에, 그분의 책을 할 수 있는 한 최고로 존중할 수밖에 없었습니다. 우리는 덜 존중해야 합니까?

청교도 설교

이르보니 모건Irvonwy Morgan의 『경건한 설교자』Godly Preachers라는 책에 따르면, 청교도들을 이해하는 데서 본질이 되는 점은 이들이 다른 무엇보다도 설교자였다는 사실입니다. 게다가 이들은 특별한 강조점을 가진 설교자였습니다. 그래서 청중은 이들을 다른 설교자와 구별할 수 있었습니다. 이들을 강단으로 내몬 주된 동기는 이것이었습니다. "만일 복음을 전하지 아니하면 내게 화가 있을 것이로다"(고전 9:16)!

청교도 설교자의 인기

청교도 설교자들이 하나님의 말씀을 선포해야 할 자신의 의무를 깊이 자각하기도 했지만, 이들의 설교를 들으러 온 많은 사람도 이들의 설교를 사랑했고, 더 듣고 싶어했습니다. 다음 이야기는 청교도 설교에 대한 이런 감탄이 어느 정도까지 이를 수 있었는지를 보여 줍니다. 로런스 채더턴Laurence Chaderton이라는 목사는 자기가 태어난 랭커셔에서 설교하고 있었습니다. 이곳은 좋은 설교를 좀처럼 듣기 힘든 두드러진 가톨릭 지역이었습니다. 채더턴은 꼬박 두 시간을 설교하고 나서, 청중이 지칠까 겁이 나 이제 설교를 그만해야겠다고 생각했습니다. 하지만 설교가 곧 끝나리라는 뜻을 내비치자, 청중은 그것을 들어주려 하지 않았습니다. "목사님, 제발 더 해주세요. 더요!" 하고 청중은 외쳤습니다. 채더턴 목사는 이들의 요청을 기꺼이 따랐고, 얼마간 설교를 계속했습니다.

이 사건이 주목할 만한 까닭은 청교도 시대에 이런 일이 드물었기 때문이 아니라, 아주 흔했기 때문입니다. 청교도주의는 17세기(특별히 엘리자베스 1세가 다스리는 동안)에 주로 강단을 통해 잉글랜드 사회에 이름을 떨쳤습니다. 청교도들은 정부에 탄원해서 법으로 이룰 수 없던 것을 설교를 통해 크게 이루었습니다.

인기 있었던 까닭

청교도들의 설교가 이렇게 인기 있고 영향력 있었던 이유 하나는, 설교자 자신이 자기가 설교한 대로 정직하게 살았기 때문입니다. 청교도 목사를 묘사하는 데 가장 많이 쓰는 두 낱말은 '경건'과 '박식'이었습니다. 이들의 경건은 어지간한 성공회 목사의 성품과 뚜렷한 대조를 이루었습니다.

많은 성공회 목사가 후원을 받아 자리를 지켰고, 돈 때문에 그 자리에 있는 것이 분명했습니다. 이들은 자주 수치스러운 삶을 살았고, 이 직분에 대한 영적 자격이 끔찍스러울 만큼 모자랐습니다. 이런 앞뒤 사정을 볼 때, 청교도들이 왜 '경건한 목사'의 필요성을 그토록 강조했는지 쉽게 알 수 있습니다. 가장 훌륭한 초기 청교도 가운데 한 사람인 윌리엄 퍼킨스는 "다른 사람에게 경건한 감정을 불러일으킬 사람은 먼저 그 스스로 경건한 감화를 받아야 한다"고 말했습니다.

청교도 설교자들은 또한 박식했습니다. 이런 점에서도 이들은 대체로 성공회 설교자들보다 뛰어났습니다. 이들은 가진 지식이 많았지만, 배우지 못한 사람들도 자신들을 따르고 자신들의 설교에서 유익을 얻을 수 있게끔 설교할 수 있었습니다. 성경은 일반 사람들이 예수님의 말씀을 즐겁게 들었다고 하는데(막 12:37, KJV), 거의 모든 청교도 목사에 대해서도 같은 말을 할 수 있었습니다. 많은 청교도 목사가 주일마다 큰 무리를 끌어모았습니다.

하지만 평범하고 못 배운 사람들만 청교도 목사의 설교를 들으려고 모여든 것은 아니었습니다. 많은 전문가와 사업가도 이들의 설교에 이끌렸습니다. 리처드 십스는 잉글랜드에서 가장 존경 받는 법학원 가운데 하나인 그레이즈 인에서 학생들에게 있기 있는 설교자였습니다. 십스와 십스의 동료들은 또한 옥스퍼드와 케임브리지 출신의 많은 신학생을 끌어모았습니다. 그러니까 청교도들이 강단에서 사회의 앞날을 이끌어 갈 사람들의 주의를 끎으로 잉글랜드 민족정신에 엄청난 영향을 끼쳤다고 말할 수도 있겠습니다.

청교도 설교는 또한 진지한 흔적이 역력했기 때문에 인기가 있었습니다. 청교도 설교자에게는 엄숙함과 기름부음이 있었습니다. 한 청중은 "들려오는 모든 설교가 우리를 천국이나 지옥으로 데려간다"고 말했습니다. 가장 있기 있는 청교도 설교자 가운데 한 사람이었던 리처드 백스터는 이렇게 말합니다.

회중을 마주 보고 서서 우리 구속자의 이름으로 살아 계신 하나님이 보내신 구원과 정죄의 소식을 전하는 것은 결코 작은 일이 아닙니다. 무식한 사람이 이해할 수 있을 만큼 알기 쉽고, 가장 무딘 마음이 느낄 수 있을 만큼 심각하고, 트집 잡는 사람을 조용하게 할 만큼 설득력 있게 말하는 것은 결코 쉬운 일이 아닙니다.

존 코튼John Cotton의 설교를 들은 어떤 사람은 이런 증언을 했습니다. "코튼 씨의 설교에는 권위와 증거와 생명이 있습니다. 그래서 제 생각에 코튼 씨가 어떤 선지자나 사도로부터 설교하건, 제가 듣고 있는 것은 코튼 씨가 아니라, 바로 그 선지자와 사도입니다. 실로 저는 주 예수 그리스도께서 제 마음에 하시는 말씀을 듣습니다."

지성을 강조함

성공회 목사들은 대체로 아주 속되고 무식하다는 평판을 받았습니다. 물론 이들의 회중도 마찬가지였습니다.

이런 안타까운 상황에 비추어, 청교도들은 더 잘 교육받은 목회를 촉구했고, 대학의 신학 훈련 수준이 높아져야 한다고 주장했습니다. 청교도들은 사람의 지성이 하나님께서 사람들에게 말씀하시고, 그 말씀의 진리를 깨우쳐 주시는 통로라고 확신했습니다. 벤저민 휘치코트 Benjamin Whichcote라는 청교도는 이렇게 말합니다. "제가 늘 발견하는 것은 제 머릿속을 가장 밝힌 설교가 제 마음을 가장 휘어잡는다는 사실입니다." 윌리엄 에임스에 따르면, "말씀을 받아들이는 것은 두 부분으로 되어 있습니다. 곧, 생각을 모으고 의지를 다지는 것입니다."

청교도 설교자들은 설교를 철저히 준비했습니다. 이들은 '정성스러운 설교'를 이상으로 생각했는데, 이것은 꼼꼼하고 철저하고 공들여 준비한 설교를 뜻했습니다. 거의 모든 목사가 원고를 보고 설교했지만, 설교 전체를 작성한 것은 몇몇뿐이었습니다. 토머스 굿윈Thomas Goodwin은 이렇게 선언했습니다. "어떤 사람들은 연구 없이 즉흥으로만 설교하지만, 바울은 디모데에게 묵상하고 연구하는 일에 온 마음을 쏟으라고 권면합니다(딤전 4:15)."

강해 설교

청교도들은 보통 특정한 성경 구절의 뜻을 밝히는 강해 설교를 더 좋아했습니다. 윌리엄 에임스는 주제 설교를 정말 싫어했습니다. "목사가 설교를 시작할 때 어떤 본문을 내어놓고 나서, 본문에 대해 또는 본문을 통해 많은 것을 말하지만, 본문 자체에서는 대체로 아무것도 끌어내지 않는다면, 이는 청중을 속이는 것이요 자기 본분을 새까맣게 잊은 것입니다." 청교도들은 설교를 적용하는 데 아주 큰 관심이 있었지만, 본문의 뜻을 분명히 설명하는 일까지 희생하지는 않았습니다. 에임스는 이렇게 말합니다. "먼저 본문에 담긴 것을 말해야 합니다……본문에 담긴 진리를 제시할 때, 목사는 먼저 이 진리를 설명하고, 다음으로 이에 뒤따르는 유익을 보여 줘야 합니다."

설교 구성

청교도 설교는 보통 세 부분으로 이루어져 있었습니다. 윌리엄 퍼킨스가 자신의 유명한 설교자 안내서인 『설교의 기술』The Art of Prophesying에서 말하듯이, 설교자는 정경의 본문을 읽고 나서 이렇게 해야 합니다.

첫째, 성경 자체로 읽은 본문을 깨우치고 이해시켜야 합니다.
둘째, 유익이 되는 몇 가지 교리의 요점을 자연스럽게 끌어모아야 합니다.

셋째, 설교자에게 은사가 있다면, 바르게 모은 교리를 사람들의 삶과 태도에 쉽고 분명한 말로 적용해야 합니다.

바꿔 말하면, 청교도 설교자는 먼저 겉으로 드러나는 본문의 뜻과 교감했을 것입니다. 그런 다음 본문에서 교리나 도리를 끌어내고, 끝으로 이 교리나 도리를 그리스도인의 일상에 적용하는 법을 보여 주었을 것입니다. 첫째와 둘째 부분은 아마 현대인들에게 꽤 지루하고 따분하게 들렸을 것입니다. 더구나 둘째 부분에서 설교자는 본문에서 발견한 교리의 윤곽을 아주 미세하게 잡곤 했습니다. 설교자는 늘 본문에서 하나 이상의 교리를 발견했고, 각 교리를 '성경의 보기와 증언으로, 성경에 근거를 둔 사고력으로' 떠받치지 않을 수 없다고 느꼈습니다. 이런 '증명'과 '추론'의 목적은 특정한 본문에서 제시된 교리를 성경으로 확실히 뒷받침하려는 것이었습니다.

교리의 실제 적용

청교도 설교의 첫째, 둘째 부분은 때때로 현대인에게만 아니라 수많은 원래 청중에게도 지루하게 들렸을 것입니다. 그러나 셋째 부분인 적용은 더 재미있었고, 청교도 예배자들은 보통 이 부분을 부푼 가슴으로 기다렸습니다. 설교자는 먼저 성경으로 설명하고 입증한 교리를 '적용'할 때 최고의 솜씨를 보여 주었습니다.

청교도 설교자들은 대부분 실천의 사람이었습니다. 이들은 교리가 아무리 건전해도 성경 진리에서 일상생활까지 '다리를 놓지' 못하면, 이 교리는 죽은 채로 있게 된다는 것을 알았습니다. 설교의 최종 목적은 청중의 마음을 움직여 신앙과 도덕에서 바른 행동을 하게 하는 것

이었습니다. 청교도 학파의 또 다른 유명한 설교자인 제임스 더럼James
Durham은 이렇게 말합니다.

> 적용은 설교의 생명입니다. 연구와 기술과 지혜와 권위와 명백함은 어떤 심
> 오한 진리를 밝히는 데도 필요하지만, 이에 못지않게 어떤 요점을 청중의
> 양심에 적용하고, 역설하는 데도 꼭 필요합니다. 그러니까 목사는 이 두
> 가지 일을 모두 연구해야 합니다……이런 이유로 설교를 권면하고, 증언
> 하고, 간청하고, 애원하고, 요청하고, 강권한다고 하는 것입니다.

청교도들에 따르면, 적용은 주로 듣는 사람의 양심에 호소하는 문제였
습니다. 그러니까 청교도들로서는 철저한 적용이 없는 설교는 성경과
상관없는 설교였습니다. 윌리엄 에임스는 이렇게 말합니다. "신앙과 복
을 이루는 적용과 실천을 무시하면서 진리를 발견하고 설명하는 데만
집착하는 것은 죄입니다. 이런 설교를 하는 사람이 양심에 세우는 덕은
아주 조금이거나 아예 없습니다." 청교도 설교자들이 철저히 연구한 적
용으로 겨냥한 목표는 듣는 사람들의 양심을 일깨워 그들 안에 변화를
일으키는 것이었습니다. 이들은 크게 두 가지 결과를 기대했습니다. 하
나는 구원받지 못한 사람의 회심이고, 하나는 믿는 사람의 성화입니다.
  청교도 설교자들은 청중을 그저 믿는 사람과 안 믿는 사람의 두 갈
래로 나누는 데 만족하지 않았습니다. 이것이 인류를 이루는 기본 두
범주라는 데 찬성했겠지만, 이 두 갈래 안에 또 다른 구별이 있어야 함
을 알았습니다. 이렇게 해서 이들은 안 믿는 사람을 적어도 다섯 범주
로 구분해 다루었습니다.

  1) 무지하고 배우려 하지 않는 사람

2) 배우려 하지만 여전히 무지한 사람

3) 지식은 있지만 아직 낮아지지 않은 사람

4) 낮아진 낌새를 보이지만 구원 얻는 믿음에 이르지 못한 '유사' 그 리스도인

5) 신자라고 고백하지만 '복음의 위선자'인 사람

청교도 설교자들은 또한 그리스도인을 네 범주로 구분했습니다.

1) 연약한 그리스도인(그리스도 안의 갓난아이)

2) 강하고 확신에 찬 그리스도인(그리스도 안의 아버지)

3) 근심하거나 구도하는 그리스도인

4) 타락하거나 배역한 그리스도인

오늘날 거의 모든 설교자와 회중이 이런 구분 짓는 설교를 반대하는데, 이들 대부분이 이런 구분을 위해 청교도 목사들이 제시하는 성경의 증거를 꼼꼼히 살펴보지도 않고 그러는 것 같아 안타깝습니다. 현대 설교가 간혹 구분을 짓는다 해도, 모호한 경향이 있고, 이런저런 처지와 형편 가운데 있는 죄인과 성도의 참된 필요를 다루는 일에 대체로 실패하고 있습니다.

감정을 움직이는 설교

청교도들의 설교는 듣는 사람의 지성과 양심에만 말하지 않고, 마음과 의지에도 강하게 호소했습니다. 청교도들은 설교할 때 청중의 감정을 움직이려고 애썼습니다. 코튼 매더Cotton Mather는 리처드 매더Richard Mather에 대해 이렇게 말했습니다. "할아버지는 화살을 사람들의 머리

위로 쏘지 않고, 마음과 양심에 쏘려고 했습니다." 리처드 백스터는 이렇게 썼습니다. "우리의 말이 날카롭지 않아서 못처럼 박히지 않는다면, 돌 같은 마음은 거의 느끼지 못할 것입니다."

이 공격의 심상, 교회의 청중과 물리적 접촉의 심상은 감정을 움직이는 설교라는 청교도들의 이상을 잘 담아내고 있습니다. 하지만 청교도들은 설교자에게 청중의 마음을 움직이는 능력이 있어서 설교자가 청중을 조종해 어떤 결실을 맺을 수 있는 것처럼 생각하지 않았습니다. 청교도들은 이것이 오히려 성령님의 일이라고 믿었습니다. 리처드 십스는 하나님의 거룩한 말씀을 설교하는 것이 '성령의 사역'이라고 말했습니다.

이런 설교는 설교자에게나 청중에게나 똑같이 많은 것을 요구했습니다. 청교도 회중에게 설교를 듣는 것은 운동 경기나 오락을 구경하는 것과는 거리가 멀었습니다. 오히려 적극스러운 활동으로, 집중력을 요구했고, 나중에 묵상하기 위해 설교를 받아 적는 일과 자주 관련 있었습니다. 에드먼드 캘러미Edmund Calamy는 이렇게 말합니다. "설교는 상에 차린 음식과 같습니다. 여러분은 이 음식을 먹어야 합니다. 먹어야 할뿐더러, 삭이고 소화해야 합니다……잘 소화하고 묵상한 설교 한 편이 묵상하지 않은 설교 스무 편보다 낫습니다." 많은 청교도가 설교를 받아 적고 묵상하는 데 그치지 않고, 집에서 가족들과 설교를 검토하고 논의했습니다.

끝으로, 몇몇 청교도 설교자의 표현을 인용하겠습니다. 이들은 설교가 이래야 한다고 믿었습니다.

존 번연: 나는 내가 느낀 것, 뼈저리게 느낀 것을 설교했다……실로 나는 죽은 자들 가운데서 보냄을 받은 것 같았다. 나는 사슬에 묶인 채로 사슬에 묶인 사람들한테 설교하러 갔다. 사람들의 경각심

을 일깨우려고 내 양심을 괴롭힌 불을 가져갔다.

리처드 백스터: 나는 다시는 설교할 수 없는 사람처럼, 죽음을 앞둔 사람들한테 죽음을 앞둔 사람처럼 설교했다.

윌리엄 에임스: 설교는 죽어 있어서는 안 되고, 살아 있고 효력이 있어, 믿는 사람의 회중에 들어온 믿지 않는 사람에게 영향을 미쳐야 한다. 말하자면, 말씀을 듣는 자체로 옴짝달싹 못하게 만들어 하나님께 영광 돌리게 해야 한다.

리처드 십스: 설교는 실로 믿음을 낳고, 총명을 열고, 의지와 감정을 그리스도께로 끌어당기려고 구별하신 하나님의 규례다.

영혼의 의사로서 청교도 목사[46]

저는 청교도 설교자들이 실천의 사람이었다고 몇 번이나 말했습니다. 이들은 박식한 신학자였지만, 보통 사람의 수준으로 내려와 영적으로 몸부림치는 이들을 도울 수 있었습니다. 다른 것은 몰라도, 이들은 진짜 목사였고 영혼의 의사였습니다.

청교도들을 성경 심리학자라고 할 수도 있습니다. 이들은 프로이트 Sigmund Freud와 융Carl Gustav Jung과 아들러Alfred Adler보다 몇 세기 전에 살았지만, 사람의 생각과 마음이 얼마나 복잡한지 오늘날 영혼의 의사

---

46) 옮긴이—저자는 이 단락을 쓰면서 다음 글에서 도움을 받고 있다. Ken L. Sarles, "The English Puritans: a Historical Paradigm of Biblical Counseling," in *Introduction to Biblical Counseling*, John F. MacArthur, Jr. and Wayne Mack 편집(Dallas: Word, 1994).

들만큼이나 잘 알았습니다. 사실 정신 문제를 분석하고 그에 맞는 치료책을 처방하는 일에 청교도들이 더 뛰어났습니다. 이것은 청교도들이 세상의 지혜에 정통했을 뿐 아니라, 하나님의 지혜도 잘 배웠기 때문입니다. 이들은 성경을 알았고, 타락한 상태에 있는 사람의 본성과 은혜로 구속받은 사람의 본성을 모두 이해했습니다. 청교도들은 양심의 작용, 죄의 속임, 마귀의 간계에 대해 전문가였습니다.

양심에 대한 청교도들의 생각

청교도 설교자들은 사람의 양심에 엄청난 관심을 보였습니다. 양심을 일깨우고 인도하는 것은 이들에게 가장 중요한 일이었습니다. 양심은 청교도 설교자와 그 청중에게 무시무시하고 피할 수 없는 현실이었습니다. 16-17세기에 그리스도인에게만 아니라 일반 사람들에게 양심이 얼마나 중요했는지를 온전히 이해하기는 어렵습니다. 하지만 여러분이 셰익스피어William Shakespeare를 조금이라도 안다면, 여러분은 이 위대한 극작가가 양심을 얼마나 자주 언급했는지 기억할 것입니다. 다음 한 구절이면 여러분의 기억을 떠올리기에 충분할 것입니다. 햄릿이란 작품에는 이런 기억할 만한 구절이 있습니다. "양심은 우리를 다 겁쟁이로 만든다."

월리엄 퍼킨스가 다음과 같이 말할 때, 그는 엘리자베스 시대의 거의 모든 사람을 대변하고 있었습니다. "누가 어떤 죄를 지었다 칩시다. 아무도 모르게 감쪽같이 숨어서 죄를 지었습니다. 그렇다고 해도 이 일을 아는 양심 때문에, 이 사람은 하나님 앞에서 가책을 느끼고 벌벌 떨 것이며, 조금도 안식을 누리지 못할 것입니다." 양심과 양심의 죄를 정죄하는 능력에 대한 이런 강력한 진술을 더는 널리 받아들이지 않는다는 것이 우리 시대의 서글픈 현실입니다. 우리 사회에서 양심은 더 이상 이런 식으로 작용하지 않는 것 같습니다. 오늘날 범죄자들은 가장 끔찍한 죄를 저지르고도 뉘우치는 기미를 조금도 보이지 않습니다. 그리스도인들 사이에서조차 양심은 전과 같은 기능을 잃은 듯 보입니다. 이런 걱정스러운 현상을 보고 존 맥아더John McArthur는 요사이 『양심 실종』(부흥과개혁사)이라는 책을 썼습니다.

청교도가 말하는 양심은 무엇입니까? 윌리엄 에임스의 정의가 도움이 됩니다. "양심은 하나님이 사람을 판단하시는 것에 따라 사람이 자기를 판단하는 것입니다." 데이비드 딕슨David Dickson은 이에 덧붙여 이렇게 말합니다. "양심은 우리 자신과 관련해, 하나님과 우리 사이의 상황이 어떠한지 살펴보고, 우리가 행하거나 행하지 못한 생각과 말과 행동에서 우리의 상태와 형편과 태도를 하나님의 계시된 뜻에 비추어 보고, 그에 알맞은 판단을 내리는 우리 영혼의 판단력입니다." 양심이 사람의 행동을 판단한다는 이 개념이 아주 중요합니다. 청교도들은 양심을 성경에 계시된 하나님의 뜻을 따르느냐 따르지 않느냐에 따라 칭찬하거나 정죄하는 일을 하는 내면의 재판관으로 봤습니다. 바꿔 말해, 양심에는 참된 권위가 있습니다.

패커는 이렇게 말합니다. "양심은 우리가 주지 않았고, 우리가 빼앗을 수 없는 절대 권위로 우리를 다루며, 우리 곁에서 우리를 감시합니다." 패커는 청교도들이 "우리 영혼에 있는 하나님의 감시자요 대변인"이라고 하거나, "우리 안에 있는 하나님의 대리인이요, 실로 우리 가슴속에 있는 하나님의 염탐꾼"이라고 하면서 양심을 의인화했다고 말합니다.

청교도들에 따르면, 양심은 영적 신경 계통 노릇을 합니다. 죄책감의 고통은 뭔가가 잘못 되어서 바로잡아야 함을 이해에 알립니다. 양심의 경고에 귀 기울이지 않고 양심이 일으키는 죄책감을 없애려고 애쓰지 않으면, 양심은 굳거나 마비되어 결국 멸망에 이를 수밖에 없습니다. 리처드 십스는 양심의 권위를 인간의 영혼에 있는 하나님의 법정으로 빗대어 말했습니다. 여기서 양심은 증인, 고소인, 재판관, 사형 집행인으로 일합니다.

양심의 작용 근거는 성경에 계시된 하나님의 율법입니다. 양심 자체는 입법자가 아닙니다. 양심은 오히려 하나님의 율법을 따라야 합니다. 그릇된 양심은 하나님의 말씀이 아닌 다른 기준 위에서 작용합니다. 양심은 순종을 받기보다는 가르침을 받아야 합니다. 청교도들은 양심을 행동의 최종 기준으로 의존하는 것이 얼마나 위험한지 잘 알았습니다. 양심이 하나님의 말씀으로 바르게 가르침 받지 않는다면, 양심은 그만큼 믿을 수가 없습니다. "나는 양심을 따라야 해!"라는 말이 반드시 옳은 행실을 나타내는 것은 아닙니다. 모든 것은 개인의 양심에 어떤 정보가 주어졌는가, 요즘 말로 하면 어떤 프로그램이 짜여 있는가에 달려 있습니다. 한 사람의 양심은 하나님의 말씀으로 가르침 받는 만큼, 하나님 말씀에 예민한 만큼만 믿을 수 있습니다. 패커의 말로 하면, "건강한 그리스도인의 양심은 끊임없이 활동하여, 하나님의 말씀에서 하나님의 음성을 듣고, 모든 일에서 하나님의 뜻을 분별하려고 애쓰고, 스스로를 적극 감시하고 판단합니다."

청교도들에게 경건은 주로 성경 진리에 세심하고 해박하게 반응함으로 하나님 앞에서 깨끗한 양심을 얻고 지키는 데 있었습니다. 사람에게서 이런 깨끗한 양심을 빼앗은 것은 죄였습니다. 청교도들에게 모든 죄는 하나님 율법을 지키는 데 모자란 것으로, 죄책감을 낳고, 양심을 근심하고 불안하게 만듭니다. 그래서 청교도 목사는 두 가지 주된 원리나 공리를 바탕으로 상담했습니다. 첫째, 어떤 알려진 진리도 현실에서 타협하거나 부인해서는 안 된다는 것이고, 둘째, 그런 타협과 죄가 아무리 큰 선을 낳더라도 피할 수 있는 어떤 죄도 지어서는 안 된다는 것입니다.

죄에 대한 청교도들의 생각

청교도주의는 이렇게 죄와 타협하지 않는 태도에서 현 세대와 극명한 대조를 이룹니다. 청교도 신학에 따르면, 사람의 본성은 뿌리부터 흠이 있고, 그 특징은 악으로 기우는 성향과 선에 대한 혐오입니다. 오늘날 복음주의자들은 성경에 근거를 둔 청교도들의 현실주의를 대체로 얄팍한 죄관으로 바꾸었습니다. 죄는 마귀가 괴롭히거나 어떤 행동에 중독된 결과로 다시 정의되고 있습니다. 어느 쪽이든 죄인은 희생자로 재분류되고, 죄인 자신은 자기 행동에 책임을 지지 않게 됩니다. 하지만 청교도들은 죄를 범죄로 봤고, 이 사실에 크게 주목했습니다. 스티븐 차녹Stephen Charnock은 죄가 하나님을 욕되게 하는 것이라고 말합니다. "모든 죄는 은밀한 무신론의 한 형태입니다……사람은 죄를 지을 때마다 자기 뜻을 자기 규범으로 삼고 자기 영광을 행동의 목적으로 삼으려 합니다." 죄는 하나님을 예배하는 데서 자기를 예배하는 데로 돌아서는 것입니다. 그렇기 때문에 죄 문제의 핵심에는 자기 숭배가 있습니다.

자기 사랑

오늘날 사람들이 제정신이 아닐 정도로 자아 존중에 빠진 것을 볼 때, 자기 사랑에 대한 청교도들의 가르침은 살펴볼 가치가 있습니다. 청교도들은 자기 사랑을 세 가지로 구분했습니다. 곧, 타고난 자기 사랑, 육에 속한 자기 사랑, 은혜로운 자기 사랑입니다. 타고난 자기 사랑이나 자기 보호는 날 때부터 몸에 밴 것이라, 따로 부추길 필요가 없습니다. 타고난 자기 사랑을 부추기면, 지나친 자기 사랑이나 육에 속한 자기 사랑으로 이어집니다. 스티븐 차녹은 이렇게 말합니다. "육에 속한 자기 사랑은 하나님을 반대하고 멸시하며 하나님보다 자기를 사랑하는 것입니다." 차녹은 이런 사랑이 사람의 죄악 된 마음의 기본 성정이며, 모든 죄악으로 들어가는 문이라고 말합니다. 이런 사랑은 "하나님을 피해 육신의 이기심이라는 구렁텅이로 들어가는 것"입니다. 하나님의 은혜가 아니고는 거기서 빠져나올 수 없습니다. 이것은 세 번째 자기 사랑인 은혜로운 자기 사랑으로 이어집니다. 이 사랑은 믿는 사람이 거듭날 때 주어집니다. 육신을 섬기고 육신의 안락을 만족시키는 것보다 더 높은 목적을 위해 우리 자신을 사랑할 때, 우리에게는 은혜로운 자기 사랑이 있는 것입니다. 믿는 사람은 하나님의 영광을 위해 선한 일을 하려고 그리스도 예수 안에서 새로 지으심을 받은 자입니다.

하지만 사람의 본성이 이렇게 근본에서 달라지지 않는다면, 사람은 어떤 형태로든 우상숭배를 행할 것입니다. 창조주보다 피조물을 예배할 것입니다. 차녹이 말하다시피, 많이 먹는 사람은 자기 진미를, 야망 있는 사람은 자기 영광을, 자제력 없는 사람은 자기 정욕을, 욕심 많은 사람은 자기 재물을 신으로 삼습니다. 결국 사람은 이런 것들을 자기가 지향할 최고선과 가장 고상한 목적으로 삼습니다.

사람의 능력

욕구와 감정이 그만의 우상을 만들 수 있다는 사실은, 사람의 능력 faculty에 죄의 원리가 스며들었음을 보여 줍니다. 청교도들은 사람의 능력에 대해 말하면서 초기의 능력심리학을 발전시켰습니다. 이 초기 능력심리학은 오늘날의 기준에서 자못 진기해 보이지만, 내면생활을 정확히 설명하는 데 꽤 쓸모 있는 것으로 밝혀졌습니다. 이 이론에 따르면, 뇌는 여섯이나 일곱 칸으로 나뉘어 있고, 각 칸은 영혼의 다른 능력을 대표합니다. 환영이라고 하는 여러 사물에 대한 감각 인상은 오감을 거쳐 뇌의 상식 칸에 들어옵니다. 상식은 환영이나 심상을 알아보고, 이것을 서로 구별해 상상에 전달합니다. 상상은 여러 환영을 서로 비교해 보고 의미와 명료함을 정해 주는데, 사물이 더는 보이지 않아도 환영을 간직할 수 있습니다. 환영은 나중에 참고하고 떠올리기 위해 기억에 저장됩니다.

이해는 환영을 기억이나 상상에서 불러오고, 그것이 옳은지 그른지, 참인지 거짓인지 판단한 다음, 어떤 행동 방침을 취할지 결정합니다. 의지는 신경계를 통해 이해의 명령을 받고, 이 명령에 따라 몸을 지휘합니다. 그러면 감정은 의지의 지휘에 따라 몸의 근육을 자극합니다. 어떤 사람이 광야를 가다가 곰을 만났다고 합시다. 이 사람 눈에 이 동물은 환영이나 심상으로 나타납니다. 상식은 이 심상이 곰이란 종에 속해 있음을 알아봅니다. 상상은 이 동물이 위험하다고 인식하고, 기억은 이 동물을 이전에 겪었던 위험과 연결 짓습니다. 이성은 이 동물을 피해야 할 대상으로 선언하고 의지에 신호를 보냅니다. 의지는 두려운 감정을 일으키고, 감정은 마침내 다리 근육을 자극해 달리게 만듭니다.

이것을 사람의 죄악 된 상태에 적용한 청교도들은 특별히 상상과 의지가 죄의 정욕에 영향 받기 쉽다는 것을 잘 알았습니다. 상상은 감각에 매이지 않기 때문에, 자연을 뛰어넘어 심상을 형성할 수 있습니다. 상상은 부패한 상태에서 완전히 무법인 까닭에, 아무런 외부 감각 없이 온갖 추악한 인상을 떠올릴 수 있습니다.

이처럼 상상으로 죄를 짓기가 너무 쉽기 때문에, 청교도들은 성령의 조명하심을 받고 성경에 근거를 둔 이성으로 상상을 엄격히 통제해야 한다고 힘주어 말했습니다. 청교도들은 의지가 이해와 관계없이, 그리고 이성에 맞서 행할 수 있음을 알았기 때문에, 이성이 의지를 압도하는 길은 사람의 교육이 아니라 하나님의 은혜밖에 없다고 확신했습니다. 교육만으로는 죄인을 더욱 악하게 만들 뿐입니다. 은혜만이 반역하는 의지, 곧 죄의 종노릇하고, 가만히 두면 언제나 선보다 악을 더 좋아할 의지를 길들일 수 있습니다.

죄의 속임

청교도 목사들은 죄의 속임을 이해했습니다. 존 오웬은 이 속임의 과정에 세 단계가 있음을 알았습니다. 첫째, 죄의 추악함과 하나님 은혜의 놀라움을 보는 눈을 잃습니다. 죄의 경향은 언제나 죄의 심각함을 줄이는 것입니다. 성경 진리는 상상에 대한 통제력을 잃고, 그저 인지한 내용으로 전락하고 맙니다. 믿는 사람은 영혼의 예민함이 무뎌져, 이전에 알던 하나님의 일에 대한 '거룩한 기쁨'을 잃습니다.

둘째, 감정을 하나님의 일에 확고히 두지 않을 때, 죄의 매력은 상상에 그 모습을 드러냅니다. 죄는 그에 상응하는 혐오감이 없이 생각될 때, 상상을 사로잡아 호감을 얻습니다. 상상은 '맛을 보려고 혓바닥에 음식을 굴리듯이' 죄의 즐거움을 굴립니다.

셋째, 의지는 생각 안에서 선해 보이는 것에 찬성하고, 생각한 죄를 정당화하려고 더욱 그럴듯한 이유를 만들어 냅니다. 감정은 죄의 즐거움이 생생히 나타나는 까닭에 흔들리고 불붙는 반면, 양심의 가책은 침묵합니다. 이 '속임의 사슬'이 끊어지지 않으면, 결국 죄악 된 태도와 행동으로 이어집니다. 이와 관련해 토머스 브룩스는 미덕인 척 자신을 꾸미는 죄의 능력을 조심하라고 경고합니다. 브룩스는 죄가 자꾸 탈을 뒤집어써서 죄가 아닌 것처럼 보이게 한다고 말합니다. 나아가 작은 죄에 굴복하는 것은, 마귀를 부추겨 우리가 더 큰 죄를 짓도록 우리를 유혹하게 하는 일이라고 경고합니다. 브룩스는 죄에 침입하는 성격이 있다고 말합니다. 죄는 영혼에 한 발 한 발 살금살금 기어듭니다.

죄 죽임

죄는 속이고 구슬리고 두루 번지기 때문에, 청교도들은 죄와 싸우는 일에 초점을 두고 상담을 했습니다. 청교도들이 가장 자주 권한 방법은 죄 죽임이었습니다. 물론 이것은 청교도들이 처음 생각해 낸 것이 아니었습니다. 사도 바울은 자신의 몇몇 서신에서 몸의 행실을 죽이는 일에 대해 말합니다(롬 8:13). 청교도들은 바울의 말을 죄가 더는 믿는 사람의 삶에서 마음대로 활동하거나 작용할 수 없도록 쓸 수 있는 모든 방편을 써서 죄의 힘과 활기와 능력을 없애야 한다는 뜻으로 해석했습니다. 청교도 목회 신학에서 죄 죽임은 외면의 행동 양식에서 죄의 열매를 죽이는 것뿐 아니라, 내면의 동기와 욕구에서 죄를 완전히 뿌리 뽑는 것도 수반했습니다.

청교도들이 말한 죄 죽임은 죄가 더는 문제가 되지 않도록 죄를 실제로 없앨 수 있다는 뜻이 아니었습니다. 영광에 이르기 전에는 완전함에 이를 수 없습니다. 그리스도인은 죽을 때까지 내재하는 죄와 함께 살아야 할 것입니다(롬 7:14-25). 죄 죽임은 또한 겉으로는 도덕을 지키는 수준에 이른다는 뜻도 아닙니다. 오웬은 이렇게 말합니다. "이런 사람들은 마음속에 온갖 가증한 것이 가라앉아 있을 때도 자신과 다른 사람들에게 죄를 아주 잘 죽인 사람으로 보일 수 있습니다." 게다가 죄 죽임은 어떤 죄를 가끔가다 한 번씩 이긴다는 뜻도 아닙니다. 오웬에 따르면, 죄 죽임은 죄를 약하게 하는 일이 몸에 밴 것이고, 죄와 끊임없이 싸우는 것이며, 이 싸움에서 자주 성공을 거두는 것입니다. "이 싸움이 지속되어야 하는 까닭은 죄가 나타날 때마다 죄의 악한 지배의 씨를 담고 있고, 언제나 이것을 지향하기 때문입니다. 우리는 육신 전체를 십자가에 못 박아야 하고, 이것으로 죄는 약해집니다."

여기서 우리는 청교도 목회 상담의 진수를 볼 수 있습니다. 청교도 목사의 목적은 자신에게 맡겨진 사람들이 죄와 맞서 싸우는 삶을 살고, 이로써 이를 수 있는 가장 높은 수준의 거룩함에 이르는 것을 보는 것이었습니다. 청교도들은 자신들이 죄와 끝없는 영적 전쟁을 치러야 함을 알았습니다. 하지만 청교도들이 이해한 영적 전쟁은 오늘날 말하는 영적 전쟁과 완전히 달랐습니다. 저는 곳곳에서 열리고 있는 이른바 영적 전쟁 세미나를 말하고 있습니다. 이런 세미나에서 그리스도인은 자기를 둘러싼 귀신의 세력과 싸우라고 배웁니다. 하지만 청교도들은 귀신과 싸우지 않았을뿐더러, 귀신이란 말은 거의 입 밖에 꺼내지도 않았습니다. 이들은 자기 자신과 싸웠고, 그 결과 이제껏 세상이 보지 못한 경건한 삶을 낳기까지 자신을 지배하기에 이르렀습니다.

청교도들에 따르면, 죄 죽임의 반대는 죄를 그냥 가만히 놔두는 것입니다. 죄인이 자기 죄에 대해 아무 일도 하지 않으면, 죄인에게 어떤 일이 일어날까요? 결국 마음이 굳어지고, 양심이 마비되고, 평안과 확신을 잃고, 하나님의 바로잡으시는 징계를 받는 일들이 일어납니다. 이 두려운 결과를 주의 깊게 생각하고, 이것이 문제의 죄를 진심으로 자백하는 일로 이어져야 합니다. 이 죄를 복음뿐 아니라 하나님의 율법에 비추어 보아야 합니다. 우리는 하나님의 거룩하심이 죄를 어떻게 정죄하고, 그리스도께서 죄를 위해 어떻게 죽으셔야 했는지 보고, 죄의 악함을 깨달아야 합니다. 이런 깨달음이 마음을 사로잡으면, 철저한 회개가 뒤따를 것입니다. 이런 회개의 주된 요소는 단순히 죄의 결과를 두려워하는 것이 아니라 죄를 진실로 미워하는 것입니다. 십스에 따르면, 참된 회개는 "우리가 죄에게 거룩한 폭력을 가할 때까지, 우리 마음에 형벌보다 죄 자체를 더욱 혐오하게 하는 슬픔을 일으킵니다."

오웬은 죄를 깨닫고 회개한 사람들을 이렇게 격려합니다. "여러분의 죄 죽임을 위해 그리스도를 믿으십시오. 그리스도의 피는 죄로 병든 영혼에게 최고의 묘약입니다. 그리스도의 위대한 사역의 빛 안에 거하십시오. 그러면 여러분은 정복자로 생을 마칠 것입니다. 실로 여러분이 죽기 전에 하나님의 선한 섭리로 여러분의 정욕이 여러분의 발아래 죽은 것을 보게 될 것입니다." 죄를 회개하고 나면 하나님께서 자신의 말씀과 성령으로 양심에 평화를 말씀하실 것입니다. 하지만 하나님께서는 겸손해진 영혼, 곧 죄를 미워하고 죄의 존재를 견디지 못할 영혼에게만 평화를 말씀하실 것입니다. 그리고 그리스도께서는 자신의 성령으로 성도들이 성도들 자신을 판단하는 것과 반대로 성도들을 보살피십니다. 육신의 평안 가운데 있는 신자가 자기 삶에 미치는 죄의 영향력을 무덤덤하게 여김으로 죄 가운데 있는 자신을 위로한다면, 성령님께서는 괴로워하는 양심의 슬픔과 비참과 고통으로 그의 위로를 반대하시며 그를 정죄하실 것입니다. 반면에, 신자가 자기 죄에 대해 스스로를 심판하고, 구주를 얼마나 불쾌하시게 했는지 깊이 슬퍼한다면, 성령님께서는 그를 위로하고 격려하실 것이며, 괴로워하는 양심을 달래실 것입니다. 죄 죽임은 이렇게 이루어집니다. 성도가 죄 때문에 으스러지고 성령님께 위로받을 때, 죄의 능력은 약해집니다.

오웬과 청교도 학파의 다른 사람들은 죄 때문에 근심하는 사람들을 이런 식으로 상담했습니다. 여기에 오늘 우리를 위한 교훈이 있습니까? 특별히 목사를 비롯해 영혼을 다루는 사람들을 위한 교훈이 있나요? 있고말고요. 우리는 청교도들이 쓴 신학 진리를 오늘날의 심리학적 전제에 적용함으로 이들의 접근법을 쓸 수 있습니다. 죄가 어떻게 삶을 지배하는가에 대한 청교도들의 견해는 중독 행위를 이해하는 실마리를 제공합니다. 이들의 하나님 중심성은 자아상에 올바로 접근하기 위한 틀을 마련합니다. 어떤 사람이 마음속 깊이 새겨진 자기만족이나 아집 때문에 몸부림친다면, 오늘날 기준으로 볼 때 이 사람은 이런 말을 들을지 모릅니다. "당신 책임이 아니에요." "참된 그리스도인은 이렇게 느끼지 않을 거예요." "당신은 귀신 들린 게 틀림없어요." 하지만 청교도 상담사는 이런 사람에게 먼저 통회하고 자백하고 회개함으로 죄를 죽이라고 권면했습니다. 그런 다음 죄와 싸운다는 것은 아직 죄에게 완전히 지배받지 않았음을 보여 주는 좋은 징조라고 격려했습니다. 이런 기초 위에서 이들은 죄의 틀pattern of sin이 복음의 진리로 깨어지리라는 소망을 품을 수 있었습니다.

많은 사람의 말처럼 죄와 죄 죽임의 필요성에 대한 청교도들의 강조가 병적 자기 성찰의 경건을 낳는다고 한다면, 이들의 동기와 목적을 완전히 오해하는 것입니다. 패커가 말하다시피, "청교도들이 강단에서 양심을 갈기갈기 찢고, 골방에서 자신을 시험하라고 권고한 까닭은 다만 죄인들을 그리스도께로 인도하고, 죄인들에게 그리스도를 믿는 믿음으로 사는 법을 가르쳐 주기 위함이었습니다. 청교도들은 복음에 자리를 내주고, 하나님 은혜에 의존하는 삶에 자리를 내주려고만 율법을 썼습니다."

청교도 가정

청교도주의는 신앙생활과 영적생활뿐 아니라, 도덕성과 사회행동에서까지 모든 영어권 사람들에게 어마어마한 영향을 미쳤습니다. 우리는 개인의 체험을 강조하는 수많은 복음주의 교회에서 아직도 이런 청교도의 영향력을 볼 수 있습니다. 결혼과 가정 같은 사회 제도에서도 청교도의 영향력이 보입니다. 저는 청교도 가정이라는 큰 제목 아래 청교도 가르침의 이런 측면에 초점을 맞추고 싶습니다. 청교도들은 결혼, 남편과 아내의 관계, 성생활, 자녀 양육, 교육 같은 것을 어떻게 봤을까요?

청교도의 결혼관과 성관

흔히 생각하는 것과 달리 청교도들의 결혼관과 성생활관은 아주 건전했습니다. 소설과 역사책에서는 자꾸 청교도들을 내숭 떠는 사람으로 그리는데, 실제로는 그렇지 않았습니다. 물론 청교도들은 간통과 모든 성적 부도덕을 강력히 반대했지만, 이것이 청교도들의 성생활관이 뒤틀어졌다는 뜻은 아닙니다. 청교도들이 성을 거리끼고 억눌렀다고 막연히 생각하는 사람이 많지만, 이 분야를 조금이라도 살펴보려 하는 사람은 누구나 청교도들이 이 주제에 대해 실제로 믿은 바를 배우고는 깜짝 놀랄 것입니다. 갈수록 많은 학자가 청교도들이 결혼 제도와 결혼 관계에서 맛보는 기쁨을 아주 좋게 평가했다고 인정하고 있습니다(가끔은 마지못해).

역사의 배경

결혼과 성관계를 좋게 보는 이런 태도는 로마 가톨릭의 가르침에 맞서 나온 것이었습니다. 사람들 간의 성관계는 본래 모두 죄라는 태도가 중세 내내 로마 가톨릭을 지배했습니다. 성관계는 그것이 허락되는 결혼 관계에서조차 기껏해야 필요악으로 여겨질 뿐이었습니다. 출산 행위는 욕정과 관련 있는 한 죄로 봐야 했기 때문에 악했고, 이처럼 악 말고 달리 인류가 번성할 방법이 없었기 때문에 성관계가 필요했습니다. 이렇게 성을 안 좋게 보는 견해는 초기 교회로 거슬러 올라가, 테르툴리아누스Tertullianus와 암브로시우스Ambrosius와 아우구스티누스와 같은 교부들의 글에 근거를 두고 있습니다. 이런 교부들은 모두 성행위가 반드시 죄와 관련이 있다고 믿었습니다.

결혼 안에서조차 성을 안 좋게 보는 이런 태도가 천 년이 넘도록 교회를 지배했고, 이것은 처녀성과 독신을 찬양하는 데로 이어질 수밖에 없었습니다. 5세기 무렵부터 성직자들이 결혼을 못 하게 막았습니다. 이렇게 해서 두 계층의 그리스도인이 생겨났습니다. 한 계층은 신령한 '성직자들'로 모든 성 활동을 멀리한 수도사와 수녀들이 들어갔고, 나머지 한 계층은 세속에 물든 '평신도들'로 처녀성이라는 고상한 위치에 올라설 수 없어서 하는 수 없이 결혼을 허락받은 일반 사람들이 들어갔습니다.

청교도들의 반응

청교도들은 이 중세의 전통을 딱 잘라 거부했습니다. 청교도 설교자들은 성을 금하는 것이 마귀의 일이라며 로마 가톨릭의 견해를 대놓고 부인했습니다. 이들은 증거 구절로 디모데전서 4장 1-3절과 같은 말씀을 언급했을 것입니다. 바울은 여기서 혼인을 금하는 것이 귀신의 가르침이라고 말합니다.

에라스뮈스는 결혼을 다룬 논문에서 육체관계 없이 사는 법을 배운 부부를 결혼의 이상으로 찬양했지만, 뉴잉글랜드 청교도인 존 코튼은 한 결혼식 설교에서 부부 사이에 금욕을 요구하는 사람은 어두워진 생각의 명령을 따르는 것이지, 사람이 혼자 사는 것이 좋지 않다고 하신 성령님의 명령을 따르는 것이 아니라고 말했습니다(창 2:18).

청교도들은 결혼을 아주 아낌없이 찬양했습니다. 토머스 게이테커Thomas Gataker는 이렇게 말합니다. "다른 모든 사회의 원뿌리요 근원이요 원천인 부부의 사회보다 더 친밀하고, 더 완전하고, 더 필요하고, 더 친절하고, 더 즐겁고, 더 편안하고, 더 변함없고, 더 한결같은 사회는 없습니다."

청교도들의 글에서 이 주제를 볼 때마다, 우리는 성이 하나님께서 주시는 복이요 결혼의 본질이 되는 측면으로 확증되고 있음을 볼 수 있습니다. 청교도들은 부부의 사랑을 합법이라고만 생각한 것이 아니라, 즐겨야 한다고 생각했습니다. 윌리엄 구지William Gouge는 남편과 아내가 기쁨과 호의로, 기꺼이, 선뜻, 흔쾌히 부부 관계를 가져야 한다고 보았습니다. 남편과 아내가 서로에게 이 "마땅한 애정"(고전 7:3, KJV 직역)을 베풀지 못하면 심지어 교회의 권징을 받을 수도 있었습니다.

결혼의 목적

청교도들은 결혼의 목적에 대해서도 확실한 견해를 가졌습니다. 청교도들은 이 문제에 대한 자신들의 관점을 발전시키면서, 로마 가톨릭의 견해만 아니라, 결혼의 첫째 목적을 아이 낳기로 본 개신교(성공회)의 견해도 반대했습니다. 청교도들은 주된 강조점을 아이 낳기에서 동행으로 바꾸었습니다. 결혼의 목적에 대해 성공회 공동기도서에서 채택한 순서는 첫째, 아이 낳기, 둘째, 죄의 억제와 치료, 셋째, 서로 함께하고 돕고 위로하기였습니다. 청교도들은 첫째 목적과 셋째 목적을 바꾸었습니다.

이처럼 청교도들은 감히 오랜 전통(구원의 길과 관련한 것이든, 결혼과 남녀 관계 같은 필수 제도와 관련한 것이든)에 반기를 들었습니다. 윌리엄 퍼킨스는 이렇게 말합니다. "아이를 낳으려는 것이 아니면 부부가 하나 되는 비밀은 죄일 수밖에 없다고 하는 것은 잘못된 생각입니다."

청교도들이 아무리 결혼의 인간적이고 육체적인 목적을 강조했다 해도, 이들은 신령한 목적이 먼저임을 잊지 않았습니다. 청교도들은 부부 사랑이 언제나 하나님 사랑에 종속되어야 한다고 강조했습니다. 존 윈스럽John Winthrop은 결혼하고 얼마 안 있어 자기 아내에게 쓴 편지에서, 자기 아내를 '구원의 소망 다음으로 모든 위로 가운데서 가장 으뜸가는 위로'라고 했습니다. 존 코튼은 '결혼 자체보다 더 높은 목적'을 겨냥하지 않는 잘못에 대해 경고했고, 자기 배우자를 바라볼 때 그들 자신의 목적을 생각하지 말고, 어떻게 하면 하나님을 더 잘 섬기고 하나님께 더 가까이 갈지를 생각하라고 권했습니다.

청교도의 가정관

청교도들은 교회와 시민정부와 마찬가지로 가정도 하나님의 제도라고 믿었습니다. 사실 청교도들은 가정이 에덴동산에서 시작된 가장 기본이 되는 필수 제도라고 생각했습니다. 가정의 목적은 다만 주님을 섬기도록 자녀를 양육함으로 하나님께 영광 돌리는 것이었습니다. 백스터는 이렇게 말합니다. "경건한 자손의 부모가 되는 것은 결코 작은 은혜가 아니며, 이것이 결혼 제도를 주신 목적입니다." 이처럼 청교도들은 가정을 경건한 사회의 토대가 되는 구성단위로 여겼습니다. 코튼 매더의 말입니다. "가정은 교회와 국가의 양육소입니다. 가정을 망가뜨려 보십시오. 그러면 모든 것이 망가집니다."

자녀는 하나님의 선물

청교도들은 결혼의 주된 목적이 동행이라고 믿었지만, 자녀를 갖는 것도 부부 사랑의 당연한 결과라고 믿었습니다. 이들이 보기에 자녀는 주님이 주시는 복이었고, 분명히 자주 넘치도록 주시는 복이었습니다. 청교도 가정은 보통 자녀가 평균 일곱이 넘는 대가족이었습니다. 하지만 기억해야 할 것은 어린아이가 죽는 일이 정말 많았고, 그래서 가정에 태어난 모든 자녀 가운데 살아서 어른이 된 자녀는 겨우 반이나 반이

안 되기도 했습니다.

청교도들은 자녀를 하나님의 선물로 여겼지만, 엄청난 책임이 뒤따르는 선물임을 잘 알았습니다. 청교도들은 가정을 교회와 사회의 양육소로 봤기 때문에, 자녀들이 성경의 규범과 명령(특별히 네 부모를 공경하라는 계명)을 지키는 것을 보기 위해 부모들이 최선을 다하기를 기대했습니다.

자녀의 영적 상태

청교도들의 자녀 양육은 자녀가 청지기인 부모에게 맡겨진 하나님의 소유라는 확신에 뿌리내리고 있었습니다. 토머스 왓슨은 "그리스도인 부모는 자기 자녀가 자기 자녀보다는 하나님의 자녀가 되게 하려고 애쓸 것이다"고 했습니다.

하지만 청교도들이 자기 자녀가 하나님의 것이라고 확신한다고 해서, 자녀가 태어날 때부터 구원받는다고 믿은 것은 아닙니다. 청교도들은 믿는 사람의 자녀가 하나님과 언약 안에 있다고 봤지만, 이것이 반드시 구원을 뜻하는 것은 아니었습니다. 사실 청교도들은 모든 자녀가 택함을 받았든 못 받았든 부패한 상태에서 세상에 들어오고, 그리스도를 믿는 믿음으로 인도받기 전까지 죄 가운데 잃은 바 되었다고 믿었습니다.

자녀들은 언약 안에 있었지만, 반드시 언약에 속한 것은 아니었습니다. 다시 말해, 자녀들은 언약의 약속 아래 살았지만, 여전히 믿음으로 이 약속을 차지해야 했습니다. 그리고 이 믿음은 회개와 거룩한 행실로 증명되는 것이었습니다. 청교도들은 하나님께는 손자나 손녀가 없다고 확신했습니다. 세대마다 몸소 회심을 체험해야지, 자기 부모의 체험에서 구원을 찾을 수는 없다고 생각했습니다.

하지만 청교도들은 또한 하나님께서 부모를 쓰셔서 자녀가 몸소 회심을 체험하게 하신다고 믿었습니다. 그래서 부모들에게 세례 때 받은 언약의 약속이 자녀의 삶에서 이루어지고 실현되도록 자녀를 키우라고 강단에서 거듭거듭 권면했습니다. 리처드 매더는 이 의무를 소홀히 여기는 부모가 심판 날에 그 자녀에게 하나님의 일들을 가르치지 않아서 이들을 영원한 멸망에 이르게 했다는 고소를 당할 것이라고 경고했습니다. 거의 모든 청교도 부모가 이런 엄숙한 경고를 마음에 두었습니다. 이들은 자녀 양육의 책임을 진지하게 받아들였고, 결국 많은 가정이 복을 받고, 작은 교회같이 되었습니다.

가정에서 부모의 권위

자녀 교육은 양친 모두의 의무로 봤지만, 주된 책임은 아버지가 맡았습니다. 청교도들은 남편과 아버지의 머리 됨을 성경의 명령으로 받아들였고, 이것을 한결같고 유익하게 적용했습니다.

남녀평등주의자들이 이른바 청교도와 빅토리아 시대 남자들의 남성 우월주의와 독재에 대해 말하는 것과는 달리, 청교도 남편과 아버지는 절대로 남성 우월주의자도 독재자도 아니었습니다. 청교도들은 남자의 권위를 특권으로 들어가는 입장권이 아니라 치러야 할 요금으로 이해했습니다. 남편의 머리 됨이 그리스도께서 교회의 머리 되심을 본받는 것이라고 봤기 때문입니다. 존 로빈슨John Robinson에 따르면, 하나님께서는 남편에게 크게 두 가지를 요구하십니다. 곧, 사랑과 지혜입니다. 남편의 아내 사랑은 "그리스도께서 자기 교회를 사랑하시듯, 질에서는 거룩하고 양에서는 커야 합니다."

청교도들에게 머리 됨은 사랑에 기반을 둔 지도력이었습니다. 벤저민 워즈워스Benjamin Wadsworth는 "좋은 남편은 할 수 있는 한 아내를 너그럽고 상냥하게 다스릴 것이며, 두려움보다는 사랑을 받으려고 애쓸 것이다"고 썼습니다. 새뮤얼 윌러드Samuel Willard에 따르면, "좋은 남편"은 "그 아내가 남편의 머리 됨을 기뻐하고, 이것을 노예 상태가 아닌 자유와 특권으로 여길 수 있도록" 아내를 다스릴 것입니다.

아내와 어머니의 자리

남편의 머리 됨에 상응하는 것은 아내의 복종이었습니다. 청교도들에게 복종은 계급의 문제라기보다는 기능의 문제였습니다. 하나님께서 남자에게 지도하는 일과 의무를 맡기신 것은 남편이 아내보다 높은 자리에 있기 때문이 아니라, 하나님께서 이 권위를 아내가 아닌 남편에게 맡기셨기 때문입니다. 존 로빈슨은 머리 됨을 설명하면서, 하나님께서 남자와 여자를 영적으로 동등하게 지으셨고, 둘 다 죄로 타락했을 때 여자가 남자보다 원래의 선함에서 더 나빠지지 않았다고 말합니다. 하지만 결혼을 하면 의견 차이가 생길 테고 하나가 다른 하나에게 양보하고 복종해야 하니까 둘 중 하나는 최종 권위를 가져야 합니다. 하나님과 본성은 이 일을 남자에게 맡깁니다.

청교도들은 또한 복종이란 아내가 자신의 주도권을 남편에게 넘겨주는 것이라고 믿었습니다. 남편이 복종을 강요해야 한다면, 벌써 싸움에서 진 것입니다. 아내는 그리스도께 대한 순종의 일환으로 남편에게 복종해야 합니다. 존 윈스럽은 "남편을 자기 머리로 인정하는 것은 아내의 존귀와 자유"라고 했습니다.

남편의 머리 됨은 아내가 남편의 종이라는 뜻이 아니었습니다. 오히려 아내는 남편을 돕고 조언하고 위로하는 사람으로 여겨졌습니다. 청교도들은 가정 안에 여러 책임의 영역이 있고, 어떤 영역에서는 아내에게 권위가 있다고 믿었습니다. 이를테면, 아내는 자녀와 집안의 종에 대해 남편(아버지)에 버금가는 권위를 가졌습니다. 가정의 재정 관리와 같이 아내가 남편보다 더 잘할 수 있는 곳에서는, 보통 그 책임을 아내가 맡았습니다. 머리 됨의 원리는 또한 여자가 신앙을 가르치거나, 남자에게 영적으로 권고하는 일을 못 하게 막지 않았습니다. 한 청교도는 이렇게 썼습니다. "여자들은 남몰래 스스럼없이 다른 사람을 권면할 수 있고, 권면해야 합니다. 남자들을 남몰래 꾸짖고 나무랄 수도 있습니다." 니콜라스 바이필드Nicholas Byfield는 "아내의 영혼과 신앙 문제에서 남편의 뜻이 하나님의 뜻과 어긋날 때" 아내는 남편의 권위 아래 있지 않다고 선언했습니다. 또 "아내는 자기가 반대하는 것이 죄가 되고 해가 됨을 확신한다면, 남편의 권위 아래 있지 않을뿐더러 이런저런 훈계의 말로 남편을 꾸짖고 타이를 수 있다"고 말했습니다.

결국 남편이 가정의 책임 있는 머리라고 해도, 남편과 아내는 가정을 하루하루 관리하면서 일어나는 일에 대해 권위를 함께 갖습니다.

부모의 징계

청교도들은 징계가 자녀의 신앙 훈련에서 중요한 부분을 차지한다고 믿었습니다. 존 노턴John Norton은 이렇게 말했습니다. "교리와 본보기만으로는 부족합니다. 징계는 주님의 양육에서 없어선 안 될 부분입니다." 코튼 매더의 "지옥에 가는 것보다 매를 맞는 것이 낫다"는 유명한 격언은 청교도 자녀 양육 철학의 주요 교리를 잘 간추리고 있습니다.

청교도들이 자녀 훈련을 강조할 때, 그 신학의 토대는 원죄 또는 타고난 부패였습니다. 청교도들은 자녀를 가만히 놓아두면, 자녀가 자기 자신의 악한 뜻을 따르기 쉽다고 믿었습니다. 그러니까 존 로빈슨이 말한 대로 "자녀의 타고난 부패의 열매와 하나님과 사람에 대한 반항의 뿌리를 없애야 하고, 어떻게든 자라지 못하게 해야 합니다……이 완고함을 억누르고 억제하려면, 부모는 자녀의 의지와 고집을 꺾을 준비를 해야 합니다."

이 모든 것이 현대인의 귀에는 꽤 모질고 안 좋게 들릴 수 있습니다. 하지만 우리는 청교도들의 징계가 성경에 확고히 뿌리내리고 있음을 알아야 합니다. 오늘날 징계라고 하는 것보다 더욱 그렇다고 할 수 있습니다. 게다가 청교도들은 모짊과 너그러움, 어느 한쪽으로도 치우치지 않는 법을 알았습니다. 무엇보다 중요한 것은, 청교도들이 자녀의 부패한 본성에 대해 모질게 말했지만, 자녀가 젊어서 그리스도인이 될 가능성을 낙관했다는 사실입니다. 코튼 매더는 "늙어서 악마가 된 젊은 위선자가 있었습니다. 늙어서 악마가 된 젊은 죄인이 있었습니다. 하지만 젊은 성도는 늙어서 천사가 될 것입니다. 하나님을 찬양합시다. 그렇게 된 젊은 성도들이 세상에 있습니다" 하고 말했습니다. 매더는 자신의 어린 시절을 떠올리며 이렇게 말했습니다. "제 경건한 부모님의 커다란 관심은 저를 주의 교훈과 훈계로 양육하는 것이었습니다(엡 6:4). 이 때문에 저는 이것이 없었으면 지었을 눈에 띄는 수많은 죄를 짓지 않게 되었고, 갓난아이 때부터 하나님의 성령께 수없이 좋은 영향을 받았습니다."

청교도 자녀 양육의 진보성

여기서 말한 청교도들의 자녀 양육관 가운데 많은 것이 익숙해 보이고 새로울 것이 전혀 없어 보이지만, 이 가운데 어떤 생각들은 당시 혁명에 가까웠고, 현대 아동 발달 이론에 선구자 노릇을 했습니다. 릴런드 라이큰Leland Ryken을 따라, 청교도들이 여기서 이바지한 것을 몇 가지만 이야기하겠습니다.

먼저 청교도들은 자녀들을 일찍부터 교육하는 것이 중요하다고 강조했습니다. 존 코튼은 이렇게 말합니다. "아이들은 유연해서 쉽게 구부러집니다. 이때 좋은 것을 가르치는 것이 청소년기나 더 성숙하고 나서 가르치는 것보다 훨씬 쉽습니다." 새뮤얼 윌러드는 사탄이 자녀를 갓난아이 때부터 공격하기 시작하니까, "자녀가 뭔가를 이해할 수 있을 때 바로" 가르치는 것이 사탄의 공격을 막는 가장 좋은 방법이라고 했습니다.

현대 이론에 선구자 노릇을 한 청교도들의 둘째 원리는 부모가 말보다는 본보기로 가르치라는 것입니다. 리처드 그린햄Richard Greenham은 "우리는 자녀들이 규범이나 교리나 법도나 훈계보다는 표정과 몸짓과 행동으로 더 많이 배운다는 것을 경험에서 배운다"고 썼습니다. 또 다른 청교도는 나쁜 본보기로 입는 해를 이렇게 설명합니다.

> 자녀가 교회와 학교에서 복을 받게 하고 싶은 부모는 집에서 조심성 없고 경건하지 못함으로 자녀에게 나쁜 본이 되지 않도록 조심합시다. 그렇지 않으면 밖에서 목사와 교사가 끼칠 유익보다 집에서 부모가 끼칠 해가 더욱 클 것입니다.

오늘날 널리 받아들여지는 청교도들의 셋째 원리는 효과 있는 자녀 교육에는 두 가지 면이 있다는 것입니다. 부정과 긍정의 측면입니다. 라이큰은 청교도들의 관점을 이렇게 적고 있습니다.

> 부모는 자녀의 의지를 꺾어야 하지만, 자녀의 정신은 키워 주고 북돋워 줘야 합니다. 자기만 알고 정직하지 못하고 붙임성 없는 태도로 향하는 충동을 억눌러야 하지만, 동시에 자녀의 자아상과 매력은 세워 줘야 합니다. 부정의 직무는 '말리고, 꾸짖고, 바로잡는' 일입니다. 이것은 '자녀를 더욱 끔찍이 아끼고 사랑하며, 이 마음을 표현하겠다'는 긍정의 결심으로 균형 잡혀야 합니다.

청교도들에게 무엇을 배울 수 있는가

이런 생각들이 우리에게 익숙하다는 사실은 이 분야에서 청교도들의 가르침이 후세대의 교육자들에게 성공을 거두었다는 증거입니다. 물론 청교도들의 생각은 성경에서 나왔기 때문에 궁극적으로 건전했습니다. 이것은 청교도들이 이바지한 다른 많은 영역에서도 마찬가지입니다.

첫째, 청교도들은 우선순위에 대해 바르게 알았습니다. 이들은 하나님을 가장 중요하게 생각했고, 그밖에 하나님과 관련한 모든 것을 가치 있게 여겼습니다.

둘째, 청교도들은 모든 삶이 하나님의 것이라는 원리에 따라 살았습니다. 청교도들은 동시에 두 세계에서 살았습니다. 곧, 보이지 않는 신령한 세계와 이 땅의 생활이라는 육신의 세계입니다. 청교도들에게는 두 세계 모두 똑같이 현실이었고, 성과 속의 괴리는 없었습니다. 모든 삶이 거룩했습니다. 결국 청교도들은 일상사를 비롯한 모든 일에서 하나님을 봤습니다. 이들은 삶의 모든 영역에 미치는 하나님의 주권이라는 광각렌즈로 삶을 바라봤습니다.

셋째, 청교도들은 삶의 중요성을 깊이 깨달았습니다. 이들은 자신들이 한 모든 일이 영원한 삶에 영향을 미친다는 것을 알았습니다. 그래서 리처드 백스터는 사람들에게 이렇게 권고했습니다. "방과 가게 문에 이렇게 적으십시오. 나는 천국이나 지옥에 영원히 있어야 한다. 지금 이 순간에 내 영원한 삶이 달려 있다."

간추리면, 지금도 청교도를 공부할 가치가 있습니다. 이들은 개인의 경건을 포괄적인 기독교 세계관 및 인생관과 통합하는 법을 알았기 때문입니다. 성경이 믿을 수 있는 진리의 보고라는 전제로 시작했기 때문에, 이들에게는 기독교 신앙과 삶의 모든 영역(일, 가정, 결혼, 교육, 정치, 경제, 사회)을 관련짓기 위한 기초가 있었습니다. 청교도들에게 배울 것이 있느냐고 묻는 사람이 아직도 있다면, 패커의 말로 제 답변을 대신하겠습니다. "여러분이 청교도를 지혜로운 거인으로 보고, 우리 자신을 괴짜 난쟁이로 보는 제 견해를 아직도 받아들이지 못했다면, 여러분은 끝내 받아들이지 못할 것입니다. 하지만 이런 제 견해를 받아들였다면, 여러분은 이 물음에 어떻게 답해야 할지 알 것입니다."

1   오늘날 우리는 왜 청교도를 연구해야 합니까?

2   우리는 청교도들에게 무엇을 배울 수 있습니까? 다섯 가지를 말해 봅시다.

3   〈청교도 시대〉를 읽고 답해 봅시다.

   1) 청교도 역사를 시기별로 정리해 봅시다. 역사 속에서 일하시는 하나님
   의 놀라운 섭리를 발견해 보며, 하나님을 찬송합시다.

   2) 청교도들의 진짜 목적은 무엇입니까? 특별히 다른 모든 형태의 경건주
   의와 청교도주의의 공통되는 네 가지 특징을 살펴본 뒤, 우리 자신을
   돌아보고 나눠 봅시다.

4   〈존 오웬: 성경에 대한 신령한 이해〉를 읽고 답해 봅시다.

   1) '죄인이 어떻게 구원에 이르도록 하나님의 말씀을 이해하는가'에 초점
   을 맞추어 살펴봅시다.
   ① 하나님께서는 자신의 생각을 사람의 생각에 어떻게 전달하시나요?
   ② 사람은 어떻게 하나님의 말씀을 찬성하고 사랑하고 순종하도록
   하나님의 말씀을 이해할까요?
   ③ 오웬과 다른 청교도들은 성경을 하나님의 오류 없는 말씀으로 알
   고 받아들이기 전까지 그리스도를 자신의 구주로 믿을 수 없다고
   가르쳤을까요? 오늘날과 오웬 당시 상황을 비교하여 말해 봅시다.
   ④ 오웬이 말하는 성경에 대한 성령의 이중 증언을 말해 봅시다. 그리고
   성령님께서 이런 효과를 일으키시는 세 가지 활동도 말해 봅시다.
   ⑤ 성령의 내적 증언은 어떻게 일어납니까? 자신의 경험을 나눠 봅시다.
   ⑥ 성령의 이 이중 증언을 어떻게 받습니까?

2) 청교도들은 성경의 권위를 종교 문제에 가두어 두지 않았습니다. 이에 대해 말해 봅시다. 우리 자신의 신앙을 포함한 일상생활에서 성경은 어떤 의미가 있는지 돌아보고 나눠 봅시다.

3) 여러분은 성경이 아니라 성경의 저자를 지극히 높게 생각하고, 최고로 존중하고 있습니까? 우리의 성경관을 다시 한 번 돌아보고 나눠 봅시다.

5 〈청교도 설교〉를 읽고 답해 봅시다.

1) 청교도 설교자와 설교가 인기 있었던 까닭은 무엇입니까?

2) 청교도 강해 설교는 보통 세 부분으로 이루어져 있었습니다. 이 특징을 설명해 봅시다. 특별히 '교리의 실제 적용'과 '감정을 움직이는 설교' 부분을 읽고, 각자 자신에게 적용해 보고, 나눠 봅시다.

6 〈영혼의 의사로서 청교도 목사〉를 읽고 답해 봅시다.

1) 청교도 목사들의 특징은 무엇입니까?

2) 청교도들이 말하는 양심과 양심의 작용 근거는 무엇입니까?

3) '죄에 대한 청교도들의 생각'을 살펴봅시다.

① 청교도들이 구분한 자기 사랑 세 가지는 무엇입니까?

② 청교도들은 사람의 능력에 대해 뭐라고 말했습니까? 특별히 초기 능력심리학을 사람의 죄악 된 상태에 적용하여 말해 봅시다.

③ 오웬이 말하는 죄 속임의 과정 세 단계는 무엇입니까?

④ 청교도들이 말하는 죄 죽임이란 무슨 뜻입니까?

⑤ 죄인이 자기 죄에 대해 아무 일도 하지 않으면, 죄인에게 어떤 일이 일어날까요? 자신을 돌아보고 나눠 봅시다.

⑥ 오웬이 죄를 깨닫고 회개한 사람들에게 격려하는 말을 읽어 봅시다. 여기에 오늘 우리를 위한 교훈이 있습니까? 나눠 봅시다.

⑦ 죄 죽임 교리에 대해 읽고 나서 새롭게 깨달은 것이나 확신한 것이 있

다면 나눠 봅시다.

7 〈청교도 가정〉을 읽고 답해 봅시다.

1) 청교도의 결혼관과 성관을 말해 봅시다. 모둠별로 발표해 보고, 오늘
   날의 가치관과 비교하여 토론해 봅시다.

2) 청교도들의 가정관을 살펴봅시다.
   ① 청교도들의 자녀 양육에 대해 말해 봅시다.
   ② 청교도 가정에서 남편과 아내의 자리를 말해 봅시다. 오늘날 사회
      와 우리 자신의 가정을 돌아보고, 나눠 봅시다.

8 〈청교도들에게 무엇을 배울 수 있는가〉를 읽고, 갈무리해 봅시다.

9 이 장을 읽으면서 하나님께서 깨닫게 해주신 것과 베풀어 주신 은혜를 생
   각하며 감사합시다. 또 깨달아 배우고 확신한 일에 거할 수 있게 해달라고
   기도합시다.

11장
1892년 연합: 자유개혁교회의 평가 [47]

1892년 6월 17일, 분리 교회와 애통 교회가 연합하자 암스테르담 합동 총회에 참석한 대표들과 방문객들은 크게 기뻐했습니다. [48]

하지만 모두가 이 기쁨을 함께한 것은 아니었습니다. 연합 안이 채결되기에 앞서 분리파인 기독개혁교회[49] 총회는 연합에 대한 반론이 적힌 탄원서를 받았습니다. 판 링언F. P. L. C. Van Lingen과 야코뷔스 비서Jacobus Wisse Czn. 목사가 이끈 702명이 여기에 서명했는데, 탄원의 이유는 다음과 같았습니다.

---

47) 온타리오 앵커스터에 있는 리디머 대학에서 전한 강의다.

48) 분리는 1834년에 헨드릭 더 콕(Hendrik De Cock)의 회중이 네덜란드 개혁교회(국가교회) Nederlandse Hervormde Kerk(NHK)에서 탈퇴하면서 시작되었다. 애통 운동은 1886년에 아브라함 카이퍼 박사의 지도 아래 일어났고, 네덜란드 개혁교회 조직에서 탈퇴된 수많은 교회가 관련되어 있었다. / 편집자—더 자세한 사항은 다음 책을 참고하라. 이성호, 『네덜란드 개혁교회 이야기』(수원: 그 책의 사람들, 2015), pp. 159-191.

49) 이 글에서 말하는 기독개혁교회Christelijke Gereformeerde Kerk(CGK)는 자유개혁교회의 모교회로서, 북미기독개혁교회Christian Reformed Churches in North America(CRCNA)와 혼동하면 안 된다.

첫째, 회중과 의논하지 않았다.

둘째, 분리와 애통의 원리가 서로 너무 달라서, 연합은 갈등과 끝없는 혼란으로 이어질 수밖에 없다.

셋째, 모든 애통 교회를 그냥 참된 개혁교회로 받아들일 수는 없다.

넷째, 이 '결혼'의 조건으로 꼭 필요한 사랑이 빠져 있다.

다섯째, 애통 교회 지도자들은 중생과 세례에서 개혁주의로 인정할 수 없는 것들을 가르쳤다.

총회는 이 반론을 놓고 논의했고 이 반론에 답하려고 애썼지만, 모두 소용없었습니다. 연합에 반대하는 사람들은 네덜란드 기독개혁교회로 남기로 결정했습니다. 이들은 이 행동 때문에 호된 비난을 받았습니다. 합병에 앞서 애통 측에 거센 반대의 목소리를 냈던 사람들조차 이제는 연합에 반대하는 사람들을 매섭게 비난했습니다. 사람들은 이들에게 동기가 무엇이냐고 물었고, 분열의 죄를 회개하라고 촉구했습니다. 이 반대자들과 그 동기를 좋지 않게 보는 이런 평가는 세월이 흐르면서 차츰 누그러졌지만, 많은 사람이 아직도 기독개혁교회가 별개의 교단으로 남아 있는 것을 죄로 여기고, 그 존재 권리를 문제 삼고 있습니다.

1892년 연합에 대해 자유개혁교회의 관점을 밝혀 달라는 부탁을 받고서, 저는 판 링언과 다른 사람들이 무엇 때문에 이런 심각한 걸음을 내딛어서 비난과 정죄와 조롱을 자초했는지 간단히 살펴보고 싶었습니다.

저는 이들이 파벌주의나 분리주의 성향 때문에 연합에 반대한 것이 아님을 증명할 수 있다고 생각합니다. 엄밀히 따지면, 이들은 애통 측 형제들과 연합하지 않겠다고 한 것이 아닙니다. 합병의 때가 아직 무르

익지 않았다고 느꼈을 뿐입니다. 논의와 협상이 오 년 넘게 이어졌지만, 여전히 몇 가지 핵심 쟁점이 해결되지 않았습니다. 이들은 이런 문제가 더 분명해지지 않으면, 연합은 경솔한 일이며, 나중에 심각한 문제를 가져올 것이라고 굳게 믿었습니다.

이 다섯 가지 반론 중에서, 저는 첫째와 둘째, 다섯째 반론만 살펴보겠습니다. 제 눈에는 이것이 가장 중요해 보이기 때문입니다.

교회 정치 문제

이들의 첫 번째 불만은 먼저 회중의 의견을 묻지 않고 연합을 결론짓고 있다는 것이었습니다. 이 불만에 대해 총회는 이렇게 답했습니다. 개혁 교회 정치에 따르면, 결정을 내리는 것은 당회지 교회 회원이 아니라는 것입니다. 물론 이 말은 형식상 옳았지만, 실제로는 옳지 않았습니다. 이렇게 중대한 결정을 내리는 데서 적어도 먼저 회원들과 의논하지 않은 것은 분명히 지혜로운 일이 아니었습니다.

이처럼 첫째 반론은 교회 정치의 성격을 띠고 있었습니다. 이들은 교회들이 계급을 따르는 식으로, 밑에서 위로가 아닌 위에서 밑으로 연합을 강요받고 있다고 느꼈습니다. 연합은 지역 교회들 간의 논의 결과로 일어난 것이 아니라, 노회와 총회의 결정으로 일어났습니다. 이것은 본질에서 지역 교회의 권리를 침해한 형식상의 연합이었습니다. 저는 반대자들이 여기서 본질상 옳았다고 믿습니다. 여기서 배워야 할 교훈은 합병 가능성을 놓고 교단들 간에 논의할 때 언제나 지역 교회의 참여를 포함해야 한다는 것입니다. 물론 당회가 대표하는 것이지만, 회중에게 계속 모두 알리는 방식이어야 합니다.

역사 문제

둘째 반론은 분리와 애통의 차이점과 관련이 있었습니다. 판 링언과 다른 사람들은 이 차이가 너무 근본이 되는 것이어서 두 교회의 연합이 수많은 충돌과 혼란으로 이어질 수밖에 없음을 알았습니다. 이것은 역사와 관련한 반론입니다. 분리 운동과 애통 운동은 말 그대로 커다란 차이가 있었습니다. 이 차이는 연합 안을 처음으로 논의한 아선 총회(1888년)에서 분명하게 밝혀졌습니다. 이 반론을 이해하려면 우리는 분리와 애통이 어떻게 생겨났는지, 이 두 개혁 운동 뒤에 어떤 신학과 철학의 원리가 있었는지 살펴볼 필요가 있습니다.

카이퍼는 1884년에 『교회 개혁에 대한 논문』Tractaat van de Reformatie der Kerken을 썼고, 이 논문에서 자신의 교회 개혁 전략을 펼쳐 나갔습니다. 카이퍼에 따르면, 네덜란드 개혁교회(국가교회)는 분리 교회가 주장하듯 거짓 교회가 아니라 그 본질에서 참된 교회였습니다. 여기서 중요한 것은 카이퍼가 유기체로서 교회와 제도나 조직으로서 교회를 구분하고 있다는 사실입니다. 카이퍼는 조직으로서 교회가 거짓되다 해도, 유기체로서 교회는 참될 수 있다고 말합니다. 그 안에 참된 신자가 있는 한, 심지어 참된 신자가 있을 가능성만 있어도(아직 믿음에 이르지 못한 택함 받은 지체를 말합니다), 교회는 여전히 참되다는 것입니다. 카이퍼는 이것이 네덜란드 국가교회의 실정이라고 믿었습니다. 네덜란드 국가교회는 1816년부터 국가가 부과한 몇 가지 규칙 때문에 그 조직만 거짓될 뿐이었습니다. 카이퍼가 든 보기를 쓰자면, 이 규칙들이 유리 종으로 화초를 덮듯이 교회를 덮었습니다. 그러니까 개혁은 이렇게 불법으로 부과된 규칙에서 교회를 해방한다는 뜻이었습니다. 카이퍼와 그 추종자들에 따르면, 애통 측에서 한 일이 바로 이것이었습니다. 이들은 1886년의 행동을 1834년과 같은 국가교회와 분리로 보지 않고, 국가교회를 새로 조직해 그리스도의 권위 아래로 되돌려 놓으려는 노력으로 봤습니다.

애통파의 이런 접근법은 분리파의 접근법과 근본부터 달랐습니다. 1834년의 선조들은 국가교회가 본질상 참된 교회이나 그 조직만 거짓되다고 보지 않았습니다. 이들은 국가교회 전체를 거짓 교회로 봤고, 모든 신자가 성경과 개혁주의 신앙고백을 따라 이 교회와 갈라서야 한다고 생각했습니다. 분리파에 따르면, 교회는 벨직 신앙고백 27항에서 말하는 대로 본질상 '참된 기독교 신자의 거룩한 회중'입니다. 곧, 역사에 존재하고 눈에 보이며, 공통된 신앙고백으로 하나 된 지체들의 공동체를 말합니다. 이 신앙의 일치는 교회의 한 본질로서, 카이퍼가 가르치듯이 추상적으로 하나님께 있거나 잠재적으로 택함 받은 자에게 있는 것이 아니라, 구체적으로 믿는 사람의 회중에 있습니다.

애통 측은 국가교회를 본질상 참된 교회로 봤기 때문에, '1834년 분리'에 분열 행위라는 딱지를 붙여야 했습니다. 카이퍼는 1834년 분리를 놓고 '너무 일찍 딴 과일'이라고 하거나 '뿌리가 병들었다'고 하기를 주저하지 않았습니다.

분리 측의 아선 총회(1888년)는 자신들과 애통 교회 사이의 이 근본 차이를 잘 알았기 때문에, 두 가지 조건이 충족될 때만 애통 교회와 연합을 논의하기로 합의했습니다. 첫 번째 조건은 애통 교회가 국가교회의 치리회뿐 아니라 그 집단 전체와 갈라섰다고 진술해야 한다는 것이었습니다. 두 번째 조건은 애통 교회가 기독개혁교회를 1834년에 처음 분리해 나왔을 때부터 현재 모습까지 참된 개혁교회로 인정하고, 이에 따라 기독개혁교회의 모든 지역 회중을 그리스도 몸의 합법한 현현으로 인정해야 한다는 것이었습니다. 애통 회중은 위트레흐트 대회에서 이런 조건을 딱 잘라 거절했고, 이런 조건을 빼지 않고 더 이야기하는 것은 부질없는 일이라고 기독개혁 총회에 알렸습니다.

이런 거절의 답변이 아선 총회에 전해지자 대표들은 크게 실망했습니다. 하지만 이들은 꿋꿋이 서기는커녕 망설이기 시작했습니다. 적어도 상당수가 논의를 이어 가고 싶어했습니다. 그래서 대리인들을 뽑고, 이들에게 애통 교회의 대리인들과 만나 연합 계획을 세우라는 지시를 내렸습니다. 이 모임에서 카이퍼는 미리 알아보기 쉽게 준비해 놓은 연합 계획의 인쇄본을 꺼내 보였습니다. 이 계획은 캄펀 총회(1889년)에서 활발하게 논의되었고, 거의 모두가 이 계획 전체를 받아들일 것 같았습니다. 그런데 마지막 순간에 몇 가지 수정이 제안되었고, 이 제안은 받아들여졌습니다. 적어도 당분간은 분리파를 구한 일이었습니다. 총회는 끝이 났고, 연합은 결렬될 듯 보였습니다.

하지만 이것은 겉보기로만 실패였습니다. 다음으로 열린 레이우아르던 총회(1891년)에서 상황은 정점에 다다랐습니다. 두 가지 안건을 고찰해야 했습니다. 하나는 린더봄L. Lindeboom 교수의 제안이고, 다른 하나는 바빙크H. Bavinck 교수의 제안입니다. 린더봄은 총회에 다음과 같이 주장할 것을 요구했습니다. "애통 교회는 국가교회가 그 조직에서 거짓이며 회원들의 조합으로서 거짓이라고 선언함으로 둘의 관계를 분명히 해야 한다." 바빙크의 제안은 다음과 같았습니다.

첫째, 두 교회 모두 1834년 분리가 하나님의 일이었다고 선언하게 하라.

둘째, 교회 개혁에 대한 애통파의 태도를 그들 자신에게 맡겨 두라.

셋째, 두 교회가 서로를 참된 개혁교회로 인정하게 하라.

넷째, 국가교회와 관계를 끊는 것은 그 치리 조직만 아니라 그 회원 전체와 관계를 끊는다는 뜻임을 두 교회 모두 인정하게 하라.

다섯째, 세 일치 신조와 도르트 교회법을 기초로 연합하자.

두 사람의 제안은 달랐습니다. 린더봄은 분리 측의 태도만을 합법으로 인정해야 한다고 주장했고, 바빙크는 분리와 애통의 관점이 연합될 교회에서 같은 권리를 가져야 한다고 생각했습니다. 린더봄은 참되고 본질이 되는 연합을 지지했고, 바빙크는 형식상의 연합에 만족했습니다.

레이우아르던 총회는 바빙크의 제안을 받아들였고, 애통 총회도 마찬가지였습니다. 당연한 일이었습니다! 애통 교회는 거의 모든 일을 하고 싶은 대로 했습니다! 물론 이들은 1834년 분리가 하나님의 일이었다고 인정해야 했지만, 국가교회를 거짓 교회로 보도록 요구받지 않았습니다. 이들에게는 여전히 국가교회를 타락한 교회로 여길 권리가 있었습니다.

이 말인즉슨 이제부터 새로 연합한 교회에서 분리와 애통의 원리가 모두 적당한 자리를 차지한다는 뜻이었습니다. 반대자들은 이것을 분리에 대한 배반으로 봤습니다. 하지만 암스테르담 총회는 연합이 고백서들과 도르트 교회법을 토대로 이루어지기 때문에 반대자들의 반론에 근거가 없다고 말했습니다. 이 말은 형식상 옳았을지 모르나, 끈질긴 의문이 반대자들을 괴롭혔습니다. 곧, 두 교회가 고백서의 핵심 교리를 보는 관점이 크게 다른데, 과연 고백서에 형식상 찬성한다는 것이 교회 연합의 충분한 근거가 되는가 하는 것입니다.

교리 문제

이것은 우리를 다섯째 반론, 곧 애통 측에 성경과 다른 가르침이 퍼졌다는 혐의로 안내합니다. 여기서 말하는 것은 카이퍼의 가르침임이 분명합니다. 카이퍼는 세례의 근거로 영원 전 칭의, 직접 중생, 가정 중생을 가르쳤고, 결국 언약 자손을 비롯한 회중 전체를 날 때부터 거듭난 자로 여기고 다뤄야 한다고 가르쳤습니다.

이 반론에 대한 총회의 답변은 이랬습니다. 연합은 개혁주의 신앙고백과 교회법이라는 공동 기반 위에서 일어나고 있기 때문에, 특정 교리가 그릇되었다는 혐의는 모두 훗날 적당한 교회 모임에서 논의해야 한다는 것입니다. 저는 이런 논박이 지극히 설득력 없다고 생각합니다. 여기서 총회는 반대자들이 내놓은 가장 중요한 반론에 해당하는 것을 완전히 회피했습니다. 총회가 이 혐의를 부인하지 않았음을 눈여겨보십시오. 문제의 사안에 대한 카이퍼의 관점은 「포고자」De Heraut[50]에 실린 글과 특별히 하이델베르크 교리문답 강해(후에 『도르트의 뜻을 따라』E Voto Dordraceno라는 제목의 책으로 나왔습니다)를 통해 널리 알려졌습니다.[51]

하지만 그토록 바라던 연합을 막거나 미루기까지 할 만큼 이 문제를 심각하게 여기지 않는 것이 분명해 보였습니다. 총회의 답은 한마디로, "차이가 있다는 것은 알지만, 먼저 연합하고 나서 차이점을 이야기하는 것이 낫겠다"는 것입니다. 제가 볼 때, 이것은 교회 통합에 완전히 잘못 접근하는 것입니다.

이 다섯째 반론은 정식으로 합의 선언을 했는데도 실제로 신앙고백의 일치는 없었음을 똑똑히 보여 주기 때문에 아주 중요합니다. 이 반론을 자주 교리에 대한 반론이라고 하는데, 이 말은 역사에 대한 반론

---

50) 옮긴이—카이퍼가 편집을 맡은 주간지 이름이다.

51) 1846년에 열린 기독개혁교회 총회는 가정 중생으로 치우치기 쉬운 스콜터(H. P. Scholte)의 견해를 정식으로 정죄했다. 스콜터는 네덜란드 개혁교회 세례 예식서에 나온 "그리스도 안에서 거룩하게 된다"는 표현을 주관적 거룩함으로 받아들였다. 하지만 총회는 이것을 객관적 또는 언약적 거룩함으로 해석했다. 이처럼 1892년 총회는 반대자들의 경고에 귀 기울이지 않음으로, 이 문제에 대한 기독개혁교회의 공식 입장을 무효로 만들었다.

으로 알려진 둘째 반론 역시 교리(곧, 교회 교리)에 대한 반론임을 깨닫는 한 옳습니다.

당시 기독개혁교회의 많은 사람이 이 사실을 깨닫지 못했습니다. 적어도 충분히 깨닫지는 못했습니다. 그랬기 때문에 이들은 바빙크의 제안을 받아들일 수 있었습니다. 바빙크 제안의 본질은, 결국 두 교회 모두 국가교회에서 분리라는 같은 결과를 낳았기 때문에, 교회 개혁을 위해 애통파의 방법을 쓰든 분리파의 방법을 쓰든 그것은 중요하지 않다는 것입니다.

이 논점은 상당히 설득력 있었습니다. 하지만 우리가 깨달아야 할 것은, 교회 개혁 방법이 다른 진짜 이유는 교회의 본질에 대한 이해가 다르기 때문이라는 사실입니다. 턴 호르만큼 이 차이를 분명하게 설명한 사람은 없습니다.[52] 턴 호르에 따르면, 분리파에게 교회란 본질상 '참된 기독교 신자들의 거룩한 회중', 다시 말해, 그리스도를 고백하는 사람들의 눈에 보이는 몸이었습니다. 애통파의 주요 대변인인 카이퍼에게 교회의 본질은 유기체입니다. 카이퍼는 이것을 보이는 기관으로 나타나는 보이지 않는 교회라고 했습니다.[53]

판 레이우언에 따르면, 교회를 유기체로 보는 카이퍼의 견해는 개혁 신학보다 독일 철학에서 나온 것이었습니다.[54] 카이퍼는 유기체라는 이 철학 개념을 성경과 개혁주의에서 말하는 선택 교리와 결합시켰습니다.[55]

---

52) F. M. Ten Hoor, *Afscheiding en Do lean tie in verband met het Kerkbegrip* (1889–90).

53) Abraham Kuyper, *Tractaat van de Reformatie der Kerken*, p. 29.

54) P. A Van Leeuwen, *Het Kerkbegrip in de Theologie van Abraham Kuyper*, p. 118.

55) Henry Zwaanstra, "Abraham Kuyper's Conception of the Church," *Calvin Theological Journal 9* (November 1974), p. 156.

이처럼 카이퍼는 유기체로서 보이지 않는 교회를 강조했고, 또 그만큼 기관으로서 보이는 교회를 경시했는데, 이것이 네덜란드 국가교회 개혁 이론을 비롯해 모든 카이퍼 사상의 배경을 이룹니다. 기관으로서 교회가 거짓되다고 인정하더라도, 유기체로서 교회는 아직 이루어지지 않은 교회 형성의 가능성을 지닌 택함 받은 사람의 존재 때문에 여전히 참되다고 여길 수 있었습니다. [56]

카이퍼에게 거짓 교회란 이론으로나 가능했습니다. 카이퍼는 교회가 적그리스도의 교회나 사탄의 회당으로 타락하기 전까지 믿는 사람이 교회와 갈라서서는 안 된다고 말했습니다. 그리고 이런 일이 아직 일어나지 않았기 때문에, 국가교회를 떠날 근거가 없었습니다. [57] 이렇게 해서 카이퍼는 벨직 신앙고백 27-29항을 사실상 무효로 만들었습니다. 분리가 필요하기 전에 교회가 완전히 거짓될 때까지 기다려야 한다면, 우리는 커다란 분리가 일어날 심판 날까지 기다려야 할 것입니다.

벨직 신앙고백은 믿는 사람이 거기서 나와야 할 정도로 교회가 지금 벌써 타락한 상태에 있을 수 있다고 말합니다. 29항에서는 참된 교회와 거짓된 교회의 표지를 주면서, 이 두 교회를 서로 알아보고 분간하기 쉽다고 말합니다. 판 링언과 비서 같은 사람들은 애통과 분리가 교회 교리에서 뿌리부터 다르다는 이 확신 때문에, 이 차이를 분명하게 밝히고 해결하기 전까지 연합을 미루라고 암스테르담 총회에 권고한 것입니다.

나머지 칠백 명의 탄원자들이 카이퍼의 교회관 뒤에 있는 신학과 철학의 원리를 충분히 알았다는 말이 아닙니다. 하지만 판 링언은 오랫동

---

56) Abraham Kuyper, *Tractaat van de Reformatie der Kerken*, p. 29.
57) 앞의 책, pp. 40, 160.

안 카이퍼의 친한 친구요 동료였고, 처음부터 애통 운동의 일원이었기 때문에, 분명 카이퍼를 알았습니다. 턴 호르와 린더봄 같은 사람들도 카이퍼가 어디서 왔는지 알았고, 카이퍼의 신학이 개혁주의와 신앙고백과 여러모로 다르다고 하기를 겁내지 않았습니다.

교회를 유기체로 보는 카이퍼의 개념에서 또한 카이퍼가 회중을 어떻게 봤고, 목회의 본질과 목적을 무엇으로 봤는지 엿볼 수 있습니다. 교회의 본질을 유기체로 본 카이퍼의 개념은 강한 타락 전 선택설 성향의 구원론과 합해져, 대체로 타락 후 선택설을 고수한 분리 교회에서 자란 많은 사람을 경고하는 설교를 낳았습니다. 개혁교회 안에는 늘 타락 전 선택설로 기운 사람들이 있었지만, 고백서들에 살아 숨 쉬는 정신은 분명한 타락 후 선택설임이 틀림없습니다. 하지만 카이퍼는 그저 전택설을 후택설보다 더 좋아한 것이 아니라, 오직 전택설만이 바른 관점이라고 확신했습니다. 카이퍼는 후택설을 개혁교회 안에 생긴 모든 이단의 원인으로 봤습니다. [58]

이와 관련해 중요한 것은 카이퍼의 잠재성 개념입니다. 우리는 벌써 카이퍼가 네덜란드 국가교회를 평가하는 데서 이 개념을 어떻게 썼는지 봤습니다. 카이퍼에게 국가교회는 그 안에 믿는 사람이 있는 한, 심지어 믿는 사람이 있을 가능성만 있어도, 여전히 참된 교회였습니다. 이런 경우 교회의 본질이 여전히 그 안에 있기 때문이라는 것입니다.

이 잠재성 개념이 카이퍼 신학 전체에 배어 있지만, 특별히 구원론에 배어 있습니다. 우리는 카이퍼의 은혜 언약 교리(카이퍼는 이 언약이 택함 받은 자들을 대표하시는 그리스도와 맺어졌다고 말합니다)에서 이 개념을 볼 수 있습니다. 카이퍼의 영원 전 칭의와 가정 중생도 이 개념으로 이루어져 있

---

58) Abraham Kuyper, *Dictaten Dogmatiek*, vol. 2, pp. 43-44.

습니다. 바울이 아직 그리스도와 그 백성의 원수일 때 거듭났다는 카이 퍼의 가르침도 이 개념이 그 배경을 이룹니다. 게다가 카이퍼는 이 잠재 성 개념 때문에 중생을 성령께서 말씀 없이 직접 일으키시는 일로 봤습 니다. 말씀은 성령께서 영적으로 죽은 죄인들 안에 새 생명을 창조하시 려고 쓰시는 방편이 아니라, 이미 죄인들 안에 있거나 있다고 가정되는 생명에 양분을 공급할 뿐입니다. 그러니까 기관으로서 교회의 주된 임 무는 유기체로서 교회(믿는 사람들)를 양육하고, 이들의 잠재성을 끌어내 어 이들이 그리스도인으로서 사회에서 그리스도를 섬길 수 있게 하는 것입니다. 이것이 설교와 성례에 미치는 파장은 어마어마합니다. 이 은 혜의 방편들은 중생의 씨를 벌써 소유한 사람에게만 유익을 끼칠 수 있 습니다.

분리파는 교회를 좀 더 '구원'의 기관, 곧 죽은 죄인이 그리스도 안에 있는 새 생명으로 인도받고, 믿는 사람이 믿음 안에서 양육받고 사회에 서 그리스도를 섬길 채비를 갖추는 성령님의 일터로 보았습니다. 이 두 견해는 양립할 수 없었고, 그래서 반대자들은 연합한 교회에서 두 견해 를 모두 가르치도록 허락하자는 의견을 받아들일 수 없었습니다.

카이퍼의 견해는 1892년이 지나면서 차츰 더 널리 알려졌지만, 판 링 언과 비서를 비롯한 많은 사람은 연합이 일어나기 한참 전에 벌써 카이 퍼의 견해를 알고 있었습니다.[59] 사실 반대자들에게는 다섯째 요점으 로 말한 교리 반론이 그다지 중요하지 않았다는 이야기가 있었습니다. 자신들의 주장을 강화하기 위한 추가 논거로 중생과 세례를 언급했을

---

59) 카이퍼는 1890년 9월 28일 자 「포고자」에 이렇게 썼다. "우리 교회에서는 어떤 유아에게도 그의 선택과 중생을 가정하지 않고 세례를 주지 않는다⋯⋯이 사실을 받아들이지 않는 사람은 누구도 깨끗한 양심으로 개혁교회에 남아 있을 수 없다. 우리 개혁주의 선조들은 언제나 이렇게 가르쳤기 때문이다."

뿐이라는 것입니다.

그러나 당시 카이퍼와 주로 달랐던 의견이 카이퍼의 가정 중생 교리라기보다는 카이퍼의 교회관(반대자들은 이것이 분리파의 원리를 위협한다고 봤습니다)이었음을 인정해야 한다고 해도, 이것은 사실이 아닙니다. 제가 보여 주려고 했다시피, 카이퍼가 교회를 보는 방식은 말씀 사역, 성례 시행, 구원의 길을 보는 방식에도 영향을 미쳤습니다.

반대자들은 분리 교회가 애통 교회와 연합한다면, 분리 교회에 카이퍼의 영향력만 늘어날까 봐 걱정했습니다. 그 뒤의 역사가 반대자들이 옳았음을 입증한 것은 부인할 수 없는 사실입니다. 연합한 교회는 거의 처음부터 분리파와 애통파 원리의 근본 차이에서 나온 모든 논쟁에 휘말리게 되었습니다. 분리 교회와 애통 교회는 같이 살기가 정말 힘들다는 것을 알았고, 언약과 세례, 가정 중생, 간접 또는 직접 중생, 신학 교육 따위를 놓고 여러 해 동안 싸웠습니다.

이른바 위트레흐트 체결로 타협을 이룬 1905년에 한때나마 이런 차이가 해소되었지만, 쟁점이 실제로 사라진 적은 없습니다. 1930년대에 이 쟁점이 다시 수면 위로 떠올랐고, 결국 1944년 해방으로 이어졌습니다. 사실인지 모르겠지만, 펠레마 목사는 기독개혁교회와 해방 교회의 대표들이 처음으로 만난 자리에서 스힐더Klaas Schilder 박사가 이렇게 인정했다고 말합니다. "제 생각에는 기독개혁교회가 우리보다 애통파가 얼마나 고집스럽고 완고했는지 더 분명히 본 것 같습니다."[60]

---

60) J. H. Velema, *Wie Zijn Wij?*, p. 59.

평가

그러면 우리는 1892년의 반대자들을 어떻게 봐야 합니까? 연합에 함께 하지 않고, 기독개혁교회라는 별개의 교단으로 남은 것은 옳은 일이었습니까, 그른 일이었습니까? 저는 이 문제를 합병된 교회가 어떻게 바라보는지, 캐나다 개혁교회가 어떻게 생각하는지 알고 있습니다. 이들은 반대자들이 잘못했다고 믿습니다. 연합은 주님의 일이었고, 자기 모든 백성에게 하나 되라고 하신 그리스도의 명령에 순종하는 행위였다고 믿기 때문입니다. 이 연합은 고백서들과 도르트 교회법을 기초로 일어났기 때문에, 모든 개혁주의 신자는 이 일에 찬성할 의무가 있었다는 것입니다.

저는 이런 해석의 가치를 인정할 수 있습니다. 연합 이야기를 읽으면서 저는 그날(1892년 6월 17일) 대표자들과 방문객들이 오랫동안 바라던 소망이 실제로 이루어진 것을 보고 얼마나 기뻐했을지 조금이나마 느낄 수 있었습니다. 저는 이 합병에 찬성하고, 이 합병을 주님이 주신 큰 복으로 여긴 사람들의 동기를 의심하지 않습니다. 그 가운데 연합을 앞뒤로 연합 교회에서 주님께 크게 쓰임 받은 위대한 믿음의 사람들도 있었습니다. 이 교회들에 심각한 갈등이 뒤따랐지만, 이 연합이 네덜란드와 네덜란드 너머에까지 어마어마하게 선한 영향력을 미쳤다는 것도 부인할 수 없는 사실입니다.

하지만 제가 호소하는 바는 반대자들 역시 선한 믿음으로 행동했다고 인정해 달라는 것입니다. 판 링언과 비서, 이들과 함께한 다른 사람들은 마음속으로 이 연합에 찬성할 수 없다고 느꼈습니다. 저는 그 까닭을 대강 보여 주려고 애썼습니다. 이들이 총회에 제시한 다섯 가지 반론은 깊은 신학 진술이라고 할 수 없습니다. 제 생각에 이것은 오히려 다섯 가지 뜨거운 호소였습니다. 이 사람들은 교회의 순결과 사역에 깊은 관심이 있었습니다. 이들이 생각하기에 이것은 복음 설교, 회중을 보는 관점, 경건한 삶이 달린 문제였습니다. 스페이커르 교수가 얼마 전에 썼다시피, 반대자들에게 진짜 문제는 살아 움직이는 경건이었습니다. 이들은 애통파 환경보다 분리파 환경에서 이 경건이 더 잘 보존되리라고 믿었습니다. [61]

반대자들이 가장 걱정한 것은 하나님 말씀에 대한 신령한 이해, 주님과 맺는 인격 관계, 놀라운 하나님의 은혜에 대한 체험이었습니다. 이들이 카이퍼 박사의 사변에 근거를 둔 신학관은 물론이고 애통파 사람들의 수많은 설교에서 아쉬워한 것은, 분리파의 깊은 영성, 죄와 은혜의 실재, 하나님 언약에 대한 바른 체험, 이 언약의 하나님과 맺는 인격 관계였습니다. 둘은 접근 방법이 너무 달랐습니다. 1892년의 반대자들은 성경에 따른 삼위일체 하나님과의 신비한 유대가 논리와 이성에 따라 빈틈없이 짜인 언약 체계(거짓된 안도감으로 이어지기 쉬운)로 대체되고 있음을 직감했습니다.

당시 이것이 기본 쟁점이었고, 오늘날도 여전히 기본 쟁점입니다. 자유개혁교회와 다른 개혁교회들 사이의 모든 논쟁에서 언제나 주목을 받는 것은 이런 질문입니다. '고백서들을 어떻게 읽고 해석하는가? 교리 문제에서 정식으로 합의한다는 것이 실제로 무엇을 뜻하는가? 어떤 교리를 가장 중요하게 생각하는가?' 캐나다 개혁교회 형제들에게 가장 중요한 질문은 '참된 교회란 무엇인가?'로 보입니다. 우리 자유개혁교회는 이 질문이 아주 중요하다는 데 찬성하면서도, 이를 넘어서 이렇게 묻습니다. '내가 이 참된 교회의 참된 지체인지 어떻게 아는가?' 이것과 아주 밀접하게 관련된 또 다른 질문은 죄인의 마음과 삶에 구원을 적용

---

61) W. Van't Spijker, *De Wekker*, February 14, 1992.

2부 11장 1892년 연합: 자유개혁교회의 평가 **259**

하시는 성령의 사역을 다룹니다. 우리 자유개혁교회는 설교할 때 믿고 회개해야 할 사람의 의무만 아니라, 사람이 본성상 이런 신령한 행위를 할 수 없고, 그래서 성령님의 거듭나게 하시는 사역에 온전히 의존한다는 사실을 강조해야 한다고 믿습니다.

다른 모든 구원의 은혜와 마찬가지로 믿음과 회개는 실로 영원히 죽어야 마땅한 죄인에게 값없이 베푸시는 하나님의 은혜요 선물입니다. 그러니까 구원은 당연히 있는 것이 아니라, 누구에게 어떤 빚도 지지 않으시나 언약의 약속으로 친히 우리에게 의무를 지신 하나님께 구해야 하는 것입니다. 실로 우리는 맹세로 확증된 이 약속을 쉴 의자가 아니라 간구할 근거로 쓸 수 있습니다. 우리는 언약의 자녀 됨이 구원을 뜻한다고 가정해서는 안 됩니다. 그래서 우리는 다른 개혁교회 지체들과 논의할 때, 성경과 고백서들을 토대로 정식으로 합의하는 것보다 뭔가 더 필요함을 느낍니다. 이것은 그 자체로 중요하지만, 우리는 실천과 체험의 측면도 충분히 공정하게 다루어야 한다고 주장합니다.

저는 이것이 우리가 분리파에게 물려받은 유산의 일부이며, 이것을 양보할 수 없고, 양보해서도 안 된다고 믿습니다. 우리는 체험이 신령한 삶을 너무 지배할 위험이 있음을 압니다. 또 우리가 언제나 이 위험을 피한 것도 아님을 인정해야 합니다. 체험주의는 이성주의만큼 해로울 수 있습니다. 우리에게 필요한 것은 하나님의 말씀에서 표현하고 우리 고백서들에서 정의하는 체험, 곧 성령님께서 일으키시는 죄와 은혜에 대한 참된 체험입니다. 그러면 복음의 소식은, 트림프C. Trimp 박사의 말을 바꿔 표현하면, 우리 귀에 반가운 소리가 되어, 우리 마음에서 찬양과 함께 믿음과 회개의 메아리를 끌어낼 것입니다.

1 분리 측 목사 702명이 분리 교회와 애통 교회가 연합하는 것을 반대한 까닭과 그 배경은 무엇입니까?

2 〈교회 정치 문제〉를 읽고 답해 봅시다.

1) 분리 측이 연합을 반대한 본질적 까닭은 무엇입니까?

2) 우리나라 역사 속에서도, 그리고 오늘날에도 이런 일들이 일어나고 있는데, 자신의 생각을 나눠 봅시다.

3 〈역사 문제〉를 읽고 답해 봅시다.

1) 분리와 애통이 어떻게 생겨났습니까? 이 두 개혁 운동 뒤에 어떤 신학과 철학의 원리가 있었습니까? 분리파와 애통파로 나누어서 각자의 입장을 정리해 보고 나눠 봅시다.

2) 이성호 교수가 쓴 『네덜란드 개혁교회 이야기』 159-191쪽을 읽고 나눠 봅시다.

4 〈교리 문제〉를 읽고 답해 봅시다.

1) 반대자들이 내놓은 "애통 교회 지도자들은 중생과 세례에서 개혁주의로 인정할 수 없는 것들을 가르쳤다"는 다섯째 반론에 대한 총회의 답변과, 이에 대한 지은이의 생각을 살펴봅시다.

2) '교회'에 대한 분리파와 애통파(카이퍼)의 각각의 관점은 무엇입니까?

3) 벨직 신앙고백 27-29항을 읽어 봅시다. 참된 교회와 거짓 교회의 표지에 대해 알아보고 나눠 봅시다.

4) 카이퍼의 잠재성 개념에 대해 알아보고, 카이퍼의 구원론에 어떻게 반

영되어 있었는지 말해 봅시다.

5) 반대자들(분리파)이 우려했던 일이 연합 이후에 어떻게 드러났습니까?

5 〈평가〉를 읽고 답해 봅시다. 우리는 1892년의 반대자들을 어떻게 봐야 합니까? 서로 나눠 봅시다.

6 이 장을 읽으면서 하나님께서 깨닫게 해주신 것과 베풀어 주신 은혜를 생각하며 감사합시다. 또 깨달아 배우고 확신한 일에 거할 수 있게 해달라고 기도합시다.

3부
___

진리 분별

12장

타락 전 선택설과 타락 후 선택설 무엇이 다른가 [62]

최근에 저는 청교도개혁신학교Puritan Reformed Theological Seminary에 다니는 우리 신학생들에게 분리파 신학 과정을 가르쳤습니다. 그 가운데 한 강의에서 저는 타락 전 선택설과 타락 후 선택설을 다뤘습니다. 저는 이 말이 많은 사람에게 아무런 의미가 없다는 것을 안타깝게 생각합니다. 하지만 이 말은 '1892년 연합'을 앞뒤로 네덜란드 분리 교회와 애통 교회의 논쟁에서 중요한 구실을 했습니다. 1892년은 '1834년 분리'에 뿌리를 둔 회중 대부분이 1886년에 아브라함 카이퍼를 따라 네덜란드 국가교회Nederlandse Hervormde Kerk(NHK)에서 나온 애통 교회와 결합한 해입니다. 이 새 교단은 네덜란드 개혁교회Gereformeerde Kerken in Nederland(GKN)라는 이름을 택했습니다. 하지만 모든 분리파 사람이 이 합병에 찬성한 것은 아니었습니다. 소수의 목사와 회중은 카이퍼와 카이퍼를 따르는 사람들의 여러 가르침에 심각한 문제를 느끼고, 기독개혁교회Christelijke Gereformeerde Kerken(CGK)(자유개혁교회의 모교회)로 남기로

---

62) 「메신저」 2000년 7/8월 호에 실린 글.

결정했습니다.

카이퍼가 훌륭한 사람이라는 데는 모두가 찬성했지만, 이것이 카이퍼의 행동이나 가르침이 모두 옳다는 뜻은 아니었습니다. 더 분별력 있는 목사들과 사람들은 특별히 교리 부분에서 카이퍼의 몇몇 견해에 갈수록 불편함을 느꼈습니다.

카이퍼는 전택설을 믿었고, 분리파 사람들은 거의 후택설을 믿었습니다. 이 기본 관점이 달랐기 때문에, 구원의 몇몇 핵심 교리에서도 해석이 달라졌습니다. 그러니까 중요한 것은 우리 자유개혁교회 선조들을 갈라놓은 쟁점에 대해 아는 것입니다. 우리는 이 쟁점 때문에 다양한 정도로 애통파의 영향을 받은 개혁교회들과 여전히 거리를 두고 있습니다.

무엇이 쟁점인가

'타락 전 선택설'과 '타락 후 선택설'이라는 이 익숙하지 않은 말은 무슨 뜻일까요? 둘을 이렇게 부르는 까닭은 하나님 작정의 논리 순서를 보는 방식이 다르기 때문입니다. [63] 여기서 쟁점이 되는 문제는 하나님 작정의 전체 순서 가운데 예정(선택과 유기)의 작정을 어디에 두느냐 하는 것입니다. 벌코프는 이렇게 말합니다. "문제는 하나님의 계획 가운데 선택과 유기의 작정이 세상을 창조하시고 타락을 허용하신 작정에 앞서느냐 뒤서느냐 하는 것입니다."

여기에 또 다른 물음이 자연스레 뒤따릅니다. 곧, 예정의 작정에서 하나님께서는 사람을 아직 창조되어야 하고 타락할 대상으로 여기십

---

63) 옮긴이—여기서 말하는 '전/후'는 시간에 따른 순서가 아니라 논리에 따른 순서다. 하나님의 작정은 모두 영원 안에서 일어난 일이기 때문이다. 그래서 영어를 보면, '전/후'가 아닌 '상/하'(supra/infra)로 되어 있다.

니까, 벌써 창조되고 타락한 대상으로 여기십니까? 두 경우 작정의 순서는 다음과 같습니다.

전택설의 순서
1. 하나님께서 자신의 영광을 위해 어떤 사람들을 구원하고, 나머지 사람들을 정죄하기로 작정하셨다. 이 단계에서 이들은 아직 하나님의 생각 속에 가능성으로만 존재한다.
2. 사람을 창조하기로 작정하셨다.

후택설의 순서
1. 하나님께서 사람을 창조하기로 작정하셨다.
2. 타락을 허용하기로 작정하셨다.
3. 타락해서 정죄받아야 마땅한 인류 가운데 일정 수를 영원한 생명으로 선택하시고, 나머지는 간과하사 그 죄에 합당한 영원한 멸망에 두기로 작정하셨다.
4. 택하신 사람들을 위해 구원의 길을 제공하기로 작정하셨다.

우리의 모든 고백서들, 특별히 도르트 신조와 벨직 신앙고백이 후택설의 순서를 따릅니다. 전택설은 좀 더 논리를 따르는 순서며, 상황을 더 체계 있게 정리하는 데 도움을 주지만, 책임 있는 피조물이요 도덕 행위자로서 사람이 해야 할 일을 얕보는 경향이 있습니다.
　많은 사람이 전택설과 후택설 사이의 전체 논쟁을 비웃지만, 이 학문에서 홀륭해 보이는 교리의 요점을 어떻게 보느냐에 따라 지극히 중요한 다른 교리를 보는 관점이 좌우되고 결정됩니다. 이것은 카이퍼 박사와 그 반대자들에게 확실히 사실이었습니다. 열렬한 전택론자였던 카이퍼는 은혜 언약, 칭의, 중생, 세례와 같은 교리에서 그 반대자들이 성경과 어긋난다고 생각한 견해를 가지고 있었습니다.

언약과 칭의

먼저 은혜 언약을 보겠습니다. 카이퍼는 은혜 언약이 택함 받은 사람을 대표하시는 그리스도와 맺어진 것이라고 믿었습니다. 그러니까 택함 받은 사람만이 이 언약의 지체라는 것입니다. 결국 복음의 약속도 택함 받은 사람만을 위한 것입니다. 카이퍼에게 언약과 선택은 사실상 같은 것이었습니다. 이 때문에 카이퍼는 택함 받은 사람이 또한 영원 전에 의롭다 하심을 받는다고 가르치게 되었습니다. 하나님께서 자기 백성을 그리스도 안에서 선택하셨다는 것은 하나님께서 또한 이들을 자기 아들 안에서 의롭다 함을 받은 것으로 여기신다는 뜻이라는 것입니다. 카이퍼는 택함 받은 자들이 지음 받기 전에 영원 안에서 벌써 하나님 앞에 의롭다 여기심을 받고, 모든 죄책과 형벌을 사면받고, 영원한 생명에 이르는 자격을 얻었다고 말합니다.

카이퍼는 이런 견해를 뒷받침하려고 요한계시록 13장 8절 같은 구절을 언급했습니다. 여기서 우리는 "생명책에 기록된 이름"과 "창세로부터 죽임을 당한 어린양"을 봅니다.[64] 카이퍼는 어린양의 죽음이 시간 안에서 일어날 일이 아니라, 창세전에 일어난 일임을 이 구절이 증명한다고 말합니다. 마찬가지로 이 희생제사에 포함된 택함 받은 사람도 그저 시간 안에서 의롭다 하심을 받을 것이 영원 전에 결정된 것이 아니

---

64) 옮긴이—개역개정판에서는 "창세로부터(창세 이후로)"라는 말을 "생명책에 이름이 기록되지 못한"과 연결하고 있지만, 원문에서는 "죽임을 당한 어린양"과 연결하는 것도 가능하다. 카이퍼는 후자의 해석을 따르고 있다.

라, 영원 전에 실제로 의롭다 하심을 받았다고 말합니다. 그렇기 때문에 이들의 이름이 생명책에 기록되었다는 것입니다.

하지만 '믿음'으로 말미암는 칭의는 어떻습니까? 이것은 시간 안에서 일어나지 않습니까? 카이퍼는 그렇다고 말합니다. 하지만 영원 전에 벌써 의롭다 하심을 받았기 때문에 이것은 실제로 의롭다 하심을 받는 것이 아닙니다. 그러면 가령 로마서 5장 1절에서 말하는 칭의는 무슨 뜻입니까? "그러므로 우리가 믿음으로 의롭다 하심을 받았으니 우리 주 예수 그리스도로 말미암아 하나님과 화평을 누리자." 카이퍼에 따르면, 이것은 영원한 칭의를 깨닫게 된다는 뜻일 뿐입니다.

분리파 사람들은 이것을 완전히 반대했습니다. 이들은 어떤 면에서 영원 전 칭의, 곧 영원 전부터 그리스도와 택함 받은 자들 사이에 유대가 있었고, 그 결과 택함 받은 자들에게 그리스도의 의가 전가되는 일이 있었다고 말할 수 있음을 부인하지 않았습니다. 하지만 이것이 시간 안에서 믿음으로 말미암아 실제로 의롭다 하심을 받는 것을 쓸데없고 불필요한 일로 만들지 않습니다. 영원 전에 하나님의 작정 안에서 일어난 일은 시간 안에서 실제로 일어날 때만 실재가 될 수 있습니다. 우리 개혁주의 선조들은 카이퍼의 가르침과 함께 죄인이 칭의를 경험할 필요가 없게 되고, 칭의가 실제 믿음과 관련 없게 될까 봐 걱정했습니다.

중생, 회심, 세례

중생 교리에도 비슷한 일이 일어났습니다. 카이퍼는 믿는 부모의 자녀를 날 때부터 벌써 거듭난 것으로 봐야 한다고 가르쳤습니다. 이 가정 중생 교리는 교회들에 큰 폭풍을 일으켰고, 우리 가운데 끊임없이 논란이 되는 주제입니다. 카이퍼가 이런 관점에 이르게 된 까닭은 은혜 언약이 오직 택함 받은 사람하고만 맺어졌다고 생각했기 때문입니다. 그러니까 복음의 약속은 택함 받은 사람에게만 의미 있을 수 있습니다. 카이퍼는 하나님께서 주실 마음이 없는 것을 절대로 약속하지 않으실 테니까 택함 받은 사람이 하나님께서 약속하시는 모든 것을 받으리라고 생각했습니다. 이에 대해 사람들은 세례 받은 자녀가 모두 택함 받은 자로 드러나는 것도 아니요, 거듭난 증거를 보여 주는 것도 아니라고 반박했습니다. 카이퍼는 이것이 맞는 말이지만, 우리는 자녀들의 삶에서 거듭나지 않은 모습을 보기 전까지 자녀들이 거듭난 것으로 가정해야 한다고 말했습니다.

카이퍼는 직접 또는 간접 중생과 관련해, 말씀의 도구 없는 직접 중생을 믿었습니다. 카이퍼에게 설교는 주로 양육하는 것이지, 죄인을 회개로 부르는 것이 아니었습니다. 죄인들이 먼저 거듭나기 전에는 들을 수 없다는 것입니다. 그래서 이 전통에 있는 설교자들은 생명이 있는 사람, 곧 중생의 씨를 가진 사람에게만 설교합니다. 이들이 믿음으로 부르심을 받는 까닭은 영원 전에 의롭다 하심을 받은 것을 믿어야 하기 때문입니다. 카이퍼 전통에 따르면, 구원의 순서에서 중생은 믿고 회개하라는 부르심 앞에 옵니다.

이에 뒤따르는 위험은 교회 안에서 자라는 많은 사람이 자기 영혼에 아무런 문제가 없다고 생각하면서 자란다는 점입니다. 이들은 하나님의 진노, 죄에 대한 깨달음, 자신의 잃어버린 상태를 절대로 체험하지 못합니다. 그러니까 우리는 왜 많은 사람이 카이퍼의 가르침이 교회 생활에 미칠 파장을 깨닫고 걱정했는지 쉽게 이해할 수 있습니다. 카이퍼의 가르침은 교회의 설교와 목회 사역에 영향을 끼쳤습니다.

카이퍼는 죽은 죄인이 복음을 들을 수 없기 때문에, 성령님께서 죄인을 말씀 없이 거듭나게 하신다고 주장했습니다. 그러니까 말씀은 성령님께서 살리셔서 말씀을 받을 수 있게 된 사람한테만 선포된다는 것입니다.

하지만 그리스도께서는 죽은 나사로를 그 능력의 말씀으로 부르사 무덤에서 살리셨습니다(요 11:43-44). 요한복음 5장에서는 죽은 자들이 하나님 아들의 음성을 들을 것이라고 말합니다. 다른 구절에서도 죄의 어둠에서 죽은 자를 살리는 것은 성령을 동반한 말씀이라고 가르칩니다. [65]

카이퍼는 회심의 필요성을 설교했지만, 그가 말한 회심은 택함 받은 사람이 그 가정된 바, 곧 거듭난 자로 살아야 한다는 뜻이었습니다. 이들은 회심의 삶을 살아야 합니다. 세례는 택함 받은 자녀에게 있다고 생각되는 주관적 은혜를 근거로 시행되었습니다. 이 말이 뜻하는 바는 분명합니다. 자녀가 택함 받은 자가 아니라면, 세례는 헛된 의식이라는 것입니다.

하지만 분리파 사람들은 하나님의 객관적 약속을 기초로 세례를 주어야 한다고 믿었습니다. 이들은 이 약속이 은혜 언약 안에 있는 모두에게 선포되지만, 이 약속이 이루어지려면 믿음과 회개를 거쳐야만 한다고 말했습니다.

연합에 가담한 많은 사람조차 카이퍼의 신학에 심각한 의구심을 품었습니다. 긴 투쟁이 뒤따랐고, 결국 1905년 위트레흐트 총회에서 타협이 이뤄졌습니다. '위트레흐트 체결'로 알려진 이 타협안은 세례에 대해 이렇게 말합니다.

우리 교회의 신앙고백에 따르면, 언약의 자손은 분별할 나이에 이르러 그 고백과 행실에서 거듭나지 않은 모습을 보이기 전까지 하나님의 약속 덕

---

65) 약 1:18; 벧전 1:23, 25; 도르트 신조 셋째·넷째 교리 17항 참고.

분에 그리스도 안에서 거듭나고 거룩한 것으로 여겨져야 합니다. 하지만 가정된 중생을 근거로 믿는 사람의 자녀에게 세례를 준다고 하는 것은 덜 정확한 말입니다. 세례의 근거는 하나님의 명령과 약속이기 때문입니다.

우리 자유개혁교회 선조들은 결코 위트레흐트 체결에 찬성하지 않았습니다. 우리 선조들이 보기에 '덜 정확하다'는 말은 옛 분리파의 세례관과 중생관의 적절한 대안으로 카이퍼의 관점에 문을 활짝 열어 주는 것이었습니다. 나중에 밝혀진 것처럼 카이퍼의 관점은 연합 교회에서 우세한 관점이 되었고, 실제로 한동안은 카이퍼의 관점만이 공식 관점으로 선포되었습니다.

카이퍼의 가르침은 이 전통에서 카이퍼의 가르침을 따르는 사람들의 특징을 보여 줍니다. 이들은 보통 스스로에 대해 확신이 넘치고, 누군가의 영적 상태에 품는 의문이나 의심을 모조리 죄악 된 것으로 거부합니다. 이들에게 믿음이란 구원을 위해 죄책을 지닌 영혼을 주 예수 그리스도께 맡긴다는 뜻보다는 하나님의 자녀임을 믿는다는 뜻입니다.

언약의 약속

이 주제에 대한 자유개혁교회의 관점은 무엇입니까? 우리는 은혜 언약이 하나님의 은혜의 약속이 사람에게 오는 방식을 보여 준다고 믿습니다. 이 언약은 영원 안에서가 아닌 시간 안에서 세워졌습니다. 아브라함과 그 자손과 세워졌고, 후에 신약성경의 신자들과 그 자손과 세워졌습니다. 이 언약의 대상은 택함 받은 사람이 아니라, 믿는 사람과 그 자손이었습니다. 따라서 이 언약 안에는 택함 받은 사람만 아니라 유기된 사람도 들어가 있습니다. 이삭과 야곱만 아니라, 이스마엘과 에서도 이 언약 안에 있었습니다. 은혜 언약의 본질은 하나님의 은혜의 약속 또는 그리스도 안에 있는 구원입니다. 하지만 이 약속이 실제로 이루어지려면, 믿음과 회개를 거쳐야만 합니다. 이 믿음과 회개는 이것이 사람의 힘이 아니라 하나님의 힘으로 이루어진다는 것을 깨닫는 한, 마땅히 은혜 언약의 조건이라 할 수 있을 것입니다. 하나님께서는 요구하실 뿐 아니라, 또한 요구하신 것을 주십니다.

구속 언약은 은혜 언약의 영원한 국면을 보여 줍니다. 구속 언약이란 몇 사람을 그리고 누구를 구원으로 택할지를 놓고 성부와 성자 하나님이 맺으신 영원한 언약 또는 협약입니다. 은혜 언약은 구속 언약이 역사에서 이루어지는 것으로, 하나님께서 택하신 자들을 구원으로 인도하시는 방법, 곧 성령님께서 일으키시는 그리스도께 대한 믿음과 하나님께 대한 회개와 관련이 있습니다.

그러니까 세례를 자기 영혼에 아무런 문제가 없다는 (거짓된) 확신 가운데 편히 쉴 의자로 봐서는 안 되고, 약속하신 것을 달라고 주님께 간구할 근거로 봐야 합니다. 주님께서 다윗에게 그 왕위를 영원히 견고하게 하리라고 약속하시자, 다윗은 이렇게 구했습니다(대상 17:14, 23). "여호와여 말씀하신 대로 행하시옵소서." 이것은 본래 모든 죄인이 "누구든지 주의 이름을 부르는 자는 구원을 받으리라"(롬 10:13)는 약속을 붙들고 할 말입니다.

조심하라는 경고

전택설과 후택설이 차이를 만듭니까? 실로 그렇습니다. 전택설이 교회를 보는 기본 관점은 이미 거듭난 것으로 생각되는 사람들을 믿음 안에서 양육하는 곳입니다. 이와는 반대로 후택설은 교회를 '구원의 기관'

이나 성령님의 '일터'로 봅니다. 여기서 잃어버린 죄인은 구원을 받고, 믿는 사람은 가르침을 받고 그리스도인으로 섬길 채비를 갖춥니다.

턴 호르는 1905년에 북미기독개혁교회에 이렇게 경고했습니다.

> 카이퍼와 그 제자들처럼 전택설 설교를 하는 사람들이 이 사실을 모른다 해도, 그 설교 대상은 지옥으로 가고 있는 영적으로 죽은 죄인이 아니라, 천국으로 가고 있는 거듭난 하나님 자녀입니다. 그래서 설교의 초점은 하나님 앞에서 영적으로 죽고 정죄받은 상태나 사람의 깊고 끔찍한 비참에 있지 않습니다. 설교를 듣는 사람들이 더는 이런 상태에 있다고 생각하지 않기 때문입니다. 강조점은 '우리가 본성상 무엇이고, 하나님의 자녀로서 우리 내면이 어떻게 되어야 하는가?'보다 '우리가 무엇을 알고, 무엇을 해야 하는가?'에 있습니다. 신령한 삶의 모든 체험과 상태는 조금도 깊이 있게 다뤄지지 않습니다. 어떤 설교는 분명 그 자체로 건전하고 가치 있지만, 마음을 움직이지 못하는 석의 논문이나 교리 강의에 지나지 않습니다. 이런 설교는 신령한 삶의 모든 깊이를 밝히 드러내고, 신령한 삶에 활기를 불어넣는 복음 설교가 아닙니다.

안타깝게도 다양한 정도로 애통파의 정신을 흡수한 북미기독개혁교회와 다른 교회들이 대체로 이 경고를 무시했습니다. 하지만 우리는 언제나 주의를 기울였습니까? 1834년 분리에서 더 직접 유산을 물려받은 우리는 언약자동주의나 무사안일주의의 위험에서 안전하다고 생각하지 맙시다. "귀 있는 자는 성령이 교회들에게 하시는 말씀을 들을지어다"(계 3:2).

1 '타락 전 선택설'과 '타락 후 선택설'이라는 말은 무슨 뜻입니까?

2 언약과 칭의에 대한 카이퍼의 주장은 무엇입니까? 그리고 이에 대한 분리
   파 사람들의 주장은 무엇입니까?

3 〈중생, 회심, 세례〉를 읽고 답해 봅시다.

   1) 카이퍼가 말하는 가정 중생론이 무엇입니까?

   2) 카이퍼가 말하는 직접 중생론이 무엇입니까?

   3) 위와 같은 카이퍼의 주장에 따르는 위험은 무엇입니까?

   4) 세례에 대한 카이퍼의 주장은 무엇입니까? 이에 대한 분리파의 주장은
      무엇입니까?

4 은혜 언약에 대한 지은이의 관점은 무엇입니까? 우리가 믿는 바와 비교해
   보고 나눠 봅시다.

5 전택설과 후택설이 만드는 차이가 무엇입니까? 서로 나눠 봅시다.

6 이 장을 읽으면서 하나님께서 깨닫게 해주신 것과 베풀어 주신 은혜를 생각
   하며 감사합시다. 또 깨달아 배우고 확신한 일에 거할 수 있게 해달라고 기
   도합시다.

13장
교회에서 자녀들의 신분 두 가지 견해 [66]

우리 자녀들의 지위나 신분은 무엇입니까? 우리 자녀들이 어울리는 곳은 어디인가요? 이들은 교회의 지체입니까? 아니면 이들을 교회 밖에 있는 자로, 전도의 대상으로 봐야 합니까? 교회의 지체라면, 이 지체 됨의 본질은 무엇입니까? 우리 자녀는 거듭났나요 거듭나지 않았나요? 이것이 이 주제와 관련해 자주 묻는 질문입니다.

다른 관점

개혁주의와 복음주의 그리스도인들 사이에 크게 두 학파가 있습니다. 자녀들도 분명히 교회의 일원이라고 말하는 사람들이 있습니다. 네덜란드 개혁교회 사람들은 하이델베르크 교리문답과 함께 그 자녀들이 하나님의 언약과 교회 안에 있다고 믿습니다(74문답). 이 관점에서 교회는 믿는 사람과 그 자녀로 이루어져 있습니다. 믿는 사람과 그 자녀가

---

66) 「메신저」 2000년 2월 호에 실린 글.

함께 하나님의 백성을 이룹니다.

하지만 침례교인들은 자녀들이 개인의 믿음과 회개에 이르기까지 실제로 교회의 일원이 아니라는 관점을 취합니다. 이들은 교회를 참되고 거듭난 그리스도인의 모임으로 봅니다. 자녀들이 새로운 탄생을 체험할 것인지는 두고 볼 일이기 때문에, 죽음에서 생명으로 변화가 일어나기 전까지 이들을 교회의 지체로 받아들일 수 없다는 것입니다.

물론 이것은 세례관하고 밀접한 관련이 있습니다. 개혁주의자들은 세상에서 돌이킨 성인과 신자의 자녀에게 이 성례를 시행합니다. 침례교인들은 그리스도를 믿는 믿음을 신뢰할 만하게 고백할 수 있는 사람에게만 이 규례(이들은 성례라고 하지 않습니다)를 제한합니다. 침례교인들에게 세례를 받는 것과 교회 회원이 되는 것은 같은 일이며, 동시에 일어납니다.

양립할 수 없는가

이 두 관점은 근본에서 다르기 때문에 양립할 수 없어 보입니다. 하지만 성경을 믿는 이 두 분파의 그리스도인들 사이에서 어떤 공통점을 찾을 수는 없을까요? 양쪽 진영에는 없다고 말할 사람들이 있습니다. 여러 해 전에 저는 개혁주의 침례회 측에서 여는 주권적 은혜 집회에 참석한 적이 있습니다. 더비트J. R. De Witt 박사도 강연자로 왔는데, 그의 강연이 끝나고 한 여성분이 제게 이렇게 말했습니다. "정말 헷갈려요. 이분은 유아세례론잔데 진리를 말하는군요!" 이 여성분은 유아에게 세례를 주는 목사는 하나님의 참된 종일 수 없다고 배운 것이 분명합니다. 한편, 저는 침례교인들이 분파주의자가 아님을 믿는 데 큰 어려움을 겪는 유아세례론자도 몇 알고 있습니다.

하지만 제가 차츰 발견하는 것은 양 전통에 있는 사람들이 서로에게 공통점이 많다는 것을 깨닫기 시작하고 있다는 사실입니다. 물론 이것은 특별히 개혁주의 유아세례론자들과 개혁주의 침례교인들 사이에서 그렇습니다. 이들이 함께하는 것은 오직 믿음으로 말미암아 오직 은혜로 구원을 받는다는 굳건한 확신입니다. 실로 도르트 신조에서 제시하는 은혜 교리('튤립'TULIP이라는 머리글자로 잘 알려져 있습니다)는 지난 20-30년 동안 참된 연합의 힘으로 밝혀졌습니다.

이것은 수많은 목회자와 일반 성도가 '진리의 깃발'이나 '리고니어'와 같은 집회에 가서 다른 배경을 가진 강연자들의 강의를 듣고 복을 누릴 수 있는 까닭을 설명해 줍니다. 이런 일이 가능한 이유는 하나밖에 없습니다. 서로가 한 가족임을 인정하기 때문입니다. 여전히 차이가 있습니다. 이 가운데 어떤 것들은 아주 중요한 차이입니다. 하지만 거리를 두고, 서로 함께 있는 것을 피할 만큼 중요한 것 같진 않습니다.

무엇이 우리를 본질상 하나라고 믿게 합니까? 제 생각엔 기독교 신앙의 영적 차원 또는 체험의 차원입니다. 제 말은 우리 연합의 토대가 오로지 느낌과 감정뿐이라는 뜻이 아닙니다. 지성도 이 과정과 관련이 있습니다. 하지만 강조점은 개혁 신앙의 실천과 체험의 측면에 있습니다. 이것이 우리를 하나로 묶고, 우리가 서로 한 가족임을 인정하게 합니다.

비슷한 관점

우리 자녀를 보는 태도에도 공통점이 있습니다. 자신의 삶에서 하나님의 은혜를 체험한 침례교인과 유아세례론자 부모는 자기 자녀의 구원을 걱정할 것입니다. 두 부모 모두 자기 자녀가 본성상 죄와 허물로 죽었기 때문에 스스로를 구원할 수 없음을 압니다.

네덜란드 개혁교인들은 자신들의 여러 신조와 예식서에서 이 사실을 고백합니다. 이를테면, 하이델베르크 교리문답 3주일에서는 이렇게 말합니다. "우리는 너무 부패해서 하나님의 성령으로 거듭나지 않는 한 어떤 선도 행할 수 없고, 온갖 악만 행하려 합니다"(8문답). 세례반에 어린 자녀를 데려오는 부모는 세례 예식서에서 이렇게 고백합니다. "우리와 우리 자녀는 죄 가운데 잉태되고 태어나기에, 진노의 자녀이며, 거듭나지 않고는 하나님 나라에 들어갈 수 없습니다." 마찬가지로 장로교인들은 웨스트민스터 대교리문답에서 이렇게 고백합니다. "원죄는 우리 첫 부모에게서 그 후손에게 보통 출생법으로 전해지기 때문에, 우리 첫 부모에게서 이렇게 나오는 모든 후손은 죄 가운데 잉태되고 태어납니다"(26문답).

침례교인들은 이것을 어떻게 가르칩니까? 기본으로, 여러 침례교 고백서에서 같은 진술을 인용할 수 있습니다. 우리는 또한 위대한 침례교 설교자인 스펄전의 견해를 볼 수 있습니다. 스펄전의 얇고 유익한 책, 『내 어린 양을 먹이라』(지평서원)에 보면 이렇게 쓰어 있습니다. "부모 여러분, 죄악 가운데 잉태되고 죄 가운데 태어나 다른 이들과 같이 본질상 진노의 상속인 여러분의 자녀를 볼 때, 여러분은 슬퍼해야 합니다."

네덜란드 개혁교회 설교자인 카위퍼R. B. Kuiper 박사의 경고도 들어 보십시오. 카위퍼는 믿는 사람의 자녀가 하나님의 교회와 언약의 지체임을 확고히 믿었지만, 부모들에게 이 사실 때문에 자녀가 당연히 천국 가는 길에 있다고 생각해서는 안 된다고 경고했습니다. 카위퍼는 『개혁주의냐 아니냐』To Be Or Not To Be Reformed에서 이렇게 쓰고 있습니다. "언약의 자녀도 다른 모든 사람과 마찬가지로 자신의 죄악 됨을 배워서 알아야 하고, 지옥에 가야 마땅한 무력한 죄인으로서 십자가에 못 박히신 그리스도께 매달려야 합니다."

여기서 우리는 흥미로운 난제를 만납니다. 자신의 어린 자녀가 교회 밖에 있다고 믿는 침례교인과 자신의 자녀를 거의 교회의 일원으로 확신하는 유아세례론자가 있습니다. 하지만 양쪽 다 자신과 자신의 자녀가 본성상 하나님 나라 밖에 있다는 이 기본 진리에 찬성합니다. 양쪽 모두 거듭나지 않으면 하나님 나라를 볼 수 없고, 하나님 나라에 들어갈 수 없다는 예수님의 말씀에 찬성하며(요 3:3, 5), 같은 장에서 예수님께서 니고데모에게 계속 가르쳐 주시는 것과 같이, 새로운 탄생이 그리스도를 우리 주와 구주로 붙잡는 믿음에서 드러난다는 데 찬성합니다.

물론 양 진영에는 또 다른 관점을 가진 사람도 있습니다. 개혁주의 진영에는 가정 중생론, 곧 믿는 사람의 자녀를 날 때부터 거듭난 것으로 봐야 한다는 개념을 지지하는 사람들이 있습니다. 동시에 아르미니우스주의 침례교파에는 그리스도께서 자신의 희생제사로 유아들의 원죄를 갚으셨기 때문에 이들이 비교적 깨끗한 상태에서 세상에 들어온다고 믿는 사람이 많습니다. 하지만 이 유아들은 여전히 죄성을 지니고 있어서, 이들의 죄가 드러나자마자 그 죄에 대한 책임을 떠안을 것입니다. 이들이 유아기에 죽으면 죄가 없기 때문에 천국에 갈 것이고, 이들이 자라면 아마 자유의지를 발휘해 그리스도를 받아들임으로 구원을 얻을 것입니다.

유아 구원

유아 구원과 관련해 아주 흥미로운 점은 스펄전도 믿는 사람의 자녀만 아니라 모든 아이가 죽으면 천국에 갈 것이라고 믿었다는 사실입니다. 다른 점은 하나뿐입니다. 스펄전은 이들이 죄가 없어서 구원받는 것이 아니라, 그리스도의 희생제사 덕분에 구원받는다고 믿었습니다. 스펄전은 이렇게 쓰고 있습니다. "유아기에 죽은 아이들은 어떻게 구원받습니까? 행위로 구원받습니까? 아닙니다. 어떤 일도 행한 적이 없기 때문입니다. 타고난 순결로 구원받습니까? 아닙니다. 타고난 순결로 천국에 들어갈 수 있다면, 틀림없이 고통과 죽음도 맛보지 않을 것이기 때문입니다……이들은 아담의 타락 때문에 죽습니다……하지만 죽으시고 부활하신 예수님 안에 있기 때문에 다시 삽니다. 이 세상에 관련해, 이들은 자신이 짓지 않은 죄 때문에 멸망합니다. 하지만 자신이 관여하지 않은 의로 말미암아 영원히 삽니다."

유아기에 죽은 자녀에 대해 이런 소망을 품는 것은 침례교인들만이 아닙니다. 몇몇 뛰어난 유아세례론자도 이 견해를 함께합니다. 이를테면, 찰스 하지Charles Hodge나 벤저민 워필드Benjamin B. Warfield, 더 최근에는 러레인 뵈트너Lorraine Boettner(모두 칼빈주의자로서 흠잡을 데 없는 자격을 갖춘 장로교인입니다)가 유아기에 죽은 자녀의 보편 구원을 굳게 믿었습니다.

그러나 모든 유아세례론자가 이런 태도를 취한 것은 아닙니다. 장로교인들은 보통 유아기에 죽은 택함 받은 자녀만이 구원을 받는다는 웨스트민스터 신앙고백의 신중한 표현을 고수합니다(10항 3절). 물론 모든 유아가 그리스도의 희생제사 덕분에 구원을 받는다면, 이들이 모두 택함 받은 자라고 주장하는 사람이 있을 수 있습니다.

네덜란드 개혁교인들은 조금 더 신중합니다. 이들의 견해는 도르트 신조에 잘 나타나 있습니다. "믿는 사람의 자녀는 본성상 거룩한 것이 아니라, 그 부모와 함께 포함된 은혜 언약 덕분에 거룩하다. 따라서 경건한 부모는 하나님께서 유아기에 이 세상에서 불러 가시길 기뻐하신 그 자녀의 선택과 구원을 의심하지 말아야 한다"(첫째 교리 17항).

또 침례교인이라고 해서 다 스펄전에게 찬성하는 것도 아닙니다. 데

이비드 킹던David Kingdon은 『아브라함의 자손』Children of Abraham이란 책에서 거의 모든 네덜란드 개혁교인과 비슷한 말을 합니다.

> 흔히들 유아기에 죽은 모든 아이가 구원받는다고 생각합니다. 많은 개혁주의 신학자가 웨스트민스터 신앙고백 작성자들의 머릿속에 이런 생각이 있었는지 의심스러운데도, '택함 받은 유아'라는 말을 유아기에 죽은 모든 아이가 택함 받은 자라는 뜻으로까지 확대 해석했습니다. 스펄전처럼 인류의 태반이 아마 유아기에 죽을 테니까 천국에는 어른보다 어린아이가 더 많을 거라고 주장한 사람도 있습니다. 제가 볼 때, 스펄전과 하지와 뵈트너가 일부러 성경을 넘어서려는 게 아니라면, 이들은 틀림없이 가장 기본이 되는 실마리만 가지고 우격다짐으로 이 유아 구원 교리를 주장했을 것입니다. 하지만 제가 아는 한, 성경 어디에도 이 교리를 믿을 분명한 근거가 없습니다. 이것은 하나님께서 유아기에 죽은 모든 아이를 구원하실 수 없다거나, 구원하시지 않는다는 말이 아닙니다. 다만 하나님께서 그렇게 하실지, 하지 않으실지 우리에게 말씀해 주지 않기로 결정하셨다는 사실을 인정하는 것뿐입니다.

저는 킹던이 옳다고 생각합니다. 우리는 성경의 가르침을 넘어서지 않도록 조심해야 합니다. 스펄전과 이 견해를 고수하는 다른 사람들은 성경의 분명한 증거보다는 자신의 희망 사항에 이끌림 받지 않았는지 모르겠습니다. 물론 어떤 사람은 스펄전이 옳기를 바랄 수 있습니다. 그러나 여기서나 다른 어디서나 우리의 소망과 소원으로 문제를 결정지어서는 안 됩니다. 저는 도르트 신조에서 이 문제를 다루는 방식이 더 성경에 가깝고, 더 믿을 만하다고 생각합니다. 도르트 신조는 믿는 사람의 어린 자녀가 받는 구원에 대해서만 말함으로 다른 유아가 하나님의 구원하시는 은혜에 포함될 수 있음을 부인하지 않지만, 하나님의 교회와 언약의 울타리 안에 있는 자녀에 대해서만 확신 있게 말할 뿐입니다.

세례, 중생, 언약

하지만 킹던은 끝내 도르트 신조의 제안을 받아들이지 않습니다. 도르트 신조가 가정 중생 교리에 근거를 두고 있다고 생각하기 때문입니다. 킹던은 이렇게 쓰고 있습니다. "언약의 자녀가 세례 받는 근거는 가정 중생이기 때문에, 자녀가 유아기에 죽으면 거듭난 것으로 가정해야 합니다." 킹던은 여기서 큰 실수를 저지르고 있습니다. 킹던을 비롯한 많은 침례교인이 유아세례론자는 누구나 가정 중생 교리를 고수한다고 가정하지만, 이것은 사실이 아닙니다.

개혁교회와 장로교회 안에 있는 수많은 유아세례론자는 유아세례를 주는 근거나 유아기에 죽은 자녀가 구원받는 근거로서 가정 중생을 단호히 거부합니다. 오히려 이 둘의 근거는 하나님께서 믿는 사람과 그 자녀의 하나님이시라는 언약의 약속입니다.

이 언약의 약속은 믿는 사람이 하나님께 간청할 근거가 됩니다. 도르트 신조는 "경건한 부모는 유아기에 죽은 자녀의 선택과 구원을 의심하지 말아야 한다"고 말합니다. 왜 그렇습니까? 이들의 자녀는 하나님께서 자신을 위해 거룩하게 하시고 구별하셨기 때문입니다.

침례교인들은 이 해석을 받아들일 수 없습니다. 이들은 오직 한 가지 거룩함만 압니다. 이는 곧 주관적 거룩함으로 거듭남과 같은 것입니다. 이들은 이 주관적 거룩함을 가지고 태어나는 자녀가 거의 없다고 바르게 믿기 때문에, 믿는 사람의 자녀조차 하나님의 교회와 언약의 지체로 볼 수 없다고 그르게 믿습니다.

결국 킹던과 같은 개혁주의 침례교인은 오직 믿는 사람만이 교회와 언약의 지체라고 말합니다. 이들은 새 언약이 옛 언약과 다르다고 말하기를 좋아합니다. 이 말은 곧, 옛 언약은 거듭난 사람과 거듭나지 않은 사람을 모두 포함하지만, 새 언약의 지체는 거듭난 사람뿐이라는 뜻입니다. 그래서 자녀들은 믿음과 회개의 문을 통해 교회 안으로 받아들여질 때까지 교회 바깥에 자리합니다.

하지만 이렇게 주장하면서도, 개혁주의 침례교인들은 믿는 사람의 자녀가 교회와 어떤 관계를 누린다고 인정합니다. 다시 킹던에게 귀 기울여 보십시오. "출생으로 맺어진 관계가 믿는 사람의 자녀에게 교회 회원의 자격을 주지 않는 것은 사실이지만, 하나님께서 자신의 섭리로 이런 관계가 맺어지게 하셔서 이들이 교회와 경건한 부모의 품에서 태어나게 하시는 것도 사실입니다. 교회와 경건한 부모는 틀림없이 기도와 가르침과 본보기로 그리스도를 믿는 참된 믿음을 교육할 것입니다."

이것은 믿는 사람의 자녀가 그리스도 교회의 지체임을 믿지 않는 사람에게 놀랄 만한 말입니다! 이들은 교회의 품에서 태어나지만, 교회에 속하는 것 같진 않습니다. 킹던은 계속 이 구별을 고집합니다. "믿는 사람의 자녀에게는 특권이 있습니다. 교회의 설교와 양육권 안에 있기 때문입니다. 하지만 이들은 특권이 아닌 참된 회심으로 그리스도인이 됩니다. 우리는 감히 특권을 지위나 신분과 혼동하지 않습니다. 우리 자녀는 아담의 혈통으로 태어나기 때문에, 구원 얻는 변화의 참된 증거를 보여 주기 전까지 우리는 감히 이들을 거듭난 것으로 가정하지 않습니다."

우리는 여기서 많은 것을 찬성할 수 있습니다. 우리도 우리 자녀가 아담의 혈통으로 태어나기 때문에 거듭나야 한다고 믿습니다. 하지만 왜 교회의 일원 된 우리 자녀의 지위나 신분을 부인합니까? 어미의 품에 안긴 아이는 어미의 태에서 나왔다고 가정할 수 있기 때문에, 어미의 자녀요 어미의 혈육입니다.

구약성경에 보면, 죄악 된 행실로 거듭나지 않았음을 보여 주는 언약의 자녀 이야기가 많습니다. 신약성경 교회도 마찬가지입니다. 신약성경 교회의 품에서도 믿지 않고 살다가 죽어서, 예수님의 경고대로 나라 밖으로 쫓겨날 사람이 많이 있습니다(마 8:12). 하지만 나라 밖으로 쫓겨난다는 것은 그 전에 나라 안에 있었다는 뜻입니다. 비유를 바꾸어 들자면, 가지가 열매를 맺지 못해 포도나무에서 잘려 나가려면, 먼저 포도나무에 붙어 있어야 합니다(요 15장).

그러니까 우리 개혁주의 침례교 형제들이 무엇을 걱정하는지 이해하더라도, 저는 이 점에서 이들에게 찬성해서는 안 됩니다. 유아세례론자 집단에서 많은 사람이 언약 자손의 지위나 신분을 너무 낙관한다는 것은 부인할 수 없는 사실입니다. 많은 그리스도인 부모나 교육자가 예수님께서 언약의 자녀가 확실한 니고데모에게 하신 말씀을 자주 간과하거나 경시합니다. 하지만 "(네가) 거듭나야 하겠다"(요 3:7)는 요구는 아담과 하와의 모든 아들딸을 위한 것입니다. 믿는 사람의 자녀도 마찬가지입니다.

자녀 양육

이와 관련해 많은 사람이 저지르는 잘못은, 유아기에 죽은 자녀의 구원에 대해 위로를 주는 진리를 살아 있는 자녀에게 적용한다는 것입니다. 주님께서 어릴 때 데려가시는 우리 자녀가 주님과 함께 있으려고 간다고 믿는 것과 자라나는 우리 자녀도 은혜의 상태에 있다고 가정하는 것은 전혀 다른 일입니다. 우리는 유아기에 죽은 우리 자녀가 그리스도의 품에 안전하기를 소망하거나, 심지어 안전하다고 확신할 성경의 근거가 있습니다. 하지만 더 커서 십대가 된 자녀를 같은 확신을 가지고 보는 것은 반드시 근거 있는 일이 아닙니다.

이런 확신을 가지려면, 우리는 우리 자녀에게서 성경이 말하는 경건의 증거를 봐야 합니다. 제 말은 우리 자녀들에게 갑작스럽고 극적인 변화를 기대해야 한다는 뜻이 아닙니다. 보통 기독교 가정에서 자란 아이들은 죄 가운데 살며 세월을 보낸 사람들보다 훨씬 천천히 믿음에 이릅니다.

하지만 차츰차츰 믿음에 이르든 느닷없이 이르든, 우리 자녀는 그들이 태어난 상태로 죽을 수 없음을 알아야 합니다. 우리 자녀에게는 하나님과 주 예수 그리스도를 사랑하고 죄를 미워하는 새로운 마음이 필요합니다. 우리 자녀는 자신이 거듭나야 한다는 사실은 물론이고, 새로운 탄생이 무엇을 뜻하고 수반하는지도 알아야 합니다.

스펄전은 앞서 말한 책에서 이와 관련해 아주 도움이 되는 이야기를 해줍니다. 스펄전은 먼저 아주 어린 자녀일지라도 성경의 진리를 이해할 수 있다고 하면서, 이들이 주님께 대한 사랑과 주님의 말씀에 대한 믿음을 자주 보여 주어 나이 든 사람들을 부끄럽게 한다고 설명합니다. 그러고는 자녀를 가르치는 데서 강조해야 할 것들을 나열하고 있습니다. 스펄전은 주일 학교 교사들에게 말하고 있지만, 이것은 당연히 부모의 가르침에도 해당됩니다.

> 여러분, 다른 것은 빼먹더라도 이 세 가지는 꼭 가르쳐야 합니다. 곧, 부패와 구속과 중생입니다. 아이들한테 "너희는 타락으로 부패해서 예수 그리스도의 피로 구속받고 성령으로 거듭나야만 구원받을 수 있다"고 말

해 주십시오……아이들한테 그리스도인이 누리는 기쁨과 복을 말해 주십시오……의인은 이 땅에 사는 동안 복되며, 하늘에서 영원히 복될 것임을 강조하십시오. 그리고 여러분이 이 복된 무리에 속해 있다는 것을 아이들에게 보여 주십시오. 여러분에게 닥친 역경을 아이들이 안다면, 할 수 있는 한 웃는 얼굴로 여러분의 반에 가서, 학생들 입에서 이런 말이 나올 수 있게 하십시오. "선생님은 역경에 부딪쳐 넘어지셨지만 복된 분이셔." 늘 즐거운 표정을 지으려고 애쓰십시오. 그러면 아이들은 여러분의 신앙이 복된 현실임을 알 수 있을 것입니다.

우리는 자녀들이 교회에서 차지하는 지위를 놓고 개혁주의 그리스도인들끼리 서로 나뉘어 있음을 보았습니다. 어떤 사람은 자녀들이 교회와 언약 안에 있다고 말하지만, 어떤 사람은 자녀들이 교회의 품에 있음을 기꺼이 인정하면서도 아직 교회의 일원은 아니라고 주장합니다.

우리 사이에 어떤 차이가 있든지, 그리스도인 부모가 할 일에 대해서는 의견의 일치가 있어 보입니다. 곧, 주를 경외함과 주의 훈계로 우리 자녀를 양육하는 것입니다. 저는 주님께서 자신의 은혜와 성령으로 두 기독교 분파에 속한 부모와 자녀의 삶에서 일하고 계신다는 사실을 추호도 의심하지 않습니다. 도널드 브리지Donald Bridge와 데이비드 피퍼스 David Phypers는 『나누는 물』Water that Divides이라는 책에서 이렇게 쓰고 있습니다.

철저한 유아세례론자는 '언약의 약속'을 인정하지도, 상징으로 표현하지도 않는[67] 침례교인 부모의 자녀가 훗날 실제로 자주 그리스도께로 돌이

---

67) 옮긴이—유아세례를 주지 않는다는 말.

키는 것을 보고 놀라서는 안 됩니다. 마찬가지로 열렬한 침례교인은 너무 이른 성례로 개인의 결단력 있는 헌신의 필요성이 혼란스러운 집단에서 성령님이 계속 일하시는 것을 보고 놀라서는 안 됩니다. 하지만 우리는 사실이 그러함을 분명히 알 수 있습니다.

왜 그렇습니까? 저자들이 결론 내리다시피, 양쪽 모두 우리가 믿음으로 말미암아 은혜로 구원받는다는 사실을 굳게 믿기 때문입니다. 베드로는 예루살렘 공회(행 15장)에서 유대 배경의 그리스도인과 이방 배경의 그리스도인 사이에 나타난 어떤 차이를 언급하면서 "우리는 그들이 우리와 동일하게 주 예수의 은혜로 구원받는 줄을 믿노라"(11절)고 말했습니다. 중요한 것은 은혜의 중심성입니다!

이것이 저를 비롯한 많은 유아세례론자가 이 문제에서 우리의 관점이 옳다고 확신하면서도, 특별히 은혜 교리를 고수하는 개혁주의 침례교인들과 기본에서 영적으로 하나 됨을 느끼는 까닭입니다. 이것은 특별히 영어권 나라에서 늘 있어 왔던 일입니다. 대체로 유아세례론자였던 청교도들과 침례교 측에 속한 그 형제들은 언제나 관계가 좋았습니다. 칼빈, 오웬, 에드워즈, 스프롤R. C. Sproul, 갓프리Robert Godfey, 퍼거슨Sinclair Ferguson이 침례교인들 사이에서 존경을 받는 것처럼, 번연, 스펄전, 로이드존스, 좀 더 최근에는 제리 브리지스Jerry Bridges, 월터 챈트리Walter Chantry, 존 맥아더 같은 사람이 많은 유아세례론자 집단에서 존경을 받습니다. 왜 그렇습니까? 개혁 신앙과 그 영광스러운 은혜 교리에 대한 사랑이 우리의 공통 기반이기 때문입니다. 우리는 이 교리를 부모 자녀 할 것 없이 모두 생각으로 믿어야 할뿐더러 마음으로 체험해야 합니다.

1 교회에서 자녀들의 신분에 대한 두 가지 견해를 알아봅시다.

2 두 가지 관점은 양립할 수 없을까요? 성경을 믿는 이 두 분파의 그리스도인들 사이에서 어떤 공통점을 찾을 수는 없을까요?

3 두 분파의 비슷한 관점은 무엇입니까?

4 〈유아 구원〉을 읽고 답해 봅시다.

　1) 유아 구원에 대한 두 분파의 관점은 무엇입니까?

　2) 도르트 신조 첫째 교리 17항을 읽어 보고 나눠 봅시다.

　3)『도르트 신조 강해』122-134쪽을 읽어 봅시다.

5 〈세례, 중생, 언약〉을 읽고, 두 분파의 입장을 갈무리해 봅시다.

6 〈자녀 양육〉을 읽고 답해 봅시다.

　1) 두 분파 사이에 차이가 있음에도 그리스도인 부모가 할 일에 대해 일치하는 부분이 무엇입니까?

　2) 두 분파가 영적으로 하나 됨을 느끼는 까닭은 무엇입니까?

7 스펄전의『내 어린 양을 먹이라』를 읽고 나눠 봅시다.

8 이 장을 읽으면서 하나님께서 깨닫게 해주신 것과 베풀어 주신 은혜를 생각하며 감사합시다. 또 깨달아 배우고 확신한 일에 거할 수 있게 해달라고 기도합시다.

14장
오직 믿음으로 말미암는 칭의 [68]
– 우리는 여전히 루터가 이해한 대로 이해하고 있는가

우리는 10월 31일을 종교개혁일로 기념합니다. 이날은 마르틴 루터 박사가 자신의 유명한 95개조 반박문을 독일 비텐베르크 성 교회 문에 붙인 날입니다. 이것은 개신교 종교개혁의 시작을 알린 사건이었습니다. 하나님께서는 루터와 다른 사람들을 일으키셔서 자신의 교회를 성경과 그 구원의 진리로 돌려놓으셨습니다. 이 진리 가운데 하나가 칭의 교리입니다. 중세 교회는 이 교리를 왜곡했습니다. 로마 가톨릭은 하나님께서 그리스도의 의뿐 아니라, 우리 안에 일으키시는 의를 근거로 우리를 의롭다 선언하신다고 말했습니다. 은혜는 세례 때에 나누어지고 그 뒤로 미사의 성례를 통해 더 많이 주어지는데, 하나님께서 이 내면의 은혜 또는 주입된 의를 근거로 우리를 의롭다 하신다는 것입니다.

물론 로마 가톨릭은 죄를 위한 그리스도의 희생제사가 중요하다고 믿지만, 우리가 그리스도의 다 이루신 사역을 믿음으로만 의롭다 하심을 받는다고 믿지 않습니다. 먼저 우리 안에 '뭔가'(이것이 하나님께서 먼저

---

68) 「메신저」 1991년 10월 호에 실린 글.

공급해 주시는 것이라 해도)가 있어야 하나님 보시기에 우리를 의롭다고 선언하실 수 있다는 것입니다.

루터는 이것을 받아들이지 않았습니다. 루터는 그리스도께서 경건하지 않은 자를 위해 죽으셨을 뿐 아니라, 하나님께서 경건하지 않은 자를 의롭다 하신다고 믿었습니다. 루터가 이 엄청난 진리를 가르쳤을 때, 루터는 물론 사도 바울이 벌써 분명하게 이야기한 것을 되풀이했을 뿐입니다. "일을 아니할지라도 경건하지 아니한 자를 의롭다 하시는 이를 믿는 자에게는 그의 믿음을 의로 여기시나니"(롬 4:5).

여기서 우리는 하나님께서 경건하지 않은 사람들을 의롭다 하신다는 사실을 배웁니다. 하나님께서 그 거룩하신 눈으로 의롭다 선언하시는 사람들은 선이라고는 조금도 행하지 않는 악행이 가득한 사람들입니다. 곧, 이들은 그리스도를 믿을 때 경건하지 않습니다. 바울은 하나님께서 우리를 먼저 경건하게 만드시고 나서 하나님 앞에 의롭다 선언하신다고 말하지 않습니다. 이것은 로마 가톨릭의 오류입니다. 로마 가톨릭은 하나님께서 우리를 먼저 경건하거나 의롭게 만드셔야만 우리를 경건하거나 의로운 자로 받아들이실 수 있다고 말합니다. 그러니까 우리가 거룩해졌기 때문에 우리를 의롭다 하신다는 것입니다.

하지만 바울은 정반대로 말합니다. 우리는 경건하지 않기 '때문에' 의롭다 하심을 받는 것이 아니라(이것은 신성모독일 것입니다), 경건하지 않고 불의하고 추악하고 죄로 가득할 '때' 의롭다 하심을 받습니다.

칭의는 법정에서 쓰는 말입니다. 재판장이신 하나님께서 우리에게 죄가 없다고 선언하시는 것입니다. 칭의는 우리에게 아무 일도 하지 않습니다. 우리 내면을 바꾸어서 우리를 더 선하게, 더 거룩하게 만들지 않습니다. 칭의는 우리 밖에서 일어납니다. 주관적인 것이 아니라 객관적인 것입니다.

여기서 하나님의 판결이 공정한가 하는 의문이 생길 수 있습니다. 어쨌든 하나님께서는 이스라엘의 재판장에게 의인만 의롭다 하고 악인은 정죄하라고 가르치지 않으셨습니까(신 25:1)? 그렇다면 어떻게 지극히 공정하신 재판장께서 경건하지 않은 사람을 의롭다 하실 수 있습니까?

성경의 답은 전가된 의 교리입니다. 사실 그리스도를 믿는 사람이라도 그 스스로는 죄인이고 사는 내내 죄인으로 살지만, 하나님께서는 그 귀하신 아들의 의를 믿는 사람에게 전가해 주십니다. 하나님께서는 그리스도의 다 이루신 사역을 근거로 경건하지 않은 죄인을 의롭다 선언하시고, 그가 실제로 의로운 것처럼 대하실 수 있습니다.

종교개혁자들은 하나님의 법학에 담긴 이 '~처럼'의 성격에 대해 자주 말했습니다. 이들은 그리스도의 대속 사역 교리가 이것을 요구한다고 느꼈습니다. 하나님께서 그리스도를 죄인처럼 대하셨기 때문입니다. 의의 전가 교리도 이것을 요구합니다. 하나님께서 죄인을 죄 없이 사시고 십자가 위에서 돌아가신 분처럼 대하시기 때문입니다.

루터는 이렇게 말했습니다.

> 따라서 사람은 그리스도 안에서 확신을 가지고 자랑할 수 있습니다. "그리스도의 삶과 행함과 말, 그리스도의 고난과 죽음이 내 것이니, 마치 그리스도께서 하신 대로 내가 살고 행하고 말하고 고난 받고 죽은 것처럼 내 것이로다."

칼빈도 근본에서 같은 것을 말합니다.

> 우리는 칭의를 다음과 같이 정의합니다. 칭의는 그리스도와 교제가 허락된 죄인이 그리스도의 피로 씻음 받아 죄사함을 얻고, 그리스도의 의를

자기 것처럼 옷 입어 하늘의 심판대 앞에 담대히 설 때, 하나님의 은혜로 하나님과 화목하게 되는 것입니다.

로마 교회는 특별히 칭의에 담긴 이 '~처럼'의 개념을 공격했습니다. 로마 교회는 사람이 실제로 의롭지 않으면 하나님께서 그를 의롭다 선언하실 수 없다고 주장했습니다. 실제로 의롭지 않은 사람을 의롭다 하신다면, 하나님께서 거짓말쟁이로 보이시리라는 것입니다. 루터 시대부터 오늘날까지 로마 가톨릭 학자들은 "'~처럼'이 붙은 의"를 단호히 거부합니다. 종교개혁의 옹호자들은 로마 교회가 옳다면 이 세상에서 의롭다 하심을 받을 수 있는 사람은 없다고 늘 답했습니다. 개인의 거룩함이나 체험에 따라 판결을 내려야 한다면, 죄가 없거나 의롭다고 할 수 있는 사람이 없기 때문이라는 것입니다.

경건하지 않은 사람이 그리스도의 전가된 의로 의롭다 하심을 받는다는 말은 하나님의 판결이 사실에 기반을 두지 않은 허구라는 뜻이 아닙니다. 그리스도의 대속의 죽음은 하나님 앞에서 조금도 모자람 없는 사실입니다. 우리는 여기에 아무것도 보탤 필요가 없습니다. 따라서 우리를 의롭다 하시는 하나님의 판결은 우리 안에 있는 어떤 것에도 근거를 두고 있지 않습니다. 우리의 일이든 체험이든 한숨이든 탄식이든 기도든, 하나님께서는 우리를 의롭다 하실 때 그 어떤 것도 계산에 넣지 않으십니다. 털끝만큼도 넣지 않으십니다! 하나님께서는 자기 아들의 온전한 의만 보십니다.

로마 가톨릭은 여기에 걸려 넘어졌습니다. 하지만 이것은 개혁주의 진영에 있는 많은 사람에게도 걸림돌이 되고 있습니다. 여러분은 가장 엄격한 개혁주의자들조차 이 전가된 의 개념을 완고히 적대하는 것을 발견할 것입니다(물론 경건의 탈을 쓰고 있습니다). 이것은 정말 깜짝 놀랄 일이지만, 목이 터져라 주권적 은혜를 자랑하는 사람들이 자주 자기 안에서 근거를 찾는 일에 가장 결연한 태도를 보입니다. 물론 일부러 그러는 것은 아니지만, 이들은 칭의와 성화를 혼동하고 있습니다. 우리는 다 이 오류에 빠지기 쉽습니다. 우리는 다 하나님께서 경건하지 않은 우리를 의롭다 하시리라는 사실을 믿기가 얼마나 힘든지 알게 됩니다. 죄에 대한 슬픔이든, 구원에 대한 진실한 소망이든, 거룩해지고 싶은 갈망이든, 성령님께서 우리 안에 일하고 계시는 어떤 증거든, 우리는 우리 안에 하나님께서 인정하실 만한 뭔가가 있어야 하나님께서 우리를 의롭다고 선언하실 것이라고 생각합니다.

하지만 이렇게 할 때마다 우리는 로마 가톨릭의 옛 교리인 주입된 의로 돌아가는 것입니다. 전가된 의는 처음 믿음에 이르는 사람들한테만 필요하다는 의견이 있습니다. 이들은 회심하지 않았고, 그래서 경건하지 않습니다. 그런데 일단 거듭나고 믿음에 이르면, 주님께서 이들을 더는 불경건한 자로 보지 않으신다는 것입니다. 이제 이들에게는 성령의 열매가 있고, 이들은 이 열매로 하나님 앞에 있을 수 있다는 것입니다. 여기서 일어난 일은 전가된 의를 주입된 의로 보충한 것이요, 사실상 대체한 것입니다.

이것이 위험한 까닭은 우리를 절망으로 몰아넣는 경향이 있기 때문입니다. 왜 그렇습니까? 자, 하나님께 받아들여지는 것이 어떤 식으로든 우리의 신령한 삶의 질에 달려 있다면, 우리는 잃어버린 자입니다. 물론 우리가 하나님께 가까이 있음을 느끼고, 성령님께서 우리 안에서 일하시는 어떤 증거를 보는 한, 우리가 구원받았다고 믿을 까닭이 조금은 있습니다. 하지만 늘 그렇듯, 이런 은혜의 흔적을 더는 볼 수 없다면 어떻게 될까요? 우리 안에서 거룩함과 정반대되는 소원과 열망을 발견한다면요? 그러면 우리는 우리 상태를 완전히 포기하고 싶어집니다. 하지만 이것은 다 잘못된 일이고, 값없는 은혜의 복음이 품고 있는 가장 깊은 의도를 반대하는 일입니다. 아시다시피 우리가 처음 그리스도를 알게 되어 그리스도의 피와 의를 간청할 때만 아니라, 하나님께서 그 사랑하시는 자 안에서 우리를 받아 주신 뒤로도 우리는 여전히 불경건합니다(엡 1:6, KJV). 실로 우리는 죽을 때까지 불경건할 것입니다.

하지만 주님께서는 자기 백성을 자신의 성령으로 거룩하게 하시지 않습니까? 우리는 믿는 사람으로서 하나님의 모든 계명에 순종하기 시작하지 않나요? 맞습니다. 하지만 이런 순종은 결코 완전하지 않습니다. 하이델베르크 교리문답에서는 "이런 순종을 겨우 시작할 뿐"이라고 말합니다(114문답). 그러니까 이 순종이 완벽하지 않기 때문에, 하나님께서는 우리의 선행을 근거로 우리를 의롭다 선언하실 수 없습니다. 믿는 사람이라도 우리 스스로는 경건하지 않기 때문에, 우리가 받아들여지는 근거는 그리스도의 전가된 의뿐이고, 영원토록 그럴 것입니다. 이것이 복음의 영광입니다. 복음이 진실로 좋은 소식인 까닭이 바로 여기에 있습니다. 이것이 오직 믿음으로 말미암는 칭의 교리의 정수입니다.

체험 있는 그리스도인이 되고 나서도 우리가 할 수 있는 일이라고는, 불경건한 죄인으로 날마다 은혜의 보좌 앞에 나아가고, 그리스도의 온전한 의로 피하는 일뿐입니다. 우리가 이렇게 할 때마다 하나님께서 우리를 의롭다 하십니다. 바꿔 말해, 칭의는 우리가 영적 순례를 시작하고, 하늘로 가는 좁은 길에 들어설 때 일어나는 단 한 번의 사건일 뿐아니라, 오직 그리스도의 공로만을 간청하는 죄책을 지닌 죄인으로서 속죄소로 나아갈 때마다 반복되는 하나님의 행위입니다.

믿음으로 말미암는 칭의의 이 역동하고 계속 반복되는 성격은 오늘날 잊힐 위험에 놓여 있습니다. 물론 거의 모든 개신교인이 루터의 교리에 대체로 찬성합니다. 하지만 자세히 들여다보면, 복음주의와 개혁주의 안에서도 온갖 의견이 다 있습니다. 우리는 흔히 믿음으로 말미암는 칭의가 일생에 한 번 일어나는 최종 행위고, 성화는 지속되는 과정이라고 믿지만, 이것은 결코 루터의 가르침이 아닙니다. 이것은 믿음으로 말미암는 칭의를 그리스도의 다 이루신 사역과 혼동하는 것입니다. 물론 이 둘은 밀접한 관련이 있지만, 우리는 이 둘을 구분해야 합니다. 우리 주님께서 다 이루신 사역은 실로 단번에 일어난 반복되지 않는 사건입니다. 그리스도께서는 자신의 능동적이고 수동적인 순종으로 화해를 이루셨고, 자기 백성을 위해 영원한 의를 드러내셨습니다(단 9:24; 히 9:26, KJV).

그러나 그리스도께서 십자가 위에서 이루신 속죄가 단번에 일어난 행위라 해도, 우리가 믿음으로 이 사실을 붙드는 것은 그렇지 않습니다. 실로 속죄의 유익을 누리는 사람은 그리스도께서 하신 일을 처음에 한 번 믿을 뿐 아니라, 그 뒤로 계속해서 이 믿음을 발휘하는 사람뿐입니다. 이런 뜻에서 현재의 살아 있는 믿음 없이 칭의가 없다고 말하는 것은 사실입니다.

성경의 증거를 들자면 몇 구절로도 충분할 것입니다. 사도 바울은 사도행전 13장 39절에서 "믿는 자마다 의롭다 하심을 얻는"다고 말합니다. 여기서 헬라어는 현재 시제를 쓰고 있습니다. 말하자면, 바울은 실제로 이렇게 이야기하고 있는 것입니다. "믿고, 믿기를 계속하는 자마다 의롭다 하심을 얻느니라." 이와 비슷하게 믿음과 칭의와 관련해 현재 시제를 쓰는 구절로는 로마서 3장 24절과 28절, 우리가 앞서 본 로마서 4장 5절이 있습니다.

물론 "의롭다 하심을 받는다"는 말은 완료된 행동을 나타내는 부정 과거 시제로도 쓰입니다. 부정 과거 시제를 쓰는 목적은 하나님께서 믿는 사람을 조금씩 조금씩 의롭다 하시는 것이 아님을 보여 주려는 것입니다. 차츰차츰 받는 칭의 같은 것은 없습니다. 하나님께 받아들여지는 데는 단계가 없습니다. 의롭다 하심을 받는다는 말은 완전히 의롭다 하심을 받는다는 말입니다. 하지만 현재 시제를 쓰는 까닭은 칭의가 그저 멈춰 있는 것이 아님을 가르쳐 주려는 것입니다. 칭의는 역동하고 계속 반복됩니다. 믿는 사람은 믿을 때마다 잇달아 칭의를 체험합니다.

루터가 이 계속 반복되는 칭의 개념을 고수했다는 사실은 루터의 글에서 쉽게 볼 수 있습니다. 루터는 『로마서 강의』(두란노)에서 이렇게 말합니다.

> 어떤 성도도 자신이 의롭다고 생각하거나 고백하지 않지만, 이들은 언제나 의롭다 하심을 받기를 구하고 기다립니다……성도들이 '언제나' 자신의 죄를 깨닫고, 하나님께서 자비로 베푸시는 하나님의 의를 구하는 한, 이들은 바로 이 사실 때문에 '언제나' 하나님께 의롭다 여기심을 받습니다……우리는 이렇게 우리가 죄인임을 고백하고, 우리의 울음과 참회와 슬픔과 눈물로 우리 자신을 죄인으로 여깁니다. 그러나 이런 두려움과 근심이 멈추자마자 안도감이 우리를 사로잡고, 안도감이 우리를 사로잡자마자 하나님께서 다시 우리 죄를 우리에게 돌리십니다. 하나님께서는 두렵고 떨림으로 자신의 자비를 구하는 사람에게만 죄를 전가하지 않기로 결정하셨기 때문입니다.

이처럼 루터는 믿음으로 말미암는 칭의가 구원의 과정에 처음 들어서는 행동 또는 신자가 단 한 번 들어가는 문이라고 믿기보다는, 우리가 거듭거듭 구해야 하는 복이라고 굳게 믿었습니다. 루터는 믿음으로 의롭다 하심을 받는 것이 그리스도인의 삶 전체를 위한 평생의 일이라고 말했습니다. 우리는 결코 이것을 다 배웠다며 넘어갈 수 없습니다. 그래서 루터한테 칭의는 언제나 신학과 설교에서, 그리스도인의 체험에서 중심을 차지했습니다.

안타까운 사실은 다 그런 것은 아니라도 오늘날 수많은 복음주의와 개혁주의 교회에서 이것이 더는 사실이 아니라는 것입니다. 제가 보기에 더는 죄를 문제 삼지 않는다는 데 문제가 있습니다. 하나님 앞에서 나는 어떻게 의롭게 되는가 하는 루터의 물음이 더는 사람들을 괴롭히지 않습니다. 많은 사람이 아르미니우스주의자인 복음주의자들은 그리스도를 믿기로 했던 과거의 결심에 의존하는 경향이 있습니다. 이들은 그때 자신의 죄를 용서받았다고 믿습니다. 이제 이들이 할 일은 주님을 기쁨으로 섬기며 살아가는 것입니다. 개혁교회 안에는 자신의 삶에 일어난 결정적인 변화를 언급조차 못하는 사람도 많습니다. 이들의 별스럽지 않은 그리스도인의 삶은 세례를 받으면서 시작되었고, 어쨌든 성령님께서 이때 이들을 그리스도께 포함시키셨습니다. 하지만 이들은 자신이 잃은 바 되고 망하게 된 죄인임을 깨닫고, 그런 죄인으로서 그리스도를 붙드는 일을 거의 모르거나 아예 모릅니다.

좀 더 보수적인 개혁교회에서는 하나님께서 죄를 깨우치시고 그리스도의 필요성과 충분성을 드러내시면서 주권적이고 능력 있게 말씀하셨던 과거의 어떤 체험을 돌아보는 경향이 있습니다. 이런 체험들은 어떤 경우 의롭다 하심을 얻는 믿음으로 이어졌지만, 대개는 착한 일이 시작되었다는 단순한 소망을 낳는 데 그쳤습니다. 이런 지나간 체험의 중요성은 물론이고 그 필요성까지 인정하더라도, 여기에는 과거에 일어난 일에 의존할 위험이 있습니다. 결과는 너무 자주 거짓된 안도감과 추측입니다.

이들이 서로 얼마나 다르든지, 제가 말한 모든 경우에 한 가지 공통점이 있다고 생각합니다. 곧, 루터의 계속 반복되는 칭의 교리가 설교나 체험에서 무대 한복판을 차지하지 않는다는 사실입니다.

우리 자유개혁교회는 어떻습니까? 이 일이 우리에게도 해당되나요? 우리는 믿음으로 말미암는 칭의가 '교회를 서게도 하고 넘어지게도 하는 조항'이라고 한 루터의 말에 여전히 찬성합니까? 우리는 루터만큼 칭의 교리가 그리스도인이 되는 데뿐 아니라 그리스도인으로 계속 살아가는 데 지극히 중요하다고 확신하나요?

누군가 적절히 말했다시피, 칭의는 날마다 거둬들여야 하는 만나와 같습니다. 어제 거둬들인 만나는 내일을 위해 쌓아 둘 수 없습니다. 우리 삶에서 죄가 계속 문제로 남아 있는 한, 그 해결책은 칭의밖에 없을 것입니다. 그리고 성령님의 참된 가르침을 받은 모두에게, 이 눈물 골짜기 같은 세상에서 죄보다 더 큰 문제는 없을 것입니다. 위대한 종교개혁자 루터는 1536년에 쓴 『칭의 논쟁』Disputation Concerning Justification 에서 이렇게 말했습니다.

> 죄는 결코 한때의 현상이 아니나, 우리는 공로 없이 받는 죄사함과 하나님의 자비의 칭의로 날마다 의롭다 하심을 받습니다. 죄는 마지막 심판 때가 다가와 우리가 마침내 온전히 의롭게 빚어질 때까지, 이 세상에 줄곧 남아 있습니다······우리는 날마다 죄를 짓고, 날마다 끊임없이 의롭다 하심을 받습니다. 이는 의사가 병이 나을 때까지 날마다 병을 치료할 수밖에 없는 것과 같습니다. [69]

---

69) Martin Luther, *Luther's Works*, vol. 34(American ed.; Philadelphia: Muhlenberg Press; 1955-1), pp. 167, 191.

1 로마 가톨릭과 개신교 각각의 칭의 교리를 설명해 봅시다.

2 어떻게 지극히 공정하신 재판장께서 경건하지 않은 사람을 의롭다 하실
   수 있습니까?

3 로마 가톨릭의 옛 교리인 주입된 의로 돌아간다는 말은 무슨 뜻입니까?

4 이것이 위험한 까닭은 무엇입니까? 왜 그렇습니까?

5 하이델베르크 교리문답 114문답을 읽어 봅시다. 교리문답에서 위로와 도
   전을 받은 것이 있다면 나눠 봅시다.

6 체험 있는 그리스도인이 되고 나서 믿음으로 말미암는 칭의의 이 역동하
   고 계속 반복되는 성격을 우리는 혹시 잊고 있지 않습니까? 각자 돌아보
   고 나눠 봅시다.

7 속죄의 유익을 누리는 사람은 어떤 사람입니까? 몇몇 증거 성경 구절도
   찾아서 읽어 봅시다.

8 지금까지 읽은 내용에 비추어 볼 때, 우리 교회는 어떻습니까? 우리 각자
   는 어떻습니까? 나눠 봅시다.

9 위대한 종교개혁자 루터가 『칭의 논쟁』에서 한 말을 읽어 봅시다. 칭의 교
   리가 우리에게 주는 위로를 나눠 보고, 성삼위 하나님을 찬송합시다.

10 우리는 여전히 루터가 이해한 대로 이해하고 있는지 갈무리해 봅시다. 새
    롭게 알게 되거나 확신한 것이 있다면 나눠 봅시다.

11 계속 반복되는 칭의 교리가 설교나 체험에서 무대 한복판을 차지하고 있
    습니까? 그렇지 않다면, 그렇게 해달라고 기도합시다.

15장
현대 신학에서 칭의 [70]
– 몇 가지 새로운 해석

우리는 해마다 10월 31일에 1517년의 종교개혁을 기념합니다. 이신칭의 설교를 듣고, 마르틴 루터가 되찾은 이 교리의 중요성을 되새깁니다. 오늘날 특별히 신학계에서 이 교리에 새삼 관심을 갖는 듯 보입니다. 근래 들어 개신교와 가톨릭 신학자들은 오늘날 칭의를 어떻게 해석해야 하는지를 놓고 적잖이 논의했고, 마침내 상당한 의견 일치를 보여 주는 공동 성명을 내놓았습니다.

한스 큉

이 개신교와 가톨릭의 대화는 1960년대에 주로 독일 가톨릭 신학자인 한스 큉Hans Küng의 노력으로 시작되었습니다. 큉은 칭의에 대한 책을

---

70) 「메신저」 2000년 11월 호에 실린 글.
　　옮긴이—저자는 다음 책에서 도움을 받고 있다. Philip Eveson, *The Great Exchange: Justification by Faith Alone in the Light of Recent Thought*(Kent, England: Day One Publications, 1996). 우리말로는 『칭의론 논쟁』(기독교문서선교회)으로 옮겨졌다.

썼고, 이 책에서 로마 가톨릭과 종교개혁의 차이가 이전 세대가 생각한 것보다 훨씬 작다고 말했습니다. 물론 큉은 루터가 가르친 칭의가 하나님께서 죄인을 의롭게 만드시는 것이 아니라 의롭다 선언하시는 것임을 인정하고, 트리엔트 공의회가 주장한 칭의가 하나님께서 먼저 죄인을 의롭게 만드신 다음 의롭다 선언하시는 것임을 인정하지만, 큉에게 이것은 주로 의미론의 문제입니다. 큉은 이렇게 말합니다. "개신교는 의롭게 만드심을 포함하는 의롭다 선언하심을 말하고, 가톨릭은 의롭다 선언하심을 가정하는 의롭게 만드심을 말합니다. 상상 속에나 있는 차이를 놓고 그만 다툴 때 아닙니까?"

큉은 로마 가톨릭 자유주의자입니다. 사실 너무 자유로워서 가톨릭 교회는 큉이 튀빙겐 대학University of Tübingen에서 가톨릭 교수로 가르치지 못하도록 징계를 내렸습니다. 그렇다 해도 큉은 가톨릭과 개신교 신학자 모두에게 어마어마한 영향을 미쳤습니다.

제임스 던과 톰 라이트

하지만 무엇보다 걱정스러운 일은 자유주의나 신정통주의 학자들만이 칭의와 다른 교리에서 로마 교회와 타협을 바라는 것이 아니라는 사실입니다. 요사이 개혁주의와 복음주의 학자들 사이에서도 같은 방향으로 발전이 있었습니다. 아주 영향력 있는 몇몇 신학자는 루터나 다른 개신교 종교개혁 지도자들의 태도와 분명하게 거리를 두는 방식으로 칭의에 대해 글을 쓰고 강의했습니다. 이 가운데 두 신학자가 칭의에 대해 쓴 글 때문에 복음주의권 안에 상당한 논란이 일었습니다. 이들의 이름은 제임스 던James Dunn과 톰 라이트Tom Wright로 모두 이름난 영국 신약학자입니다.

던과 라이트에 따르면, 개신교는 유대교를 잘못 이해하는 바람에 이제껏 사도 바울과 바울의 칭의론을 잘못 읽어 왔습니다. 라이트는 이렇게 말합니다. "바울 해석의 전통은 바울이 반대하는 가짜 유대교를 만들어 냄으로 가짜 바울을 만들어 냈습니다." 이들은 이런 잘못된 해석이 두 가지 그릇된 가정에서 나온다고 말합니다. 하나는 바울이 회심하기 전에 죄책감에 시달리는 양심과 싸우고 있었고, 다메섹 가까이에서 극적으로 회심함으로 이런 상태에서 건짐 받았을 뿐이라는 가정입니다. 두 번째 잘못된 가정은 유대교가 행위 의를 좇는 율법주의 종교의 전형이었고, 바울은 이것이 오직 믿음으로 말미암아 오직 은혜로 받는 구원의 복음을 심각하게 위협한다고 봤기 때문에 이것을 온 힘을 다해 반대했다는 가정입니다. 하지만 바울이 유대교를 반대한 까닭은 이들이 하나님께 받아들여지려고 행위에 의존했기 때문이 아니라, 이들의 민족적 자부심과 배타성 때문이었다고 던은 말합니다.

유대인들은 율법을 자동으로 유대 민족의 특권을 얻는 헌장으로 봤고, 자신들이 다른 모든 사람보다 우월하다고 느꼈습니다. 그러니까 '율법의 행위'를 하나님께 인정받고 구원받으려고 행하는 율법주의 행위로 봐서는 안 된다는 것입니다. 던은 오히려 유대인의 정체성을 나타내는 '표지'로 봐야 한다고 말합니다. '율법의 행위'는 '경계표지' 노릇을 했고, 이스라엘은 이것으로 다른 나라와 구별되었습니다. 이런 '표지'의 보기로는 안식일과 할례와 음식법이 있었는데, 이것은 언약에 충실한지 알아보는 시금석이 되었습니다. 결국 바울이 로마서 2장과 10장, 빌립보서 3장 같은 곳에서 정죄하는 의는 '자기 의'(이를테면, 율법주의나 구원을 공로로 얻으려는 행위 의)가 아니라, '국가와 민족의 의'입니다.

수정주의자들이 말하는 칭의

그렇다면 칭의란 무엇입니까? 수정주의자들은 칭의가 루터와 함께 시작된 고전 개신교의 주장과 달리 율법주의와 아무 관계가 없다고 말합니다. 오히려 칭의는 유대인들의 국가적, 민족적 자부심에 대한 바울의 답변으로 봐야 한다는 것입니다. 던은 믿음으로 말미암는 칭의가 이제 유대인에게만 아니라 모든 사람에게 하나님의 가족이 되는 길이 열렸다는 선언일 뿐이라고 말합니다. 칭의 교리를 이렇게 해석할 때만 오늘날 의미를 갖는다는 것입니다. 루터의 나라인 독일이 인종의 우월성(지배 민족)을 주요 교의로 삼은 나치 정권에 기름진 땅을 제공할 수 있었던 것은 바로 개신교 신학자들이 이 해석을 보지 못했기 때문이라고 던은 말합니다. 마찬가지로 칼빈주의자들의 남아프리카 공화국에서 인종 차별 정책이 발전하고, 영국 기독교를 빅토리아 시대의 가치[71]와 혼동하고, 청교도들의 뉴잉글랜드에서 미국식 삶이라고 하는 시민종교가 생겨난 것도 우연이 아닙니다.

던과 그 제자들이 칭의에서 강조하는 것은 관계의 측면임이 분명합니다. 이들에게 칭의란 다만 관계가 회복되고 바른 무리에 속하는 것입니다. 칭의는 신실한 자들의 공동체 일원이 된다는 뜻입니다. 하나님의 의는 하나님께서 자신의 언약에 신실하심을 말하고, 하나님 백성의 의는 하나님께서 은혜로 주시는 이들의 신분(언약 회원)에 있습니다. 칭의는 복음을 믿는 자마다 언약의 가족이라는 하나님의 선언입니다. 전가된 의나 분여된 의와 같은 신학은 필요가 없습니다. 이들이 볼 때, 로마서와 갈라디아서에서 바울의 논증은 '개인이 어떻게 하나님과 바른 관

---

71) 옮긴이─빅토리아 시대 사람들은 사회 계층과 지위에 큰 관심을 가졌고, 영국 사람들이 다른 모든 사람 위에 있다고 믿었다.

계에 놓이는가?'보다는 '누가 언약 공동체에 속하는가?'입니다. 이들은 갈라디아서가 회심한 이방인들에게 겉으로 유대인이 되어 봐야 아무 소용없음을 깨우쳐 주기 위해 쓰였고, 로마서는 다양한 배경을 가진 그리스도인들에게 이들이 이스라엘의 모든 복을 물려받음을 깨우쳐 주고, 반反유대주의에 빠지지 않도록 경고하기 위해 쓰였다고 말합니다.

던을 비롯한 많은 신약학자에게 '의'라는 말은 고전 개혁 신학과 다른 뜻을 가진 것이 분명합니다. 이들은 갈수록 의를 관계의 개념으로 보고, 언약과 관련짓습니다. 이들에게 의는 이 관계에서 나오는 활동이나 행동과 관련이 있습니다. 의는 언약에 충실함, 언약에 걸맞은 언약 행동이나 언약 활동입니다. 이 학자들은 복음에서 수직의 차원보다 수평의 차원을 강조합니다. 이것은 아마 좋은 평판을 듣는 언약 회원이 되는 것이 하나님과 하나님의 율법과 바른 관계에 있음을 전제한다는 뜻일 것입니다. 개혁주의 공동체에 속한 우리에게 아주 익숙한 개념입니다!

칭의를 새로이 해석하게 된 배경

이 모든 일의 배경에는 서구 개인주의에 대한 폭넓은 반발이 있습니다. 사람은 갈수록 공동체 생활을 하는 사회적 존재로 정의되고, 이것이 칭의를 근본에서 다시 정의하는 일로 이어졌습니다. 라이트는 칭의가 "개인주의자들의 헌장이 아니라, 우리가 언약 공동체에 속해 있다는 하나님의 선언"이라고 말합니다.

오늘날 사람들이 사회 정의에 사로잡혀 있는 것도 이런 반발과 밀접한 관련이 있고, 이것은 해방 신학 같은 운동으로 그 모습을 드러내고 있습니다. 그래서 던은 루터의 이신칭의 교리가 오늘날의 세대에 호소하려면, 사회 정의 개념과 굳게 매여 있어서 하나님의 정의가 국가와 사회에서 이루어진다는 성경의 개념을 끌어내야 한다고 믿습니다.

평가

칭의에 대한 이 새로운 해석을 어떻게 받아들여야 할까요? 우리는 현대 신학에서 통찰력을 얻을 수 있지만, 종교개혁 때 되찾은 성경의 위대한 핵심 진리를 놓고 다른 데 한눈을 팔아서는 안 됩니다. 던과 라이트는 성경의 진리가 사람의 전통 위에 있다고 강조하는 종교개혁의 오직 성경 교리를 새삼 일깨워 줍니다. 하지만 이들은 이런 관찰을 바울의 언어에 대해 이제껏 받아들였던 해석을 잊고 새로운 해석을 받아들이라고 제안하는 데 쓰고 있습니다. 물론 우리는 우리의 모든 전통을 하나님의 오류 없는 말씀 앞에 가져가야 한다는 말에 찬성합니다만, 이것이 성서학의 최신 결과를 받아들여야 한다는 뜻은 아닙니다.

　기독교가 이전 어느 때보다 더 불확실하고 혼란스러운 때에, 칭의 교리를 비롯한 다른 모든 성경 진리에서 바울에 대한 우리의 이해를 잊고 새로 시작하는 것이 과연 지혜로운 일일까요? 남녀평등주의나 동성애 문제 같은 세상의 최신 유행에 자꾸 관심을 보이면서 아무것도 신성하게 여기지 않고, 성경 본문에 대한 수많은 전통 관점을 문제 삼고 일그러뜨리는 시대에, 우리는 아무런 확신도 없이 바울의 칭의 교리에 대한 개혁자들의 이해를 외면해서는 안 됩니다. 우리 개신교 선조들은 자신들의 칭의 이해 때문에 큰 어려움을 겪고, 불에 타 죽었습니다. 누군가는 이렇게 썼습니다. "그때는 지금보다 구원을 훨씬 가치 있게 여겼고, 심판을 더 두려워했습니다. 그래서 어떤 길이 구원으로 가는 길이고 어떤 길이 심판으로 가는 길인지가 엄청나게 중요했습니다."

　논쟁의 핵심은 '의롭다고 하다'justify는 말의 올바른 성경 해석은 무엇

인가입니다. 거의 모든 학자가 이 말의 기본 뜻이 '의롭게 만들다'보다
는 '죄 없다고 선고하다', '정당함을 입증하다', '의롭다고 선언하다'임에
찬성하지만, 이 본문에 '의롭게 만들다'는 뜻도 집어넣으려고 애쓰는 사
람들이 끊임없이 있어 왔습니다.

이를테면, 큉과 다른 사람들은 하나님께서 누군가를 의롭다고 선언
하실 때, 하나님의 능력 있는 말씀이 하나님께서 선언하신 바를 창조한
다는 의견을 내놓았습니다. 19세기에 카디널 뉴먼Cardinal Newman이 이
런 관점을 처음 제안했는데, 우리로서는 두둔하기 힘든 관점입니다. 우
리는 하나님의 의롭다 하시는 행위와 반대되는 정죄하시는 행위를 생
각할 때, 이 관점이 얼마나 터무니없는지 알 수 있습니다. 하나님께서
누군가 죄가 있다고 선언하실 때, 하나님의 능력 있는 말씀이 이 사람
을 죄인으로 만든다고 제안하려는 사람은 없을 것입니다.

중생이나 갱신과 혼동되는 칭의

이 수정주의자들은 이제 '의롭다고 하다'는 말을 '언약의 지체임을 선언
하다'로 더 정확하게 정의할 수 있다고 말합니다. 이 덕분에 로마 가톨
릭은 체면을 세우기가 쉬워졌고, 트리엔트 전통과 종교개혁 전통의 공
존이 가능해졌습니다. 언약에 대한 이런 두드러진 강조는 많은 개혁주
의 지지자(특별히 신칼빈주의자들)의 관심을 끌고 있습니다. 아울러 로마
가톨릭은 성경과 동떨어진 자신들의 사상을 모두 이 정의에 집어넣을
수 있게 되었습니다. 칭의는 다시 온갖 미묘한 방식으로 모든 것을 포
괄하는 말이 되고 있고, 중생이나 갱신이나 성화와 혼동되고 있습니다.

종교개혁의 칭의 이해는 '하나님 앞에서 갖는 죄인의 의로운 신분'이
라는 성경의 강조로 사람들을 되돌려 놓았습니다. 하지만 오늘날 접근

법은 죄인이 언약 공동체로 받아들여지는 것이 중심을 차지합니다. 이와 관련해 의미심장한 점은 라이트가 칭의를 구원론보다는 교회론의 맥락에서 생각해야 한다고 주장한다는 사실입니다. 어떤 개신교 분파들이 개인주의와 반反교회 정신을 부추겼다는 라이트의 주장은 어느 정도 사실일 수 있습니다. 하지만 오늘날 시계추는 정반대 방향으로 가고 있습니다.

칭의가 교회와 언약 공동체라는 맥락에서 일어난다는 이 새로운 강조를 가톨릭 교회가 흔쾌히 받아들이는 것은 당연한 일입니다. 하지만 성경은 믿음이 보통 회중의 맥락에서 발휘된다고 가르치면서도, 하나님 앞에서 갖는 개인의 신분을 덜 중요하게 여기도록 허락하지 않습니다. 바울은 갈라디아 사람들에게 자신의 믿음이 "나를 사랑하사 나를 위하여 자기 자신을 버리신"(갈 2:20) 그리스도께 있음을 증언할 수 있었습니다. 예수님 당시 공식 교회와 언약 공동체는 바리새인을 떠받들고 세리는 업신여기고 내쫓았지만, 의롭다 하심을 받고 집에 돌아간 것은 자기 의를 내세운 바리새인이 아니라 회개하고 배척받는 세리였습니다(눅 18:14). 마찬가지로 교회는 수많은 개혁자를 내쫓고 불태워 죽였지만, 개혁자들은 자신들이 하나님과 바른 관계에 있음을 확신했습니다. 하나님 앞에서 갖는 개인의 신분이 첫째가는 것이요, 이런 강조를 약하게 하는 해석은 모조리 거부해야 합니다.

종교개혁의 칭의 이해를 거부함

사회 정의에 초점을 맞추려고 칭의의 개인적 성격을 덜 강조하는 오늘날의 흐름은 종교개혁의 칭의 이해에 심각한 위협이 되고 있습니다. 물론 하나님 앞에서 갖는 개인의 신분과 다른 사람에 대한 관심은 서로 충돌하지 않습니다. 하지만 순서를 바꾸고, 하나님 앞에서 갖는 개인의 신분은 내버리고 온통 사회 정의만을 강조한다면, 모든 참된 정의가 흘러나오는 바로 그 조항을 등지는 것이나 다름없습니다. 하나님께서는 자신의 거룩한 율법을 어긴 죄에 대해 자기 아들을 벌하심으로 죄인을 의롭다 하십니다.

이 마지막 요점은 수정주의자들의 칭의 해석이 가진 또 다른 약점을 보여 줍니다. 이들의 글에서 죄는 마땅한 심각함으로 다뤄지지 않고, 회개도 거의 언급되지 않습니다. 거룩하고 의로우신 하나님 앞에서 양심의 가책을 벗어나려는 루터의 추구는 서구적 집착이라며 무시됩니다. 우리 시대는 옳고 그름의 절대 기준을 대체로 거부했고, 죄를 가벼이 여깁니다.

하나님의 의는 규범임

성경의 의 개념은 사회 정의나 인류평등이나 남녀기회균등, 그 이상을 말합니다. 이 의 개념의 밑바탕에는 변하지 않는 규범이나 기준의 개념이 있습니다. 최종 기준은 하나님이십니다. 하나님의 속성으로서 의는 절대 규범을 제공합니다. 우리는 이 의를 언약에 나타난 하나님의 사랑과 신실하심에서만 아니라, 하나님의 기록된 율법에서도 볼 수 있습니다(롬 7:12). 이 율법 앞에서 모든 사람은 죄인입니다. 우리는 제10계명에서 하나님께서 우리에게 율법의 문자만 아니라 율법의 정신까지 지키라고 요구하심을 봅니다. 중요한 것은 그저 겉으로 율법을 지키는 것이 아니라 마음속 태도입니다. 세례 요한과 예수님께서 한 일은 구약성경 선지자들과 마찬가지로 하나님 앞에서 자기 신분에 아무 문제가 없다고 생각한 사람들을 뒤흔들어 놓는 일이었습니다.

트리엔트 공의회와 마찬가지로 수정주의자들의 칭의관에는 '그리스도의 의'가 들어설 자리가 없습니다. 라이트의 관점에서는 의가 한 사람에게서 다른 사람에게 어떻게 전달되는지 보여 주는 '전가하다'와 같은 말이 필요 없습니다. 하지만 사도 바울은 그리스도를 "우리 의"(고전 1:30)라고 하며, 칭의를 죄의 전가와 의의 전가로 표현합니다(롬 4:1-13; 5:17-19). 고린도후서 5장 21절에서는 하나님께서 그리스도를 우리를 대신하여 죄로 삼으사 우리로 하여금 그리스도 안에서 하나님의 의가 되게 하셨다고 말합니다. 이것은 개혁자들을 비롯해 구원을 위해 예수님을 의지하는 모든 사람에게 매우 소중하고 위대한 교환입니다.

라이트는 오직 믿음으로 말미암는 칭의가 교회를 서게도 하고 넘어지게도 하는 조항이라고 한 루터의 유명한 진술을 거부합니다. 라이트는 삼위일체와 같은 조항이 이런 구분을 짓기에 더 나은 자격이 있다고 주장합니다. 하지만 개혁자들에게는 물론이고 바울에게 중심이었던 칭의는 복음의 핵심으로 우리를 데려갑니다. 우리는 칭의 교리가 아닌 그리스도를 믿음으로 의롭다 하심을 받지만, 하나님께서 죄책을 지닌 죄인을 의롭다 하시는 근거는 우리가 믿는 그리스도의 피와 의밖에 없습니다.

그리스도만이 우리 의

오늘날 상황은 중세 후기 상황과 놀라우리만큼 비슷합니다. 사람들은 오랫동안 아끼고 간직해 온 견해에 의심을 품고, 아리송한 말을 쓰는 것이 유행이 되었습니다. 무지가 자리에 앉은 사람들의 특징이며, 여론은 신학의 엄밀성을 반대합니다. 우리 시대는 상대주의와 실존주의와 생각 없는 열광주의와 다원주의 시대입니다.

답은 무엇입니까? 어떤 사람들은 기독교가 세속주의의 사나운 공격에서 살아남으려면 타협과 수정이 필요하다고 제안합니다. 그러나 분명코 더 나은 길이 있습니다. 곧, 잃어버린 죄인으로 하나님께 나아가 오직 하나님의 영광을 위해, 오직 그리스도 안에서, 오직 믿음으로 말미암아, 오직 은혜로 의롭다 하심을 받기를 구하며, 믿음이 보는 것이 되기까지 우리 삶의 순간순간마다 가장 위로를 주는 이 진리를 한껏 누리는 것입니다. 1516년, 루터는 로마 가톨릭과 논쟁하기에 앞서 자신의 친구요 동료 수도사인 슈펭라인George Spenlein에게 이렇게 말했습니다.

내 소중한 형제여, "그리스도와 그가 십자가에 못 박히신 것"(고전 2:2)을 배우시오. 그리스도를 찬양하고, 자신에게 절망하며 '주 예수님, 제가 주님의 죄이듯, 주님은 제 의이시나이다. 주님께서 친히 제 것을 짊어지셨고, 제게 주님 것을 주셨나이다. 주님께 없던 것을 주님께서 짊어지셨고, 제게 없던 것을 제게 주셨나이다' 하고 말하는 법을 배우시오. 죄인 취급받지 않기를 바라는 그런 순결함을 열망하지 않도록 조심하시오. 그리스도께서는 오직 죄인들 안에 거하시기 때문이오……그러니 오직 그리스도 안에서만, 형제 자신과 형제가 한 일에 절망할 때만 평화를 찾게 될 것이오. 이뿐 아니라 그리스도께서 형제를 받아 주신 것처럼 형제의 죄를 자기 것으로 삼으시고 자기 의를 형제 것으로 삼으셨음을 친히 가르쳐 주실 것이오.

1 던과 라이트는, 개신교가 바울과 바울의 칭의론을 잘못 읽어 온 까닭이 무엇이라고 말합니까?

2 이들은 개신교의 이런 잘못된 해석이 두 가지 그릇된 가정에서 나온다고 말하는데, 그 두 가지 가정도 설명해 봅시다.

3 수정주의자들이 말하는 칭의가 무엇입니까?

4 이와 같이 칭의를 새로이 해석하게 된 데는 어떤 배경이 있습니까?

5 칭의에 대한 이 새로운 해석을 어떻게 받아들여야 할까요? 나눠 봅시다.

6 수정주의자들이 칭의에 대해 혼동하고 있는 부분은 무엇입니까?

7 사회 정의에 초점을 맞추려고 칭의의 개인적 성격을 덜 강조하는 오늘날의 흐름이 가진 또 다른 약점은 무엇입니까?

8 성경이 말하는 의 개념은 무엇입니까?

9 상대주의와 실존주의와 생각 없는 열광주의와 다원주의 시대인 오늘날 상황에서, 칭의 교리에 대한 답은 무엇입니까?

10 루터가 동료 수도사 슈펭라인에게 한 말을 읽어 봅시다. 각자에게 적용해 보고 나눠 봅시다.

11 우리 각자는 오직 믿음으로 말미암는 칭의를 '교회를 서게도 하고 넘어지게도 하는 조항'이라고 말한 루터의 말에 동의하고 있는지 돌아보고, 칭의 교리를 다시 한 번 정리해 봅시다.

16장
행위 언약 최근 논의[72]

역사는 반복된다는 말이 있습니다. 신학 논쟁에서도 이 말은 사실입니다. 언약 교리를 다룬 신학 논쟁에서도 마찬가지입니다. 네덜란드 개혁주의 안에서 벌어진 언약 논쟁은 1920-1930년대에 절정에 이르렀습니다. 연세가 있으신 독자분들은 네덜란드 개혁교회Netherlands Reformed Congregations(NRC)를 대표하는 케르스턴G. H. Kersten 목사와 자유개혁교회Free Reformed Church(FRC)를 대표하는 용얼레인J. Jongeleen 목사가 성경이 가르치는 언약이 두 개인가 세 개인가를 놓고 벌인 열띤 논쟁을 기억하실 것입니다. 논쟁의 초점은 '은혜 언약을 구속 언약과 구별해야 하는가?' 아니면 '둘을 본질상 같은 것으로 봐야 하는가?' 하는 문제에 있었습니다. 이 밖에도 당시 행위 언약과 관련한 쟁점이 큰 관심을 모았습니다.

개혁주의 공동체에 속한 사람들은 대체로 하나님께서 타락 전의 아담과 어떤 언약 관계를 맺으셨다고 인정했지만, 이 관계의 정확한 본질

---

72) 「메신저」 2003년 11월 호에 실린 글.

에 대해서는 아직까지도 합의된 바가 없습니다. 이 주제에 대한 논의는 수십 년 동안 멈추어 있었는데, 근래 들어 특별히 북미에서 다시 불붙기 시작했습니다. 논쟁의 초점은 아담과 맺으신 언약을 행위 언약이라고 하는 것이 성경으로 볼 때 과연 옳으냐 하는 것입니다. 사람이 정말 영생을 얻어 낼 수 있습니까? 타락 후와는 다른 의미라고 해도 타락 전의 아담 역시 하나님 은혜의 대상 아닙니까? 이것은 하나님의 구원 방법을 보는 우리 태도에 엄청난 영향을 미칠 중요한 질문입니다. 여기서 핵심 질문은 이것입니다. 하나님과 우리의 관계는 사람의 행위나 공로나 업적 위에 세워진 적이 있습니까? 이것은 '예'나 '아니요'로 쉽게 답할 수 있는 문제가 아닙니다.

행위 언약의 역사

성경에는 행위 언약이란 말이 나오지 않습니다. 성경은 행위를 은혜와 구별해서 말합니다. 이를테면, 바울은 우리가 우리의 행위(더 자세히 말하면 율법의 행위)로 구원받을 수 없고, 자기 백성을 위해 율법을 지키신 예수 그리스도를 믿음으로 은혜로만 구원받을 수 있다고 강조합니다. 하나님 말씀이 행위 언약은 말할 것도 없고 행위 자체를 구원의 방편으로 말하지 않는다면, 이런 언약 개념은 언제 어떻게 생겨났을까요?

우리는 엄밀한 의미에서 행위 언약이라는 말이 종교개혁이 지날 때까지 쓰이지 않았음을 역사에서 배웁니다. 하지만 교부들과 개혁자들의 글에서 우리는 이런 언약 개념의 실마리를 찾을 수 있습니다. 아우구스티누스는 하나님과 아담의 관계를 언약이라고 했습니다. 칼빈은 행위 언약을 가르치지 않았지만, 후에 차츰 발전하여 활짝 핀 행위 언약 교리의 기초를 놓았다고 쉽게 해석할 수 있는 특징을 지닌 타락 전 협약을 인정했습니다. 하인리히 불링거Heinrich Bullinger와 하이델베르크 교리문답 작성자 가운데 한 명인 카스파 올레비아누스Caspar Olevianus 같은 신학자들이 이 발전을 이끌었습니다.

행위 언약 교리는 늦어도 17세기 말까지 여러 개혁주의 신조에서 확실히 자리 잡고, 형식을 갖추었습니다. 그 보기로 웨스트민스터 표준문서나 제2스위스 신앙고백을 들 수 있습니다. 웨스트민스터 신앙고백 7장 2항에서는 "사람과 맺어진 첫 번째 언약은 행위 언약으로, 하나님께서 아담과 아담 안에서 그 후손에게 개인의 온전한 순종을 조건으로 생명을 약속하셨다"고 쓰고 있고, 7장 3항에서는 "사람은 타락하여 이제 행위 언약으로 생명에 이를 수 없게 되었기 때문에, 주님께서는 두 번째 언약 맺으시기를 기뻐하셨다. 이것을 흔히 은혜 언약이라고 한다"고 쓰고 있습니다.

이 행위 언약과 은혜 언약의 틀은 이윽고 네덜란드 개혁교회들에서도 인기를 얻게 되었습니다. 거의 사백 년 동안 언약 또는 계약 신학이 전 세계의 장로교회와 개혁교회를 완전히 휘어잡았습니다.

오늘날의 비판

그런데 최근 들어 이 언약 신학은 개혁주의 공동체 안팎으로 엄청난 비판을 받았습니다. 주된 반론은 행위 언약 개념에 사람이 영생을 얻어 내야 한다는 뜻이 담겨 있다는 것입니다.

칼 바르트는 행위 언약이라는 개념 자체를 거부합니다. 바르트가 볼 때 하나님께서 사람을 다루시는 근거는 은혜밖에 없기 때문입니다. 바르트는 하나님께서 창조된 인류와 그리스도 안에서 언약을 맺으셨기 때문에, 이 언약에서 사람의 행위나 노력은 조금도 요구하지 않으셨다고 말합니다. 바르트를 비롯한 신정통주의 학파 사람들이 개혁교단과 장로교단에 속한 많은 사람에게 영향을 미쳤습니다.

홈스 롤스턴 3세: 1970년대에 『존 칼빈 대 웨스트민스터 신앙고백』이란 제목의 책이 나왔습니다. 이 책에서 저자인 홈스 롤스턴은 웨스트민스터 신앙고백이 그 계약 또는 언약 신학과 함께 칼빈을 완전히 떠났다고 주장합니다. 칼빈은 행위 언약과 그 필연의 결과인 아담과 그리스도의 대표 됨과 머리 됨의 개념(롤스턴은 이런 개념이 로마서 5장을 잘못 해석한 데서 나왔다고 생각합니다)을 전혀 몰랐다는 것입니다. 롤스턴은 하나님께서 아담과 맺으신 관계가 오로지 은혜의 관계였다고 주장합니다. 그래서 다음과 같이 날카로운 이의 제기를 합니다. "거의 모든 언약주의자는 하나님께서 태초의 사람에게 은혜의 관계에서 찾아오시지 않았다고 강조합니다. 사람이 자기 행위로 서있어서 아직 은혜가 필요 없었다는 것입니다."[73]

롤스턴은 자유주의 성향의 장로교파에 속해 있기 때문에, 이런 비평을 얼마든지 예상할 수 있습니다. 그러나 걱정스러운 일은 건전한 개혁주의자로 이름난 사람들도 갈수록 비슷한 이야기를 한다는 사실입니다.

클라스 스힐더: 1930년대에 네덜란드의 몇몇 신학자는 성경의 사실들을 제대로 보여 줄 더 나은 용어를 만들려고 행위 언약 교리에 많은 시간과 노력을 쏟아부었습니다. 이런 신학자들 가운데 한 명이 스힐더 박사였습니다. 스힐더는 언약을 다룬 강의에서 이렇게 썼습니다.

---

73) Holmes Rolston III, *John Calvin versus the Westminster Confession* (Richmond: John Knox Press, 1972), p. 17.

많은 사람이 생각하기를 행위 언약에서 사람이 자신의 구원을 얻었고, 이제 그리스도께서 우리를 위해 이 일을 하신다고 생각하지만, 행위와 은혜의 대조는 큰 혼란을 가져왔습니다……사람은 결코 하나님께 아무것도 얻어 낼 수 없습니다. 율법은 순종의 조약 아래 구원을 약속하고, 은혜 언약은 믿음의 조약 아래 구원을 약속합니다. 우리는 여기서 공로를 말할 수 없습니다. 하나님께서 일이 이렇게 되도록 자유로이 결정하셨습니다. 하나님께서는 봄과 여름을 이어 놓으셨듯이, 그 뜻대로 행위와 공로를 이어 놓으셨습니다.[74]

스힐더의 말은 타락 전이나 타락 후나 모든 것이 하나님의 주권적 은혜에 달려 있다는 것입니다. 그런데 재미있는 것은 스힐더가 은혜와 호의를 구별한다는 사실입니다. 스힐더는 "낙원에는 호의가 있었지만, 타락한 뒤로는 엄밀한 의미에서 은혜가 있었다"[75]고 말합니다. 이것은 죄가 있을 때만 은혜를 볼 수 있다는 개념입니다. 또 "하나님께서 낙원에서 호의를 베푸셨듯이, 타락한 뒤로는 은혜를 주셨다"[76]고 말합니다. 스힐더는 실제로 아주 비슷한 두 낱말(호의와 은혜)를 써서 타락 후에 베푸신 하나님의 은혜를 계속 강조하는 동시에, 타락 전에 (공로 없이) 베푸신 하나님의 호의에 주목하기를 바랐습니다.

---

74) *Het Verbond*, p. 13 이하. ; Clarence Stam, *The Covenant of Love* (Winnipeg: Premier Printing, 2001), p. 50에서 재인용. 우리말로는 『사랑의 언약』(사랑과 언약)으로 옮겨졌다.

75) Stam, *Covenant of Love*, p. 51.

76) 앞의 책, p. 51.

개혁주의의 최근 견해

비슷한 진술을 더흐라프S. G. de Graaf, 불더링크J. C. Woelderink, 퐁크C. Vonk, 좀 더 최근에는 노먼 셰퍼드Norman Shepherd, 클래런스 스탐Clarence Stam과 같은 저자의 글에서도 볼 수 있습니다.

아담이 영원한 생명을 공로로 얻었다고 생각될 것을 걱정한 많은 사람이 행위 언약이란 말을 피하고, 그 대신 호의 언약, 생명 또는 사랑 언약, 아담과 맺으신 언약, 에덴 언약, 아담에 대한 경륜 같은 다양한 말을 썼습니다. 제 생각에 이것은 실수입니다. 나아가 저는 이 언약을 표현하는 '행위'라는 말을 빼면, 아주 중요한 것을 잃을 것이라고 말하겠습니다. 이런 신학자들은 타락 전이라 해도 사람이 순종의 길에서 할 수 있는 어떤 일에든 공로를 돌릴 위험이 있음을 알고, 이런 위험에 맞서 은혜의 원리를 지키려 합니다. 저는 이들의 걱정을 높이 살 수 있지만, 이것은 잘못된 걱정입니다. 제가 볼 때 문제는 은혜라는 말을 혼동하는 데서 옵니다. 아담을 죄 없고 거룩한 존재로 그리는 성경의 묘사를 우리가 진지하게 받아들인다면, 우리는 대체 어떤 의미에서 아담을 은혜의 대상이라 할 수 있습니까? 여기서 은혜를 '호의'로 바꾸더라도 실제로 달라지는 것은 없습니다. '호의 언약'이라는 표현이 가진 문제는 호의와 은혜의 차이가 본질이 아닌 정도의 차이라는 데 있습니다. 이것은 '행위' 대신 '호의'라는 말을 쓰고 싶어하는 사람들조차 인정하는 사실입니다.

사실 웨스트민스터 신앙고백은 "하나님 편에서 자원하여 낮아지심으로"(7장 1항) 사람과 언약 맺으시기를 기뻐하셨다고 함으로, 행위 언약이 세워질 때 은혜의 요소가 있었음을 인정합니다. 바꿔 말해, 하나님께서는 행위 언약을 세우실 때 주도권을 쥐시고 아담과 아담 안에서 그 후손에게 개인의 온전한 순종을 조건으로 생명을 약속하셨습니다(7장 2항). 하지만 이 언약이 사람과 세워졌을 때, 사람은 자신이 요구받은 일을 할 수 있었고, 이 일을 이루면 상급을 받으리라는 약속을 받았습니다. 사람은 어쨌든 올곧게 창조되었고, 원의를 부여받았습니다. 그래서 하나님께 온전한 순종을 올려 드릴 수 있었고, 사도 바울이 밝힌 원리, 곧 "일하는 자에게는 그 삯이 은혜로 여겨지지 아니하고 보수로 여겨"(롬 4:4)진다는 원리에 따라 누린 영생을 지속받을 자격이 있었습니다. 하나님과 사람의 어떤 관계에도 공로는 있을 수 없다는 주장은 잘못된 것입니다. 도널드 매클라우드Donald MacLeod는 여러 해 전 「진리의 깃발」지에 이렇게 썼습니다.

> 바울은 율법주의를 격렬하게 비판하지만, 결코 "이를 행하라 그러면 살리라!"(눅 10:28)는 개념 자체가 불경건하다고 주장하지 않습니다. 이 개념은 사람의 영적 무능력 때문에 이제 사람이 이룰 수 없는 협약이 되었지만, 율법을 다 이룬 사람이 율법으로 살리라는 개념은 그 자체로 조금도 터무니없는 개념이 아닙니다. 실로 공로 개념 자체를 부인하는 것은 순종으로 공로를 얻는 관계가 분명한 하나님과 그리스도의 관계를 공격하는 일입니다.[77]

매클라우드는 여기서 정곡을 찌릅니다. 행위 언약을 다른 말로 바꾸려는 거의 모든 노력은 아담과 그리스도를 두 후손의 대표[78]로 보는 언

---

77) "Federal Theology-An Oppressive Legalism?" *The Banner of Truth* 125(Feb. 1974), p. 23. 주의할 것은 매클라우드 박사가 스코틀랜드 자유교회에서 물의를 일으켰다는 사실이다. 매클라우드는 개인 행실에 문제가 있다는 혐의를 받았고, 이 일로 결국 스코틀랜드 자유교회(계승)라는 새로운 교단이 만들어졌다. 위에서 인용한 글은 1974년 매클라우드 박사가 아직 재능 있는 개혁주의 신학자로 평가받을 때 쓴 글이다. 매클라우드 박사는 「진리의 깃발」지에 꾸준히 기고했고, 사람들은 이 일을 아주 높이 샀다.

78) 첫째 아담은 모든 인류를 대표하고, 둘째 또는 마지막 아담이신 그리스도는 자신이 택하신 몸인 교회를 대표한다.

약 신학Federal Theology을 없애려는 굳은 다짐에서 나오는 듯 보입니다. 의미심장한 점은 네덜란드에서나 북미에서나 행위 언약 개념을 반대하는 사람들이 거의 신칼빈주의자라는 사실입니다.

해밀턴(온타리오 주)에 있는 캐나다 개혁교회 신학교에서 여러 해 동안 조직 신학 교수로 섬긴 파브르 박사의 글을 인용해 보겠습니다. 파브르 박사는 이 글에서 노먼 셰퍼드 박사를 옹호하는데, 셰퍼드는 행위 언약관과 특별히 칭의관에서 개혁교회와 장로교회에 상당한 논란을 일으킨 인물입니다. 파브르는 먼저 언약 신학에서 웨스트민스터 표준 문서와 세 일치 신조가 다르다는 사실에 주의를 모으면서, 세 일치 신조는 이른바 행위 언약 교리를 담고 있지 않다고 말합니다. 하이델베르크 교리문답 제3주일이나 벨직 신앙고백 14항에서 행위 언약이라는 표현은커녕 언약이란 말조차 찾지 못할 것이라고 말합니다. 그런 다음 파브르는 이렇게 쓰고 있습니다.

> 퐁크 목사의 『앞서 말한 교리』De Voorziede Leer 1권에 보면, 이른바 행위 언약을 다룬 단락이 있습니다. 퐁크 목사는 헤르만 비치위스가 『하나님이 사람과 맺으신 언약의 경륜』The Economy of the Covenants between God and Man에서 펼친 정교한 강해를 놓고 논의합니다……비치위스에 따르면, 모세 율법은 적어도 어떤 면에서는 낙원의 율법 언약이 반복된 것입니다. 하지만 퐁크 목사는 이 둘을 같은 것으로 보는 것을 강력히 거부합니다. 비치위스는 바울을 적대한 유대인들이 놓은 덫, 곧 모세의 선한 율법에서 그리스도를 제거하는 덫에 걸리고 맙니다……퐁크 목사는 모세의 선한 율법과 이른바 행위 언약을 같은 것으로 보는 비치위스의 사변에서 나온 폭넓은 분석에 아무런 관심이 없습니다. 퐁크 목사는 다른 사람에게 하나님과 아담의 언약에 대해 말할 자유를 허락하지만, 이런 개인의

의견을 공식 고백처럼 밝혀서는 안 됩니다. 퐁크 목사에 따르면, 창세기 2장 17절의 단순한 금지 명령을 완전한 언약이라고 하기에는 그 근거가 너무 빈약합니다. [79)]

파브르는 하나님과 아담의 관계를 언약이란 말로 나타내는 것이 꼭 알맞다고 보기 때문에, 언약이란 말을 쓰는 문제에서 퐁크에게 찬성하지 않지만, 퐁크가 하나님과 아담의 타락 전 관계에서 모든 행위 개념을 거부하고, 시내 산에서 행위 언약 또는 율법 언약이 다시 세워졌다는 개념을 거부하는 데 찬성합니다. 파브르는 웨스트민스터 표준 문서에서 '행위 언약'이라는 말을 '은혜 언약'이라는 표현과 구별해서 쓰는 것은 오해로 이어질 수밖에 없다고 봅니다.

평가

저는 모세 경륜을 또 다른 행위 언약으로 해석해서는 안 된다는 점에서 파브르와 퐁크에게 찬성합니다. 하지만 그렇다고 해서 타락 전 언약을 은혜 언약으로 해석해야 하는 것은 아닙니다. 개혁주의 공동체에 속한 많은 사람이 하는 것처럼 이 두 언약의 구별을 흐릿하게 하는 것은 위험한 일이고, 은혜의 복음 자체를 위협하는 일입니다.

웨스트민스터 표준 문서에 나타나고 네덜란드 제2종교개혁자들이 뒷받침한 언약 신학은 이 사실을 알았습니다. 이들은 타락 전 언약에 은혜의 측면이 있음을 인정했지만, 이 때문에 아담의 순종이 공로 행위

---

79) Dr. J. Faber, "The Covenant of Works," *Clarion* 31, no. 5(March 6, 1982), p. 90. 이 글은 다음의 인터넷 사이트에서 볼 수 있다. www.spindleworks.com/library/faber/cov_works. htm.

가 될 수 있음을 부인하지 않았습니다.

이들이 이렇게 한 까닭은 바울이 로마서 5장 12-21절에서 밝힌 아담과 그리스도의 병행이 얼마나 중요한지 알았기 때문입니다. 이 병행의 요점은 율법의 요구라는 면에서 그리스도의 순종과 아담의 불순종을 비교하고 대조하는 것입니다. 이와 관련해 잊지 말아야 할 중요한 사실은, 그리스도의 능동적, 수동적 순종을 본래 아담과 맺어진 언약의 조건을 이룬 일로 봐야 한다는 것입니다. 많은 사람이 그리스도께서 이런 언약의 맥락에서 속죄 사역을 행하셨음을 부인하지만, 이것은 사실상 바울의 병행을 무너뜨리는 일입니다. 이들은 아담과 그리스도가 요구받은 순종을 더는 하나님의 율법에 대한 순종으로 보지 않고, 하나님의 은혜에 대한 감사의 표현으로 봅니다. 이처럼 언약 신학을 반대하는 사람들은 아담이 결코 자신의 순종으로 영생을 얻어 낼 수 없었다고 주장함으로, "결국 그리스도의 능동적 순종에 대해 상당히 다른 개념을 갖게 됩니다."[80]

언약을 보는 이 '새 관점'의 주요 대변인인 노먼 셰퍼드는 이렇게 말합니다.

> 하나님께서는 사람을 다루실 때 언제나 자신의 주권적 은혜와 약속을 토대로 다루십니다. 자식이 착한 일을 한 '공로'로 아비의 호의를 받는 것이 결코 아니듯, 사람도 언약의 의무에 순종한 '공로'로 하나님의 호의를 받는 것이 결코 아닙니다. 그러나 하나님께서 약속하신 생명을 '공로'로 받는 것이 아니라 해도, 이 생명은 오직 믿음의 순종으로만 얻게 됩니다. 이

---

80) Mark W. Karlberg, *Covenant Theology in Reformed Perspective*(Wipf & Stock Publishers), p. 215.

는 하나님께서 아담에게 요구하신 것을 그리스도를 포함해 아브라함과 모든 신자에게 요구하신다는 뜻입니다. [81]

코르넬리스 베네마는 이 책을 평하면서 이렇게 말합니다.

> 셰퍼드는 그리스도의 구원 사역을 묘사하면서, 자신이 앞서 아브라함의 믿음을 묘사할 때 썼던 것과 같은 말을 쓰고 있습니다. "십자가로 가는 내내 그리스도를 이끈 믿음은 살아 있고 역사하고 순종하는 믿음이었습니다. 이 믿음이 그리스도께 의로 여겨졌습니다"(19쪽). 셰퍼드는 이런 말로 그리스도를 그저 본이 되는 신자 정도로 다룹니다. 곧, 아브라함이나 어떤 신자의 순종하는 믿음이 하나님께서 이들을 받으시는 근거가 되듯이, 그리스도의 순종하는 믿음이 하나님께서 그리스도를 받으시는 근거가 되었다는 것입니다. 셰퍼드는 하나님과 사람의 언약 관계를 타락 전과 타락 후의 경륜에서 같은 것으로 보려는 열망에 사로잡혀, 언약의 중보자로서 그리스도의 사역을 그리스도께서 자기 백성을 위해 이루신 구원의 독특함과 완전함과 충분함을 높이 드러내는 방식으로 묘사할 틈을 거의 남겨 두지 않습니다.

행위 언약을 보는 이 '새 관점'은 말할 것도 없이 성경의 다른 교리(특별히 칭의 교리)를 보는 태도에도 영향을 미칩니다. 브라컬과 같은 언약 신학자들은 이 사실을 잘 알았습니다. 행위 언약과 은혜 교리의 밀접한 연관성을 깨달은 브라컬은 이렇게 쓰고 있습니다.

---

81) Norman Shepherd, *The Call of Grace: How the Covenant Illuminates Salvation and Evangelism* (Phillipsburg: Presbyterian & Reformed, 2000), p. 39 이하.

이 언약을 아는 것이 얼마나 중요한지 모릅니다. 여기서 틀리는 사람, 곧 행위 언약이 있음을 부인하는 사람은 누구든 은혜 언약을 이해하지 못할 것이며, 주 예수 그리스도의 중보자 되심에 대해서도 쉽게 틀릴 것입니다. 이런 사람은 그리스도께서 그 능동적 순종의 공로로 택함 받은 자들을 위해 영생에 들어갈 자격을 얻으셨다는 사실을 아주 쉽게 부인할 것입니다.[82]

---

82) Wilhelmus à Brakel, *The Christian's Reasonable Service*, vol. 1(Morgan: Soli Deo Gloria, 1992), p. 355.

1　행위 언약의 역사를 말해 봅시다.

2　웨스트민스터 신앙고백 7장 2-3항을 읽어 보고, 행위 언약과 은혜 언약을 알아봅시다.

3　오늘날에는 어떤 비판들이 있는지 말해 봅시다. 이 비판들이 정당합니까? 나눠 봅시다.

4　〈개혁주의의 최근 견해〉를 읽고 답해 봅시다.

　1) 아담이 영원한 생명을 공로로 얻었다고 생각될 것을 걱정한 많은 사람이 행위 언약이란 말을 피하고 대신 사용한 용어는 무엇입니까?

　2) 이에 대한 지은이의 견해는 무엇입니까?

　3) 「진리의 깃발」지에 실린 도널드 매클라우드의 글을 읽고, 나눠 봅시다.

　4) 파브르의 글을 읽고, 나눠 봅시다.

　5) 이처럼 개혁주의의 최근 견해들을 보며, 어떤 생각이 드는지 나눠 봅시다.

5　〈평가〉를 읽고 답해 봅시다.

　1) 로마서 5장 12-21절을 아담과 그리스도의 병행에 주의하며 읽어 봅시다.

　2) 이 병행의 요점은 무엇입니까? 설명해 봅시다.

　3) 언약을 보는 '새 관점'의 주요 대변인인 노먼 셰퍼드의 말을 읽어 봅시다.

　4) 이에 대한 코르넬리스 베네마의 평을 읽어 봅시다.

　5) 브라컬의 글을 읽고, '새 관점'의 문제점을 나눠 봅시다.

17장

칭의: 오직 믿음으로 말미암는가 믿음과 행위로 말미암는가 [83)]
-노먼 셰퍼드 박사의 견해 검토

바울이 로마서와 갈라디아서에서 분명히 밝힌 것처럼, 오직 믿음으로 말미암는 칭의의 복음은 성경의 핵심 교리입니다. 여기서 열쇠가 되는 구절은 로마서 3장 28절입니다. 바울은 "그러므로 사람이 의롭다 하심을 얻는 것은 율법의 행위에 있지 않고 믿음으로 되는 줄 우리가 인정하노라"고 말합니다. 16세기에 루터와 다른 사람들은 이 자유하게 하는 진리를 되찾았고, 로마 가톨릭의 거짓 교훈에 물들기 쉬운 일반 사람들에게 이 진리를 기쁘고 담대히 선포했습니다. 루터는 오직 믿음으로 말미암는 칭의가 '교회를 서게도 하고 넘어지게도 하는 조항'이라고 했고, 칼빈은 '모든 성경 진리가 달려 있는 중심축'이라고 했습니다. 개혁자들과 그 계승자들, 청교도들, 대부분의 복음주의자들까지 여기서 모두 한마음이었고, 사도 바울을 따라 이 교리를 저버린 모두에게 망설임 없이 엄숙한 저주를 선언했습니다(갈 1:8-9).

서글프게도 교회 역사 내내 이렇게 이 교리를 저버리는 일이 많았습

---

83) 「메신저」 2004년 1-3월 호에 실린 글.

니다. 이 핵심 교리에서 떠나는 일은 모두 '오직'이란 말을 반대하는 데서 비롯됩니다. '오직'이란 말에 문제를 느낀 신학자 가운데 한 명이 바로 노먼 셰퍼드 박사입니다. 셰퍼드 박사는 전직 웨스트민스터 신학교 조직 신학 교수였고, 지금은 북미기독개혁교회Christian Reformed Church of North America(CRCNA)에서 은퇴 목사로 있습니다. 셰퍼드는 1982년에 성경과 웨스트민스터 표준 문서와 어긋나는 칭의관을 가르쳤다는 혐의로 신학교에서 쫓겨났습니다. 하지만 이것으로 논란이 끝난 것은 아니었습니다. 신학교 이사회는 대체로 셰퍼드를 반대했지만, 셰퍼드를 지지하는 사람이 더러 있었고, 지금까지도 있습니다. 셰퍼드는 교수진에서 쫓겨났지만, 다른 사람들이 웨스트민스터에서 셰퍼드의 관점을 이어 가르쳤습니다. 그 결과 지난 이십 년 동안 이 학교에서 배운 수백 명의 신학생들이 이제 장로교단과 개혁교단의 교회와 학교와 신학교에서 목사와 선교사와 교사가 되어, 적어도 어느 정도는 개혁자들과 청교도들의 고전 진술에서 벗어난 칭의관을 가르치고 설교하고 있습니다.

칭의 논쟁

논쟁의 발단

'칭의 논쟁'은 1975년에 먼저 웨스트민스터 신학교 교수진의 주목을 받았습니다. 목사 후보생을 시험하는 자리에서 몇몇 후보생이 칭의가 믿음과 행위로 말미암는다는 견해를 고수한다는 사실이 드러났기 때문입니다. 이 견해는 믿음과 행위를 모두 칭의의 도구로 믿는다고 시인한 셰퍼드 박사한테 나온 것이었습니다. 셰퍼드의 이런 시인은 신학교의 교리 표준에 정면으로 도전하는 것처럼 보였기 때문에, 여러 교수가 격렬하게 반응했습니다. 웨스트민스터 신앙고백은 칭의의 도구가 믿음뿐이라고 잘라 말합니다(11장 2항).

교수진에서 이의를 제기하자, 셰퍼드는 믿음이 칭의에서 독특한 구실을 하지만, 행위도 칭의의 '수단'으로 중요한 구실을 한다고 설명했습니다. 셰퍼드는 이렇게 말합니다. "칭의는 믿음을 전제합니다. 믿음은 칭의의 근거는 아니지만, 칭의의 도구입니다. 마찬가지로 칭의는 선행을 전제합니다. 선행은 칭의의 근거는 아니지만, 믿음과 같이 칭의의 도구 또는 칭의의 수단입니다."

셰퍼드는 자신의 표현이 어떤 면에서 웨스트민스터 신앙고백과 대소교리문답을 넘어선다고 인정하지만, 자신의 가르침이 이런 표준 문서와 다르지 않다고 믿었습니다.

믿음이 '독특한' 구실을 한다는 셰퍼드의 주장은 일부 사람들의 걱정을 가라앉혔지만, 셰퍼드는 또한 행위도 칭의의 '수단'이라고 주장했기 때문에 여전히 의심을 품는 사람이 많았습니다. 셰퍼드에 따르면, 믿음과 행위는 칭의에서 아주 긴밀한 관계를 맺고 있습니다. 칭의는 '오직 믿음으로' 말미암지만, 의롭다 하심을 얻는 '믿음'이 그 자체로 순종의 행위이기 때문에(이것은 셰퍼드 사상의 또 다른 핵심 요소입니다) 칭의가 또한 믿음과 행위로 말미암는다는 것입니다. 셰퍼드는 이 믿음의 순종이 신자가 구원에 대해 하나님께 빚지고 있는 더 넓은 언약적 순종의 반응을 이루는 필수 요소라고 말합니다. 그러니까 셰퍼드에게 '오직 믿음으로 말미암아 의롭다 하심을 받는다'는 표현은 칭의가 믿음과 행위로 말미암는다는 뜻입니다. 의롭다 하심을 얻는 '믿음'은 칭의의 수단 노릇을 하는 선행과 나눌 수 없기 때문입니다.

'안일한 믿음'을 걱정한 셰퍼드

셰퍼드에게 공정하기 위해 한 가지 짚고 넘어갈 것이 있습니다. 곧, 셰퍼드가 칭의를 이런 식으로 제시하는 까닭은 안일한 믿음의 오류를 막기 위함이라는 사실입니다. 셰퍼드는 야고보 사도를 따라 역사하지 않는 믿음으로는 의롭다 하심을 받을 수 없다고 주장합니다. 그런데 이 과정에서 자신이 더는 오직 믿음으로 말미암는 칭의를 믿지 않고, '믿음의 행위'가 어떻게든 칭의에 이바지한다고 믿는다는 혐의를 자초한 것입니다.

하지만 셰퍼드가 야고보에게 하는 호소는 정당하지 않습니까? 실로 야고보 사도는 "사람이 행함으로 의롭다 하심을 받고 믿음으로만은 아니니라"(약 2:24)고 말합니다. 사람들은 자주 야보고가 이런 말로 사도 바울을 반박한다고 봤지만, 아무런 근거 없는 생각입니다. 특별히 로마 교회를 비롯해 루터의 오직 믿음으로 말미암는 칭의 교리를 반대하는 많은 사람이 야고보가 자신들의 '행위로 말미암는 구원' 교리를 지지한다고 이해했습니다. 하지만 칼빈은 야고보서 주석에서 이렇게 말합니다.

> 궤변가들(로마 가톨릭교도들)을 속인 이 거짓 추론에 빠져들지 않으려면, 우리는 '의롭다 하심을 받는다'는 말에 두 가지 뜻이 있음을 알아야 합니다. 바울은 이 말을 하나님의 법정에서 값없이 의의 전가를 받는다는 뜻으로 썼고, 야고보는 "네 믿음을 내게 보이라"(약 2:18)는 말로 미루어 보건대, 사람 앞에서 행실로 의를 증명한다는 뜻으로 썼습니다. [84]

개혁자들에 따르면, 야고보는 사람이 '네 죄사함을 받았느니라'는 하나님의 선고를 받는 방법으로 '믿음'에 '행위'를 넣거나 더해야 한다고 말하고 있지 않습니다. 개혁자들이 이해하기로, 야고보는 바울과 달리

---

[84] John Calvin, *Commentaries on the Catholic Epistles*, in *Calvin's Commentaries*, vol. 22(Grand Rapids: Baker Book House, 2003), pp. 314-315.

죄책을 용서받는 방법은 논의조차 하지 않습니다. 도리어 사람이 어떻게 자기 믿음이 진실함을 증명할 수 있는지(약 2:18), 믿음이 어떻게 반드시 선행으로 온전하게 되고 열매 맺을지(약 2:22)를 말하고 있습니다.

달리 말해, 우리는 오직 믿음으로 의롭다 하심을 받지만, 믿음은 홀로 있지 않습니다. 믿음은 언제나 행함의 열매를 맺습니다. 이 사실은 하이델베르크 교리문답 24주일에 아주 잘 나타나 있습니다. 교리문답은 오직 믿음으로 말미암는 칭의 교리가 사람을 무관심하고 사악하게 만들지 않겠느냐는 물음에 이렇게 답합니다. "절대 그렇지 않습니다. 참된 믿음으로 그리스도께 접붙여진 사람들은 감사의 열매를 맺지 않을 수 없기 때문입니다"(64문답). 교리문답은 분명히 선행을 칭의의 근거를 이루는 요소로 보기보다는 의롭다 하는 믿음의 열매로 보고 있습니다.

하지만 셰퍼드는 이런 표현이 어딘가 모자라다고 생각합니다. 셰퍼드는 선행이 그저 믿음을 뒤따르는 것이 아니라, 믿음을 이루는 필수 요소며, 하나님께서 믿음과 행위를 근거로 우리를 의롭다 하신다고 굳게 믿습니다. 물론 셰퍼드는 이것을 순종하는 믿음이라고 하기를 더 좋아합니다.

셰퍼드의 논증에 담긴 논리

셰퍼드의 추론에 어떤 논리가 있다는 것은 부인할 수 없는 사실입니다. 이것은 셰퍼드가 특별히 중생을 논의할 때 드러납니다. 셰퍼드는 웨스트민스터 신앙고백 13장을 해설하면서 지적하기를, 중생이 믿음과 회개를 앞서며 사실상 성화의 시작이라는 것이 이 신앙고백의 분명한 가르침이라고 말합니다. 여기서 셰퍼드는 믿음과 회개[85]가 모두 중생의

---

85) 셰퍼드는 웨스트민스터 신앙고백에 따르면 회개가 "죄에서 돌이켜 주님의 모든 계명을 따라 주님과 함께 행하려고 결심하고 노력하는 것"(15장 2절)을 포함한다고 말한다.

열매며, 이 둘을 나눌 수 없기 때문에, 믿음과 회개가 함께 칭의를 이룬다고 결론짓습니다. 이처럼 회개 없는 믿음은 참된 믿음이 아니고, 믿음 없는 회개는 참된 회개가 아니기 때문에, 믿음은 결코 홀로 있지 않고, 언제나 회개와 함께한다고 셰퍼드는 말합니다. 그리고 믿음이 용서나 칭의의 원인이 아니듯 회개도 용서나 칭의의 원인이 아니지만, 아무도 회개 없이 용서를 기대할 수 없을 만큼 회개는 모든 죄인에게 반드시 필요하다고 말합니다(15장 3절). 셰퍼드가 보기에, 웨스트민스터 신앙고백은 회개를 그저 용서의 증거로 보지 않고, 용서의 필수 요소로 보고 있습니다. 그래서 셰퍼드는 "칭의가 용서를 포함하고 회개가 용서에 반드시 필요하다면, 회개는 칭의에 반드시 필요하다"고 추론합니다.

셰퍼드의 논증에 담긴 치명적 결함

하지만 이런 논증에 논리가 있어 보이는 만큼, 심각한 오류도 있습니다. 셰퍼드는 믿음과 회개가 함께 칭의의 근거가 된다고 말함으로 로마 가톨릭에 위태로울 정도로 가까이 갑니다. 물론 셰퍼드는 이런 혐의를 강력하게 부인합니다. 셰퍼드는 로마 가톨릭이 행위를 공로로 보기 때문에 틀렸다고 주장합니다. 하지만 자신은 행위를 은혜의 열매로 본다는 것입니다. 셰퍼드는 주입된 의가 칭의의 근거라는 개념을 거부하고, 개혁자들과 함께 전가된 의를 고수하지만, 이 전가된 의는 루터가 가르치듯 '오직' 믿음으로 받는 것이 아니라, '사랑으로 역사하는' 믿음으로 받는다고 주장합니다. 성경과 개혁 신학이 이렇게 가르친다는 것입니다. 셰퍼드에 따르면, 개혁주의 관점에서 먼저 중생의 변화가 없으면 믿음은 없고, 믿음이 없으면 칭의도 없습니다.

저는 셰퍼드가 여기서 치명적으로 잘못된 결론을 내리고 있다고 믿습니다. 루터를 포함한 개혁자들이 중생을 다른 모든 구원의 은혜가 흘러나오는 원천으로 가르친 것은 사실입니다. 하지만 이들은 새로운 탄생에서 비롯된 변화가 하나님께서 죄인을 의롭다 하시는 근거나, 근거의 일부가 된다고 가르치지 않았습니다.[86] 믿음조차 칭의의 근거가 되지는 않습니다. 하나님께서 우리를 의롭다 하실 때, 마치 우리 믿음이 행위인 것처럼, 우리 믿음 때문에 우리를 의롭다 하시는 것이 아닙니다. 우리 믿음은 그리스도의 전가된 의를 받는 도구나 손일 뿐입니다.

셰퍼드는 여기서 구원의 순서[87]를 먼저 중생이 오고, 그 뒤로 믿음과 회개(성화)가 오며, 그다음에 칭의가 뒤따르는 시간 순서로 다루는 잘못을 저지르고 있습니다. 여기서 셰퍼드의 근본 오류는 이 새로운 탄생의 열매(믿음과 회개)를 하나님께서 죄인을 의롭다 하시는 근거의 일부가 되게 함으로, 그리스도의 사역을 본질에서 성령의 사역으로 바꾸고 있다는 것입니다. 제임스 뷰캐넌은 칭의를 다룬 자신의 고전에서 이렇게 쓰고 있습니다.

> 칭의라는 주제에서 마음속에 거하시는 성령님의 은혜로운 사역에 의존하는 것보다 아마 더 교묘하고 그럴듯한 오류는 없을 것입니다……하나님께서 우리를 용서하시고 받으시는 근거로, 우리를 위해 일하신 그리스도의 대리 사역을 우리 안에서 일하시는 성령의 은혜 사역으로 바꾸는 것보다, 그 자체로 성경과 더 동떨어지고 사람의 영혼에 더 해로운 일은 없습니다. 우리가 오직 그리스도께서 아직 땅에 계실 때에 우리를 위해 행하신 일과 당하신 고난 덕분에 의롭다 하심을 받는다면, 우리는 온전한 확신을 가지고 이미 '다 이루신' 사역(곧, 그 이름을 믿는 모든 사람을 대신

---

86) 하이델베르크 교리문답 24주일 62문답을 보라.

87) 편집자—구원의 순서에 대해서는 다음 책을 참고하라. 코르넬리스 프롱크, 『구원의 순서』 서금옥 옮김(수원: 그 책의 사람들, 2014).

해 이미 이루어지고 이미 하나님께 받아들여진 의)에 의존할 수 있을 것입니다……하지만 우리가 성령의 사역을 근거로 의롭다 하심을 받는다면, 우리는 벌써 이루어지거나 받아들여진 것과는 한참 거리가 먼 사역에 의존하도록 부르심 받는 셈입니다. 이 사역은 새롭게 하심을 입지 못한 죄인의 경우 아직 시작되지도 않았고, 믿는 사람의 경우 시작은 되었지만 이제 겨우 시작일 뿐이어서, 쇠퇴와 침체로 자꾸 가로막히고, 남아 있는 죄때문에 망가지고 오염되며, 의심의 구름과 짙은 어둠에 가리고 뒤덮여서,이 세상에서는 결코 완성되지 않기 때문입니다.[88]

어떤 사람은 셰퍼드 박사가 정말 이렇게 생각했는지 궁금해합니다. 셰퍼드에게 이단 혐의를 씌운 사람들도 있습니다. 저는 그렇게까지 하지는 않을 것입니다. 우리는 이런 딱지를 붙일 때 극도로 신중해야 합니다. 하지만 저는 셰퍼드가 잘못된 방향으로 가고 있다고 확신합니다. 셰퍼드의 제자들은 자기 선생의 관점을 '새로운 틀'이라고 말합니다. 틀은 어떤 주제 전반에 걸쳐 우리의 생각을 지배하는 개념이나 이론입니다. 이처럼 사람들은 셰퍼드의 칭의관이 하나님께서 우리를 의롭다 선언하시는 방법과 근거를 이해하는 새로운 길을 제시한다고 생각합니다. 하지만 이것이 그리스도의 온전한 의를 믿는 믿음 말고 뭔가 더 필요하다는 뜻이라면, 우리에게는 아무 소망이 없습니다. 하나님께 받아들여지기 위해 우리가 해야 하는 어떤 선행에 우리가 의존해야 한다면, 하나님께서 도와주신다고 해도 우리는 벌벌 떨 것입니다. 저는 헨드릭 드 콕Hendrik De Cock 목사에게 교리문답을 배운 클라스 카위펭하Klaas

88) James Buchanan, *The Doctrine of Justification* (Edinburgh: Banner of Truth Trust, 1961), pp. 387-388. 우리말로는 『칭의 교리의 진수』(지평서원)로 옮겨졌다.

Kuipenga의 말에 찬성합니다. 카워펭하는 자신의 목사인 드 콕에게 이렇게 말했습니다. "제가 저의 구원에 한 번의 탄식이라도 더해야 한다면, 저는 영원히 잃어버린 바 될 거예요."

셰퍼드 박사의 관점이 새로워 보일 수 있지만, 사실 그렇지 않습니다. 셰퍼드의 관점은 또 다른 형태의 신율법주의일 뿐입니다. 이것이 근심하는 양심에 미치는 영향은 언제나 같습니다. 양심을 갈기갈기 찢는 것입니다. 이런 구원 체계를 '양심의 도살장'이라고 한 루터의 말이 얼마나 옳습니까!

언약에 따른 순종

그때나 지금이나 논란의 핵심은 셰퍼드의 칭의가 믿음과 행위로 말미암는다는 주장입니다. 셰퍼드는 믿음과 행위를 모두 칭의의 도구로 보지만, 웨스트민스터 신앙고백은 칭의의 도구는 믿음뿐이라고 똑똑히 말합니다(11장 2항). 셰퍼드에 따르면, 행위는 칭의에서 믿음과 아주 비슷한 구실을 합니다. 셰퍼드는 칭의가 믿음뿐 아니라 행위도 전제한다고 주장합니다. 믿음과 행위가 칭의의 근거로 작용하지는 않지만, 칭의의 도구 노릇을 한다는 것입니다. 셰퍼드는 믿음이 독특한 구실을 하기 때문에 믿음과 행위를 구별해야 한다고 인정하지만, 둘을 나눌 수는 없다고 주장합니다. 그러면서 우리가 믿음으로만 구원받지 않고, 믿음과 행위로 구원받는다고 결론짓습니다. 우리가 거듭날 때 하나님께 받는 믿음은 언제나 회개하고, 죄를 슬퍼하고, 하나님을 사랑하고, 하나님의 길로 행하기를 기뻐하는 것과 같은 선행을 포함한다는 것입니다. 믿음은 이렇게 포괄하는 의미에서 칭의의 기초가 된다고 말합니다.

여기서 아주 의미심장한 점은 셰퍼드가 '행위'나 '선행'이란 말을 거의 쓰지 않는다는 사실입니다. 오히려 언약에 따른 순종을 말합니다. 이것은 신자가 구원에 대한 감사의 표시로 하나님께 드리는 순종을 뜻합니다. 이 때문에 셰퍼드의 접근법은 로마 가톨릭을 비롯해 행위를 칭의의 구성 요소로 보는 다른 사람들과 확연히 달라집니다. 셰퍼드가 이 주제에 접근할 때, 독특하게도 언약의 관점에서 접근하기 때문입니다.

셰퍼드는 과거의 교회가 성경의 언약관이 아닌 로마 가톨릭의 법적 체계로 칭의 교리를 봤기 때문에, 칭의에 대한 이해가 부족했다고 주장합니다. 셰퍼드에 따르면, 성경은 칭의를 언약 모형의 역동성이라는 면에서 이해할 것을 요구합니다. 셰퍼드는 이렇게 말합니다. "칭의 교리를 특별히 논의할 때조차, 생명 언약을 율법주의의 법정 배경으로 축소해서는 안 됩니다."

행위 언약이 아님

셰퍼드가 언약의 특징을 어떻게 그리는지 눈여겨보십시오. 이것은 생명 언약입니다. 앞에서 봤다시피 셰퍼드와 그 제자들은 행위 언약 개념을 거부합니다. 물론 셰퍼드는 타락 전에 하나님과 아담 사이에 어떤 협약이 있었음을 부인하지 않지만, 이것을 행위 협약이 아니라 은혜 협약으로 봐야 한다고 주장합니다. 셰퍼드는 자신이 가장 최근에 쓴 『은혜의 부르심』이란 책에서 찰스 하지와 같은 언약 신학자들을 문제 삼고 있습니다.

> 행위 언약 개념에 담긴 기본 원리는 행위/공로 원리라 할 수 있습니다. 행위 언약에서 하나님은 자신의 피조물을 엄격한 공의의 원리에 따라 다루시는 공의의 재판장으로 나타나십니다. 온전한 순종으로 영생의 상급을 받는 것은 순전히 공의의 문제입니다. 동시에 규칙을 눈곱만큼만 어겨도

영생을 빼앗길 것입니다……시험 기간은 아담과 함께 끝났지만, 행위/공로 원리는 여전히 유효합니다. 하나님 앞에 죄 없이 나아갈 수 있는 사람은 정죄받지 않고, 영생의 상급을 공로로 받을 것입니다. 하지만 이렇게 영생을 이어받을 수 있는 사람은 아무도 없습니다. 타락한 뒤로 주님 앞에 죄 없이 나아갈 수 있는 사람은 없기 때문입니다. [89]

율법의 주요 기능

셰퍼드는 언약주의자들의 모세 언약관도 비판합니다. 셰퍼드는 모세 언약이 본질상 행위 언약을 다시 선포한 것이라는 개념을 (올바르게) 거부하지만, 시내 산에서 맺어진 언약을 은혜 언약으로 여기면서도 이 언약이 원래의 행위 언약에 속한 많은 특징(특별히 율법을 강조하는)을 담고 있다고 주장하는 사람들도 반대하고 있습니다. 거의 모든 언약 신학자가 고수하는 이 해석에 따르면, 모세 언약에서 율법은 우리가 율법의 완전한 기준에 우리 삶을 비추어 볼 때 우리 죄와 비참의 깊이를 드러냄으로 은혜의 목적을 돕습니다. 우리는 마침내 우리의 불완전한 순종으로 영원한 생명을 얻을 수 없다는 것을 깨닫게 됩니다. 율법의 주된 기능은 우리를 자기 백성을 위해 영원한 생명을 얻으사 우리에게 값없는 은혜의 선물로 주신 그리스도께로 데려가는 것입니다.

셰퍼드는 이것을 다르게 봅니다. 셰퍼드에 따르면, 율법의 주된 기능은 언약 회원에게 어떻게 언약에 따라 살지 보여 주는 일입니다. 셰퍼드는 갈라디아서 3장 17-19절을 해설하면서, 모세 율법이 아브라함과 맺어진 약속에 "범법하므로" 더해졌다는 바울의 말을 이렇게 해석합니다.

---

89) Shepherd, *The Call of Grace*, pp. 25-26.

율법은 이 세상에서 죄의 파괴력을 막으려고 계획되었습니다. 어떤 행동이 주님을 기쁘시게 하고 존귀하게 하며, 사람에게 가장 큰 유익이 되는지 밝히 보여 줍니다. 그리고 믿지 않고 순종하지 않으면 어떻게 되는지 경고합니다. 또한 제사 제도에서 주님께서 값없이 베푸신 용서를 어떻게 붙드는지 이스라엘에게 보여 줍니다. [90]

하지만 이것으로 충분한가요? 율법의 기능에 대해 더 말할 것은 없습니까? 바울은 분명 사람의 행동을 제재하는 효과만을 말하고 있지 않습니다. 물론 이것도 율법의 한 기능이지만, 율법은 또한 죄를 깨우치고 죄인이 율법의 계명을 완벽하게 지킬 수 없다는 사실을 보여 줍니다. 존 칼빈은 이렇게 쓰고 있습니다.

하나님께서는 율법으로 우리를 깨우치사 우리의 저주 받은 상태를 가르쳐 주십니다……물론 율법에는 다른 기능도 있습니다. 그 가운데 첫째가는 것은 하나님을 어떻게 섬기는지 보여 주는 일입니다……하지만 율법이 "범법하므로" 더해졌다고 했을 때, 바울은 율법의 용도와 열매를 설명하려는 것이 아니었습니다……율법이 약속에 더해진 까닭은 하나님께서 우리 모두를 정죄하시는 것이 옳음을 우리가 깨닫게 하고, 우리 마음을 근심하고 혼란스러운 생각으로 잠시도 쉬지 못하게 해서 우리가 절망 가운데 하나님의 약속에서 소망을 찾게 하려는 것입니다. [91]

---

90) 앞의 책, p. 19.

91) John Calvin, *Sermons on Galatians* (Edinburgh: Banner of Truth Trust, 1997), pp. 440-441. 우리말로는 『칼빈의 갈라디아서 강해』(서로사랑)로 옮겨졌다.

칼빈은 죄인들이 복음의 약속을 믿게 하는 데 율법이 필요 없다고 말하는 사람들에게 이렇게 답합니다. "하나님께서는 자신의 약속으로 우리를 부르실 때 아버지처럼 상냥하게 부르십니다. 이것만으로 우리는 충분히 죄를 깨닫고 미워해야 하지만, 우리는 죄 가운데서 너무 평안한 나머지, 강요받지 않고는 우리 죄에 대해 조금도 생각하지 않습니다."[92]

율법은 하나님께서 우리에게 요구하시는 작은 한 부분만 어겨도 우리를 정죄하고(갈 3:10) 우리에게 겁을 주어 우리가 하나님의 진노에서 보호받기를 구하면서 그리스도께로 피하게 합니다. 우리는 우리 영혼과 그 영원한 운명을 하나님의 진노를 지시고 우리를 위해 율법을 지키신 그리스도께 맡깁니다. 이 방법으로만, 곧 그리스도의 능동적이고 수동적인 순종을 믿음으로만 우리는 죄사함을 얻고 하나님 보시기에 의롭다 하심을 얻습니다.

셰퍼드는 의나 칭의가 언약에 따른 순종의 삶으로 온다고 말하는 것처럼 보일 뿐 아니라, 실제로 그렇게 말합니다. 셰퍼드가 보기에 언약에 따른 순종은 믿음만 아니라, 주님과 함께 믿음과 회개의 길로 행하는 것도 포함합니다. [93]

그리스도는 우리의 모범이신가

여기서 강조점은 그리스도의 순종보다는 믿는 사람의 순종에 있습니다. 물론 셰퍼드는 우리가 그리스도의 언약에 따른 의로만 언약에 따른 의의 기준을 만족시킬 수 있다고 말하지만,[94] 그리스도를 '하나님 앞에서 우

---

92) 앞의 책, p. 444.

93) Shepherd, *The Call of Grace*, p. 20.

94) 앞의 책, p. 19.

3부 17장 칭의: 오직 믿음으로 말미암는가 믿음과 행위로 말미암는가 **341**

리의 의로 보기보다는 우리가 따르고 본받아야 할 모범으로 보는 것 같습니다. 우리는 다음의 말을 어떻게 이해해야 할까요? "십자가로 가는 내내 그리스도를 이끈 믿음은 살아 있고 역사하고 순종하는 믿음이었습니다. 이 믿음이 그리스도께 의로 여겨졌습니다."[95] 그리스도께서 우리를 위해 공로로 얻으신 의에 대해서는 아무 말도 하지 않습니다. 그리스도께서 우리 대신 율법을 어긴 대가를 치르시거나 우리 대신 율법을 지키신 일에 대해서도 아무 말도 하지 않습니다. 둘째 또는 마지막 아담이 첫째 아담이 이루지 못한 일(아담 자신과 그 후손을 위해 영원한 생명을 얻는 일)을 이루려고 오셨다는 것도 전혀 말하지 않습니다. 우리가 듣는 것은 다만 그리스도께서 살아 있고 역사하고 순종하는 믿음을 발휘하셨고, 아브라함의 경우처럼 이 믿음이 그리스도께 의로 여겨졌다는 이야기뿐입니다. 그리스도께서는 우리와 같은 언약의 지체로, 그저 우리에게 언약 안에 사는 법을 보여 주시는 분입니까? 셰퍼드는 대체 무슨 뜻으로 언약의 약속이 결국 예수 그리스도의 언약에 따른 충성과 순종으로 이루어졌다고 썼을까요?[96] 이 순종의 성격과 범위는 무엇이었습니까? 그것이 무엇이었든, 셰퍼드는 이 순종이 구원을 공로로 얻는 것과 아무런 관련이 없었다고 주장합니다. 첫째 아담은 물론 둘째 아담도 결코 영원한 생명을 얻어내기로 되어 있지 않았다는 것입니다.

셰퍼드는 로마 가톨릭과 종교개혁의 갈등을 해결하고, 율법주의와 율법폐기론이라는 한 쌍의 오류를 해결하려면 공로 개념 자체를 거부해야 한다고 말합니다. 셰퍼드가 볼 때, 믿는 사람이 하나님의 은혜에 협력하면 그 공로로 더 많은 은혜를 얻을 수 있다고 가르치는 로마 가

---

95) 앞의 책, p. 19.
96) 앞의 책, p. 19.

톨릭이나, 선행의 공로로 은혜를 얻는다는 것을 거부하면서도 여전히 그리스도께서 자기 백성을 위해 그 능동적이고 수동적인 순종의 공로로 구원을 얻으셨다는 개념에 매달리는 개혁자들이나 틀린 것은 매한가지입니다. 셰퍼드는 개신교가 이렇게 공로에 집착함으로 결국 성화나 선행의 필요성을 얕보게 되었다고 말합니다. 이것이 은혜로 말미암는 구원 교리를 위협할 것이라는 두려움 때문이라는 것입니다.[97] 그러면서 우리가 그리스도의 행위든 믿는 사람의 행위든 구원을 공로로 얻는다는 개념 전체를 거부해야만 언약의 조건성을 제대로 강조할 수 있다고 말합니다. 그래야 구원의 복이 하나님의 은혜로, 믿음과 회개와 순종이라는 언약의 의무를 통해 주어진다는 사실을 이해할 수 있다는 것입니다. 이처럼 복음을 언약으로 이해할 때, 전통 개신교가 갈라디아서 5장 6절이나 야고보서 2장 24절과 같은 구절 때문에 겪는 '곤란함'도 잘 해결될 것이라고 셰퍼드는 말합니다.

법에 근거를 둔 언약

셰퍼드가 옳다면, 로마서 5장에 나온 아담과 그리스도의 병행은 이제 무너지고, 그리스도의 의는 법적 근거를 잃을 것입니다. 하지만 셰퍼드는 틀렸습니다. 문제는 셰퍼드가 칭의에 접근할 때 그 스스로 말하는 바 법의 틀에서 하지 않고, 언약의 관점에서 한다는 데 있지 않습니다. 셰퍼드의 잘못은 언약 자체가 법에 토대를 두고 있음을 보지 못한 것입니다.

성경의 언약은 모두 하나님의 율법을 반영하고, 하나님의 율법과 조화를 이룬다는 점에서 법에 근거를 두고 있습니다. 율법과 복음은 서로

---

97) 앞의 책, p. 62.

상반되지 않습니다. 하나님에게서 나오는 종교는 하나님의 율법에 뿌리를 두고 있습니다. 구원은 모두 율법과 관련이 있습니다. 죄도 마찬가지입니다. 죄는 율법을 어기는 것이고, 구원은 (깨어진) 율법을 지키거나 이루는 일과 관련 있습니다. 그리스도께서는 율법의 요구를 이루심으로 율법을 깨뜨린 자들을 위해 구원을 얻으셨습니다. 갈보리에서 일어난 일은 법에 따른 거래였습니다. 그리스도께서는 십자가 위에서 율법을 크게 하고 존귀하게 하셨지만(사 42:21), 아담은 율법을 얕보고 욕보였습니다.

이렇게 해서 그리스도께서는 언약의 중보자로서 실제로 자기 백성을 위해 구원을 얻으셨습니다. 그래서 자기 아버지께 이렇게 말씀하십니다. "아버지께서 내게 하라고 주신 일을 내가 이루어 아버지를 이 세상에서 영화롭게 하였사오니"(요 17:4). 이 일은 아버지께서 자기에게 주신 모든 사람에게 영생을 주는 일이었습니다(요 17:2). 그리스도께서는 둘째 아담으로서 행위 언약의 요구를 짊어짐으로 이 일을 하셨습니다. 그리스도께서 자신의 능동적이고 수동적인 순종으로 우리의 구원을 얻으셨기 때문에, 우리는 이제 의롭고 정당하고 합법한 방법으로 구원받을 수 있습니다. 이제 하나님께서는 "자기의 의로우심을 나타내사 자기도 의로우시며 또한 예수 믿는 자를 의롭다"(롬 3:26) 하실 수 있습니다.

희한하게도 셰퍼드는 언약의 은혜로운 성격을 강조하고, 또 행위 언약을 거부하는 데서 보듯 율법주의의 낌새가 조금이라도 보이면 맹렬히 비난하면서도, 결국 율법주의나 행위 의로 상당히 기우는 언약에 따른 순종을 가르칩니다. 셰퍼드는 언약의 조건성을 지나치게 강조함으로, 자기 백성을 위해 이런 조건을 이루신 분을 못 보게 되었습니다.

그레샴 메이천J. Gresham Machen은 죽음을 앞두고 침대에 누웠을 때, 웨스트민스터 신학교 동료 교수인 존 머리John Murray에게 이런 전보를 보냈다고 합니다. "나는 그리스도의 능동적 순종이 얼마나 감사한지 모르오. 이것 없이 무슨 소망이 있겠소." 이 박식한 신학자의 말은 무슨 뜻입니까? 칭의는 죄사함뿐 아니라, 그리스도의 온전한 의의 전가로 이루어져 있다는 뜻입니다. 언약에 따른 우리의 순종은 우리가 의롭다 하심을 받은 증거로서 꼭 필요하지만, 우리가 의롭다 하심을 받거나 하나님께 받아들여지는 근거가 되지는 않습니다.

언약에 신실함

노먼 셰퍼드 박사에 따르면, 지난 몇백 년 동안 사람들은 칭의 교리를 성경의 언약관이 아니라 로마 가톨릭의 법적 체계로 보아 왔습니다. 셰퍼드는 칭의를 법정이라는 면에서 이해하기보다 언약 모형의 역동성이란 면에서 이해해야 한다고 말합니다. 칭의를 이해하는 데 꽤 도움이 될 거라는 이 언약 모형은 무엇일까요?

언약: 조건이 있는가 없는가

셰퍼드는 은혜 언약이 아브라함의 단계든지 모세의 형태든지, 언약이 세워질 때는 조건 없는 언약이라고 주장합니다. 셰퍼드에 따르면, 두 경우 모두 자기 백성과 언약 관계를 맺으시는 분은 하나님이시지만, 언약의 복을 이어받을 사람은 언약의 의무를 신실하게 지키는 사람뿐입니다.

은혜 언약이 어떤 의미에서 조건이 없다는 것은 개혁주의 공동체 안에서 널리 받아들이는 견해입니다. 그런데 문제는 어떤 의미에서 조건이 없느냐 하는 것입니다. 개혁자들은 언약이 하나님 편에서 조건이 없고, 사람 편에서 조건이 있음을 깨달았습니다. 언약이 조건 없는 까닭은 하나님께서 자신의 언약 안에서 우리 스스로 결코 만들어 낼 수 없는 의를 우리에게 공급해 주시기 때문입니다. 하나님께서는 우리를 위해 영생을 공로로 얻으신 자기 아들 안에서 언약의 조건을 이루심으로 이 일을 하십니다. 성령님께서는 우리 힘으로 결코 만들어 낼 수 없는 회개와 믿음의 은혜를 우리에게 주십니다. 주님께서는 또한 이 전능하신 능력으로 능히 우리를 보호하사 거침이 없게 하시고 우리로 그 영광 앞에 흠이 없이 기쁨으로 서게 하십니다(유 1:24). 그러면 언약은 어떤 의미에서 조건이 있습니까? 하나님께서 '구원을 받으려면 회개하고 복음을 믿으라'는 명령과 함께 우리에게 오신다는 의미에서만 그렇습니다(막 1:15; 행 17:30). 성경은 또한 천국에 들어가려면 반드시 믿음 안에서 인내하고 선을 행해야 한다고 가르칩니다. 거룩함이 없이는 아무도 주를 보지 못할 것이기 때문입니다(히 12:14).

하지만 셰퍼드는 언약의 조건성이란 말로 전통 개신교의 이해를 넘어섭니다. 물론 믿는 사람이 자기 힘으로 언약의 조건을 이룰 수 있다고 하지는 않습니다만, 셰퍼드에게 구원은 순종을 하느냐 하지 않느냐에 달린 듯 보입니다. 믿는 사람은 하나님의 은혜로운 성품 때문에 언약 안에 있지만, 언약의 요구에 순종하지 못하면 구원을 빼앗기고 마침내 멸망할 것입니다. 셰퍼드는 이렇게 쓰고 있습니다. "언약의 복은 하나님의 값없는 은혜의 선물이고, 이 선물은 살아 있고 역사하는 믿음으로 받습니다. 구원은 '믿음'으로 말미암아 '은혜'로 받습니다……이것이 언약의 두 요소입니다."[98]

---

98) 앞의 책, p. 22.

믿지 않는 까닭

언약의 의무를 다하지 못한 언약 회원이 멸망하리라는 것은 사실입니다. 성경은 이 슬픈 사실을 이렇게 설명합니다. "이스라엘에게서 난 그들이 다 이스라엘이 아니요"(롬 9:6). 개혁 신학은 언제나 언약의 자녀가 두 갈래(곧, 택함 받은 자녀와 택함 받지 못한 자녀)임을 알았고, 언약의 약속이 모든 사람에게 이른다 해도 오직 택함 받은 사람만이 그 마음속에 성령님께서 일으키신 믿음과 회개로 이 약속을 받아들일 것임을 알았습니다. 그러나 복음을 거부하는 사람들은 고의로 불순종함으로 복음을 거부하기 때문에, 그 책임을 온전히 떠안을 것입니다(도르트 신조 첫째 교리 5-7항).

하지만 셰퍼드는 신실하지 못한 언약 회원의 문제를 하나님의 선택이란 말로 풀고 싶어하지 않습니다. 도리어 우리가 언약의 객관성에서 시작해야 한다고 말합니다. 셰퍼드에 따르면, 언약 안에 있는 사람은 모두 택함 받은 사람이요 그리스도께서 위하여 죽으신 사람이지만, 이들은 언약에 따른 순종의 삶으로 자신의 선택을 증명해야 합니다. 셰퍼드는 설교와 복음 전도에 대한 옛 접근법이 풀지 못할 문제투성이라고 생각합니다. 목사와 전도자가 청중 가운데 누가 택함 받은 사람인지 모르니까, 청중에게 그들이 하나님의 택하시는 은혜의 대상이라는 아무런 확신도 줄 수 없다는 것입니다.[99] 셰퍼드는 하나님의 작정을 절대로 알 수 없다는 바로 이 사실 때문에, 구원을 선택의 관점에서 보는 것은 잘못된 일이라고 말합니다. 이렇게 하는 것은 '결국 하나님과 같아지려는 최초의 유혹에 굴복하는 일'입니다. 셰퍼드는 감춰진 선택의 작정을 캐내는 대신, 아담과 같이 '언약 안에서 신실하게 순종하는 태도'를 취해야 한다고 말합니다. 우리가 하나님과 언약 안에 있다는 객관적 사실

---

99) 앞의 책, p. 81.

의 관점에서만 선택을 은혜로 이해할 수 있기 때문이라는 것입니다.[100]

우리는 여기서도 많은 것을 찬성할 수 있습니다. 우리도 우리의 설교와 목회 사역에서 언약과 그 약속의 중요성을 강조하고, 이 약속이 성령님의 역사로 죄인들의 삶에서 이루어지기를 기도하면서 사람들에게 이 약속을 구하라고 권면합니다. 하지만 이것이 셰퍼드가 말하는 언약에 따른 순종과 같은 것입니까? 안타깝게도 그렇지 않은 것 같습니다. 물론 셰퍼드는 믿음과 회개에 대해 좋은 말을 많이 하고, '하나님과 연합하고 교제하는 언약의 삶'[101]으로 들어오라는 초청의 말을 전하기도 합니다. 하지만 강조점은 신실함과 순종에 있습니다. 최초의 회개나 회심, 죄인이 처음 믿음에 들어오는 것보다 매일의 회개나 믿음의 삶에 초점이 있습니다. 여기서 우리는 셰퍼드가 거의 모든 언약 회중을 구원받은 자로 보고, '언약에 따른 순종'의 삶만 있으면 다른 것은 필요 없다고 말하는 듯한 인상을 받습니다.

언약과 세례

셰퍼드가 언약과 세례와 중생의 관계를 놓고 쓴 글을 보면 이것이 아주 분명해집니다. 여기서 다음 구절이 아주 중요합니다.

> 우리는 중생의 관점에서 언약을 보기보다 언약의 관점에서 중생을 봐야 합니다. 이렇게 할 때, 언약의 표와 인인 세례는 회심의 시점을 나타냅니다. 세례는 사망에서 생명으로 옮기는 것을 우리가 보는 순간이며, 사람이 구원받는 순간입니다.[102]

---

100) 앞의 책, p. 83.
101) 앞의 책, p. 84.
102) 앞의 책, p. 94.

셰퍼드에게 세례는 언약 회원의 삶을 결정짓는 순간입니다. 이 성례는 눈에 보이는 방식으로 믿는 사람과 그리스도의 교제와 연합을 나타내고 인 치기 때문에, 누군가가 그리스도 안에서 택함을 받았는지 결정짓는 출발점 노릇을 합니다. 셰퍼드는 이렇게 언약의 관점에서 회중을 보는 방식이 전통 접근법보다 낫다고 주장합니다. 누군가의 구원을 판단하는 기준으로 중생에 초점을 맞추는 전통 접근법은 결국 언약 공동체를 두 계층, 곧 거듭난 사람과 거듭나지 않은 사람(결국에는 하나님만이 아실 수 있는)으로 나눌 수밖에 없다는 것입니다. 하지만 자신은 언약과 언약의 시행이라는 말로 죄인을 다룬다고 주장합니다. 셰퍼드는 이것을 '언약에 따른 복음 전도'라고 말합니다.[103]

조건 있는 선택?

위의 진술에서 셰퍼드가 세례 받은 언약 회원을 모두 '그리스도 안에서 택함 받은 자'로 여긴다고 결론짓는 것은 셰퍼드를 오해하는 것이 아닙니다. 하지만 세례 받은 사람이 순종하는 믿음으로 인내하지 못한다면, 객관적 약속(세례 때 표시되고 인 쳐진)에 근거를 둔 이 선택을 여전히 잃어버릴 수 있습니다. 셰퍼드는 '신앙을 버리고 교회를 떠나는 회중이 있을 수 있다'고 인정하며, '이런 사람을 더는 하나님께서 택하신 사람이라고 할 수 없다'고 말합니다.[104] 그러니까 언약 회원은 언약에 한결같이 신실할 때만 그리스도 안에서 택함 받은 자로 봐야 한다는 것입니다.

이것이 도르트 총회 때 단호히 거부한 조건 있는 선택 교리가 아니고 무엇입니까? 게다가 셰퍼드가 내비치듯이 설교를 듣는 사람들 가운데

---

103) 앞의 책, pp. 94-95.
104) 앞의 책, p. 88.

복음을 믿지 않고 복음에 순종하지 않는 사람이 있는데도 설교를 듣는 모든 사람에게 그리스도께서 그들을 위해 죽으셨다는 확신을 줄 권한이 개혁주의 설교자에게 있다면,[105] 제한 속죄나 성도의 견인이나 저항할 수 없는 은혜는 어떻게 될까요? 그리스도께서 위하여 죽으신 양이 복음을 믿지 않거나 믿음 안에서 인내하지 못해 멸망할 수 있습니까(요 10:15, 28)? 도르트 신조는 "선택은 모든 구원의 선이 흘러나오는 원천으로, 믿음과 거룩함과 다른 구원의 은사들, 그리고 결국 영생 자체가 선택의 열매와 효과로 흘러나온다"(첫째 교리 9항)고 가르치지 않습니까?

약속과 성취

셰퍼드는 은혜의 표지와 같은 주관적 요소를 토대로 구원의 확신을 얻는 위험을 피하려고, 세례 때 표시되고 인 쳐진 언약과 그 약속의 객관성을 강조합니다. 이런 접근법에는 타당한 점이 많지만, 자세히 들여다보면 셰퍼드가 이 문제를 상당히 미심쩍고 걱정스러운 방식으로 다룬다는 것을 알 수 있습니다. 한 가지 보기를 들면, 셰퍼드는 언약의 약속이 어떻게 이루어지는지 설명하지 않습니다. 믿음과 회개는 말하지만, 죄(원죄든 자범죄든)를 깨우치시는 성령님의 사역은 거의 또는 아예 말하지 않습니다. 또 죄인이 첫째 아담과 맺어진 관계 때문에 놓인 자신의 잃어버린 상태와 처지를 어떻게 알게 되는지, 둘째 또는 마지막 아담의 의가 왜 꼭 필요한지 설명하지 않습니다. 셰퍼드는 은혜 언약의 회원이 된다고 해서 행위 언약과 맺어진 관계가 저절로 취소되거나 폐기되지 않는다는 사실을 잊어버린 모양입니다. 제2종교개혁과 청교도 신학자들이 늘 강조한 사실은, 죄인이 첫째 아담에게서 잘려 나와 믿음으로

---

105) 앞의 책, p. 85.

둘째 아담에게 접붙여져야 한다는 것이었습니다. 하지만 셰퍼드 신학에는 이런 개념이 없습니다.

공로는 없는가 아니면 누구의 공로인가

앞에서 봤듯이 셰퍼드는 행위 언약과 은혜 언약의 구분을 흐릿하게 합니다. 셰퍼드는 하나님께서 인류를 은혜와 사랑으로 다루실 뿐이지, 공로 행위 개념 따위는 있지도 않다고 생각합니다. 셰퍼드가 보기에, 영생은 아담이든 그리스도든 결코 얻어내도록 되어 있지 않았습니다. 이른바 '새로운 틀'을 지지하는 셰퍼드와 다른 사람들에게는 공로 개념 자체가 저주받을 개념입니다. 하지만 이들은 틀렸습니다. 호튼은 이렇게 말합니다.

> 하나님의 본성은 구원의 조건으로 율법을 완벽하게 지키라(단순히 '대체로 충실하라'가 아닙니다)고 요구하기 때문에, 어쨌든 공로는 필요합니다……칼빈과 모든 개혁주의 전통(세 일치 신조 포함)은 공로 원리를 주장합니다. 문제는 '공로가 있느냐 없느냐'가 아니라 '누구의 공로냐'입니다.[106]

성경과 개혁주의 신조들은 모두 오직 믿음으로만 받는 그리스도의 온전한 순종과 만족과 의를 기초로만 영생을 얻을 수 있다고 가르칩니다(하이델베르크 교리문답 23주일). 믿는 사람에게 언약에 따른 순종이 요구되지만, 이것은 기껏해야 불완전한 순종이기 때문에 결코 '하나님 앞에서

---

106) Michael Horton, *What's Really At Stake*, p. 15. 이 글은 다음의 인터넷 사이트에서 볼 수 있다. www.spindleworks.com/library/CR/horton.htm.

우리 의의 전체나 일부'가 될 수 없습니다(24주일). 우리가 우리 선행에 대해 은혜의 상급을 받을 것이라 해도, 우리가 행한 최선의 행위조차 그리스도께서 우리를 하나님 앞에 바로 세우려고 하신 일에는 아무런 보탬이 되지 않습니다. 믿는 사람이 하나님 앞에서 의롭다 하심(그리고 거룩하게 하심)을 받는 근거는 그리스도께서 은혜 언약의 중보자로서 하신 일밖에 없습니다(고전 1:30).

인간 역사를 통틀어 한 언약

셰퍼드 칭의관의 근본 문제는 행위 언약과 은혜 언약을 구별하지 못하는 데 있습니다. 셰퍼드에게 은혜 언약은 타락 전이든 타락 후든 그 시행의 역사 내내 하나님과 그 백성의 관계를 보여 줍니다. 이 관계는 하나님께서 자기 백성과 은혜로 맺으신 연합과 교제의 유대로 이루어져 있습니다. 하지만 이 복을 누리려면 믿음과 순종이 필요하고, 이 의무를 지키지 못한 사람은 처벌을 받습니다. 달리 말해, "구원에 이르는 길은 아담이든 그리스도든 어떤 신자든 언제나 하나요 같습니다. 곧, 언약을 신실하게 지키는 것입니다……구원은 믿음(신실함)으로 말미암아 은혜로 받습니다."[107]

결국 구원은 나에게 달려 있습니다! 셰퍼드가 옳다면, 칭의는 오직 믿음으로 말미암지 않고, 믿음과 다른 무엇(이것을 언약에 따른 순종이라고 하든 언약에 대한 신실함이라고 하든 다른 무엇이라고 하든)으로 말미암습니다. 루터는 가톨릭 신학자들과 칭의를 논의하는 자리에 멜란히톤Philipp Melanchthon을 보내면서 엄숙히 경고했습니다. "오직이란 말을 지켜야

---

107) 노먼 셰퍼드가 쓴 *The Call of Grace*에 대한 코르넬리스 베네마의 서평. 이 글은 다음의 인터넷 사이트에서 볼 수 있다. www.grebeweb.com/linden.

하네." 이 경고는 오늘날 그 절박함을 조금도 잃지 않았습니다. 이 '오직'이란 경첩에 천국 문이 달려 있기 때문입니다.

> 내 소망의 터는
>
> 예수의 피와 의밖에 없네
>
> 굳건한 반석이신 그리스도 위에 나는 서네
>
> 다른 터는 모두 가라앉는 모래일세.

1   웨스트민스터 신앙고백 11장 2항을 읽어 봅시다.

2   노먼 셰퍼드 박사의 칭의 교리에 대한 이해를 말해 봅시다.

3   셰퍼드의 논증에 담긴 치명적 결함은 무엇입니까?

4   제임스 뷰캐넌의 글을 읽어 보고, 그 의미를 새겨 봅시다.

5   셰퍼드가 이해한 율법의 주요 기능과 칼빈이 말하는 내용을 비교해 봅시다. 셰퍼드가 무엇을 놓치고 있는지 살펴봅시다.

6   그리스도께서는 우리와 같은 언약의 지체로, 그저 우리에게 언약 안에 사는 법을 보여 주시는 분입니까? 우리는 그리스도를 어떻게 바라봐야 할지 나눠 봅시다.

7   '법에 근거를 둔 언약'이라는 말을 설명해 봅시다.

8   은혜 언약은 어떤 의미에서 조건이 없는지 말해 봅시다. 또 어떤 의미에서 조건이 있는지 말해 봅시다.

9   도르트 신조 첫째 교리 5-7항을 읽어 봅시다. 그리고 셰퍼드가 신앙고백과 같이 믿지 않는 까닭은 무엇인지 말해 봅시다.

10 셰퍼드에게 언약과 세례는 어떤 의미입니까? 그리고 도르트 신조 첫째 교리 9항을 읽어 보고, 우리가 얻는 위로가 무엇인지 나눠 봅시다.

11 하이델베르크 교리문답 23-24주일을 읽어 보고, '오직 믿음'으로만 의롭다 여김 받는 칭의를 이해해 봅시다. 그리고 나서 감사의 열매를 맺는 삶을 살기를 기도하고, 그리스도를 찬송합시다.

18장
후기근대주의와 기독교 사상에 미치는 그 영향력[108]

"아름다움은 보는 사람 눈 속에 있다"[109]는 말이 있습니다. 우리는 다 이런 표현에 익숙하지만, 저는 이 말뜻을 곰곰이 생각해 본 사람이 과연 얼마나 될지 궁금합니다. 이 말은 쉽게 말해 아름다움을 재는 객관적 기준이 없다는 뜻입니다. 무엇이 보기에 좋고 아름다운지 보는 사람에게 달려 있다는 뜻입니다. 여러분한테 아름다워 보이는 것이 다른 사람한테는 아주 추해 보일 수 있습니다. 삶이란 으레 이러하며, 누구도 이 사실에 당황하지 않을 것입니다. 그림이나 작곡이나 음식 따위를 평가할 때, 우리는 너나없이 모두 같은 생각을 하려니 기대하지 않습니다. 하지만 위의 표현을 심미학에서만 쓰지 않고, 진리 개념을 비롯한 삶의 모든 부분에 적용할 때, 문제는 훨씬 심각해집니다.

오늘날 사람들은 아름다움만 아니라 진리도 보는 사람에게 달려 있다고 말합니다. 진리는 우리 밖에 있는 '객관적'인 것이 아니라, '우리를

---

108) 「메신저」 2001년 12월과 2002년 2월 호에 실린 글.
109) 옮긴이―우리 속담 중에 '제 눈에 안경'이란 속담과 비슷한 뜻일 것이다.

위해 일하는 것'이며 삶과 삶의 많은 도전에 잘 대처하도록 돕는 것입니다. 이런 사고방식의 밑바탕에는 진리의 기준이나 토대가 없다는 생각이 자리하고 있습니다. 진리는 주관적이며, 개인과 문화에 따라 달라진다는 것입니다.

이것이 오늘날 후기근대주의자들의 관점입니다. 저는 이 글에서 이 운동의 중요성을 설명하고, 이 운동이 신학과 우리 사고와 행동 방식에 미치는 영향을 설명하고 싶습니다.

정의

후기근대주의란 무엇입니까? 이 말은 후기와 근대주의라는 두 낱말로 되어 있습니다. 곧, '근대주의 이후'를 뜻합니다. 후기근대주의는 근대주의라고 하는 세계관과 인생관에 맞서, 세상과 현실을 보는 새로운 길을 제시합니다. 정통 그리스도인들은 벌써 몇 세기 동안 근대주의와 싸워야 했습니다. 우리 가운데 성경의 종교를 대적한 이 무시무시한 원수를 모르는 사람은 거의 없습니다. 하지만 지난 삼십 년 동안 근대주의보다 기독교 신앙을 훨씬 위협하는 새로운 원수가 나타났습니다. 후기근대주의가 앞선 근대주의보다 더 위험한 까닭은 진리의 존재 자체를 부인하기 때문입니다. 사람들은 후기근대주의의 이 핵심 원리를 철학에 일어난 지진이라고 했습니다. 세상과 현실에 대한 생각을 뿌리째 뒤엎어 놓았기 때문입니다.

이런 생각의 변화는 무엇을 뜻합니까? 이것은 좋은 일입니까, 나쁜 일입니까? 또 오랫동안 이어져 내려온 우리 사고방식에 무슨 일이 생길까요? 다윗은 시편 11편 3절에서 이렇게 묻습니다. "터가 무너지면 의인이 무엇을 하랴?" 우리 삶을 밑받침하던 신념과 가치가 우리 눈앞에서 산산

조각 날 때, 우리가 할 수 있는 일이 있습니까? 예. 있습니다. 우리는 우리 문화를 휩쓸고 있는 이 운동을 막을 수 없지만, 우리 자녀를 하나님 말씀에 계시된 변하지 않고 변할 수 없는 진리의 토대 위에 세움으로, 우리 자녀와 함께 우리 앞에 놓인 일을 준비할 수 있고, 준비해야 합니다.

오늘날 일어나고 있는 몇 가지 생각의 변화와 이런 변화가 종교와 도덕에 미치는 영향을 살펴봅시다.

르네상스와 종교개혁

엄청난 규모의 문화 지진에 흔들리는 것이 우리 세대가 처음은 아닙니다. 근대 이전에서 근대로 넘어갈 때도 사람들은 비슷한 혼란에 빠졌습니다. 이 과도기는 크게 세 단계로 찾아왔습니다. 곧, 르네상스와 종교개혁과 계몽주의입니다.

르네상스는 프랑스 말로 다시 태어난다는 뜻입니다. 르네상스는 대략 14세기와 16세기 사이에 유럽에서 일어난 문화 부흥을 말합니다. 이 운동의 특징은 그리스와 로마의 예술과 문학을 되찾은 일이었습니다. 르네상스의 중심에는 사람의 자유에 대한 새로운 개념이 있었고, 우주의 중심이신 하나님에게서 더욱 사람 중심의 우주로 초점이 바뀌는 일이 있었습니다.

종교개혁은 로마 가톨릭 안에 있는 교리와 도덕의 남용을 개혁하려는 노력이었습니다. 종교개혁은 르네상스가 발견한 것에서 열매를 맛보았지만, 르네상스와는 본질에서 다른 운동이었습니다. 르네상스는 세속 운동으로 이방 나라인 그리스와 로마에 기대어 영감을 얻었지만, 종교개혁자들은 교회를 그 원래의 순결함으로 되돌려 놓으려 애쓸 때 신약성경 기독교와 초기 교부들의 인도를 받았습니다.

계몽주의

이성의 시대로도 알려진 계몽주의는 17-18세기에 일어난 운동으로, 중세 미신의 흔적이라 여긴 것을 대신해 이성을 왕위에 앉혔습니다. 계몽주의 사상가들에 따르면, 이성과 오감으로만 진리에 이를 수 있습니다. 계몽주의 운동은 계시를 진리의 원천으로 받아들이기를 거부하고, 신앙을 개인의 영역으로 내려앉혔습니다. 이 운동에는 사람이 선해질 수 있다는 낙관론과 사회의 온갖 불행을 과학의 진보로 극복할 수 있다는 신념이 흠뻑 배어 있었습니다.

과학이 처음 나타날 때는 종교를 위협하지 않았지만(사실 초기 과학자들은 거의 경건한 그리스도인이었습니다), 시간이 갈수록 사람들은 계시를 버리고 이성과 실험에 더욱더 기대기 시작했습니다. 그 결과 과학은 차츰 세속화 양상을 띠게 되었습니다. 중세를 신앙의 시대라고 옳게 말했다면, 근대는 이성의 시대로 알려졌고, 그 특징은 세속주의와 인본주의였습니다.

근대는 낙관주의 시대였습니다. 제조업이 번창하고, 무역과 상업이 증가하고, 자본주의가 사회를 장악했습니다. 중세의 봉건계급제도는 차츰 자유와 민주주의에 자리를 내주었습니다. 서구는 부유해졌고, 세계 규모의 황제권력을 얻었습니다. 유럽 사람들은 다른 나라의 문화를 찬양하고 이상화했지만, 이 문화를 통제하고 착취하는 데 거리낌이 없었습니다. 이들은 세계 곳곳을 식민지로 삼았고, 그밖의 많은 나라를 정치와 경제에서 지배했습니다.

근대주의

근대 전체를 특징짓는 이 진보에 대한 믿음은 거의 두 세기 동안 이어졌습니다. 토머스 오든Thomas Oden이란 학자는 근대주의가 파리의 바스

티유 감옥이 무너진 1789년부터 베를린 장벽이 무너진 1989년까지 정확히 이백 년 동안 이어졌다고 주장합니다. 프랑스 혁명은 과거를 완전히 허물어뜨리고, 그 허물어진 돌 더미 위에 새로운 사회 질서를 일으켜 세웠습니다. 노트르담 대성당에서 이성의 여신이 왕위에 오르자, 자유와 평등과 박애의 새 시대가 시작되었습니다. 하지만 이 새 시대는 무산층을 쇠주먹으로 다스리고, 형과 아우가, 부모와 자녀가 서로 등 돌리게 함으로 수백만의 사람을 종으로 삼은 공산주의와 다른 전체주의 체제로 막을 내리고 말았습니다.

근대주의의 꿈은 사실상 20세기 초부터 깨지기 시작했습니다. 1914년에 일어난 1차 세계 대전은 사람이 근본에서 선하며 완전해지고 있다는 믿음에 찬물을 끼얹었었습니다. 이 꿈에 계속 매달린 사람들은 2차 세계 대전으로 사람의 부패한 본성이 더욱 밝히 드러나자 깜짝 놀라 꿈에서 깼습니다. 그 뒤로 미국의 9.11 테러 사건에서 절정을 이룬 다른 많은 재앙은 사람이 본성상 선하고 완전해질 수 있다는 믿음을 거의 짓밟아 버렸습니다.

20세기 말엽이 되자 과학이 모든 물음에 답하지 못했고, 모든 문제를 풀지 못했음이 분명해졌습니다. 과학은 도리어 환경오염과 핵폭탄을 가져다주었습니다. 사회주의든 공산주의든 위대한 사회든, 약속된 유토피아는 찾아오지 않았고, 사회 문제도 줄기보다는 늘었습니다.

물론 근대주의가 완전히 실패했다고 주장하는 사람은 없을 것입니다. 과학과 기술은 우리 선조들의 상상을 뛰어넘는 생활수준을 가져다주었습니다. 비평가들이 근대주의의 합리주의 세계관은 반대할지 몰라도, 근대주의의 놀라운 과학기술은 좋아하는 것이 분명합니다(오사마 빈 라덴Osama Bin Laden을 포함해).

근대주의는 엄청난 성공을 거두었지만, 많은 사람이 여전히 행복과 만족을 누리지 못했습니다. 물질세계에 초점을 두다 보니 하나님의 형상으로 지음 받은 사람의 영적 차원은 무시되었습니다. 바꿔 말해, 이성의 여신은 자신의 열렬한 추종자들을 실망시켰습니다. 근대주의의 실패가 가져온 이 환멸은 이른바 후기근대주의로 이어졌습니다.

후기근대주의

후기근대주의는 먼저 예술에서 나타났습니다. 19세기 초의 사진 기술 발명은 예술 세계에 극적인 영향을 미쳤고, 마침내 사람들이 현실을 보는 방식에까지 영향을 미쳤습니다. 사진 기술이 생기기 전에는 그리거나 깎아 만들거나 나무판에 새겨서 세상을 눈으로 볼 수 있게 표현했습니다. 예술가는 자신의 작품에 현실을 담으려고 애썼고, 자기 눈으로 볼 수 있는 것을 성실하게 재현해 내려고 힘썼습니다. 화가의 작품을 본 사람은 화가의 붓과 물감으로 화폭 위에 담은 세상의 한 부분을 보았습니다. 하지만 이제 사진이 같은 장면을 그림만큼, 아니 그림보다 훨씬 분명하게 보여 줄 수 있다면, 구태여 시대에 뒤떨어진 방법을 쓸 까닭이 무엇입니까? 사진 기술이 좋아질수록 '현실' 세계를 그릴 필요는 줄어듭니다.

그래서 예술가들은 저기 바깥 현실 세계를 '복사'해 내려고 하기보다, 추상화와 입체주의와 초현실주의 같은 새로운 형태의 예술을 실험하기 시작했습니다. 이들은 갈수록 어떤 대상을 재현해 내려고 하기보다, 그 대상을 보고 느낀 자신의 심리 체험을 묘사하기 시작했습니다. 화폭 위에 마구잡이로 뿌리고 흘린 물감은 이들의 모방 대상보다는 이들의 기분을 보여 주었습니다.[110]

후기근대주의라는 말은 1960년대 말 무렵부터 신문과 잡지에 나타나기 시작했습니다. 그러나 처음에는 여전히 새로운 예술 운동(특별히 그림과 건축)을 묘사하는 데 쓰였습니다. 하지만 시간이 지날수록 사람의 다른 많은 활동 영역에서 일어난 변화를 묘사하는 데도 후기근대주의란 말을 썼습니다. 후기근대주의를 밑받침하는 기본 원리는 현실과 객관적 진리에 대한 부인입니다. 후기근대주의자들에 따르면, 현실은 문화가 만드는 일종의 렌즈입니다. 문화는 이 렌즈로 종교와 도덕을 비롯한 세상을 바라봅니다. 모든 문화는 다른 문화를 겪어 보기 전까지 그 문화만의 특수한 현실을 의심 없이 받아들입니다. 오늘날 서구의 많은 사람이 경쟁하는 문화에서 오는 도전 때문에 혼란을 겪고 있습니다. 하지만 이것이 다가 아닙니다. 우리는 이 '현실들'의 가치가 모두 같다는 것을 사실로 받아들이라고 끊임없이 강요받고 있습니다.

이와 밀접하게 관련된 것은, 후기근대주의가 절대 진리 개념, 곧 각 사람의 생각 밖에 진리가 실제로 존재한다는 사상을 거부한다는 사실입니다. 후기근대주의자들은 문화마다 그 구성원들의 삶을 인도하고 안내하는 그 문화만의 큰 이야기(거대담론)metanarrative가 있다고 주장합니다. 큰 이야기는 누구나 흔히 받아들이며, 세상과 인생의 의미를 설명해 주는 이야기나 신화입니다. 이것은 체계를 갖춘 핵심 진리를 토대로 현실을 한데 아울러 설명하는 포괄적 세계관입니다. 큰 이야기는 일반 이야기처럼 역사의 시작과 끝을 말하고, 영웅과 보통 사람, 승리와 패배, 갈등과 갈등의 해결을 다룹니다.[111] 후기근대주의자들은 이 여러 큰 이야기가 그 사회의 신념체계를 정당화하거나 합리화하는 일을 한다고 말합니다. 사람들이 어떤 행동을 하거나 무엇을 가르치고 믿을

---

110) Chuck Smith, *The End of the World as We Know It*(Waterbrook Press, 2001), p. 28.

111) F. G. Oosterhoff, *Postmodernism: A Christian Appraisal*(Winnipeg: Premier Printing, 1999), p. 55.

때, 자신들의 큰 이야기 또는 주된 이야기와 일치하기 때문에 그렇게 한다는 것입니다.

후기근대주의자들은 이런 신념체계가 어떤 절대의 의미에서도 진리가 아니라고 주장합니다. 이것은 특정 무리의 가치와 이익을 굳히고 지키기 위해 쓰이는 문화 구성물일 뿐이라는 것입니다. 자신들의 신념체계가 절대 진리에 근거를 두고 있다고 주장하는 모든 무리는 그런 주장이 자신들에게만 유효하다는 사실을 깨달아야 합니다. 이것은 어디에서나 받아들이는 진리가 아니라, 특정 지역에서만 받아들이는 진리입니다. 한 문화의 이야기는 한 세대에서 다음 세대로 전달되는데, 무리를 위해 현실을 정의하고, 아이들이 어른들 사회의 문화에 적응하도록 돕습니다. 이 이야기는 그 문화의 세계관을 보존하고, 삶에 의미를 주고, 각 사람이 사회에서 자리 잡도록 돕습니다.[112]

후기근대주의에 따르면, 기독교 세계관은 수많은 큰 이야기 가운데 하나일 뿐입니다. 그리스도인은 사람의 창조와 타락에 대한 가르침에 따라 살아가며, 자신이 하나님의 아들로 여기는 그리스도의 구원 사역을 믿음으로 살아갑니다. 한때 서구의 모든 사람이 이런 세계관 아래 살았지만, 이제 더는 그렇지 않습니다. 계몽주의 이후로는 지식층 사람들은 말할 것도 없고 거의 모든 사람이 인본주의가 사회 진보와 과학에 대한 믿음으로 만든 큰 이야기에 따라 살아갑니다. 그 결과는 그리스도인들의 서구뿐 아니라 나머지 세계의 철저한 세속화였습니다.

과학은 인류에게 이전의 큰 이야기가 이제껏 줄 수 없었던 자연에 대한 지배권을 주었고, 이렇게 할 때 어떤 초자연의 도움에도 기대지 않았습니다. 과학은 사람의 힘과 재주만으로 하늘의 도시를 땅에 세울

---

112) Chuck Smith, *The End of the World as We Know It*(Waterbrook Press, 2001), pp. 50-51.

수 있으니까 하나님이나 종교 따위는 필요 없다고 사람들을 설득했습니다.

이 합리주의 과학이라는 큰 이야기가 얼마 전까지 근대를 지배했습니다. 하지만 후기근대주의는 이런 세계관을 거부합니다. 사실 후기근대주의는 과학이든 종교든 사회든 경제든, 모든 큰 이야기나 주된 이야기를 거부합니다. 근대주의는 기독교 세계관이나 큰 이야기를 근대주의 세계관이나 큰 이야기로 바꾸려 했을 뿐이지, 포괄하는 세계관 자체를 거부하지는 않았습니다. 하지만 후기근대주의는 기독교와 싸울 뿐 아니라, 모든 것을 한데 아우르는 세계관이나 신념체계에 근거를 둔 모든 체계와 싸웁니다. 스탠리 그렌츠Stanley Grenz는 이렇게 말합니다.

> 근대주의 세계관은 신화를 이성에 따른 공준公準[113]으로 바꿨다고 주장하지만, 후기근대주의 사상가들은 계몽주의 기획 자체가 이야기에 대한 호소에 의존한다고 주장합니다……근대는 스스로를 진보 이야기(온 인류를 위해 더 나은 세상을 만드는 방편으로 기술 발명과 경제 발전을 정당화한 신화)의 전형으로 봤습니다……우리의 상황을 '후기 근대'로 만드는 것은 사람들이 더는 근대의 신화에 매달리지 않는다는 사실만이 아닙니다. 후기근대주의 세계관은 중심이 되고 정당화하는 모든 신화에 대한 호소에 종말을 고합니다……결국 후기근대주의 세계관은 보편성을 주장하는 모든 사람에 대한 공격을 요구합니다. 사실상 '전체성과 전쟁'을 요구합니다. [114]

---

113) 옮긴이—엄밀하게 증명될 수 없거나 아직까지는 증명되지는 않았지만, 어떤 이론 체계를 전개하는 데서 근본 전제가 되는 것(인터넷 다음 국어사전 참고).

114) Brain Carrell, *Moving Between Times: Modernity and Postmodernity*(Deep Sight Publishing, 1999), p. 105에서 재인용.

진리와 자연을 보는 새 관점

우리는 벌써 과학의 큰 이야기를 거부하는 몇 가지 이유를 살펴봤습니다. 그 가운데 하나는 과학이 사회 문제를 해결해 준다는 약속을 지키지 않았다는 것입니다. 사실 과학은 사회 문제를 더 심각하게 만들었습니다. 하지만 후기근대주의자들이 과학의 큰 이야기를 거부하는 가장 큰 이유는 과학으로는 진리에 이를 수 없다고 믿기 때문입니다. 사실 과학자들 스스로도 여기까지는 인정합니다. 양자 물리학과 아인슈타인Albert Einstein의 상대성 이론에서 최근에 있었던 발전은 우주와 현실의 본질에 대한 완전히 새로운 이해를 가져다주었습니다. 그 한 결과는 사람들이 진리(적어도 과학 진리)가 상대적이고 주관적이라고 말하게 되었다는 것입니다. 후기근대주의자들은 이제 종교와 도덕을 비롯한 현실의 모든 부분에 같은 개념을 적용하고 있습니다. 이들은 진리가 삶과 현실을 이해하고, 다른 이들에 대한 권력을 얻고 지키려고 여러분과 사회가 만들어 내는 무엇이라고 말합니다.

이처럼 후기근대주의자들은 서구 문명이 그 과학의 큰 이야기를 다른 나라를 착취하려고 썼다고 비난합니다. 근대주의는 가끔가다 인도주의 개혁을 소개했지만, 사실 그 밑바탕에는 엘리트주의, 압제, 가부장제, 민족 중심주의가 있었다는 것입니다. 근대 사회에서 특권 있는 자리를 차지한 것은 백인과 이성애자와 서양 남성이었고, 나머지 사람들은 제대로 사람대접도 못 받았습니다. 서양 남성 지배의 이른바 희생양이 된 사람들은 여성, 흑인, 원주민, 소수 종교 일원, 동성애자였습니다.

한 가지 덧붙일 것은, 후기근대주의에 따르면, 자연 자체가 서구 문화의 착취 대상이 되었다는 사실입니다. 근대주의는 우주를 기계처럼 봤기 때문에, 자연을 함부로 써도 처벌받지 않는 무생물로 여겼습니다. 반면에 후기근대주의자들은 자연을 살아 있는 유기체로 보고, 그래서 자연을 번성하게 하려면 소중히 다뤄야 한다고 생각합니다. 하지만 근대 사회가 이렇게 하지 못했기 때문에, 후기근대주의자들은 자연을 여성, 흑인, 원주민, 동성애자와 같은 테두리 안에 넣습니다. 특별히 자연을 여성에 빗대는 것이 재미있습니다. 많은 환경 운동가가 자연을 여성으로 봅니다. 이들은 우리가 사는 행성을 자주 '어머니 지구'라고 하고, 심지어 '어머니 여신'으로 보는 사람도 있습니다. 이런 견해는 뉴에이지 신봉자들과 급진 남녀평등주의자들 사이에 유난히 널리 퍼져 있습니다.

말의 중심성

우리는 후기근대주의가 어떤 세계관을 대변하는지 살펴봤습니다. 후기근대주의 세계관은 모든 것을 일관성 있게 아우르는 세계관이 있을 가능성 자체를 부인하는데, 이는 객관적 진리 같은 것은 아마 없을 것이라고 생각하기 때문입니다. 기독교와 근대주의가 계시나 이성과 과학으로 진리에 이를 수 있다고 단언하는 것과 달리, 후기근대주의는 진리가 상대적이고 주관적이라고 주장합니다. 문화마다 그 문화만의 '진리'가 있고, 이 진리는 구전이나 문헌으로 남게 되는 큰 이야기 형태로 보전되고 전달됩니다. 그래서 이런 문화 신념체계가 살아남는 데 반드시 필요한 것이 전달자 노릇을 하는 말입니다.

여기서 우리는 아마 후기근대주의의 핵심일 말의 중심성에 대한 강조를 봅니다. 말이 사회의 근본 제도라는 것은 사실입니다. 말이 없이는 제대로 된 사회생활을 할 수 없습니다. 그래서 말은 믿을 수 있어야 합니다. 모든 낱말과 문장과 발언은 뚜렷한 사물과 사건과 사상을 나타내야 하고, 모든 듣는 사람과 읽는 사람에게 같은 뜻을 가져야 합니다.

그렇지 않으면, 결국 혼란과 혼돈이 일어날 수밖에 없습니다.

하지만 후기근대주의자들은 바로 이 말의 신뢰성을 부인합니다. 이들은 말에 일정한 원리나 규칙이 없다고 주장합니다. 그 이유 하나는 말과 말하는 대상이나 개념 사이에 관련성이 거의 또는 아예 없어 보인다는 것입니다. 이들은 낱말과 낱말의 뜻 사이가 너무 느슨하고 헐거워서, 말과 현실 사이에서 어떤 의미 있는 관계도 찾기 힘들다고 말합니다. 우리가 하는 말이 우리가 묘사하는 사물과 언제나 정확하고 엄밀하게 일치하지는 않는다는 것입니다. 이를테면, 우리는 하늘이 푸르다고 말하지만, 이 말은 하늘이 푸르게 보인다는 뜻입니다. 후기근대주의자들은 이런 보기들이 우리가 현실과 인식을 혼동하고 있음을 증명한다고 말합니다. 더 중대한 문제에서도 우리는 늘 이렇기 때문에, 현실 세계를 말이나 글 또는 다른 어떤 상징이나 표현으로 알 수 없다는 것입니다.

하지만 정말 그렇습니까? 모든 말에 일정한 원리와 규칙이 없나요? 누구에게나 같은 객관적이고 보편적인 뜻을 가진 낱말이나 개념은 없습니까? 후기근대주의자들은 어떻게 이런 주장을 할 수 있을까요? 답은 이들이 닫힌 우주를 믿기 때문입니다. 이들은 자신들이 비판하는 근대주의와 마찬가지로, 이 물질 세계 너머에 아무것도 없다고 주장합니다. 이 세계는 뉴에이지 광신자들이 생각하는 온갖 영들로 가득할 수 있지만, 이 영들은 모두 밑에서 나오며, 사람에게서 나옵니다. 중요한 것은 우리가 하는 말에 의미를 줘서 이 말을 보편타당하고 영원한 규범이나 기준과 관련지을 수 있는 하나님이 없다는 사실입니다.

말: 통제 도구

후기근대주의자들에 따르면, 말과 개념은 이것을 쓰는 사회에서 만든 사회 구성물일 뿐입니다. 말과 개념은 어디에 쓰입니까? 서로 의사를 주고받는 데 쓰일 뿐 아니라, 다른 사람을 통제하고 착취하는 도구로 쓰입니다. 이들은 서구 문명이 말을 이용해 다른 나라를 지배했다고 말합니다. 기독교 또한 성경과 교의로부터 말을 통해 전해지는 그 신념과 도덕을 강요함으로 온 민족을 종으로 삼았습니다.

그리스도인이 말을 이용해 자기 형상대로 사회를 창조할 수 있었다면, 후기근대주의자도 같은 방법으로 자기 모양대로 전혀 다른 사회를 만들어 낼 수 있습니다. 이것이 바로 오늘날 후기근대주의자들이 하려고 하는 일입니다. 이들은 서구 문화를 완전히 바꾸어 놓으려고 애쓰면서, 우리가 익히 잘 아는 여러 전략을 쓰고 있습니다.

후기근대주의자들의 첫 번째 접근법은 스스로를 서구 사회의 이른바 희생자 집단(여성, 흑인, 원주민, 동성애자)을 위한 투사로 제시하는 일입니다. 이들의 두 번째 전략은 말을 바꾸려고 하는 것입니다. 이를테면, 이들은 할 수만 있으면 차별하는 말을 차별하지 않는 말로 바꾸려하며, 모두를 포함하는 말을 쓰자고 주장합니다. 오늘날 올바른 정치political correctness라는 구호를 내걸고 하는 일이 바로 이런 일입니다. 우리는 이제 인류를 맨카인드mankind라고 하지 않고 휴먼카인드humankind라고 합니다. 회장은 이제 체어맨chairman이 아닌 체어퍼슨chairperson입니다. [115] 낙태는 살해나 살인이 아니라, 생식건강 따위를 지키려는 조치일 뿐입니다. 우리 사회의 이른바 희생자 집단이 압제자들의 권력을

---

115) 옮긴이—여기서 man은 사람을 뜻하지만, 이 낱말은 남자라는 뜻도 담고 있다. 그래서 man 대신 남녀 구분 없이 모든 사람을 뜻할 때 쓰는 human이나 person을 쓰자고 하는 것이다.

강제로 빼앗는 세 번째 전략은 기록된 문서의 숨겨진 뜻을 파헤치는 것입니다. 후기근대주의자들은 문화가 만들어 낸 문학이 힘센 사람들의 지배를 부추긴다고 믿습니다. 이처럼 급진 남녀평등주의자들은 성경이 남성우월주의 관점에서 쓰였고, 여성을 열등한 피조물로 다루는 가부장제 사회를 반영한다고 주장합니다.

성경은 다른 모든 문학과 같이 해석을 필요로 합니다. 이 일에 매달리는 학문을 문학비평이라고 합니다. 교계에서는 해석학이라는 말을 씁니다. 목사들은 설교를 준비할 때마다 해석학에 몸담습니다(적어도 몸담아야 합니다). 이들이 본문을 정하고 맨 먼저 하는 일은 문법과 동사의 시제와 본문이 일어난 맥락을 살피면서 어느 정도 기초를 다지는 일입니다. 이 특정 본문에서 저자가 말하는 의도가 무엇인지, 원 독자나 청중이 이 본문을 어떻게 이해했는지, 이 모든 것이 오늘날 우리에게 어떻게 적용되는지 찾아야 합니다. 이처럼 중요한 것은 성경 본문의 뜻을 알아내는 일입니다. 사실 어떤 문학 문서든 마찬가지입니다.

하지만 후기근대주의는 철저히 다른 방법으로 문서의 뜻을 결정합니다. 이들에 따르면, 저자가 글을 쓸 때 무슨 뜻으로 썼는지를 아는 것은 조금도 중요하지 않습니다. 중요한 것은 '독자가 저자의 글을 어떻게 해석하는가', '우리가 문제의 구절에 대해 어떻게 느끼는가'입니다. 여기서 열쇠가 되는 말은 '느낀다'는 말입니다. 곧, '본문이 나에게 어떤 감동을 주는가', '나는 본문에 어떻게 반응하는가'에 초점이 있습니다. 저자의 의도나 본문의 의미는 중요하지 않고, 본문에 대한 나의 해석이 중요합니다. 이는 본문의 뜻이 독자 수만큼 많아질 수 있다는 뜻입니다.

하지만 이것은 한 문화가 내놓은 문학 작품 전체를 통째로 없애는 확실한 길입니다. 오늘날 바로 이런 일이 일어나고 있습니다. 후기근대주의자들은 어떤 문화든 그 문화의 전통이 그 문화가 만들어 낸 본문

(곧, 그 시인과 극작가와 소설가, 그 신학자와 역사가와 철학자와 입법자의 작품) 속에 간직된다고 믿습니다. 이들은 이런 문예 작품이 지배 집단의 권력을 강화할 뿐이라고 말합니다. 그러니까 어떤 문화의 전통에서 벗어나고 소외받는 사람들을 구하려면, 다른 사람과 함께 그 문화가 만들어 낸 본문에서 벗어나야 한다는 것입니다.

후기근대주의자들에 따르면, 이 일을 이룰 수 있는 방법은 세 가지입니다. 첫째, 이런 본문들을 그냥 무시하는 것입니다. 오늘날 대학에서 이런 일이 나날이 늘고 있습니다. 학생들이 서구 문화의 위대한 책들(물론 성경도 포함됩니다)을 거의 접하지 못한다는 이야기는 듣기만 해도 끔찍합니다. 오늘날은 전체 역사의 개론만 듣고도 대학을 졸업할 수 있습니다. 강조점은 사회학과 사업과 의사소통 강의나 컴퓨터 프로그래밍과 같은 '실용' 과목에 있습니다.

둘째, 서구 역사와 문학 작품을 이른바 희생자 집단(여성, 원주민, 흑인, 제3세계 작가, 동성애자)의 역사와 문학 작품으로 바꾸는 것입니다. 이런 일도 많은 공공교육기관에서 일어나고 있습니다.

해체론

하지만 이른바 서구의 치우친 전통에서 벗어나는 가장 효과 있고, 우리가 볼 때 가장 위험한 방법은 서구 본문들의 '숨겨진' 뜻을 파헤쳐 이 본문들이 압제자의 도구에 지나지 않음을 보여 주는 것입니다. 이런 과격한 형태의 독자반응비평을 해체론이라고 합니다. 해체론은 성경을 비롯한 과거의 문학을 해체하고 분해하는 것인데, 이는 그 문서 뒤에 숨은 진짜 동기를 파헤치기 위함입니다. 결론은 늘 한결같습니다. 곧, 소설이든 시든 극이든 법이든 성경 구절이든, 모든 문학 장르는 저자의 권력욕에 영감을 받았다는 것입니다.

오늘날 대학에서 자녀들의 신앙을 가장 크게 위협하는 학과가 더는 이학부가 아니라 문학부라는 사실을 많은 그리스도인 부모가 모르고 있습니다. 진화론이 더는 가장 강력한 원수가 아닙니다. 오늘날 우리는 훨씬 세련된 적과 마주하고 있습니다. 곧, 해체론이라고 하는 후기 근대주의의 문학비평입니다.

해체는 말 그대로 양파 껍질 벗기듯 본문을 분해하는 일입니다. 가능한 모든 각도에서 본문이나 구절을 살펴보고, 각각의 잡스러운 정보를 서로에게서 뽑아내고 분리합니다. 이 밑바탕에는 관계망이 모든 본문을 결정한다는 가정이 깔려 있습니다(각각의 관계가 본문의 뜻에 영향을 미치기 때문에). 그러니까 '확정된' 뜻을 가진 본문은 없다는 것입니다.

신학과 도덕에 미치는 영향

해체론은 '객관적 진리'를 '상대적 진리'로 바꾸기 때문에, 신학과 도덕에 실로 어마어마한 영향을 미칩니다. 이는 성경과 같은 신성한 본문이 단 하나의 최종 의미를 갖지 않을뿐더러, 반드시 권위가 있는 것도 아니라는 뜻입니다. 하지만 진리와 가치가 모두 상대와 문화에 따라 달라진다면, 어떤 합의도 있을 수 없습니다. 그러면 나에게 진리인 것이 다른 사람에게는 꼭 진리가 아니게 되고, 그 반대도 마찬가지입니다. 이런 분위기에서 다른 사람을 설득하려는 모든 노력은 그 사람에게 내 의견을 강요하는 것밖에 되지 않습니다.

진리에 이르는 믿을 만한 방편이 없는 곳에서, 어떤 사상을 받아들이는 기준은 개인의 취향이나 욕구밖에는 없습니다. 사람들은 이제 어떤 명제에 찬성하거나 반대한다고 하지 않고, 어떤 사상을 얼마나 좋아하거나 싫어한다고 말합니다. 사람들은 갖가지 이론과 종교 가운데서 오로지 개인의 취향에 따라 자신이 좋아하는 것을 고르고 뽑습니다. 지성이 의지로 바뀌었습니다.

도덕 문제도 마찬가지로 상대화되고 있습니다. 토크쇼에서는 이런 말들이 들려옵니다. "여러분한테 무엇이 옳은지 여러분이 결정해야 합니다." "어떤 사람한테 옳은 것이 다른 사람한테는 옳지 않을 수 있습니다." "우리가 누구라고 남을 판단합니까?" 사람들은 도덕 문제를 성경에서처럼 절대 초월 기준이라는 면에서 보지 않을뿐더러, 근대주의에서처럼 전체 사회의 유익이라는 면에서도 보지 않습니다. 어떤 행동이 도덕에 맞느냐 맞지 않느냐는, 사람이 선택권을 받느냐 받지 않느냐에 달려 있습니다. 낙태를 '찬성'하는 사람은 드물지만, 많은 사람이 '낙태를 선택할 권리'는 찬성합니다. "살인하지 말라"(출 20:13)와 같은 도덕의 절대 원리는 말할 것도 없고, 태아가 사람인가 아닌가 하는 객관적 사실도 별로 중요하지 않습니다. 이 문제에서 오늘날 의미 있는 물음은 여성이 선택권을 받았는가 받지 않았는가 하는 것뿐입니다. 마찬가지로 사람들은 누군가 죽기로 '선택'하는 한에서 자살이나 안락사도 정당화하며 '죽을 권리'를 부르짖고 있습니다. 변태 성욕도 '성적 취향'으로 여겨질 때는, 조금도 거리낄 것이 없고, 심지어 세련된 것입니다.

상대주의 풍조에서 남아 있는 미덕이라고는 관용밖에 없습니다. 진리를 믿는 철학만이 그릇된 철학이며, 아직 죄 같은 것이 있다고 믿는 사람만이 죄인입니다. 기독교와 근대주의 윤리는 각각 계시와 이성을 토대로 바른 행동 방침을 고르라고 강조했지만, 후기근대주의자들에게는 그냥 고르는 것만으로 충분합니다. 역시 기준은 '내가 하고 싶냐 하고 싶지 않냐'뿐입니다.

하지만 성경은 '내가 하고 싶은 것'이 언제나 선한 것은 아니라고 가르칩니다. 사실 성경은 우리 의지가 부패하고 죄에 사로잡혀서, 우리 의지가 시키는 대로만 해서는 깊은 도덕의 부패로 이어질 수밖에 없다고 가르칩니다. 우리는 또한 그냥 믿기로 '선택'할 수도 없습니다. 하나님의 말씀이 아닌 사람의 의지에 기초를 둔 모든 철학과 신학은 우리를 속이고 옭아맵니다. 좋은 소식, 곧 복음은 우리가 우리 자신의 의지가 아니라 하나님의 의지로 구원을 받는다는 것입니다. 우리는 예수 그리스도 안에서 하나님의 은혜로 구원받습니다. 우리는 우리 의지를 따르거나 우리 의지력을 믿음으로가 아니라, 우리를 성령의 능력으로 거룩하게 하시는 하나님의 의지에 항복함으로 도덕에 어긋나지 않는 삶을 살 수 있습니다.

결론

후기근대주의가 참으로 기독교를 위협하고 있습니다. 하지만 우리 신앙이 위협받는 것은 처음도 아니고, 마지막도 아닐 것입니다. 근대주의 시대에 자유주의 신학자들은 근대주의 신학을 발전시켰습니다. 이들은 현대 지성이 기독교를 받아들이기 좋게 만들려고, 기독교 신앙의 초자연적 내용을 최소화하고, '과학에 바탕을 둔' 성서학을 근거로 성경의 권위를 거부하고, 사회 진보에 온 마음을 쏟았습니다. 이들은 성공했고, 그 대가로 교회는 현대인에게 의미 없게 되었습니다. 하나님이 한낱 상징에 지나지 않고, 그리스도가 좋은 본보기에 불과하며, 교회가 사회변혁의 동력일 뿐이라면, 뭐 하러 귀찮게 일요일 아침마다 일어나 교회에 가야 합니까?

마찬가지로 후기근대주의 설교자들은 자신들이 기독교를 훨씬 의미 있게 만들고 있다고 생각합니다. 하지만 하나님께서 믿음도 회개도 요구하시지 않고 저 관대한 로저 씨Fred Rogers처럼 '여러분을 있는 그대로 사랑하신다'면, 왜 굳이 기독교를 믿어야 할까요? 용서받아야 할 죄가 없는데, 복음이 무슨 의미가 있습니까? 모든 종교(종교가 없어도)가 하나님께로 이어진다면, 텔레비전을 보거나 즐거운 시간을 보내는 것이 훨씬 나을 것입니다. 물론 교회가 충분히 재미있고 '예배자들'이 느낀 필요를 채워 준다면, 여전히 성장하고 번창할 수 있습니다. 하지만 무엇이 남든, 그것은 기독교가 아닙니다.

많은 진보 '그리스도인'이 후기근대주의를 죽어 가는 서구 문화의 '구원자'로 보지만, 후기근대주의에 환멸을 느끼는 사람들도 있습니다. 여전히 교회에 나오는 사람들은 시도 때도 없이 바뀌는 예배 혁신에 갈수록 지쳐, 더 엄숙한 예배 형식과 정통 기독교의 풍부한 전통으로 돌아가자고 요구합니다. 이들은 도덕의 절대 원리가 없다고 배웠지만, 여전히 죄책감을 느끼고 삶이 공허함을 봅니다. 이들은 자신만의 진리를 만들 수 있다고 들었지만, 더욱 견고한 뭔가를 갈망합니다.

기독교는 언제나 사람들이 벌써 가지고 있는 것이 아니라, 사람들에게 극도로 모자란 것(곧, 하나님의 말씀과 예수 그리스도로 말미암는 구원)을 줌으로 번창했습니다. 후기근대주의 시대에 정통 기독교는 번성할까요 아니면 쇠퇴할까요? 예측하기 힘듭니다. 우리가 확신할 수 있는 것은 그리스도께서 지옥의 거센 공격에 맞서 자기 교회를 지키시리라는 사실뿐입니다. 그리스도께서는 우리가 한낱 문화변혁에 대처할 수 있도록 우리를 틀림없이 도우실 수 있습니다. 오늘날 우리는 초기 그리스도인들과 비슷한 처지에 놓여 있습니다. 초기 그리스도인들도 수많은 종교 가운데서 종교를 선택할 수 있는 다문화 사회와 마주했습니다. 기독교는 온갖 사이비 종파와 겨뤄야 했습니다. 그리고 마침내 이겼습니다. 기독교는 다시 이길 수 있습니다. 오늘날 사상의 시장이 활짝 열려 있기 때문에 우리에게는 어마어마한 기회가 있습니다.

후기근대주의가 기독교를 참으로 위협하고 있지만, 우리에게 꼭 철천지원수인 것만은 아닙니다. 우리는 후기근대주의 때문에 우리의 위치를 다시 생각할 수밖에 없습니다. 후기근대주의는 우리가 다 전제를 가지고 있고, 편견 없는 사람은 없음을 일깨워 줌으로 우리에게 진정한 도움을 주었습니다. 우리는 모두 어떤 전제를 가지고 세상과 인생을 바라봅니다. 하지만 문제는 과연 어떤 전제가 참되냐 하는 것입니다. 우리는 "성경의 관점이 참되다!"고 분명하고 확실하게 답해야 합니다. 이 관점만이 주관적 상대주의와 도덕의 혼란에서 벗어날 길을 제공하며, 삶의 폭풍 가운데서 견딜 닻을 제공합니다. 곧, 예수 그리스도와 그리스도께서 십자가에 못 박히시고, 다시 살아나시고, 하늘에 오르시고, 하늘 보좌에서 다스리시는 것을 말합니다.

우리가 확신할 수 있는 한 가지는, 사람이 아무리 후기근대주의, 후기그리스도인, 거대담론, 신념체계와 같이 복잡한 말을 만들어 낸다 해도, 하나님께서는 아무런 감명도, 아무런 위협도 느끼지 않으신다는 사실입니다. "하늘에 계신 이가 웃으심이여 주께서 그들을 비웃으시리로다"(시 2:4).

> 그리스도께서 땅과 바다를
> 다스리시리니
> 가장 외딴 곳도
> 그의 나라가 되리로다(시 72:7-10).[116]

---

116) 200:1, in *The Psalter: with responsive readings*(United Presbyterian Board of Publication, 1912).

불우하고 억압받는 사람들의 위대한 해방자는 후기근대주의가 아니라
그리스도십니다.

> 궁핍한 자가 그를 구할 때에
> 그가 자비를 베푸시리
> 실로 약하고 힘없는 자가
> 그의 긍휼을 알리
> 그가 억압의 힘에서
> 그들을 반드시 구원하시리니
> 이는 그 거룩하신 눈에
> 그들의 생명이 귀함이라(시 72:12-14).[117]

---

117) 앞의 책, 200:2.

1 후기근대주의란 무엇입니까?

2 르네상스 운동의 특징은 무엇입니까?

3 종교개혁 운동의 특징은 무엇입니까?

4 계몽주의 운동의 특징은 무엇입니까?

5 근대주의의 역사를 살펴봅시다.

6 후기근대주의는 어떤 세계관인지 설명해 봅시다. 그리고 근대주의와 비교해서 말해 봅시다.

7 후기근대주의자들이 말의 신뢰성을 부인하는 이유는 무엇입니까?

8 후기근대주의자들이 주장하는 것처럼 모든 말에 일정한 원리와 규칙이 없습니까? 이들은 어떻게 이런 주장을 할 수 있을까요?

9 후기근대주의자들은 성경을 어떻게 해석합니까? 이들이 하는 방식으로 성경을 읽고 해석하는 것이 합당합니까? 우리는 어떻게 성경을 읽고 해석해 왔는지 각자 자신을 돌아보고, 나눠 봅시다.

10 해체론이란 무엇입니까?

11 해체론이 신학과 도덕에 미치는 영향력은 무엇입니까?

12 하지만 성경은 이에 대해 뭐라고 가르칩니까?

13 후기근대주의 사상을 보며 자신의 위치를 돌아봅시다. 무엇을 알게 되었습니까? 우리가 마땅히 고백해야 할 참 전제는 무엇입니까? 정리하여 나눠 봅시다.

19장
변증에 대한 짧은 안내[118]

변증의 필요성

서구사회를 강력하게 지배하던 기독교의 급속한 쇠퇴로 요사이 변증에 대한 관심이 다시 부쩍 늘었습니다. 그리스도인들은 기독교를 깎아내리는 사람들에게 기독교 신앙의 핵심 원리를 변호하는 법을 배우는 것이 당장 필요하다는 사실을 비로소 깨닫고 있습니다. 물론 변증에는 더욱 적극스러운 기능도 있습니다. 우리는 기독교에 관심을 보이는 사람들에게 복음을 제시하는 법도 알아야 합니다. 지금 제 머릿속에는 이슬람교도, 힌두교도, 시크교도를 비롯해 다른 문화에서 이주해 온 수많은 사람이 떠오릅니다. 이들은 우리와 함께 살고 있고, 우리와 종교 문제를 논의하고 싶어할 수 있습니다.

변증론은 신앙을 변호하는 학문입니다. 변증가로서 가장 알맞은 사람은 철학, 신학, 역사, 과학은 말할 것도 없고, 이밖에 인간 학문의 여러 분과를 훤히 꿰뚫는 사람입니다. 이 사람은 정연한 논리로 기독교를

---

118) 「메신저」 2003년 9/10월 호에 실린 글.

변론할 수 있고, 반대편에서 어떤 질문을 내어놓든 모두 답할 수 있습니다. 물론 그리스도인이라고 해서 누구나 이런 자격을 다 갖추고 있지는 않습니다. 하지만 이것은 변증을 전문가에게 맡겨야 한다는 뜻이 아닙니다. 성경은 그리스도인이라면 박사 학위가 있든 간신히 초등학교만 나왔든 모두 신앙을 변호하는 일에 동참해야 한다고 말합니다. 사도 베드로는 믿음의 동료들에게 이렇게 쓰고 있습니다. "너희 마음에 그리스도를 주로 삼아 거룩하게 하고 너희 속에 있는 소망에 관한 이유를 묻는 자에게는 대답할 것을 항상 준비하되 온유와 두려움으로 하고"(벧전 3:15).

여기서 "대답할 것"이라는 말은 헬라어로 조리 있는 변호를 뜻합니다. 베드로는 준비하라는 말로 여러분이 왜 그리스도를 믿는지, 왜 죽어서 천국에 가기를 소망하는지 이치에 맞게 설명하라고 권고합니다. 이 일을 위해 꼭 수준 높은 교육을 받아야 하는 것은 아닙니다. 변증은 믿는 사람이라면 누구나 할 수 있고, 해야 할 일이기 때문입니다. 우리는 성경과 기독교 신앙의 주요 교리를 잘 이해하기만 하면 됩니다. 우리가 동기를 부여받고 필요를 느낀다면, 우리는 얼마든지 이렇게 할 수 있습니다.

변증은 또한 복음 전도 활동에도 커다란 도움을 줍니다. 많은 사람이 골치 아픈 인생 문제를 놓고 답을 찾아 헤맵니다. 사실 생각 있는 사람은 누구나 삶의 어느 시점에 이르면, '나는 누구지?' '나는 어디서 왔을까?' '삶의 의미와 목적은 뭘까?' '나는 어디로 가는 걸까?'와 같은 문제와 씨름할 것입니다. 믿지 않는 친구나 이웃이 이런 문제로 고민할 때, 이들이 성경에서 답을 찾을 수 있도록 도와준다면, 이들은 복음의 소식을 선뜻 받아들일 수 있을 것입니다.

변증에 대한 여러 관점

어떤 그리스도인들은 이성에 호소해 기독교 진리를 증명하려 한다는 이유로 변증을 싫어합니다. 이들은 육신에 속한 사람이 죄 때문에 하나님의 진리를 이해할 수도 없고, 이해하려 하지도 않는다고 주장합니다. 죄가 사람의 마음과 의지만 아니라 생각도 부패시켰기 때문이라는 것입니다. 그런데 변증의 밑바탕에는 사람의 죄악 된 생각이 신령한 문제를 판단할 수 있다는 가정이 깔려 있다고 말합니다. 이들에 따르면, 변증은 이성을 계시 위로 높이고 신앙의 재판관으로 만듭니다. 이들은 이것이 기독교를 배반하는 것이나 다름없다고 말합니다. 말하자면, 어떻게 그리스도가 진리라고 하면서, 그리스도를 이성의 법정에 불러들여 재판에 넘길 수 있냐는 것입니다. 그러니까 죄인이 믿음을 갖게 하려고 죄인의 이성에 호소해 논증하려는 것은 쓸모없는 일일뿐더러, 잘못된 일이라고 말합니다. 이들에 따르면, 성령님만이 중생의 기적을 일으키셔서 죄인의 마음과 의지만 아니라 죄인의 생각도 바꾸실 수 있습니다.

이런 진지한 반론을 가볍게 물리쳐서는 안 됩니다. 사람의 이성이 근본에서 여전히 타락 전과 같다는 전제로 시작하는 변증학파가 있습니다. 그래서 이들은 누군가의 이성에 호소해 기독교를 변론할 때, 이 사람이 설득되리라는 희망을 품을 수 있다고 말합니다. 이것이 로마 가톨릭의 태도였고, 지금까지도 그렇습니다. 이를테면, 토머스 아퀴나스 Thomas Aquinas는 사람이 타락했을 때 사람의 마음과 의지는 나쁜 영향을 받았지만, 사람의 이성이나 생각은 그렇지 않았다고 가르쳤습니다. 죄지은 인간에게 적어도 한 부분에서는 여전히 어느 정도 독립성과 자율성이 있었다는 것입니다. 이 이성의 자율성을 전제로 아퀴나스는 자연신학을 만들었고, 이렇게 할 때 아리스토텔레스Aristotle 같은 이교 철학자에게 큰 빚을 졌습니다. 아퀴나스는 사람의 이성이 도움을 받지 않고도 몇 가지 진리에 이를 수 있다고 믿었습니다. 사람은 특별 계시 없이도 하나님과 영혼의 존재를 알고, 도덕이나 최후 심판 같은 것을 안다는 것입니다. 하지만 성경에만 나타나는 다른 진리가 있습니다. 곧, 삼위일체 하나님 개념, 그리스도의 두 본성, 은혜와 믿음으로 말미암는 구원과 같은 진리입니다. 아퀴나스에 따르면, 이런 진리는 오직 성경에서만 배울 수 있습니다.

결국 아퀴나스는 이른바 '본성과 은혜의 이분법'을 가르치게 되었습니다. 아퀴나스는 사람이 진리에 이를 수 있는 두 길을 나누는 선을 그었습니다. 선 아래쪽에 있는 것은 모두 본성의 영역에 속합니다. 여기서 사람의 이성은 자율성이 있고, 성경은 필요 없습니다. 선 위쪽에 있는 것은 모두 은혜의 영역에 속합니다. 여기서 사람은 아직 성경에 나타난 하나님의 계시에 의존해야 합니다. 여기서 '아직'이라는 말이 의미심장합니다. 시간이 흐르면서 '본성'이 은혜를 조금씩 '갉아먹기' 시작했습니다. 먼저는 철학이, 그 뒤로는 과학이, 그리고 마침내 사람이 생각하고 수고하는 모든 영역이 성경의 권위에서 벗어나, 르네상스 무렵에는 본성이 은혜를 완전히 삼키다시피 했습니다. 바꿔 말해, 15세기 무렵에 사람은 자신에게 특별 은혜가 더는 필요 없다고 생각했습니다. 본성 또는 도움 받지 않은 이성으로 모든 것을 설명할 수 있었습니다.

이런 발전의 대미를 장식한 것은 18세기 계몽주의였습니다. 이때 사람은 완전한 자율과 독립을 선언했습니다. 사람의 이성은 성경과 성경의 가르침을 비롯한 모든 문제를 완벽하게 판단할 수 있었습니다. 무엇이든 이성으로 받아들일 수 없는 것을 성경에서 발견하면, 이성으로 받아들일 수 없다는 바로 그 이유로 거부했고, 이것으로 끝이었습니다.

개혁주의 변증관

이 문제는 16세기 종교개혁 당시 벌써 위험 수위에 다다랐고, 그래서 다루지 않을 수 없었습니다. 칼빈과 다른 개혁자들은 아퀴나스의 신학에 뿌리부터 문제가 있음을 알았습니다. 곧, 아퀴나스는 타락의 철저한 성격을 깨닫지 못했습니다. 개혁자들이 보기에 사람은 전체가 타락했습니다. 사람의 지성과 의지를 비롯해 하나님께서 창조하신 전인이 죄로 타락했습니다. 이제 사람에게 자율성이나 독립성이 있다고 말할 수 있는 부분은 없습니다. 죄인의 생각은 늘 한쪽으로 치우쳐 이유 없이 하나님을 싫어합니다. 바울은 로마서 8장 7절에서 이렇게 말합니다. "육신의 생각은 하나님과 원수가 되나니." 사람의 사고력은 하나님과 하나님의 말씀을 반대하는 데만 온 힘을 쏟습니다.

개혁자들의 이런 통찰에 영향을 받은 몇몇 칼빈주의자는 변증을 상당히 안 좋게 보았습니다. 이들은 사람의 타고난 생각이 철저히 부패해서 믿지 않는 사람이 기독교를 변론하는 말에 귀 기울이지 않을 것이라고 말합니다. 그러니까 우리가 할 수 있는 일이라고는 믿지 않는 사람들을 믿음과 회개로 부르면서 이들에게 증언하는 일뿐이고, 나머지는 모두 성령님께 맡겨야 한다는 것입니다. 이른바 하나님의 존재 증명이나 성경의 권위와 그리스도의 신성 증명으로 이들을 설득하려는 것은 시간 낭비일 뿐이라고 말합니다.

신칼빈주의자

그래서 어떤 개혁주의 신학자들(특별히 신칼빈주의를 믿는)은 육에 속한 사람이 죄 때문에 성령님의 거듭나게 하시는 역사 없이는 하나님에 대해 어떤 의미 있는 지식도 얻을 수 없다고 결론 내렸습니다. 저는 이것이 지나치다고 믿습니다.

물론 육에 속한 사람은 새로 태어나는 기적 없이 하나님에 대한 어떤 구원의 지식에도 이를 수 없습니다. 하지만 우리는 사람 이성의 도덕력과 인식력을 구분해야 합니다. 실로 도덕에서 사람의 생각은 하나님을 향한 적대감으로 가득하며, 은혜 없이는 결코 회개와 믿음으로 하나님께 돌이키지 않을 것입니다. 하지만 저는 육에 속한 사람이 자연과 사람의 양심에 나타난 일반 계시로 하나님을 아는 지식에 어느 정도 이를 수 있다고 믿습니다. 저는 시편 19편, 요한복음 1장 4, 9절, 로마서 1장 18-28절, 2장 14-15절과 같은 구절이 이런 사실을 뒷받침한다고 생각합니다. 이 구절들은 로고스(말씀, 요 1:1, "태초에 말씀이 계시니라")를 통한 일반 조명 같은 것이 있다고 말해 줍니다. 하나님의 형상으로 지음 받은 사람은 이 일반 조명으로 하나님의 존재와 성품과 의로운 요구를 정확히 판단할 수 있습니다.

사람은 이 '일반' 은혜 덕분에 자연에 속한 주제를 논리에 맞게 생각할 수 있을뿐더러, 하나님과 신령한 것들에 대해 몇 가지 기초 진리를 얻을 수 있습니다. 물론 바울은 사람이 하나님의 자연 계시에서 얻은 이 지식을 억누른다고 말합니다. 하지만 이것은 이 억누른 지식이 진짜가 아니라는 뜻이 아닙니다. 문제는 하나님을 알 수 있는 사람의 능력이 아니라, 이 지식에 대한 사람의 비뚤어진 반응에 있습니다. 바울은 로마서 1-2장에서 사람이 이 타고난 지식을 잘 가꾸는 대신, 어두운 마음과 완고한 생각으로 이 지식을 거부하고, 불의로 진리를 막는다고 말합니다(1:18).

그러니까 모든 사람에게는 칼빈이 말한 '신의식'이 있습니다. 이것이 그리스도인과 믿지 않는 사람의 접촉점입니다. 우리는 믿지 않는 사람과 하나님과 창조에 대해, 삶과 삶의 목적과 운명에 대해 의미 있게 이야기할 수 있습니다. 우리는 이 세상에서 믿지 않는 사람과 같은 우주와 실존을 나눕니다. 같거나 비슷한 아픔과 기쁨을 느낍니다. 경제난, 정치 불안, 전쟁, 결국 죽음이라는 같은 현실을 마주합니다. 다른 점이라고는 우리가 함께하는 이 현실과 경험을 다르게 해석한다는 것뿐입니다. 우리는 믿지 않는 사람에게 이런 현실과 경험을 하나님의 관점에서 설명해 주려고 애써야 합니다. 동시에 성령님께서 이들의 눈을 열어 주시고 이들의 생각에 빛을 비추사 이들도 이런 현실과 경험을 하나님의 관점에서 볼 수 있게 해달라고 기도해야 합니다.

변증 방법

변증이 타당한 일이라면, 우리는 이 일을 어떻게 시작해야 합니까? 어떤 식으로 기독교 신앙을 변호해야 할까요? 저는 여기서 두 가지가 아주 중요하다고 생각합니다. 우리는 비판하거나 질문하는 사람을 대할 때마다, 먼저 언제나 진리를 말해야 하고, 다음으로 언제나 사랑 안에서 진리를 말해야 합니다.

우리는 신앙을 변호할 때 성경에 충실해야 하며, 진실로 그리스도인다워야 합니다. 제 말은 우리가 어떤 교파의 특색이 아니라, 역사 깊은 기독교 신앙을 변호하는 데 관심을 가져야 한다는 뜻입니다. 아울러 우리는 기독교 신앙을 믿지 않는 사람에게 맞춰서도 안 됩니다. 기독교를 매력 있고 받아들이기 쉽게 하려고, 우리 신앙에서 거리낄 만한 요소를 빼서는 안 됩니다. 바울은 복음의 걸림돌, 곧 그리스도께서 십자가에 못 박히시고 죽은 자 가운데서 다시 살아나신 일에 대해 말했습니다. 이것은 유대인에게 거리끼는 것이요 이방인에게 미련한 것이었습니다(고전 1:23). 그리고 여전히 믿지 않는 사람의 화를 돋우는 것입니다.

하지만 분명히 해야 할 것은 복음을 제시하는 우리의 방법이 사람들을 거리끼게 해서는 안 된다는 사실입니다. 그리스도를 요령 있고, 알기 쉽고, 매력 있게 변호하려면, 크게 주의를 기울여야 합니다. 사람들이 우리를 반대할 때, 우리는 재깍 적대감 때문이라고 생각해서는 안 됩니다. 많은 경우 문제는 그냥 오해 때문일 수 있습니다. 우리는 또한 우리가 상대하는 사람이 누구며, 그 사람의 의견이 무엇인지 알아야 합니다. 상대방의 의견을 잘못 알아서 허수아비 공격으로 그치기가 얼마나 쉬운지 모릅니다. 다음으로 상대방의 태도와 동기를 판단하십시오. 이 사람은 그저 기독교를 헐뜯는 데 관심 있는 사람입니까, 성경과 신앙의 어떤 측면 때문에 혼란과 의심에 빠진 사람입니까? 아니면 간절히 진리를 찾는 사람입니까?

변론의 얼개

변증에서 또 하나 중요한 부분은 변론의 얼개를 어떤 식으로 짤지 아는 것입니다. 변증은 우리에게 나타나는 '저기 바깥에 있는' 사실을 바라보는 기독교의 관점입니다. 여기서 우리는 두 가지 방법을 따를 수 있습니다. 곧, 사실에서 사물(기독교)로 논증하거나, 사물(기독교)에서 사실로 논증할 수 있습니다. 첫 번째 방법은 피해야 합니다. 이 방법으로는 성경의 기독교가 아닌 어느 정도 왜곡된 형태의 기독교로 이어질 수밖에 없기 때문입니다. 이 방법에 따르면, 모든 사실을 편견 없이 살핌으로 기독교에 이를 수 있습니다. 이 일을 이루려면 여러분과 여러분의 믿지 않는 상대자는 아무것도 없는 데서 시작해, 아직 '해석되지 않은' 사실로 여겨지는 것을 편견 없이 살펴봐야 합니다. 그런 다음 그리스도인은 이런 '중립'의 사실에서 기독교에 대한 변론을 뽑아내려고 애써야 합니다.

이 방법은 두 가지 이유로 잘못되었습니다. 첫째, 기독교는 단순히 몇 가지 사실을 살펴보고 기독교라고 하는 체계로 정리되는 어떤 철학이 아닙니다. 오히려 기독교는 사실이 밑받침하는 하나님 계시의 산물입니다.

둘째, 우리 앞에 결코 모든 사실이 있지 않기 때문에, 기독교 진리를 사실에서 결정지을 수 없습니다. 우리가 살펴볼 수 있는 것은 오늘 우리에게 나타나는 사실뿐입니다. 하지만 내일은 일이 달라 보일 수 있습니다. 우리는 언제나 내일이나 다음 주나 내년에 사실이 무엇을 가져다줄지 기다려 보자고 말할 수 있습니다. 이런 토대 위에서 기독교는 불확실하게 비칠 수밖에 없습니다. 그러니까 그리스도인은 절대로 창조를 자신의 사실 해석(화석이나 공룡 발자국 같은)에 근거를 둔 가설이나 이론으로 받아들여서는 안 됩니다. 많은 사람이 이렇게 하지만, 이들은 이것이 창조론을 진화론과 같은 위치에 놓는 일이라는 것을 잊고 있습니다. 내년에 일어날 수 있는 어떤 일이 우리의 사실 해석이 틀렸음을 증명한다면, 우리는 어떻게 할까요?

여기서 문제는 사실이 누구도 그 존재를 알기 전에 '저기 바깥'에 있었다고 가정한다는 데 있습니다. 하지만 그렇지 않습니다. 우리는 사실의 존재를 모를 수 있지만, 하나님께서는 아십니다. 사실은 이것이 생겨나기 전에 벌써 하나님 마음속에 생각이나 개념으로 존재했습니다. 사실 뒤에는 사실을 어떤 방식으로 해석하시는 하나님의 결정이 있습니다. 하나님께서는 성경에서 사실을 어떻게 해석하셨는지 우리에게 말씀해 주셨습니다. 그러니까 우리는 성경의 안경으로 사실을 바라봐야 합니다. 그래야만 사실을 건전하게 해석할 수 있습니다.

우리는 어떤 지적 존재가 있을 수 있음을 암시하는 몇 가지 사실(이 지적 존재가 만들어 낸 사실)을 들어 보임으로 하나님의 존재를 증명하지 않습니다. 여기에는 밑에서부터 기독교에 이르는 길이 있다는 가정이 깔려 있습니다. 하지만 그런 길은 없습니다. 우리에게는 위에서 아래로 오는 길밖에 없습니다. 하나님께서는 우리에게 자신을 계시하셨고, 성경에 그 계시를 담아 두셨습니다. 그러니까 우리의 출발점은 창세기 1장 1절입니다. "태초에 하나님이……." 사실은 우리가 벌써 믿는 바를 뒷받침하고 확증할 뿐입니다.

올바른 변증법

그렇다면 올바른 변증 방법은 무엇입니까? 우리가 맨 먼저 해야 할 두 가지 일이 있습니다.

> 첫째, 우리는 성경 위에 곧게 서서, 기독교 신앙을 우리의 출발점으로 삼아야 합니다.
> 둘째, 우리는 모든 사람이 어떤 신앙을 가지고 말한다는 사실을 알아야 합니다.

모든 철학 밑에는 일종의 종교에 대한 헌신이 있습니다. 사람들이 기독교를 반대하는 까닭은 사실 신앙과 이성의 갈등 때문이 아닙니다. 신앙과 신앙의 갈등입니다. 여러분을 반대하는 사람이 이 사실을 깨닫고 인정하게 하는 것이 정말 중요합니다. 그리스도인만 신앙의 관점에서 시작하는 것이 아니라, 그리스도인이 아닌 사람도 신앙의 관점에서 시작합니다. 믿지 않는 사람에게도 삶과 현실을 바라보는 관점이 있고, 이 기본 관점이 이 사람이 말하는 모든 것을 좌우합니다. 이를테면, 인간사와 세상사에 개입하시는 하나님이 없다고 확신한다면, 기적이란 절대로 일어날 수 없다고 믿을 것입니다. 존재하지 않는 하나님, 적어도 개입하지 않는 하나님을 믿기 때문에, 결국 아무런 기적도 믿지 못하는 것입니다. 그러니까 여러분이 할 수 있는 일이라고는 기독교 신앙이 다른 모든 신앙보다 더 깊고, 완전하고, 의미 있는 세계관을 제공한다는 사실을 보여 주는 일뿐입니다. 다른 신앙 체계는 사실을 무시하거나 잘못 해석하지만, 기독교 신앙은 모든 사실을 설명합니다.

자주 묻는 몇 가지 질문

이제 그리스도인이 아닌 사람이 기독교에 맞서 자주 제기하는 몇 가지 반론을 살펴보겠습니다. 우리는 "너희 속에 있는 소망에 관한 이유를 묻는 자에게 대답"(벤전 3:15)하는 것이 모든 그리스도인의 의무임을 봤습니다. 이것은 우리의 추론과 논증으로 누구든 복음을 믿게 할 수 있다는 말이 아닙니다. 사람의 생각은 사람의 마음과 의지와 마찬가지로 죄 때문에 부패해서, 성령님의 은혜와 능력 없이는 결코 하나님께 굴복하지 않을 것입니다. 하지만 우리는 하나님 말씀의 진리를 할 수 있는 한 분명하고 논리에 맞게 제시하려 애쓰고, 하나님의 성령께서 죄인을 정죄하시고 깨우치시고 돌이키시기를 그 주권적이고 기쁘신 뜻에 맡기면서 믿지 않는 사람에게 증언해야 합니다. 우리는 이 일을 요령 있고 매력 있게 해야 할뿐더러, "온유와 두려움"으로 해야 합니다.

이 모든 것을 마음에 새겨 두었다면, 우리는 기독교 신앙을 어떻게 변호해야 할까요? 믿지 않는 사람이 제기하는 수많은 반론에 어떻게 답해야 할까요? 우리는 그리스도인이 아닌 사람이 성경과 기독교에 대해 반복해서 묻는 몇 가지 질문이 있음을 경험에서 배웁니다. 폴 리틀 Paul Little은 『이렇게 전한다』(생명의말씀사)에서 이런 물음을 다음 일곱 가지로 간추릴 수 있다고 말합니다.

1. '아무 잘못 없는' 이교도

예수 그리스도를 한 번도 들어 본 적 없는 사람은 어떻게 될까요? 지옥의 형벌을 받을까요? 사람들이 이 질문을 자주 이렇게 표현합니다. "그리스도에 대해 한 번도 들어 보지 못한, 불쌍하고 죄 없는 미개인은 어떻게 되나요?" 물론 이렇게 묻는 까닭은 천국에 이르는 길이 그리스도밖에 없다는 개념 때문입니다. 사람들이 기독교를 반대하는 진짜 이유가 바로 여기에 있습니다. 사람들은 이 개념이 얼마나 터무니없는지 증명하려고, 이른바 불쌍하고 죄 없는 이교도, 곧 복음을 한 번도 들어 보지 못하고 살다가 죽어서, (기독교가 진짜라면) 멸망해야 하는 미개인을 들먹입니다. 그러면서 슬그머니 이것이 불공평하지 않느냐고 반박하는 것입니다. 우리는 이런 비난에 어떻게 답해야 할까요?

먼저, 누군가 이런 식으로 묻는다 해도 조금도 문제될 것이 없습니다. 제 말은 문제의 미개인이 정말 죄가 없다면, 이 사람의 구원은 걱정할 필요가 없다는 뜻입니다. 죄가 없는 사람은 그리스도에 대해 들을 필요도 없습니다. 이 사람은 구원이 필요 없습니다. 하나님께서는 절대로 죄 없는 사람을 벌하지 않으시기 때문입니다. 스프롤은 "이런 사람은 자신의 무죄함으로 자신을 구원한다"고 답합니다.

이 세상에 죄 없는 사람이 있다고 가정할 때만 질문의 틀을 이런 식으로 잡을 수 있습니다. 하지만 성경은 죄 없는 사람이 아예 없다고 말합니다. 질문한 사람의 의도는 이런 사람들이 비교적 죄가 없다는 것일지 모릅니다. 성경과 구원의 길을 아는 사람과 견주어, 불쌍한 미개인의 죄책이 적다는 것입니다. 그렇다면 하나님께서 무슨 근거로 이 사람을 벌하십니까? 이 사람의 죄책은 어디에 있습니까? 자신이 들어 본 적도 없는 그리스도를 믿지 않는다고 형벌을 받을 수 있습니까? 말도 안 됩니다. 하나님께서는 공의로우시기 때문입니다. 하나님께서 한 번도 들어 보지 못한 소식에 반응하지 않았다고 해서 지옥의 형벌을 내리신다면, 이것은 엄청난 불의일 것이며, 반대자는 기독교 신앙을 쉽게 물리쳤을 것입니다.

우리는 하나님께서 절대로 이렇게 하시지 않으리라고 확신할 수 있습니다. 하지만 이것으로 이 이교도가 곤경에서 벗어날 수 있을까요? 이 사람에게 그리스도를 거부한 죄밖에 없다면, 그럴 것입니다. 하지만 성경은 사람이 하나님께 지은 죄가 이것 말고도 많다고 말합니다. 그리스도에 대해서는 들어 본 적 없지만, 하나님에 대해 듣고 하나님을 거부했다면요? 하나님께서는 이런 행위 때문에 이 사람을 죄 있는 자로 보십니까? 성경은 그렇다고 말합니다. 로마서 1장 18절에 따르면, "하나님의 진노가 불의로 진리를 막는(억누르는) 사람들의 모든 경건하지 않음과 불의에 대하여 하늘로부터 나타"납니다. 이들은 본성으로 하나님을 알지만, 자신이 아는 것을 사실로 인정하기를 거부합니다. 이들은 이 죄 때문에 형벌 받을 수 있고, 형벌 받을 것이며, 또 자기 안에 있는 도덕 표준을 어긴 죄 때문에 형벌 받을 것입니다(롬 2:14-15). 이교도들이 예수 그리스도 안에 나타난 하나님의 충만한 계시를 맛본 사람들보다 덜 엄한 형벌을 받는 것은 사실입니다. 사람마다 자기가 받은 빛에 따라 심판받을 것입니다.

2. 하나님께 가는 길은 그리스도밖에 없는가

이것은 기독교를 반대하는 사람들이 두 번째로 자주 묻는 질문입니다. 이 질문은 사실 첫 번째 질문을 살짝 바꾼 것입니다. 사람들은 이것을 자주 이런 식으로 묻습니다. "이슬람교나 불교나 힌두교를 진실하게 믿는 사람도 기독교인과 같은 신을 예배하지 않나요? 신의 이름만 다른 것 아닌가요?" 우리는 이 물음에 믿음의 진실함이나 열렬함이 진리를 만들 수는 없다고 답해야 합니다. 믿음의 타당성은 오로지 믿는 대상에 달려 있습니다. 믿는다는 사실만으로 뭔가가 진리가 되지도 않고, 믿지 않는다고 해서 진리가 거짓이 되지도 않습니다.

여기서 진짜 쟁점은 진리 문제입니다. 잠깐 이슬람교와 기독교를 견주어 봅시다. 이 두 세계종교는 도덕의 영역에서 비슷한 점이 꽤 많습니다. 하지만 여전히 가장 중요한 문제, 곧 예수 그리스도가 누구인가 하는 문제에서 정반대에 있습니다. 이슬람교는 그리스도가 하나님의 아들임을 부인합니다. 또 그리스도가 십자가 위에서 죽었음을 인정하지만, 이 죽음을 사람의 죄를 위한 희생제사로 인정하지 않습니다. 그리스도가 무덤에서 다시 살아났다는 사실을 부인하는 것은 말할 것도 없습니다. 하지만 기독교는 두 사실에 모두 찬성합니다. 그러니까 두 종교 모두 참일 수는 없습니다. 하나는 옳고, 하나는 틀립니다. 바울은 그리스도가 죽은 자 가운데서 다시 살아나지 못했으면 우리 믿음이 헛것이라고 말합니다(고전 15:14).

우리가 믿지 않는 사람에게 하나님께로 가는 길이 그리스도밖에 없다고 주장할 때, 우리의 편협과 편견을 드러내서는 안 됩니다. 우리는 그냥 이렇게 말해야 합니다. "우리는 이 사실을 믿을 수밖에 없어요. 기독교를 세우신 그리스도께서 친히 이렇게 주장하셨거든요." 이슬람교도에게 이슬람교의 교리를 바꿀 권리가 없듯이, 우리에게도 기독교 신앙의 이 핵심 교리를 바꿀 권리가 없습니다. 예수 그리스도께 충성하고 싶다면, 우리는 그리스도께서 하신 말씀 위에 서야 합니다. 분명한 것은 그리스도가 하나님이시라면, 구원자는 그리스도밖에 없다는 사실입니다.

3. 악의 문제

그리스도인이 아닌 사람이 그리스도인과 논의하면서 자주 제기하는 또다른 질문은 악의 문제와 관련 있습니다. 왜 죄 없는 사람이 고통 받을까요? 왜 어떤 아이는 눈먼 상태로, 어떤 아이는 정신병을 가지고 태어나나요? 왜 하나님께서는 전쟁과 질병과 온갖 끔찍한 일들을 허락하시지요? 왜 그럴까요? 하나님께서 모든 악을 막거나 멈추지 않으시는 것을 볼 때, 하나님께서 완전히 선하시지만 질병과 재난을 없앨 능력이 없으시거나, 하나님께서 완전한 능력을 가지셨지만 완전히 선하지는 않으신 것 아닌가요?

여기서 우리는 우리가 어느 한 부분밖에 모른다는 사실을 솔직하게 인정해야 합니다. 하나님께서 악에 대해 작은 부분만을 계시해 주기로 결정하셨기 때문에, 우리는 악의 기원과 문제를 온전히 알지 못합니다. 하지만 다음의 사실들은 알 수 있습니다. 하나님께서는 우주를 완벽하게 지으셨습니다. 이때 사람은 하나님께 순종하거나 순종하지 않을 자유를 받았습니다. 하지만 결국 순종하지 않았고, 악이 우주에 들어왔습니다. 하나님께서는 아담을 온 인류의 대표로 세우기로 결정하셨기 때문에, 아담의 죄악 된 행동은 우리 모두에게 영향을 미쳤고, 우리는 모두 죄성을 가지고 태어납니다. 사람의 죄는 또한 세상과 온 우주에 영향을 미쳐서, 이제 창조된 현실에 악이 스며들지 않은 곳은 없습니다.

이 문제를 논의할 때, 우리는 악이 우리 반대자들을 비롯해 우리 모두에게 있다는 사실을 그냥 지나쳐서는 안 됩니다. 많은 사람이 무슨 일이 일어날 줄도 모르고 이렇게 묻습니다. "하나님은 왜 악을 모조리 없애 버리지 않으시죠?" 하나님께서 이렇게 하신다면, 우리 가운데 아무도 살아남지 못할 것입니다.

악에 휩쓸리지 않은 사람이 없음을 지적하고 나서 반드시 덧붙여야 할 것은, 하나님께서 악에 대해 뭔가를 하셨다는 사실입니다. 하나님께서는 자기 아들을 보내사 사람의 죄를 위해 십자가에서 죽게 하셨습니다. 하나님께서 베푸신 이 사랑의 선물에 믿음으로 반응하는 자마다 모든 죄를 온전히, 그리고 값없이 사함받습니다. 씨 에스 루이스C. S. Lewis는 악의 기원을 추측하는 것이 쓸데없는 일이라고 했습니다. 우리 모두에게 닥친 문제는 악의 실상입니다. 이 실상을 해결할 방법은 하나님의 방법밖에 없습니다. 곧, 예수 그리스도십니다.

4. 기적은 어떤가

사람들은 다음으로 이 질문을 꺼낼 것입니다. "오늘날과 같은 과학 시대에 어떻게 이성을 가진 사람이 아직도 기적을 믿을 수 있나요?" 여기서 진짜 쟁점은 하나님이 정말 계시느냐는 것입니다. 하나님이 계시다면, 기적이 일어나기를 기대해야 합니다. 물론 하나님이 안 계시다면, 기적은 일어날 수 없습니다. 정의상 전능하신 하나님만이 자연의 법칙을 중단하실 수 있기 때문입니다. 일본의 신도를 믿는 사람이 한번은 기독교 선교사에게 이렇게 말했습니다. "사람이 신이 될 수 있다는 사실은 정말 믿기가 힘드네요." 그러자 이 선교사가 재빨리 답했습니다. "솔직히 저도 믿기 힘들군요. 그런데 신이 사람이 될 수 있다는 것은 믿는 데 아무 문제가 없습니다." 두 개념은 하늘과 땅만큼 다릅니다. 하나님은 정의상 전능하십니다. 하나님께서는 자신이 지으신 우주에 개입하실 수 있고, 실제로 개입하십니다. 심지어 자기 아들을 위해 몸을 만드사 동정녀 마리아에게 나게 하실 수 있습니다.

5. 성경은 오류투성이다

이것은 기독교를 반대하는 사람들이 자주 제기하는 또 다른 반론입니다. 그런데 문제는 이 사람들한테 이런 오류 가운데 혹시 아는 것이 있냐고 물으면, 열에 아홉은 숫제 답을 못한다는 것입니다. 어딘가에서 성경에 모순이 많다는 말을 듣고, 이 말을 곧이곧대로 받아들인 것입니다. 하지만 가끔은 문제가 있어 보이는 본문 때문에 진짜로 고민하는 사람을 만날 수 있습니다. 이럴 때는 답을 주려고 애써야 합니다. 여러분은 그 자리에서 바로 답을 못할 수도 있습니다. 하지만 당황하지 마십시오. 질문한 사람에게 그냥 정직하게 말하십시오. "답을 모르겠네요. 찾아보고 다시 연락드릴게요." 이른바 성경의 모순을 다룬 책들이 있습니다. 이런 책들에 보면, 다는 아니어도 어지간한 문제는 잘 설명이 되어 있습니다. 기독교 역사가 이천 년이 넘었는데, 이제 와서 누군가 기독교를 무너뜨릴 만한 질문을 찾아낸다는 것은 있을 성싶지 않은 일입니다.

6. 기독교는 마음의 지팡이다

이것도 계시 종교의 원수들이 무기고에서 가장 자주 꺼내 쓰는 무기입니다. 이것은 칼 마르크스Karl Marx가 먼저 분명히 표현한 주제를 다르게 표현한 것입니다. "종교는 인민의 아편이다." 여기서 '종교'는 모든 종교, 특별히 기독교를 뜻하며, 우울하고 쇠약한 개인을 위한 마약이나 약물로 여겨집니다. 냉혹한 삶의 현실에 짓눌린 사람들은 위로를 얻고 감정의 뒷받침을 받으려고 자꾸 종교에 기댈 것입니다. 이 관점에 따르면, 성경이 말하는 것들(하나님, 천국, 구원, 그리스도, 죄)은 실제로 존재하는 것이 아니라, 사람의 머릿속에서 나온 것일 뿐입니다. 영혼과 종교 개념은 모두 사람에게 위로가 필요해서 생겨난 것입니다. 이렇게 사람은 마음속으로 다정한 하나님이나 동정심 많은 예수님의 형상을 그리고, 이 마음의 형상을 예배합니다. 포이어바흐Ludwig Feuerbach나 니체

Friedrich Nietzsche와 같은 철학자들, 프로이트Sigmund Freud나 아들러Alfred Adler나 융Karl Jung과 같은 심리학자들이 모두 종교의 기원에 대한 이 인기 있는 설명에 이바지했습니다. 자세히 들여다보면 다 다르지만, 이들은 모두 종교가 그 기원과 지속력을 마음의 필요에 빚지고 있다는 흔한 확신을 함께했습니다.

이 이론에 어떻게 반응해야 할까요? 우리는 사람에게 창의력과 상상력이 있고, 자신의 공상을 이론이나 활짝 핀 종교 체계로 바꿀 능력이 있음을 인정해야 합니다. 타락한 뒤로 느닷없이 생겨난 수많은 거짓 종교를 한번 생각해 보십시오. 게다가 많은 사람이 위로와 영감의 주요 원천을 종교에서 찾는다는 것도 부인할 수 없는 사실입니다. 역사 내내 사람들은 감정과 사회와 심지어 경제의 필요 때문에, 종교에 빠져들었습니다. 우리는 또한 종교가 착취의 도구로 쓰였다는 사실도 인정해야 합니다. 프랑스 혁명이 터진 것은 적어도 어느 정도는 가톨릭 성직자의 부패와 귀족의 탄압 때문이었습니다.

사람들은 또한 마음과 감정의 깊은 상처 때문에 종교를 등졌습니다. 성직자나 '신앙심 깊은' 부모의 성적, 육체적, 정신적 학대가 모두 기독교에 등 돌리는 강력한 동기가 될 수 있습니다. 칼 마르크스가 이런 학대에 시달렸다고 주장했고, 최근에는 어니스트 헤밍웨이Ernest Hemingway도 같은 주장을 했습니다.

하지만 다른 요인도 있을 수 있습니다. 무신론자도 하나님이 없었으면 좋겠다고 생각할 수 있습니다. 죄책감에 시달리는 그의 양심이 자기 일을 바른대로 고해야 할 거룩하고 의로운 존재의 개념을 도무지 견딜 수 없기 때문입니다. 바꿔 말해, 그리스도인만 하나님이 있다고 주장할 이유가 있는 것이 아니라, 무신론자도 하나님이 없다고 주장할 이유가 있습니다(롬 1:28).

물론 결국 결정짓는 요소는 우리가 하나님과 내세, 심판 날 같은 것이 필요하다고 느끼느냐 느끼지 않느냐에 있지 않고, 하나님이 정말로 계시느냐에 있습니다. 하나님이 안 계시다면, 마르크스나 프로이트 같은 사람의 이론이 그럴듯해 보일 것입니다. 하지만 하나님이 계시다면, 이들의 가설은 성경이 줄곧 가르치는 바를 확증할 뿐입니다. 곧, 하나님의 형상으로 지음 받은 사람은 하나님을 필요로 하고, 하나님을 떠나서는 행복과 만족을 누릴 수 없다는 사실입니다.

7. 도덕으로 말미암는 구원

끝으로, 그리스도인이 아니어도 구원받을 수 있다는 반론이 있습니다. 웬만큼 착하고 바르게 살면, 하나님께서 천국에 못 들어오게 하지 않으신다는 것입니다. 어떤 사람은 하나님께서 만약 상대평가를 하신다면 자신은 살아남을 것이라고 말했습니다. 오늘날 이런 생각이 상당히 널리 퍼져 있습니다. 다는 아니어도 많은 사람이 최선을 다하기만 하면 일이 다 잘되리라고 생각하거나, 적어도 가까스로 헤어날 수는 있으리라고 생각하는 모양입니다. 하나님의 성품과 죄인의 절망스러운 상태에 대한 성경의 가르침을 도무지 모르니까 이런 희망 사항이 생기는 것입니다. 하나님께서는 상대평가를 하지 않으십니다. 하나님께는 판단의 절대 기준이 있습니다. 곧, 하나님의 거룩한 율법입니다.

불을 켜면 어둠이 물러가듯이, 하나님의 성품은 그 순결함이 너무 눈부셔서 모든 악을 소멸합니다. 그렇기 때문에 우리 모습 그대로는 하나님 앞에 머무를 수 없습니다. 우리는 우리 삶의 부패함 때문에 소멸할 것입니다. 살아 계신 하나님과 교제할 수 있는 근거는 그리스도의 온전한 의밖에 없습니다. 다음의 예화가 이 요점을 바르게 이해하는 데 도움을 줄 것입니다.

온 인류가 유럽까지 헤엄쳐 가려고 대서양 연안에 줄을 섰다고 생각해 보십시오. 이 목적을 하나님의 의의 표준과 같다고 합시다. 출발 신호가 떨어지고, 모든 사람이 물속에 뛰어듭니다. 바다를 살펴보니 누구보다 도덕적인 제임스 베이커James Baker 교수가 보입니다. 아주 바르게 살고, 학생들에게 좋은 본이 되려고 애쓰는 사람입니다. 물론 이 사람은 완벽하지 않고, 그 스스로도 이 사실을 인정할 것입니다. 하지만 나머지 사람보다 훨씬 앞에서 헤엄쳐 갑니다. 해변에서 칠십오 킬로미터 정도 떨어진 곳입니다. 그 뒤로 조지 밀러George Miller가 보입니다. 맥매스터 대학에서 전 과목 에이를 맞은 학생입니다. 이 학생은 범죄 전과가 없습니다(주된 이유는 걸린 적이 없기 때문이겠지만). 시험 볼 때 옆 사람 것을 훔쳐보기도 하고, 가끔 흥청망청 먹고 놀기도 하고, 여자들과 슬쩍 놀아나기도 했지만, 같은 과의 몇몇 친구와 비교해 보면 실제로 그렇게 나쁜 학생은 아닙니다. 이 학생은 이십오 킬로미터 정도를 얻었습니다. 그 뒤로 조 스미스Joe Smith가 보입니다. 열세 살짜리 소녀를 강간해 오 년 동안 복역하고 이제 막 감옥에서 풀려난 사람입니다. 이 사람은 백 미터쯤 떨어진 앞바다에서 빠져 죽기 직전입니다.

우리는 나머지 인류가 이 양극단 사이에서 허우적대는 것을 봅니다. 스미스부터 밀러를 거쳐 베이커 교수까지, 지금까지 이들 사이에는 상당한 거리 차가 있습니다. 베이커 교수는 밀러보다 오십 킬로미터나 앞서 있고, 스미스보다는 거의 칠십오 킬로미터나 앞서 있습니다. 얼마나 큰 차이입니까! 그런데 유럽에서 보면 과연 이 차이가 얼마나 될까요? 죄다 빠져 죽을 것입니다! 수영 강습을 받았다 한들 여기서 무슨 도움이 되겠습니까? 우리에게는 우리를 유럽으로 데려다 줄 누군가가 필요합니다.

여기서 그리스도가 들어옵니다. 여러분 스스로 유럽에 닿을 수 있다면, 여러분이 완벽한 삶을 살 수 있고, 생각과 말과 행동으로 터럭만큼의 죄도 짓지 않을 수 있다면, 여러분의 힘으로 천국에 이를 것입니다. 하지만 아무도 이 일에 성공한 적이 없고, 끝내 성공하지 못할 것입니다. 세상의 다른 종교도 본래 모두 선한 삶을 위한 윤리 강령을 제안하는 수영 강습입니다. 하지만 사람의 근본 문제는 어떻게 살아야 하는지 모르는 데 있지 않고, 그렇게 살 능력이 없다는 데 있습니다. 기독교는 예수 그리스도께서 죄인을 위해 우리 스스로는 결코 이룰 수 없는 일을 이루셨다는 소식입니다. 우리는 오직 그리스도로 말미암아, 그리스도를 믿음으로만 하나님과 화목할 수 있고, 그분의 온전한 의와 그분의 성령을 받을 수 있습니다. 이 성령님께서 그분의 뜻을 행할 힘을 주십니다.

사람의 문제는 영혼과 도덕의 문제다

이 예화의 요점은 사람의 근본 문제가 지성이 아니라, 영혼과 도덕의 문제라는 것입니다. 이것은 우리가 변증을 할 때 잊지 말아야 할 가장 중요한 사실입니다. 사람들이 여러분의 답변에 만족하지 못할 때가 많을 것입니다. 가끔은 여러분에게 문제가 있습니다. 여러분이 기독교를 변호하는 데 형편없었습니다. 하지만 가끔은 질문한 사람이 여러분의 답변에 제법 설득을 당했는데도, 여전히 아무 일도 일어나지 않을 수 있습니다. 폴 리틀은 앞서 말한 책에서 학생들이 가끔가다 자기한테 이런 말을 한다고 말합니다. "제가 만족할 만큼 제 질문에 모두 답해 주셨어요." 리틀은 칭찬에 고마움을 표시한 뒤 이렇게 묻습니다. "그러면 그리스도인이 될 텐가?" 학생은 멋쩍게 웃으며 답합니다. "글쎄요, 아니요." "왜 아냐?" "솔직히 그리스도인이 되면 제 생활방식을 완전히 바꿔야 하잖아요."

죄인은 다른 누군가에게, 심지어 하나님께도 자신의 삶을 맡길 준비가 되어 있지 않습니다. 그 까닭은 이들이 믿을 수 없기 때문만이 아니라, 믿으려 하지 않기 때문입니다(사실 이것이 진짜 문제입니다). 이들은 자신의 삶에 대한 복음의 철저한 요구를 싫어하기 때문에, 믿고 싶어하지 않습니다. 말을 물가로 끌고 갈 수는 있지만, 물을 마시게 할 수는 없습니다. 변증에서 우리가 할 수 있는 일은 말이나 노새만큼 고집 센 사람들을 생명수로 데려가는 일뿐입니다. 하지만 이들이 생명수를 마시게 할 수는 없습니다. 이 일은 하나님만이 하실 수 있습니다. 하나님께서는 그 권능의 날에 자신의 백성, 자신이 택한 자를 즐거이 헌신하게 하십니다(시 110:3). 목사는 마음속에 이런 소망과 확신을 품고 설교합니다. 여러분도 같은 소망과 확신을 품고 우리의 신이교주의 이웃에게 기독교를 증언하고 변론해야 합니다. 하지만 먼저 여러분 스스로 확인할 것이 있습니다. 여러분은 우리 주 예수 그리스도의 복음을 믿으십니까? 삶을 바꾸시는 성령의 능력을 체험하셨나요? 이것을 확인한 뒤에만 여러분은 산헤드린 공회 앞에 선 베드로와 요한과 함께 "우리는 보고 들은 것을 말하지 아니할 수 없다"(행 4:20)고 할 수 있습니다. 또 바울과 함께 "내가 믿었으므로 말하였다"(고후 4:13)고 할 수 있습니다.

1 변증의 필요성을 말해 봅시다.

2 변증에 대한 여러 관점을 각각 설명해 봅시다.

3 변증이 타당한 일이라면, 우리는 이 일을 어떻게 시작해야 합니까? 어떤 식으로 기독교 신앙을 변호해야 할까요?

4 변증은 우리에게 나타나는 '저기 바깥에 있는' 사실을 바라보는 기독교의 관점입니다. 변증 방법 중 사실에서 사물(기독교)로 논증하는 방식이 잘못된 이유 두 가지를 설명해 봅시다.

5 그렇다면 올바른 변증 방법은 무엇입니까?

6 각자의 경험을 나눠 봅시다. 그리고 나서 앞으로 어떤 식으로 기독교 신앙을 변호해야 할지 다시 한 번 갈무리하여 말해 봅시다.

7 〈자주 묻는 몇 가지 질문〉을 읽고, 내용을 갈무리합시다. 그리고 나서 각각의 질문을 서로에게 하면서 답해 봅시다.

8 다른 이에게 복음을 변증하기에 앞서, 우리 각자는 참으로 주 예수 그리스도의 복음을 믿고, 삶을 바꾸시는 성령님의 능력을 체험했는지 돌아봅시다. 그리고 나눠 봅시다.

9 이 장을 읽으면서 하나님께서 깨닫게 해주신 것과 베풀어 주신 은혜를 생각하며 감사합시다. 또 깨달아 배우고 확신한 일에 거할 수 있게 해달라고 기도합시다.

20장

도덕 빼기 종교는 부패[119]

사도 바울은 로마서 1장 18-32절에서 죄 가운데 잃어버린 사람의 끔찍한 처지를 생생히 보여 주는데, 먼저 사람의 부패에 대한 하나님의 태도를 말해 줍니다. "하나님의 진노가 불의로 진리를 막는 사람들의 모든 경건하지 않음과 불의에 대하여 하늘로부터 나타나나니"(18절).

죄에 대한 하나님의 진노

하나님의 진노 교리는 사람들에게 인기 있었던 적이 없지만, 성경이 분명히 가르치고 자연과 섭리가 똑똑히 증언하는 진리입니다. 바울은 하나님의 진노가 하늘로부터 나타난다고 말합니다. 이 하나님의 진노는 어떻게 나타납니까? 먼저, 사람의 양심에 나타납니다. 곧, 우리가 알고 있는 잘못된 일을 행할 때 우리 안에서 조용하고 나지막한 경고의 목소리로 나타납니다. 하지만 사람은 양심을 억누르고 양심의 경고를 무시

---

119) 「메신저」 2006년 7/8월 호에 실린 글.

하기 때문에, 하나님께서는 또한 인류가 죄 때문에 하나님의 저주 아래 있음을 가르쳐 주시려고, 전쟁과 폭력행위와 자연재해와 개인의 비극과 같은 일에 자신의 진노를 나타내십니다. 이런 일은 우연히 일어나지 않습니다. 이것은 사람의 죄에 대한 하나님의 진노를 하늘로부터 나타내는 하나님의 음성이요 심판입니다.

종교와 도덕의 관계

바울은 사람의 죄를 불경건과 불의로 묘사합니다. 여기서 눈여겨볼 것은 바울이 먼저 불경건을 말하고, 그 뒤로 불의를 말한다는 사실입니다. 이것은 우연이 아닙니다. 바울은 이런 순서를 따름으로, 성경이 말하는 종교와 도덕의 관계를 가르쳐 주고 있습니다.

바울에 따르면, 종교는 도덕의 토대입니다. 서구 문화에서는 19세기 중반까지 거의 모든 사람이 이런 견해를 가지고 있었습니다. 사람들은 도덕과 윤리가 종교(여기서는 기독교)에 뿌리내리고, 종교에서 자라난다고 생각했습니다. 하나님과 맺은 관계가 이웃이나 일반 사회와 맺은 관계를 결정하거나, 적어도 이 관계에 영향을 미친다는 데 의견 일치가 있었습니다. 그때까지만 해도 여호와를 경외함이 지혜의 근본이요 바른 삶의 원천이라는 성경의 원리를 반박하는 사람이 거의 없었습니다.

그 뒤로 정말 엄청난 변화가 일어났습니다. 사람들은 차츰 종교와 상관없이 도덕을 강조했습니다. 하나님이 없다고 하지는 않았지만, 갈수록 하나님을 삶의 가장자리로 밀어냈습니다. 설교자들은 훌륭한 도덕률과 바른 행실 말고는 실제로 중요한 것이 없다고 말하기 시작했습니다. 이것이 그리스도의 위격과 사역에 대한 자유주의의 가르침과 손을 맞잡았습니다. 사람들은 이제 그리스도를 죄에 대한 하나님의 진노에서 죄인을 구하러 오신 하나님의 아들로 보지 않고, 역사상 가장 훌륭한 도덕 선생과 모범으로 보았습니다.

이런 발전이 한 세기 반 동안 이어졌고, 결국 오늘날 성경의 순서가 완전히 뒤바뀌어 버렸습니다. 도덕이 종교 위로 올라갔고, 불의는 이제 사회 문제로 다뤄야 할 일탈 행동으로 여겨질 뿐입니다. 마침내 서구 사회는 도덕에서 가파른 내리막길로 접어들게 되었습니다.

도덕이 그 생명의 근원인 종교에서 분리된다면, 꺾어다 놓은 꽃처럼 반드시 말라 죽고 말 것입니다. 이것은 피할 수 없는 일입니다. 로이드 존스 박사는 『인간의 곤경과 하나님의 능력』(복 있는 사람)에서 이렇게 말합니다.

> 종교와 도덕의 순서가 우리가 본문(롬 1:18)에서 보는 순서와 달라질 때, 이 장의 나머지 부분에서 말하는 분명하고 끔찍한 결과를 피할 수 없습니다. 도덕 자체가 살아남으려면, 종교가 도덕보다 앞서야 합니다. 경건 없이는 윤리도 없습니다. [120]

도덕의 부패는 종교 문제

이 타락의 과정은 대개 세 단계로 찾아옵니다. 보통 종교의 쇠퇴는 다음 세대에서 도덕의 경직으로, 그다음 세대에서 모든 도덕의 붕괴로 나타납니다. 오늘날 우리는 이 세 번째 단계를 겪고 있습니다. 우리 세대는 기독교 신앙과 도덕의 완전한 단절과 그 끔찍한 결과(인간의 모든 상황과 관계에서 인간성이 사라짐)를 목격하고 있습니다. 생명의 포도주는 싹 쏟

---

120) Martyn Lloyd-Jones, *The Plight of Man and the Power of God*, p. 29.

아지고, 찌꺼기만 남았습니다(에밀 브루너Emil Brunner).

뉴욕에서 민주당 상원의원을 지낸 고故 패트릭 모이니핸Daniel Patrick Moynihan은 몇 해 전 "우리 시대의 위기는 하나님을 더는 소망하지 않는 사람들의 종교 위기"라고 날카롭게 지적했습니다. 모이니핸은 폭력 문제를 논의하면서 이렇게 말했습니다.

> 정부는 가치를 가지고 있지 않거나 가치를 잃어버린 사람들에게 가치를 줄 수 없습니다. 삶에 의미를 줄 수 없습니다. 마음에 평화를 줄 수 없습니다……정부는 서구 세계를 휩쓸고 있는 가치 위기에 대처할 수 없습니다. 수많은 젊은이가 예전 사람들이 믿었던 것을 믿지 않는다는 사실에 대응할 수 없습니다.

여기서 모이니핸은 세상의 문제가 본질상 종교 문제라고 말한 것이나 다름없습니다. 앞선 세대가 하나님께 대한 믿음을 버렸기 때문에, 지금 세대는 하나님의 법에 저항합니다. 따라서 정부가 법과 질서를 지키게 할 수 있으리라 기대하는 것은 현실성 없는 일입니다. 먼저 법을 존중하고 법을 기꺼이 지키려는 마음이 없는 한, 정부가 이룰 수 있는 일에는 뚜렷한 한계가 있습니다.

법에 대한 이런 존중은 먼저 하나님을 존중하는 곳에서만 볼 수 있습니다. 하나님을 두려워하는 사람만이 하나님의 법을 소중히 여기고, 하나님이 법에 두신 권위를 존중할 것입니다. 도덕은 종교로 뒷받침을 받아야 합니다. 도덕이 종교에 뿌리내리지 않으면, 도덕은 결국 사람의 도덕 행위에 권위나 제재력을 갖기 어렵습니다.

도덕을 지키는 삶의 유익

물론 도덕주의자들은 우리에게 선한 삶을 살라고 권고할 것입니다. 하지만 왜 그렇게 살아야 합니까? 도덕주의자는 이렇게 답할 것입니다. "선한 삶을 사는 게 당연하니까요. 점잖고 깨끗한 삶은 우리한테도 유익하고 공익에도 도움이 되지만, 도덕에 어긋나는 삶은 우리한테 해로울뿐더러 사람의 품위와도 어울리지 않잖아요." 하지만 자제력과 공리주의에 근거를 둔 이 인본주의의 이상은 본질에서 쾌락주의인 철학으로 급속히 대체되고 있습니다. 이 철학은 "살면서 할 수 있을 때 할 수 있는 만큼 쾌락을 짜내라", "순간을 위해 살라", "오늘을 즐기라"고 말합니다.

도덕주의자들은 이런 한량 철학을 싫어하지만, 그에 못지않게 이 철학을 반박할 수 없습니다. 종교가 밑받침하지 않는 어떤 도덕 체계도 부도덕한 삶을 한껏 즐기려는 사람들에게 아무런 답을 줄 수가 없습니다. 한 의견이 다른 의견만큼 선하기 때문입니다. 절대 또는 최종 권위란 없기 때문에, 누구든 자기가 하고 싶은 대로 할 수 있습니다.

도덕주의의 실패

참된 종교 없는 도덕은 필요한 힘을 공급하지 못하기 때문에 도덕주의가 되고, 끝내 실패할 수밖에 없습니다. 누군가에게 선한 삶을 살라고 하는 것, 다 좋습니다. 그런데 이 말을 들은 사람이 '왜' 그렇게 살아야 하냐고 묻지 않더라도, '어떻게' 그런 삶을 살 수 있냐고 물을 수 있습니다.

바울의 문제는 어느 정도는 모든 사람의 문제입니다. "내가 원하는 바 선은 행하지 아니하고 도리어 원하지 아니하는 바 악을 행하는도다"(롬 7:19). 내가 내 의무를 안다고 해도, 나는 여전히 이 의무를 이행할 능력과 의지가 필요합니다. 여기서 도덕만으로는 실패합니다. 그 밑바탕에 '의무는 능력을 전제한다'는 칸트의 잘못된 전제가 깔려 있기 때문입니다. 문제는 사람이 할 수 없다는 데 있습니다. 사람은 자기 앞에 놓인 기준을 지키는 일에 비참하게 실패합니다.

물론 도덕 체계는 특정 사람에게 어느 정도 성공을 거둘 수 있습니다. '날 때부터' 착하고 '날 때부터' 선한 삶에 관심 있는 사람은 이런 도덕 체계에 도움과 격려를 받을 수 있습니다. 물론 '날 때부터' 착하다는 말은 하나님 보시기에 착하다는 말이 아니라 사람이 보기에 착하다는 말입니다. 욕구를 조절하는 능력이 어지간한 사람보다 낫다는 뜻입니다. 이런 사람들이 실제로 있습니다. 이들은 타고나기를 말이 없고 얌전하게 타고났고, 점잖고 존경할 만한 삶을 살려고 애씁니다.

하지만 더 활발하고 기운차고 혈기 넘치는 사람들, 자제력이 없어 쉽게 유혹에 빠지는 사람들은 어떻습니까? 실로 도덕은 이런 사람들에게 도움을 줄 수 없습니다. 이들에게 아무리 '이것은 하고, 저것은 하지 말라'고 이야기해 봐야, 이 명령에 따를 힘을 공급하지 않는다면 아무 소용없습니다. 그런데 사람들은 자꾸자꾸 이렇게 하려고 했습니다. 성경이 말하는 종교와 도덕의 순서를 바꾸려고 끊임없이 애썼습니다. 하지만 그때마다 실패했습니다. 결과는 언제나 도덕의 혼돈이었습니다.

하나뿐인 해결책

이 문제를 해결하려면, 종교와 도덕의 순서를 다시 원래 자리로 되돌려 놓는 수밖에 없습니다. 종교가 먼저 옵니다. 종교는 하나님과 함께 시작해, 그리스도의 피로 말미암아 하나님과 화목하게 함으로 사람을 하나님과 바른 관계로 돌려놓습니다.

그리스도의 참된 복음이 다시 선포될 때만, 우리는 더 나은 사회를 보게 될 것입니다. 복음의 토대 없이는 아무리 사회를 고치려고 애써 봐도 결국 실패할 수밖에 없습니다. 그러니까 바울이 로마에서 복음 전하기를 간절히 바란 것은 그리 놀라운 일이 아닙니다. 바울은 이렇게 말합니다. "내가 복음을 부끄러워하지 아니하노니 이 복음은 모든 믿는 자에게 구원을 주시는 하나님의 능력이 됨이라 먼저는 유대인에게요 그리고 헬라인에게로다"(롬 1:16).

예수 그리스도의 복음만이 인간의 삶을 바꿀 능력이 있습니다. 이 능력으로 죽은 죄인들은 생명으로 인도받고, 그리스도께 나아와 그리스도를 구주와 주로 영접할 수 있게 됩니다. 이 같은 능력121)으로 이들은 하나님의 영광과 이웃의 안녕을 위해 거룩한 삶, 성화의 삶을 살기 시작합니다. 실로 경건이 먼저 오며, 그 피할 수 없는 결과가 의 또는 의로운 삶일 것입니다. 하이델베르크 교리문답에서는 "참된 믿음으로 그리스도께 접붙여진 사람들은 감사의 열매를 맺지 않을 수 없다"(24주일 64문답)고 말합니다. 쾌락을 추구하고 지옥을 향해 가는 우리 사회의 소망은 오로지 여기에 있습니다.

이것은 또한 우리 교회 안에 있는, 신앙에 열심 있고 심지어 정통이지만, 참된 믿음 없이 그냥 겉으로만 율법을 지키는 사람들의 유일한 소망입니다(33주일 91문답). 바울이 말하는바 경건의 모양은 있으나 경건의 능력은 부인하는 사람들 속에 들지 않도록 조심합시다(딤후 3:5).

---

121) 이 능력을 뜻하는 헬라어 '뒤나미스'에서 다이너마이트라는 말이 나왔다.

오직 하나님의 은혜

우리는 사람들로 도덕을 지키며 살게 하려는 도덕주의자들의 노력이 결국 실패할 수밖에 없음을 봤습니다. 사람은 자신의 죄악 된 생활방식을 버릴 능력은 물론이고, 버릴 의지도 없기 때문입니다. 하지만 회심하지 않은 교회 지체가 죄를 버리도록 설득할 수 있다고 생각하는 설교자도 비슷한 실패를 맛볼 수 있습니다. 마땅히 죄를 버려야 할 교회의 지체들조차 죄를 버릴 수 없습니다. 하나님께서 그 권능의 날에 즐거이 헌신하게 하시지 않는 한(시 110:3), 이 청중은 기꺼이 죄를 버리려 하지도 않습니다. 물론 죄인은 회개하고 복음을 믿으라는 명령을 받아야 합니다(행 17:30; 막 1:15; 요일 3:23). 하지만 이런 명령을 따를 수 있기 때문에 그런 것은 아닙니다. 도르트 총회 당시 아르미니우스주의자들은 회개하는 것이 죄인에게 가장 큰 유익이기 때문에 설교자의 주된 임무는 죄인에게 회개를 권고하는 것이라고 믿었습니다. 이들은 거듭나지 않은 사람이 일반 은혜(하나님께서 아마 모든 사람에게 주셨을)를 올바로 써서, 바른 선택을 해야 한다고 생각했습니다. 우리 개혁교회 선조들은 도르트 총회에서 이 문제를 다루었고, 다음과 같이 가르치는 사람들의 오류를 거부했습니다.

> 우리를 하나님께로 회심하게 하는 은혜는 오로지 부드러운 권고뿐이다……육에 속한 사람을 영에 속한 사람으로 만드는 데 이 권고의 은혜만으로 부족할 까닭이 조금도 없다. 하나님께서는 실로 이 권고의 방법으로만 의지가 동의하게 하신다.

총회는 이렇게 말했습니다.

> 이것은 순전히 펠라기우스주의며 성경 전체를 거스른다. 성경은 사람의
> 회심에서 이 설득의 방법만 아니라, 훨씬 강력하고 신성한 방법, 곧 성령
> 의 역사를 가르치기 때문이다. "또 새 영을 너희 속에 두고 새 마음을 너
> 희에게 주되 너희 육신에서 굳은 마음을 제거하고 부드러운 마음을 줄 것
> 이며"(겔 36:26).[122]

성실한 설교

사람의 타고난 무능력과 적대감을 생각할 때, 복음 설교가 헛수고요
시간 낭비라고 단정 짓는 사람이 있을 수 있습니다. 하지만 그렇지 않
습니다. 우리는 모든 절박함과 진지함으로 죄인을 믿음과 회개로 불러
야 합니다. 우리는 죄인 중의 괴수요 가장 강퍅한 죄인이라도 구원하실
수 있고, 구원하기를 기뻐하시는 그리스도를 제시해야 합니다. 이런 설
교는 주님께서 복 주시고 주권자 성령님께서 적용해 주심으로 때가 되
면 결실을 맺을 것입니다. 성실하게 전해진 복음은 모든 믿는 자에게
구원을 주시는 하나님의 능력이 될 것이고(롬 1:16), 이 믿음은 하나님께
영광 돌리는 열매를 맺는 데서 그 모습을 드러낼 것입니다.

성경이 말하는 참된 종교는 성경이 말하는 참된 도덕을 낳을 것입니
다. 우리는 사랑으로 역사하고, 하나님의 길로 행하고, 하나님의 법도
를 지키고, 하나님의 영광을 구하고, 하나님을 위해 일하고, 하나님의
교회를 세우고, 하나님의 잃어버린 자에게 손 내미는 믿음을 볼 것입니

---

122) 도르트 신조 셋째·넷째 교리 오류 논박 7번.

다. 실로 '하나님'의 잃어버린 자입니다.

영원을 향해 가는 우리의 무수한 동료들, 곧 지금 이 세상에서 그리스도 없이 살고, 로마서 1장 18-32절에서 말하는 죄를 짓는 사람들 가운데, 하나님의 택하신 자, 하나님의 양이 있습니다. 예수님께서는 이렇게 말씀하셨습니다. "또 이 우리에 들지 아니한 다른 양들이 내게 있어 내가 인도하여야 할 터이니 그들도 내 음성을 듣고 한 무리가 되어 한 목자에게 있으리라"(요 1:16). 하지만 우리가 이들에게 좋은 소식을 가져가지 않는다면, 이들은 어떻게 선한 목자의 음성을 들을까요? "그런즉 그들이 믿지 아니하는 이를 어찌 부르리요 듣지도 못한 이를 어찌 믿으리요 전파하는 자가 없이 어찌 들으리요"(롬 10:14)?

1   하나님의 진노는 어떻게 나타납니까?

2   종교와 도덕의 관계에 대해 말해 봅시다.

3   〈도덕의 부패는 종교 문제〉를 읽고, 오늘날 우리 사회에서 일어나는 불법 행위들과 불의한 문제들에 비추어 생각해 본 뒤, 나눠 봅시다.

4   도덕주의가 실패할 수밖에 없는 근본 이유는 무엇입니까?

5   하나뿐인 해결책을 말해 봅시다.

6   하이델베르크 교리문답 24주일 64문답, 33주일 91문답을 읽어 봅시다.

7   도르트 신조 셋째·넷째 교리 오류 논박 7번을 읽고, 우리 자신과 교회에 성령님께서 역사해 주시기를 기도합시다.

8   〈성실한 설교〉를 읽어 봅시다. 자신이 목회자라면 자신의 설교 사역을 되돌아보고, 성도라면 목회자와 자신과 교회와 국가를 위해 함께 기도합시다.

9   이 장을 읽으면서 하나님께서 깨닫게 해주신 것과 베풀어 주신 은혜를 생각하며 감사합시다. 또 깨달아 배우고 확신한 일에 거할 수 있게 해달라고 기도합시다.

21장
기독교 지성 가꾸기 [123]

몇 해 전 유명한 복음주의 학자 마크 놀Mark Noll은 『복음주의 지성의 스캔들』(IVP)이라는 책을 썼습니다. 놀은 이 책에서 미국의 복음주의 그리스도인들이 사람의 배움에 크게 이바지하지 못했다고 주장합니다. 복음주의자들이 신학을 빼놓고는 다른 고등 학문 분야에 그다지 관심을 보이지 않았다는 것입니다. 직접 언급하지는 않지만, 놀은 '복음주의'라는 폭넓은 말 속에 개혁주의 공동체도 집어넣고 있습니다. 그러니까 개혁교회 식구인 우리도 같은 고발을 받는 셈입니다. 놀은 이렇게 말합니다. "복음주의 지성의 스캔들이란 말은 복음주의 지성이 거의 없다는 뜻입니다."

삼십 년 전쯤에 영국 저자인 해리 블래마이어즈Harry Blamires도 영국의 복음주의 그리스도인들을 놓고 비슷한 지적을 했습니다. 사실 블래마이어즈는 놀보다 한걸음 더 나아가, 복음주의자들이 크게 볼 때 문화에 실제로 이바지하지 못했을뿐더러, 이들이 가진 세계관과 인생관도

---

123) 「메신저」 2000년 9/10월 호에 실린 글.

근본에서 세속에 물들었다고 말했습니다. 블래마이어즈는 이렇게 썼습니다. "현 세계를 사는 우리 그리스도인들은 지적 활동을 위해 순전히 개인 행실의 문제만을 주로 다루는 아주 좁다란 사고 영역을 빼놓고는 세상의 지성이 만들어 놓은 준거틀과 세상의 평가를 반영하는 기준들을 그대로 받아들입니다……기독교 지성이란 없습니다."

두 저자가 말하는 '기독교' 지성이란 예술과 과학을 비롯한 현대 학문 전반에 걸쳐 특별히 기독교의 틀 안에서 그리스도인답게 생각하는 능력을 뜻합니다. 두 저자는 복음주의자들이 지능이 낮다거나 그 젊은 이들이 학교에서 공부를 못한다고 비난하는 것이 아닙니다. 공부 잘하는 사람은 수두룩합니다. 장학금도 받고, 눈에 띄는 성적으로 졸업합니다. 하지만 두 저자의 말은 물질세계의 성격과 기능에 대해, 정부나 경제와 같은 인간 사회 구조의 특징에 대해, 문학이나 또 다르게 표현된 인간 문화의 가치에 대해 그리스도인답게 생각하는 법을 아는 복음주의자가 매우 드물다는 뜻입니다.

현대 문화와 그리스도인답게 소통할 능력이 없다는 것은 심각한 문제지만, 사람들이 보통 잘 모르는 문제입니다. 많은 보수 그리스도인이 문화에 영향력을 미치겠다는 희망을 거의 포기한 채, 거듭나지 않는 사람들에게 지적 추구를 맡기고는 안락한 종교의 빈민가로 발뺌해 버렸습니다. 하지만 우리가 잊고 있는 것은 우리 선조들이 그렇게 하지 않았다는 사실입니다. 개혁자들과 청교도들은 고등 학문에 상당히 관심이 많았습니다. 이들은 자신의 학문을 신학과 윤리 문제에 가두어 두지 않고, 당시 접할 수 있는 만큼 인간 지식의 전 영역을 탐구했습니다. 저는 우리의 영적 조상들이 왜 기독교 감정을 개발하는 일뿐 아니라, 기독교 지성을 가꾸는 일에도 관심을 가졌는지 보여 드릴 생각입니다.

칼빈의 교육관

우리는 청교도들이 철저한 교육에 관심 있었다는 사실에 놀라서는 안 됩니다. 이들은 결국 종교개혁의 상속자며 칼빈의 제자입니다. 이 제네바의 개혁자는 교육의 필요성을 강력하게 주장했습니다. 물론 먼저는 신앙과 영혼의 문제에서 그랬지만, 칼빈은 또한 그리스도인이 인간 지식의 모든 분야를 훤히 꿰뚫어야 한다고 생각했습니다. 세상 학문을 미심쩍게 여기고 문화를 회피하는 경향을 보인 재세례파 사람들과 달리, 칼빈은 그리스도인이 이교 저자에게도 배울 수 있는 것이 많다고 믿었습니다. 칼빈은 『기독교 강요』에서 말하기를, 성령님께서 구원 얻는 지식은 택함 받은 사람에게만 주시지만, 자연에 속한 많은 지식은 인류의 공익을 위해 택함 받지 못한 사람에게도 주신다고 말합니다. 따라서 칼빈은 이렇게 말합니다.

> 주께서 우리가 물리학, 변증법, 수학과 같은 학문에서 불경건한 사람들의 활동과 수고로 도움 받기를 바라시니, 값없이 베푸시는 이 하나님의 선물을 무시해서 우리의 게으름 때문에 마땅한 형벌을 받지 않도록 이 도움을 잘 활용합시다. [124]

이에 앞서 칼빈은 세속 저자를 읽는 일에 대해 이렇게 말했습니다.

> 우리는 이들 안에서 비치는 눈부신 진리의 빛을 보고, 사람의 지성이 그 원래의 완전함에서 타락하고 부패했지만 여전히 하나님의 탁월한 선물들로 옷 입고 있음을 기억해야 합니다. 진리의 원천은 오로지 하나님의 성령

---

124) 존 칼빈, 『기독교 강요』 2권 2장 16절.

뿐이시니, 진리가 나타날 때마다 진리를 거부하고 멸시함으로 하나님의
성령을 모욕하지 않도록 조심합시다. [125]

문화에 대해 이처럼 좋게 말하는 것을 볼 때, 칼빈이 과학의 가치를 깎
아내린 반지성주의자들을 강력히 반대한 것은 그리 놀라운 일이 아닙
니다. 이들은 스스로를 '신령한' 그리스도인이라고 하면서, 과학은 '속
되다'며 과학의 가치를 깎아내렸습니다. 칼빈은 이렇게 문화를 깔보는
사람보고 '광신도'라고 하기를 겁내지 않았습니다.

칼빈은 일평생 배움을 위해 싸웠습니다. 더 수준 높은 연구를 위해
학교를 세웠고, 온 유럽에서 신교도들이 찾아왔습니다. 교육 과정에는
성경과 교부뿐 아니라, 고전어와 그밖에 과학이란 말에 포함되는 다른
과목도 들어갔습니다. 우리는 당시 과학이란 말이 자연 과학만 아니라
오늘날 인문학이라고 하는 사회 과학까지 인간 지식의 모든 분야를 포
함하는 말이었음을 기억해야 합니다. [126] 여기에는 신학, 철학, 심리학,
의학, 경제학, 정치학과 같은 분야가 들어갑니다.

청교도들의 통합교육관[127]

청교도들은 그리스도인의 과학과 문화 참여에서도 칼빈의 전통 위에
곧게 섰습니다. 이들은 하나님께서 자연 세계를 탐구하도록 만드셨고,

---

125) 앞의 책, 2권 2장 15절.
126) 옮긴이―이 장에서 나오는 과학이란 말은 거의 모두 같은 뜻으로 볼 수 있겠다.
127) 옮긴이―저자는 청교도 교육관에 대해 다음 책에서 도움을 받고 있다. Leland Ryken, "9.
Education," in *Worldly Saints: The Puritans As They Really Were*(Grand Rapids:
Zondervan, 1986). 우리말로는 『청교도: 이 세상의 성자들』(생명의말씀사)로 옮겨졌다.

이런 탐구가 결국 하나님의 영광을 드러내고 사회에 유익이 되어야 한다고 믿었습니다.

물론 청교도들은 가장 먼저 영혼과 신학에 관심이 있었습니다. 이들은 잉글랜드 교회와 나라를 깨끗하게 하려고 열심히 일했습니다. 이들의 목표는 바로 삶의 모든 부분을 거룩하게 하는 것이었습니다. 하지만 이들은 삶 전체를 하나님이 주신 선물로 봤기 때문에, 신학과 교회와 영혼에 대한 관심을 사회와 정치와 과학에 대한 관심과 나누지 않았습니다. 이들에게 삶의 영적이고 종교적인 차원과 동떨어진 중립 지대 같은 곳은 없었습니다. 이들은 현대인들이 흔히 그러는 것과 달리, 성과 속의 영역을 날카롭게 구분하지 않았습니다.

청교도들은 이처럼 삶과 세상을 긍정하는 태도로 16-17세기 과학과 문화에 크게 이바지했습니다. 청교도들이 당시 유럽의 다른 어떤 종교 집단보다 근대 과학이 일어나는 데 더 크게 이바지했다고 주장할 수도 있습니다. 청교도들은 수가 적은 편이었지만, 그 규모에 비해 생각과 삶에 엄청난 영향을 미쳤습니다. 로버트 머튼Robert Merton이란 학자는 영국왕립학회Royal Society의 초기 기록을 살펴보고, 과학에 적극 참여한 청교도들의 수와 이들이 과학에 이바지한 정도가 다른 종교 집단과 비교가 안 될 정도로 크다는 사실을 발견했습니다.

청교도들은 과학에 왜 이렇게 관심이 많았을까요? 단순히 자신들을 둘러싼 세상이 궁금하고, 자연을 움직이는 것이 무엇인지 알고 싶어서 그런 것만은 아니었습니다. 이런 궁금증은 그리스도인이 아닌 많은 사람도 가지고 있었기 때문입니다. 이들은 자신들이 하나님의 형상을 지닌 자로서 타락 전에 사람에게 주신 명령, 곧 하나님의 세상을 가꾸고, 연구와 실험으로 그 숨겨진 잠재력을 끌어내라는 명령을 이행할 책임이 있다고 굳게 믿었기 때문에, 과학에 관심을 가졌습니다.

바꿔 말해, 청교도들은 사람의 문화와 과학을 하나님께서 사람에게 요구하신 의무로 봤습니다. 청교도들이 보기에 문화와 과학은 그리스도 교회의 거룩한 사역만큼 참된 소명이었습니다. 이처럼 문화 명령 또는 통치 헌장(어떤 사람들은 이렇게 말하기를 더 좋아합니다)에 대한 성경 교리를 되찾음으로, 청교도들은 세상을 더는 사람이 피해야 할 본래 악한 곳으로 보지 않게 되었습니다. 이것은 세상을 멀리한 중세 가톨릭 수도사들과 재세례파 사람들과는 다른 태도였습니다. 청교도들은 하나님께서 사람을 이 세상에 두신 까닭이 힘닿는 대로 세상의 잠재력을 끌어내어 하나님께 영광을 돌리고 다른 사람을 섬기게 하시려는 것이었다고 믿었습니다.

따라서 청교도들을 움직인 것은 사람이 삶의 어느 곳, 어느 자리에 있든지 하나님을 섬기도록 부르심 받았다는 성경의 진리였습니다. 종교개혁의 이 위대한 소명 교리는 도덕과 신앙의 역동성을 이끌어 냈고, 17세기 과학 혁명과 18세기 산업 혁명이 일어나는 데 이바지했습니다. 칼빈과 그 계승자인 청교도들은 날품팔이에게 기독교의 품위와 가치를 덧입힘으로, 개혁된 땅의 일꾼들에게 품위와 가치에 대한 새로운 감각을 일깨워 주었습니다.

실험(체험) 신앙과 실험 과학

사람이 하나님께서 지으신 세계에서 일하도록 하나님께 부르심 받았다는 이 확신은 청교도 목사의 설교에서 상당한 주목을 받았습니다. 이들은 아리스토텔레스나 프톨레마이오스Claudius Ptolemy나 아퀴나스와 같은 권위자가 쓴 교과서를 외우는 옛 학문 방법이 잘못되었기 때문에, 이것을 실험과 관찰로 바꿔야 한다고 주장했습니다. 청교도 문헌을 사랑하는 사람이라면 누구나 잘 아는 '실험'이라는 말은 아마 청교도들의 학문 태도뿐 아니라, 이들이 신령한 삶을 보는 관점(하나님의 은혜를 체험해야 한다고 강조하는)과도 관련 있었을 것입니다. 책에서 이론을 배우는 옛 학습법이 차츰 세심하게 관찰하고 실험하는 최신의 방법에 자리를 내준 것처럼, 신령한 삶에서도 단순히 정통 신앙을 고백하고 교회의 권위 있는 가르침을 굳게 지키는 데서 자기 믿음이 진실한지 스스로 살펴보라고 강조하는 설교로 바뀌었습니다. 달리 말하면, 자기 믿음과 행실을 실험하거나 시험함으로 성경의 토대 위에서 자기가 하나님의 자녀라는 소망에 이를 수 있었습니다.

교양 과목 교육

청교도들은 성경을 토대로 교육했지만, 성경만을 토대로 교육한 것은 아니었습니다. 물론 청교도들의 학교와 대학에서 주된 교재는 성경이었고, 믿음과 삶의 최종 기준도 성경이었지만, 이들이 성경만 공부한 것은 아니었습니다. 청교도들은 신앙을 교육의 목표로 삼았지만, 그 내용은 교양 과목이었습니다. 사실 잉글랜드와 미국에서 청교도들은 주로 교양 있는 성직자를 공급하려고 대학을 세웠습니다. 하지만 이 말은 이들이 신학 대학이나 성경 대학을 세웠다는 뜻이 아닙니다. 이들이 세운 학교는 기독교 인문대학이었습니다. 사람들은 보통 청교도주의의 이런 측면을 잘 모릅니다.

매사추세츠 만에 자리 잡은 청교도들이 맨 처음 한 일 가운데 하나는, 돈을 모아 대학을 세우는 일이었습니다. 하버드 대학은 겨우 '광야 여정' 육 년 만에 세워졌고, 초창기에는 선생과 학생을 지원하려고 밀을 거저 내놓은 농부들의 희생으로 어느 정도 학교가 유지되었습니다. 우리는 유명한 미국 청교도주의 문서인 『뉴잉글랜드의 첫 열매』New England's First Fruits(1643년)에서 미국의 첫 대학을 세운 동기를 엿볼 수 있습니다.

> 하나님께서 우리를 아무 탈 없이 뉴잉글랜드로 데려다 주신 뒤로, 우리는 집을 짓고, 생필품을 마련하고, 하나님께 예배드리기 편한 장소를 세우고, 시민정부를 만들었습니다. 그런 다음에 우리가 간절히 바라고 구한 일 가운데 하나는 배움을 증진하고, 그것을 자손 대대로 물려주는 일이었습니다.

청교도들은 미국에서든 모국인 잉글랜드에서든 교육에 큰 가치를 두었고, 영국 역사의 다른 어떤 시기보다 더 많은 학교와 대학을 세웠습니다.

이성이 하는 일

벌써 말했다시피 청교도 교육자들의 목표는 성경만 읽히고 공부시키는 것이 아니라, 다른 과목도 모두 가르치는 것이었습니다. 한 권위자는 하버드의 초기 전통을 이렇게 묘사합니다. "교양 교육과 신학 교육의 구분이 없었고, 교육의 두 원천은 먼저는 칼빈주의요, 다음으로 아리스토텔레스였습니다."

청교도들에게 종교 지식만으로 이루어진 교육은 모두 불완전한 교육이었습니다. 새뮤얼 러더퍼드Samuel Rutherford는 이렇게 말했습니다. "자연법칙과 구별된 성경만으로 천국에 이를 수 있다고 하는 것은 틀린 말입니다. 둘은 독특한 방식으로 함께 일어나며, 하나가 다른 하나를 배제하지 않기 때문입니다." 여기서 우리는 청교도들이 영에 속한 것과 육에 속한 것을 얼마나 나누기 꺼려 했는지 볼 수 있습니다.

어떤 사람들이 오직 믿음으로 말미암아 오직 은혜로 받는 구원을 옹호하는 사람들에게 기대하는 것과 달리, 청교도들은 이성을 쓰는 것을 조금도 겁내지 않았습니다. 이들은 로마 가톨릭에 맞서 믿음과 성경을 강조했지만, 사람의 지식을 업신여긴 반지성주의자들(재세례파나 그 밖의 사람들)과 논쟁할 때는 이성의 중요성을 담대히 역설했습니다.

17세기 청교도들은 가톨릭교도들에게만 아니라, 특별히 '분리주의자들'로 알려진 급진 개신교도들에게 모진 저항을 받았습니다. 이들은 영적인 문제에서 이성이 하는 일을 쉴 새 없이 공격했습니다. 이 광신도들 가운데 한 명은 이렇게 말했습니다. "저는 성경으로 더 충만할지 모르는 어떤 박식한 학자의 설교보다, 아무런 연구 없이 그냥 성령의 활동으로 말하는 사람의 설교를 듣는 것이 더 좋습니다."

청교도들은 이런 열성분자를 싫어했습니다. 열심이 지식을 대신할 수는 없다고 생각했기 때문입니다. 존 프레스턴John Preston은 이렇게 선언했습니다. "저는 사람이 아무리 지식이 많아도 은혜가 없을 수 있다는 사실을 부인하지 않습니다만, 자기가 가진 지식보다 더 많은 은혜를 가질 수는 없습니다." 리처드 백스터는 "하나님께서 보통 교육을 통해 자신의 은혜를 전하시기 때문에, 교육은 말씀 설교만큼이나 성령의 반대편에 두어서는 안 된다"고 믿었습니다. 새뮤얼 윌러드Samuel Willard는 "믿음의 토대가 지식"이라고 하면서, 이렇게 말했습니다. "하나님은 믿음의 눈으로만 아니라, 이성의 눈으로도 봐야 합니다. 믿음이 이성 너머의 것을 본다 한들, 이성을 거치지 않고서는 아무것도 볼 수 없기 때문입니다."

청교도들은 인간 지식의 모든 영역에서 이성이 하는 일을 인정했습니다. 이들은 칼빈과 함께 하나님께서 자신의 진리를 성경과 자연이라는 두 책에 계시하셨다고 굳게 믿었습니다. 에드워드 레이놀즈Edward

Reynolds는 인간의 배움에 대한 분리주의자들의 공격을 이렇게 반박했습니다. "하나님을 아는 두 가지 지식이 있습니다. 먼저 자연에 속한 지식이 있습니다. 이것은 하나님이 하신 일에 있고, 하나님이 하신 일로 말미암는 지식입니다. 그리고 자연을 뛰어넘는 지식이 있습니다. 이것은 말씀에 나타난 계시로 말미암는 지식입니다. 이 자연을 뛰어넘는 지식이 주된 것이지만, 자연에 속한 지식을 하찮게 여겨서는 안 됩니다."

청교도들의 교육 목표

배움에서 청교도들의 이상은 교양 교육이었고, 그 목표는 실력 있고 자격 있는 사람을 배출하는 것이었습니다. 여기서 청교도들이 겨냥한 바를 가장 잘 정의한 사람은 존 밀턴John Milton이 아닐까 싶습니다. "그래서 저는 사람이 공과 사를 가리지 않고 자기가 맡은 모든 일을 바르고, 능숙하고, 너그럽게 이행할 수 있게 하는 온전하고 넉넉한 교육을 요청합니다."

이 관점에서 교양 교육은 모든 것을 포괄하는 교육입니다. 사람이 살면서 부르심 받는 모든 일을 잘할 수 있게 만드는 교육입니다. 물론 배운다고 해서 저절로 교양 있는 사람이 되지는 않을 것입니다. 정말 교양 있는 사람은 성경 진리를 굳게 붙들고, 자신을 둘러싼 세상을 한데 아울러 이해하는 사람입니다. 이 지식은 또한 생산력이 있어야 합니다. 자신에게는 물론이고 다른 사람에게도 어떻게든 이득이 되어야 합니다.

오늘날 교육은 이 생산성에만 초점을 맞추는 경향이 있습니다. 곧, 직업과 소명을 갈수록 경제의 측면에서 정의하고, 학생들이 이런 측면에서만 자격을 갖추게 만듭니다. 오늘날 학생들이 가장 중요하게 생각하는 질문은 '이런 자격을 갖추면 돈을 얼마나 많이 벌까?'로 보입니다. 하지만 밀턴이 말한 '공적인 일'은 이보다 더 많은 것을 말합니다. 이것은 좋은 교회 회원이 되고, 사회에 적극 이바지하는 일도 포함합니다. 밀턴이 말하는 '사적인 일'은 무엇입니까? 이것은 좋은 친구나 배우자나 부모가 되는 일뿐 아니라, 가장 사사로운 세계인, 생각과 상상의 내면세계까지 포함하는 일입니다. 어떤 사람이 제대로 교육받은 사람인지 알아보려면, 이 사람이 남는 시간에 무슨 일을 하는지 보면 됩니다. 청교도들은 지식이 다른 사람에게 도움이 된다면, 당장 도움이 되지 않더라도 그 자체로 보상이라고 믿었습니다. 리처드 백스터는 사람이 자신의 학식과 지혜에서 위안을 얻어야 한다고 하면서, 예술과 과학에서 어떤 신비한 탁월함을 발견하는 행동 자체가 사람에게 기쁨이 된다고 말했습니다.

청교도들의 이상을 잃어버림

저는 이 글을 시작하면서 오늘날 많은 그리스도인의 문제가 기독교 지성이 모자란 데 있다고 말했습니다. 우리 개혁교회 안에서도 우리를 둘러싼 세상을 그리스도인답게 생각할 수 있는 사람이 많지 않습니다. 청교도들에게는 이런 문제가 없었습니다. 이것이 우리에게 왜 문제가 됩니까? 제 생각에는 몇 가지 까닭이 있습니다.

첫째, 깊이 생각하거나 생각을 단련하기를 아주 싫어하기 때문입니다. 거의 모든 복음주의자(이번에도 개혁교회에 속한 많은 사람을 넣어야 합니다)가 정신의 나태함에 시달리고 있고, 이것은 단순함을 요구하는 일로 나타나고 있습니다. 설교를 듣는 많은 사람이 "쉽게요!"를 후렴구처럼 잇달아 되뇌며, 설교자에게 짧고 알아듣기 쉬운 설교를 재촉합니다. 삶의 다른 영역에서도 비슷한 태도가 이어집니다. 캐나다 학자인 클리퍼드N. K. Clifford는 이렇게 말합니다. "복음주의 지성은 복잡한 것을 싫어합니다. 늘 문제를 지나치게 단순화하고, 따져 묻는 분석과 진지한 반성을 영감과 열정으로 때우려고 합니다."

둘째, 이성을 믿지 않기 때문입니다. 앞에서 봤다시피 청교도들은 이성과 이성이 하는 일(영적인 영역을 비롯한 삶의 모든 영역에서)을 건전하게 존중했지만, 청교도들의 후손인 오늘 우리의 인생관에서는 사람의 지성과 그 능력을 의심하고 믿음과 이성을 잘못 양분한 재세례파와 경건주의의 영향력이 엿보입니다.

셋째, 우리 영혼의 구원 말고 중요한 것이 없다고 생각하기 때문입니다. 우리는 이 세상에서 잠깐 살다갈 뿐이니까 세상 것을 쫓을 겨를이 없다는 것입니다. 과학과 문화는 거듭나지 않은 사람의 영역이고, 이 땅에서 나그네요 순례자인 그리스도인에게 끝까지 적 진영이라는 것입니다. 이 안에는 많은 진리가 담겨 있지만, 우리는 하나님께서 지으신 세상과 하나님을 적대하며 사는 세상(죄악 된 인류)을 구분해야 합니다. 앞의 세상은 우리 아버지의 영역이기 때문에, 우리는 마땅히 관심을 가져야 합니다.

넷째, 인간 지식을 독차지해 삶의 기원과 의미에 대해 다른 가설을 허락하지 않는 듯 보이는 무신 진화 과학자들이 우리를 위협하도록 내버려 두었기 때문입니다. 이것은 사실이지만, 우리에게 귀 기울이는 사람이 아예 없을지언정 우리는 여전히 하나님의 창조 세계를 연구해야 하며, 현대인들이 따라 사는 신화를 밝혀내려고 애써야 합니다.

청교도들의 이상을 되찾아야 함

그런데 정말 자연이란 책, 곧 하나님의 일반 계시를 공부하는 것이 중요한가요? 선택권이 있다면, 차라리 하나님의 가장 중요한 책인 성경을 밝히 아는 것이 낫지 않습니까? 이것은 질문 자체가 잘못된 것입니다. 하나님께서는 여기서 선택권을 주신 적이 없습니다. 물론 우리는 가장 먼저 하나님의 기록된 말씀을 알아야 합니다. 하지만 자연에 나타난 하나님의 말씀을 무시해서는 안 됩니다. 이 말씀도 "우리 눈앞에 가장 아름다운 책으로, 그 안에 있는 크고 작은 온갖 피조물이 빼곡히 적힌 글자처럼 하나님의 보이지 않는 것들, 곧 하나님의 영원하신 능력과 신성을 분명히 볼 수 있도록 우리를 안내"하기 때문입니다(벨직 신앙고백 2항).

우리 복음주의, 개혁주의 그리스도인들이 지성을 가꾸지 않는다면, 우리는 세속 인본주의와 맞선 싸움에서 지고 말 것입니다. 벌써 싸움에서 졌다고 생각하는 사람도 많습니다. 하지만 우리는 이런 패배주의 태도에 굴복해서는 안 됩니다. 이런 태도는 우리를 마비시키고 싸움을 포기하도록 부추길 뿐입니다. 우리가 해야 할 일은 오늘 우리에게 닥친 상황을 판단하는 일입니다. 이십 년 전쯤에 레바논 출신의 학자요 외교관인 찰스 말릭Charles Malik은 휘튼 대학교에서 연설하다가 이런 이야기를 했습니다. "서구 문명의 위기는 그 중심에 지성 상태와 대학 정신이 있습니다." 그런 다음 그리스도인들이 영혼 구원이 다가 아님을 깨달아야 한다고 했습니다. 우리가 지성도 구해야 한다는 것입니다. 교회는 아우구스티누스, 칼빈, 퍼킨스, 오웬, 에드워즈의 정신을 되찾아야 합니다. 이들은 모두 지력을 갖춘 거인들이었습니다. 이들은 그 시대를 이해했고, 당시 문화에 뒤떨어지지 않았습니다.

물론 지적 노동을 한다고 해서 저절로 건강한 교회생활과 생명력 넘치는 기독교로 이어지는 것은 절대 아닙니다. 하지만 교회 역사를 조심스레 살펴본다면, 경건과 배움이 손을 맞잡았을 때 교회가 가장 좋았다는 결론에 이르게 될 것입니다. 마크 놀은 이렇게 말합니다.

> 교회 역사에서 가장 돋보이는 순간들을 보면, 거의 언제나 깊이 있는 그리스도인의 삶, 오랫동안 이어진 그리스도인의 영향력, 헌신된 그리스도인의 사고가 긴밀하게 이어져 있습니다. 한편 교회 역사는 자기를 의식하는 사고 없이 영성이 발전할 때 어떤 일이 일어나는지 정신이 번쩍 들 만한 보기를 여럿 담고 있습니다. 위험에 이르는 길이 언제나 같지는 않지만, 지성을 무시한 결과는 늘 한결같습니다. 기독교 신앙이 쇠퇴하거나 심각한 오류에 빠지거나 아니면 그냥 사라져 버립니다.

지성이 하는 일을 강조하는 데서 지나칠 수 있음을 인정합니다. 평범한 신자와 그 경건을 무시하는 사람들이 있습니다. 이것은 당연히 잘못된 일입니다. 그리스도인이라고 해서 모두 하나같이 뛰어난 지식을 가질 수 없고, 학문 추구에 몸담을 수 없습니다. 하지만 정반대쪽으로 가는 잘못을 저지를 수도 있습니다. 곧, 기독교 체험 또는 '마음' 종교의 중요성을 너무 강조해서 모든 지적 활동을 의심의 눈초리로 보는 것입니다.

저는 성경이 우리에게 우리의 모든 기능을 발휘할 것을 요구한다고 믿습니다. 하나님께서 우리를 돌이키실 때, 우리의 생각과 마음과 의지, 곧 우리 전인을 돌이키십니다. 물론 어떤 그리스도인들은 어느 한 부분이 다른 부분보다 더 튼튼할 것입니다. 하지만 우리는 몸의 여러 지체가 여러 일을 맡았다는 성경의 가르침에 따라, 그리스도의 몸에도 일의 분담이 있으리라고 기대해야 합니다. 서로 모자란 부분을 채워 줘야 할 몸의 지체들(이 경우에는 경건과 지적생활)이 서로 경쟁할 때 위기가 찾아옵니다.

경건주의의 문제점

복음주의와 개혁주의 안에서 지적 활동을 무시하는 오늘날의 흐름은 대부분 17-18세기의 여러 경건주의 운동에서 나온 것입니다. 본질에서 지성을 반대한 경건주의는 청교도주의와 다른 운동입니다. 앞에서 봤다시피 청교도주의는 기독교 지성을 가꾸는 일을 굳게 믿었습니다. 하지만 경건주의는 체험신앙 또는 '마음'신앙의 중요성을 강조하면서, 자신들이 '머리'로만 아는 지식이라고 여긴 것을 무시했습니다. 경건주의자들이 기독교 신앙의 객관적 측면보다 주관적 측면에 관심이 있었다고 말할 수 있겠습니다.

경건주의의 목적은 믿는 사람을 형식주의와 교조주의의 차가운 경직성에서 따뜻하고 살아 있는 기독교 체험으로 돌아서게 하는 것이었습니다. 이런 호소에는 그럴 만한 까닭이 있었습니다. 특별히 독일과 네덜란드에서 죽은 정통이 교회를 괴롭혔기 때문입니다.

하지만 경건주의는 체험을 강조하는 데서 자꾸 도를 넘었습니다. 체험은 차츰 홀로 서기 시작했고, 객관적 진리에 내린 닻을 끊어 버렸습니다. 사람들은 갈수록 기독교 신앙을 교리가 아닌 삶으로 보기 시작했습니다. 그리고 마침내 신령한 체험에 사로잡혀 신앙의 심리적 차원에만 온 정신을 쏟았습니다. 신학을 공부하거나 기독교라는 말속에 담긴 더 넓은 뜻을 생각하는 데는 별로 관심이 없었습니다.

유명한 독일 철학자 칸트Immanuel Kant는 경건주의 가정에서 자랐습니다. 칸트는 삶을 현상계와 본체계라고 하는 두 영역으로 나눈 것으로 잘 알려져 있습니다. 현상계는 더 저속한 세계로 우리가 경험으로 알 수 있는 것을 포함하는 세계며, 본체계는 더 고상한 세계로 믿고 경험할 수 있을 뿐, 알 수는 없는 것을 포함하는 세계입니다. 이렇게 인간 지식을 두 영역으로 나누거나 가르는 일은 잇따르는 철학과 신학에 엄청난 영향을 미쳤습니다. 하지만 흥미로우면서도 걱정스러운 사실은 흔히 말하는 이 '칸트 혁명'의 자취를 많은 사람이 칸트가 자라난 경건주의 환경에서 찾는다는 것입니다. 이런 환경 탓에 칸트가 삶과 현실을 객관적 진리와 갈라선 주관적 신앙체험이란 면에서 보게 되었다는 것입니다.

잘 알려진 19세기 독일 신학자 슐라이어마허Friedrich Schleiermacher도 경건주의 가정에서 자랐고, 기독교의 토대가 성경의 진리보다 믿는 사람의 '의존감'에 있다고 가르쳤습니다. 기본에서 주관적인 이 '감정' 신학은 끝내 자유주의가 낭만주의와 신비주의에 사로잡히는 데 길을 터 주고 말았습니다. 경건주의 배경을 가진 그리스도인들은 기독교 궤도 안에 남아 있는 감정과 고정된 중심 없이 운석으로 떠도는 감정을 갈수록 구분하지 못했습니다.

이처럼 경건주의는 수많은 유익을 주었지만, 자유주의에 길을 열어 주고 말았습니다. 물론 일부러 그런 것은 아니지만, 피할 수는 없었습니다. 우리가 가진 시간과 힘을 온통 신앙체험에만 쏟는다면, 기독교 신앙이 뜻하는 바를 깊이 생각할 시간과 힘은 거의 남지 않게 됩니다. 이런 환경에서도 여전히 성경 공부에 관심을 가질 수 있지만, 하나님의 다른 책(자연이나 피조세계)을 공부하는 데는 거의 또는 아예 관심을 갖지 못합니다. 이런 상황에서는 성경 공부도 다른 주제는 그만두고 오로지 계시된 진리의 구원론 부분(이른바 은혜 교리)에만 초점을 맞추기 십상입니다.

우리를 위한 교훈

우리 모두에게 다양한 정도로 영향을 끼친 이 서글픈 발전에서 우리는 어떤 교훈을 얻어야 할까요?

우리는 체험을 강조한 경건주의가 아주 본질이 되는 점을 꼬집었지만, 체험을 기독교의 전부로 만드는 심각한 잘못을 저질렀음을 깨달아야 합니다. 경건주의가 지성을 무시하는 바람에, 그리스도인은 내부의 적과 싸우기 힘들게 되었고, 많은 경우 아예 싸울 수 없게 되었습니다. 보수 복음주의 그리스도인은 거의 하나같이 세속 인본주의의 도전에 지적으로 답할 준비가 되어 있지 않습니다.

경건주의자들과 오늘날 그 계승자들은 또한 지성의 삶을 무시함으로 지적 추구를 '세상'에 거의 양보해 버렸습니다. 어떤 사람들은 이것을 매우 경건하게 보고 정통으로 볼지 모르지만, 이것은 사실 마니교도와 영지주의자와 가현주의자의 관점을 받아들이는 것이나 다름없습니다.

해결책은 무엇입니까? 칼빈과 청교도와 에드워즈한테로 돌아가는 것입니다. 에드워즈에 대해 할 이야기가 있습니다. 사람들은 에드워즈보고 미국이 낳은 가장 위대한 철학자요 신학자라고 말합니다. 우리는 대부분 에드워즈를 신앙체험과 부흥에 대해 많은 글을 쓴 신학자로 알고 있습니다. 하지만 오늘날 에드워즈를 존경하는 많은 사람과 달리, 에드워즈는 과학과 문화에도 대단히 관심이 많았습니다. 아직 십대일 때, 에드워즈는 거미와 거미줄에 대한 글을 썼는데, 거미줄의 모양과 구조와 목적을 아주 꼼꼼하게 설명한 글이었습니다. 어린 에드워즈는 거미줄의 특징에 대해 여러 가지 흥미로운 사실을 언급했을 뿐 아니라, 거미가 거미줄을 치면서 보여 주는 것이 결국 "필요한 것을 빠짐없이 공급해 주실뿐더러, 모든 피조물, 심지어 벌레한테까지 놀고 즐길 거리를 주시는 창조주 하나님의 흘러넘치는 선하심"이라고 강조했습니다. 에드워즈는 후에 이렇게 말했습니다. "참된 지식은 결국 우리 생각이 막연히 현실과 일치하는 것이 아니라, 하나님의 생각과 일치하고 합치하는 것입니다."

에드워즈는 우리가 연구하는 대상을 지으신 분도 하나님이시요, 우리가 세상을 이해할 수 있게 하시는 분도 하나님이시기 때문에, "모든 예술과 과학은 더 완전해지면 질수록 더욱 신성을 낳고 신성과 일치하고 신성의 일부로 나타난다"고 했습니다. 마크 놀은 이렇게 말합니다.

그리스도인에게 지성이 중요한 까닭은 하나님이 중요하기 때문입니다. 자연 세계를 결국 누가 만드셨습니까? 자연에 대해 더 많이 알 수 있도록 과학이 발전하게 하신 분은 누구십니까……누가 사람의 생각을 지으셔서, 자연과 인간 상호 작용과 아름다움의 실체를 이해할 수 있게 하시고, 철학자와 심리학자를 통해 이런 문제를 이론화할 수 있게 하셨습니까……답은 언제나 같습니다. 하나님이 하셨고, 하나님이 하십니다.

그렇다면 우리는 우리 아이들 교육에 어마어마한 책임을 맡은 부모와 선생과 또 다른 사람으로서, 우리 아이들을 반드시 하나님이 주신 마음과 생각을 가진 전인으로 봅시다. 마음과 생각이 모두 하나님께 헌신해야 합니다. 그래야 하나님의 은혜로 하나님을 좇아 하나님의 생각대로 생각하는 법을 배울 수 있고(헤르만 바빙크), 이렇게 하면서 하나님의 이름을 영화롭게 하고 사회의 유익을 증진할 수 있을 것입니다.

1 마크 놀과 해리 블래마이어즈가 '기독교 지성이란 없다'고 말했는데, 이 말뜻은 무엇입니까?

2 칼빈의 교육관을 말해 봅시다. 이에 대한 자신의 생각을 나눠 봅시다.

3 청교도들의 통합교육관을 말해 봅시다. 이에 대한 자신의 생각을 나눠 봅시다.

4 〈실험 종교와 실험 과학〉을 읽고, 우리에게는 이런 모습이 있는지 돌아보고 나눠 봅시다. 그리고 구체적으로 적용해 봅시다.

5 〈이성이 하는 일〉을 읽고 갈무리해 봅시다. 이 부분에 대해 그동안 자신은 어떻게 생각해 왔는지 돌아보고, 나눠 봅시다.

6 〈청교도들의 교육 목표〉를 읽고, 나눠 봅시다. 우리와 무엇이 공통되고, 무엇이 다른지도 생각해 봅시다. 앞으로 어떻게 이 문제를 해결해 나갈 수 있을지도 고민해 봅시다.

7 〈청교도들의 이상을 읽어버림〉을 읽고, 항목 하나씩 깊이 생각하고 나눠 봅시다.

8 〈청교도들의 이상을 되찾아야 함〉과 〈경건주의의 문제점〉을 읽고, 갈무리해 봅시다. 그리고 나서 자신이 혹시 어느 한쪽으로 치우쳐 있지는 않은지 돌아본 뒤, 나눠 봅시다.

9 우리 모두에게 다양한 정도로 영향을 끼친 이 서글픈 발전에서 우리는 어떤 교훈을 얻어야 하고, 해결책은 무엇일까요?

10 우리 아이들 교육에 어마어마한 책임을 맡은 부모와 선생과 또 다른 선생

으로서 우리는 아이들을 어떻게 바라보고 가르쳐야 할지 다시 한 번 갈무리해 보고, 나눠 봅시다.

11 이 장을 읽으면서 하나님께서 깨닫게 해주신 것과 베풀어 주신 은혜를 생각하며 감사합시다. 또 깨달아 배우고 확신한 일에 거할 수 있게 해달라고 기도합시다.

22장

한 주의 끝week-end과 주말weekend[128]

"좋은 주말 보내세요!" 우리는 금요일 오후에 공장에서 퇴근 시간을 적거나, 회사나 학교에서 책상을 정리하면서 이런 인사말을 얼마나 자주 듣습니까! 한시바삐 일터를 떠나 이틀간의 여가를 즐기는 것이 모든 사람의 간절한 바람으로 보입니다.

사람들이 뭐라고 하는지 눈여겨보십시오. 사람들은 결코 "좋은 한 주 보내세요"라고 하지 않고, "좋은 주말 보내세요"라고 말합니다. 한 주가 평일과 일요일로 이루어졌을 때가 있었습니다. 하지만 오늘날 사회는 오로지 평일과 주말을 말합니다. 사람들에게 한 주의 첫째 날이 언제냐고 물어보면, 거의 하나같이 이렇게 답할 것입니다. "당연히 월요일이죠." 오십 년 전에는 일요일이라고 대답했을 것입니다. 한때 거의 모든 사람에게 안식일이었던 일요일은 이제 그냥 편히 쉬는 이틀 가운데 하루가 되었습니다. 하나님께서는 우리에게 일상의 수고에서 벗어

---

128) 「메신저」 1996년 7/8월 호에 실린 글.
　　옮긴이—저자는 이 글의 마지막 단락을 빼놓고는 다음 글을 거의 그대로 가져다 쓰고 있다.
　　Witold Rybczynski, "Waiting for the Weekend," *The Atlantic Monthly*(New York, 1991).

나는 하루를 주셨지만, 현대인은 우리에게 이틀을 줌으로 하나님의 이 계획을 '개선'했습니다.

이렇게 하나님의 계획에 '손댄' 결과가 무엇입니까? 한때 사람들은 일요일을 거룩한 하루one holy day로 여기고 하나님을 예배하는 데 바쳤지만, 이제 현대인들은 주말 전체를 늘어난 휴일extended holiday로 보고 자신의 재미와 즐거움을 쫓는 데 바칩니다. 주말이라는 말은 단순히 한 주의 끝이기를 그치면서 종교에 가까운 지위를 얻었습니다. 이제 주말은 거의 모든 사람에게 일주일 가운데 가장 중요한 날이 되었습니다. 그리스도인이 예수 그리스도 안에서 우리를 구원하신 하나님의 행위를 찬양하는 날로 일요일을 기다리듯이, 세상 사람은 가족이나 친구와 '소중한' 시간을 보낼 기회로 주말을 반가이 맞이합니다.

일과 여가

어떤 사람에게 주말은 운동 경기를 위한 시간입니다. 또 어떤 사람에게는 물건을 사거나 집안일을 하거나 별장에 가거나 아니면 그냥 '빈둥대는' 시간입니다. 이와 비슷한 활동을 모두 '여가'라는 말에 넣을 수 있겠습니다. 여가란 무엇입니까? 옥스퍼드 영어 사전에는 '마음대로 쓸 수 있는 시간' 또는 '자유' 시간이라고 나와 있습니다. 여가라는 말은 '허락하다'는 뜻을 가진 라틴어에서 왔습니다. 다른 말로 하면, 여가 시간은 자기 재량껏 쓸 수 있도록 허락된 시간입니다.

여가를 간절히 바라지 않는 사람은 드뭅니다. 사실 하나님께서 아담에게 얼굴에 땀을 흘려야 먹을 것을 먹으리라고 말씀하신 뒤로(창 3:19), 사람은 줄곧 가장 적게 땀을 흘려서 가장 편하게 먹고살 수 있는 길을 찾았습니다.

사람들이 동틀 녘부터 해질 녘까지 일했던 16세기에, 토머스 모어 Thomas More 경은 『유토피아』Utopia라는 책에서 하루에 9시간 일하고, 한 주에 60시간 일하는 사회를 꿈꾸었습니다. 오늘날 이 꿈은 현실이 되었습니다. 한 주에 40시간 이하로 일하는 우리는 모어의 '이상 사회'에 나오는 가상의 시민들보다도 형편이 더 낫습니다. 오늘날 사람들은 한 주에 25-30시간 일하기를 꿈꿉니다. 하지만 이 꿈은 우리를 억누르는 새로운 경제 현실 때문에 잠깐 미루어져야 할 것입니다. 수없이 예고되었던 여가 사회는 아직 찾아오지 않았고, 아마 끝내 찾아오지 않을 것입니다. 이것은 많은 사람에게 뜻밖의 실망스러운 소식입니다. 1920년대에 일하는 시간이 한 주에 대략 60시간에서 50시간으로 줄었고, 그 뒤로 10년간의 대공황을 거치면서 일하는 시간은 35시간까지 확 줄어들었습니다. 이런 흐름이 줄곧 이어지리라 기대하지 않을 이유가 없었습니다. 너도나도 일하는 시간이 점점 더 줄리라고 생각했습니다. 자동화 때문에 마침내 여가가 보편화될 것 같았습니다.

하지만 예상은 완전히 빗나갔습니다. 그 이유 하나는 얼마 안 있어 일하는 시간이 대충 하루 8시간으로 안정되었던 것으로 보이기 때문입니다. 예상대로 어떤 산업에서는 자동화와 전산화 때문에 일자리가 확 줄었지만, 전체로 볼 때 고용은 줄지 않고 늘었습니다. 물론 꼭 봉급을 많이 주는 일자리가 생겨난 것은 아닙니다. 많은 여성이 노동 인구로 들어갔고, 결국 일하는 사람은 더욱 많아졌습니다. 집안일은 여전히 해야 하기 때문에, 오늘날 여가 시간이 전보다 훨씬 줄었다고 주장할 수도 있겠습니다. 한편 서구 사회에서는 주말 개념이 발전함에 따라 여가 시간을 다시 나눌 수밖에 없었습니다. 이 때문에 한 주에 일하는 시간이 상당히 짧아졌습니다. 이렇게 짧아진 노동 시간과 많아진 실소득 때문에, 뜻밖에 새로운 방법으로 오락의 가능성이 열렸습니다. 이제 사람들은 일 년 간격으로가 아니라 일 년 내내 오락을 즐길 수 있게 되었습니다.

이 새로운 발전으로 사회는 일과 여가의 전통 관계를 다시 평가할 수밖에 없었습니다. 이 관계와 관련해 언제나 크게 두 학파가 있었습니다. 한쪽에는 노동(특별히 육체노동)에서 차츰 벗어나는 사회를 꿈꾸는 이상이 있습니다. 칼 마르크스 같은 사상가들이 이런 이상을 붙들었는데, 이 관점은 그리스 철학자 아리스토텔레스한테로 거슬러 올라갑니다. 아리스토텔레스는 삶의 목적이 행복이고, 여가는 행복을 이루는 데 꼭 필요한 상태라고 가르쳤습니다. 아리스토텔레스의 『윤리학』에 보면, 이런 글귀가 있습니다. "행복은 여가에 달려 있습니다. 우리는 평화롭게 살려고 전쟁을 일으키듯이 여가를 가지려고 정신없이 일하기 때문입니다."

이 철학은 아직도 상당히 인기 있습니다. 많은 사람이 평일에 하는 일보다 주말 활동을 훨씬 중요하게 여깁니다. 월요일부터 금요일까지는 참되고 즐거운 주말 활동을 위해 꼭 필요하지만 썩 내키지 않는 예비 단계일 뿐입니다. 사람들은 스키장이나 해변으로 떠나고 싶어 안달입니다.

일을 안 좋게 보는 이 관점을 반대하는 것은 이른바 개신교 노동관입니다. 일을 하나님의 소명으로 소중히 여기는 개신교 노동관은 사람이 이 소명을 위해 창조되었고, 이 소명에 대한 책임을 맡았다고 보았습니다. 이 관점에 따르면, 일은 가장 차원 높은 인간 활동으로, 정신력을 크게 요구하는 일이든 육체노동이든 공장일이든 집안일이든 그 자체가 보상이어야 합니다. 이 관점에서는 일이 없어지는 것은 그만두고 일이 크게 줄어드는 것조차 인간생활의 퇴보나 다름없고, 이것은 사회에 안 좋은 영향을 미칠 수밖에 없습니다. 수고로 얻지 않은 여가, 생산성과 단절된 여가는 미심쩍게 여겨집니다. 일이 없는 시간은 사실 자유 시간이 아니라 쉬는 시간입니다. 곧, 배터리를 충전할 틈이요 기회입니다.

주말의 역사

주말이라는 말의 역사를 더듬어 보는 것은 재밌고도 유익한 일입니다. 우리는 「기록과 질문」Notes and Queries이라는 영국 잡지에서 이 말을 처음 만나게 됩니다. 「기록과 질문」 1879년 11월 호에 보면, 이런 글이 실려 있습니다. "스태퍼드셔에서는 어떤 사람이 토요일 오후에 한 주의 일을 끝내고 집을 떠나 토요일 저녁부터 이튿날인 일요일까지 멀리 사는 친구와 보내면, 이 사람이 어디어디에서 주말을 보내고 있다고 말합니다." 여기서 '한 주의 일'이 언제 끝난다고 하는지 눈여겨보십시오. 토요일 오후에 끝난다고 말합니다. 이것은 새로운 일입니다. 18세기 내내 영국에서 한 주의 일은 토요일 저녁에 끝났습니다. 주마다 쉬는 날은 일요일뿐이었습니다. 16세기 종교개혁과 17세기 청교도주의는 중세 로마 가톨릭의 성인의 날과 종교 축제를 몰아내려고 일요일을 주마다 거룩한 날로 만들었습니다. 로마 가톨릭은 일요일을 그저 수많은 거룩한 날 가운데 하나로 여겼기 때문입니다.

영국 사람들은 보통 안식일에 일하지 않는 것을 기꺼이 지켰지만, 주일에 조금이라도 경박하게 웃고 떠들면 눈살을 찌푸린 안식일 엄수주의의 제약은 반기지 않았습니다. 많은 사람이 거룩한 날holy day을 쉬는 날holiday로 보고, 술을 마시거나 도박을 하거나 대체로 즐거운 시간을 보낼 기회로 삼았습니다.

주마다 공식 휴일은 일요일밖에 없었지만, 이것은 영국의 일반 근로자가 쉴 새 없이 일만 하고 살았다는 뜻이 아닙니다. 크리스마스나 새

해나 부활절이나 성령강림절 같은 전통 휴일이 자꾸 일을 가로막았습니다. 게다가 운동 경기나 시장(허영의 시장!)이나 서커스와 같이 가끔가다 열리는 특별 행사와 관련한 공동 휴일도 있었습니다.

18세기 근로자들은 긴 시간의 여가를 크게 선호했습니다. 이것은 새로운 일이 아니었지만, 수많은 사람이 마음껏 여가를 즐길 수 있게 된 것은 새로운 일이었습니다. 근로자들은 산업 혁명 덕분에 먹고사는 데 필요한 것 이상으로 돈을 벌 수 있었고, 이로써 선택권을 얻었습니다. 물품을 사거나, 여가를 살 수 있었습니다. 이들은 더 오래 일해서 돈을 더 많이 벌거나, 아니면 수당을 받지 않고 자유 시간을 더 많이 즐기거나 할 수 있었습니다. 대부분은 여가를 택했습니다.

그 당시 운동 경기나 시장이나 다른 기념행사가 며칠 동안 이어진 것은 흔한 일이었습니다. 일요일이 공식 휴일이었기 때문에, 보통 그 뒤로 며칠이 덧붙었습니다. 이 때문에 월요일에 일을 쉬고, 그 주의 끝에 이것을 메우려고 긴 시간을 일하는 관습이 생겼습니다. 마침내 월요일은 거의 공식 휴일의 자격을 얻었고, 이것은 성 월요일로 널리 알려졌습니다. 안식일에는 웬만하면 공개 행사를 못 하게 막았기 때문에, 월요일은 세속 오락을 즐기기에 가장 좋은 시간이 되었습니다.

하지만 성 월요일은 많은 비판을 받았습니다. 종교 단체들은 이런 관습이 안식일을 공격한다고 생각했고, 그래서 반대 운동을 펼쳤습니다. 이들은 사회 개혁자들의 도움을 받아, 토요일 오후에 가게와 공장 문을 닫자고 주장하기 시작했습니다. 이 덕분에 근로자들은 한나절만 일하고 쉬는 날을 얻었고, 이 시간에 자질구레한 집안일과 사회활동과 대중오락을 할 수 있었습니다. 주일은 예배와 엄숙한 오락을 위해 남겨졌습니다.

공장주들도 토요일에 한나절만 일하고 쉬자는 생각에 힘을 보탰습니다. 하루 12시간씩 한 주에 엿새 동안 일하자고 해봐야 이들은 얻는 것이 별로 없었습니다. 어떤 날에는 사람이 너무 적게 나와서 결국 공장 문을 닫아야 했기 때문입니다. 그래서 이들은 고용인들이 엿새 동안 착실하게 일하러 나오면, 그 대가로 토요일의 반을 쉬게 하기로 합의를 보았습니다.

앞에서 말했다시피, 사람들은 1870년대 무렵부터 '한 주의 끝' 또는 '한 주의 끝을 보내는 일'에 대해 말하기 시작했습니다. 이 관행은 19세기 내내 이어졌습니다. 하지만 영국의 반휴일이 완전한 휴일로 확대되는 데는 꽤 오랜 세월이 걸렸습니다. 미국의 반휴일은 1920년대까지 소개되지 않았지만, 훨씬 빠르게 이틀간의 주말로 확대되었습니다. 주5일 근무제를 가장 먼저 받아들인 공장은 뉴잉글랜드 방적 공장이었습니다 (1908년). 하지만 주된 원인은 유대인 근로자 때문이었습니다. 1914년에 헨리 포드Henry Ford는 공장의 하루 근무 시간을 9시간에서 8시간으로 줄였고, 12년 뒤에는 토요일에 공장 문을 아예 닫아서 모두를 깜짝 놀라게 했습니다. 하지만 이렇게 한 까닭은 이타심 때문이 아니라 약삭빠른 판단 때문이었습니다. 포드는 여가가 늘면 개인 소비(이를테면 새로운 자동차와 여행에)도 늘리라고 생각했습니다. 포드의 예언은 정확히 들어맞았습니다. 실로 주말은 소풍이나 관광이랑 관련 있는 날이 되었고, 그 뒤로 여태껏 그래 왔습니다. 1940년에 하루에 8시간 일하는 날이 이르자마자, 닷새는 일하고 이틀은 쉬는 체제가 굳게 자리 잡았습니다.

피곤한 추구

여가 자체는 잘못된 것이 아닙니다. 성경은 사람이 쉬거나 즐거운 시간을 보내는 것을 부인하지 않습니다. 성경에는 일과 놀이의 균형이 있습니다. 하나님께서는 사람에게 이레 가운데 하루를 쉬라고 주셨고, 우리 주님께서도 한번은 지친 제자들에게 "따로 한적한 곳에 가서 잠깐 쉬어라"(막 6:31)고 말씀하셨습니다. 하지만 문제는 많은 사람이 자신의 '자유' 시간에 무엇을 해야 할지 모른다는 데 있습니다. 여가는 바람직하고 창조적으로 쓰일 수 있지만, 죄악 되고 파괴적으로 쓰여서 사람의 몸과 영혼을 모두 망칠 수도 있습니다.

오늘날 많은 사람이 자신의 '자유' 시간을 해롭게 쓰고 있습니다. 우리 사회는 쾌락에 굶주린 사회며, 역사를 돌아보아도 지금처럼 죄악 된 마음의 욕구를 충족시킬 기회가 많았던 적은 없습니다. 20세기 들어, 재미와 즐거움에 완전히 사로잡힌 사람의 이 욕구를 충족시키려고 연예 산업이라는 것이 느닷없이 나타났습니다. 더 활기차고 건강하게 놀고 싶은 사람을 위해서는 운동 장비, 레저용 차량, 콘도, 여행 상품들을 갖춘 여가 산업이 이들을 섬기려고 기다리고 있습니다.

현대인이 이런 것들 때문에 더 행복합니까? 별장에서 주말을 보내고 나면 정말 몸과 마음이 회복되나요? 월요일에 일터로 돌아올 때 생기를 되찾고 새 힘을 얻고 돌아옵니까? 여가 시간은 정말 하고 싶은 일을 마음껏 선택할 자유가 있다는 뜻에서 '자유' 시간인가요? 이런 물음에 대한 답은 모두 '아니요'입니다. 역설처럼 들리겠지만, 최근 연구를 보면 현대인은 여가로 자유를 얻기보단 여가의 노예가 되고 있습니다. 물론 사회는 자유 시간이 아니라 일이 우리를 노예로 만든다고 생각합니다만, 그렇다면 오늘날 일반 근로자가 이전 어느 때보다 여가를 즐길 기회가 많은데도, 왜 그 선조들보다 조금도 더 행복해 보이지 않습니까?

제 생각에 그 이유 하나는, 일하는 시간이 짧아지고 보수가 나아져서 여가 시간을 더 가질지, 소비재에 더 돈을 쓸지 선택해야 하기 때문입니다. 둘 다 할 수 있는 사람은 부자밖에 없습니다. 하지만 일반 고용인은 이러지도 저러지도 못합니다. 스키나 요트처럼 돈이 많이 드는 취미를 실컷 즐기거나 투사형 텔레비전이나 위성 안테나 같은 최신 오락 장비를 사고 싶으면, 더 오래 일해야 할 것입니다. 다시 말하면, 자유 시간을 잔업이나 부업이랑 바꿔야 합니다. 통계에 따르면, 더 많은 여가를 택한 18세기 영국 근로자들과 달리, 오늘날 근로자들은 시간보다 소비를 택한다고 합니다. 이들을 부추기는 것은 솔깃한 광고 기술이나, 아니면 그냥 갖고 싶은 욕구, 남에게 뒤지지 않으려는 욕구임이 분명합니다. 이 '장난감'을 사려고, 유례없이 많은 근로자가 부업을 뛰고 있습니다(100명 가운데 6명 정도).

이 때문에 놀 시간이 거의 없음은 말할 것도 없습니다. 출퇴근을 하고, 아이를 운동하는 데 데려다 주고, 금요일 저녁에 물건 사는 일이 평일 여가 시간에 끼어든 것처럼, 더 긴 근로 시간과 더 많은 잔업이 평일 여가 시간을 거의 빼앗아 버렸습니다. 오늘날 근로자는 주말(또는 토요일에 자질구레한 집안일을 끝내고 남은 시간)이 되어서야 드디어 쉴 틈을 얻습니다. 그런데 정말 쉴 틈을 얻습니까? 주말은 겨우 이틀뿐이고, 이 짧은 시간에 이것저것 잔뜩 집어넣어야 하기 때문에, 어떤 식으로든 참된 쉼을 얻기란 거의 불가능합니다. 주마다 별장으로 달려가는 일은 교통 체증과 도로 공사 때문에 좀처럼 여유가 없습니다. 여행에서 돌아올 때도 상황은 크게 다르지 않습니다. 우울한 월요일이 코앞에 닥치지만, 며칠 고생하면 곧 또 금요일이 찾아옵니다. 삶은 이렇게 흘러갑니다. 삶의 드라마가 막을 내리고 끝날 때까지 이런 주기가 주마다 되풀이됩니다.

우리는 이런 쾌락주의 사회에서 살고 있고, 그 영향력에서 안전하지 않습니다. 또한 여가를 어떻게 보낼까 하는 물음과 마주하게 됩니다.

그리스도인은 이 물음에 쉽게 답할 수 있어야 합니다. 우리는 그리스도의 피로 구속받았다고 고백하는 사람으로서 우리의 여가 시간도 그리스도의 것임을 깨달아야 합니다. 시간의 주인이신 그리스도께서는 일하는 시간만 아니라 자유 시간의 주인이시기 때문에, 우리에게 맡기신 시간의 청지기 직분에 대해 우리에게 책임을 물으십니다.

여가는 잘못된 것이 아닙니다. 모든 것은 여가를 어떻게 보느냐에 달려 있습니다. 우리는 여가를 사회가 준 권리로 봅니까, 우리 창조자와 구속자께서 주신 선물로 봅니까? 사도 바울은 우리가 섬기는 분이 "모든 것을 후히 주사 누리게 하시는 하나님"(딤전 6:17)이심을 다시 한 번 일깨워 줍니다. 하나님께서는 자기 아들을 우리 구주가 되게 하사 가장 큰 선물로 주셨을 뿐 아니라, 이 아들과 함께 모든 것을 값없이 베푸셨습니다(롬 8:32). 여기에는 하나님의 너그러운 손길로 쉬고 즐기는 시간도 들어갑니다.

그러니까 그리스도인은 이 세상의 즐거움을 좇다가 지칠 필요가 없습니다. 잠잠하고 신뢰해야 힘을 얻을 것임을 알기 때문입니다(사 30:15). 우리는 머지않아 그리스도와 함께 영광 가운데 있을 것입니다. 하나님의 오른쪽에는 영원한 즐거움이 있습니다(시 16:11).

1 일과 여가의 전통 관계와 관련한 두 학파를 설명해 봅시다. 두 학파에 대한 자신의 견해를 나눠 봅시다.

2 〈주말의 역사〉를 읽고, 주말에 대한 인식과 오늘날과 같은 상황에 이르기까지의 역사를 말해 봅시다.

3 우리나라도 주5일 근무제를 시행하고 있는데, 이를 어떻게 바라봐야 하는 걸까요? 두 파로 나누어 토론해 봅시다.

4 우리는 여가를 어떻게 보내고 있습니까? 각자 돌아보고, 나눠 봅시다. 앞으로 어떻게 해야 할지도 나눠 봅시다.

5 그리스도인으로서 우리의 참된 쉼은 어디에 있습니까? 또 궁극적으로 어디에서 즐거움과 만족을 얻어야 합니까? 이사야 30장 15절과 시편 16편 11절을 읽고 묵상해 봅시다.

6 이 장을 읽으면서 하나님께서 깨닫게 해주신 것과 베풀어 주신 은혜를 생각하며 감사합시다. 또 깨달아 배우고 확신한 일에 거할 수 있게 해달라고 기도합시다.

머리말

어떤 종교든 그 경쟁 상대와 구별되는 그 종교만의 특징이 있습니다. 전통과 관습만 아니라, 의례, 의식, 예배 형식, 설교 방식도 가지가지입니다. 기독교 설교만 놓고 봐도, 가령 가톨릭교회, 루터교회, 성공회, 감리교회, 오순절교회, 개혁교회(또는 칼빈주의)의 설교는 모두 뚜렷하게 다릅니다. 다른 배경과 전통을 가진 설교자의 설교를 들을 때, 꼭 높은 수준의 종교 교양이 없더라도, 내용과 전달 방식에서 나타나는 어떤 독특한 특징을 알아볼 수 있습니다. 네덜란드 칼빈주의 설교도 마찬가지입니다. 네덜란드 칼빈주의 설교만의 어떤 특색이 있습니다. 그런데 설교 내용과 강조점을 보면, 네덜란드 칼빈주의 설교끼리도 중요한 차이가 있습니다.

---

129) 「메신저」 2006년 5월 호에 실린 글.

구파와 신파 네덜란드 칼빈주의자

네덜란드 칼빈주의 설교는 크게 둘로 나눌 수 있을 것입니다. 먼저, 옛 학파가 있습니다. 곧, 실험 또는 체험 설교를 강조하는 전통 칼빈주의자들입니다. 이런 칼빈주의 분파는 네덜란드의 좀 더 작은 교단에서 볼 수 있습니다. 기독개혁교회(자유개혁교회Free Reformed Church of North America[FRCNA])Christelijke Gereformeerde Kerken(CGK), 개혁교회(네덜란드 개혁교회Netherlands Reformed Congregations[NRC])Gereformeerde Gemeenten(GG), 옛날개혁교회Oud Gereformeerde Gemeenten(OGG), 개혁주의 연맹Reformed Alliance[130](최근에 조직된 네덜란드 개신교회Protestantse Kerk in Nederland[PKN]에 속한 보수 집단), 이밖에 분열을 겪은 여러 작은 집단이 여기에 들어갑니다.

그리고 이른바 신칼빈주의자들이 있습니다. 이들은 최근에 위에서 말한 네덜란드 개신교회로 합병된 네덜란드 개혁교회Gereformeerde Kerken van Nederland(GKN)(북미기독개혁교회Christian Reformed Chuched of North America[CRCNA]와 관련 있습니다), 그리고 해방파 교회(캐나다개혁교회 Canadian Reformed Church[CanRC])Gereformeerde Kerken vrijgemaakt(GKv)에서 볼 수 있습니다. 이 두 연맹 사이에는 중요한 차이가 있지만, 둘 다 옛 칼빈주의 집단에서 볼 수 있는 체험 설교를 싫어합니다. [131]

---

130) 개혁주의 연맹은 이제 공식적으로 존재하지 않는다. 네덜란드 개혁교회(NHK)는 아브라함 카이퍼와 관련 있는 네덜란드 개혁교회(GKN)와 네덜란드 루터교회와 함께 네덜란드 개신교회라는 새 교단을 만들었기 때문이다. 개혁주의 연맹에 속한 거의 모든 교회는 큰 반대를 겪고 나서 마지못해 내린 결정이긴 하지만, 어쨌든 이 합병에 따르기로 결정했다. 하지만 이 가운데 적은 수의 교회는 선한 양심을 따라 이 새 교단에 가입할 수 없었고, 그래서 회복개혁교회Hersteld Hervormde Kerk(HHK)라는 이름으로 새 교단을 조직했다.

131) William Young, "Historical Calvinism and Neo-Calvinism," *The Westminster Theological Journal* 36, no. 1(Fall 1973): p. 48.

모범 설교 또는 구속사 설교

네덜란드 개혁주의 공동체는 1930년대에 설교 방법을 놓고 기나긴 논쟁을 치렀습니다. 한쪽에는 '모범' 설교 또는 도덕주의 설교를 지지하는 사람들이 있었고, 다른 한쪽에는 엄격하게 '구속사' 설교만을 주장하는 사람들이 있었습니다. 구속사 설교를 대표하는 사람으로는 이 방법을 처음 만들었다고 할 수 있는 스힐더 박사를 비롯해, 홀베르다 B. Holwerda, 페인호프C. Veenhof, 판 데이크D. Van Dijk, 스피르J. Spier가 있었습니다. 이들은 당시(1920-1930년대) 거의 모든 목사가 역사 본문을 설교할 때 쓰는 방법을 못마땅하게 여겼습니다. 이들의 주된 반론은 이 방법을 쓰는 사람들이 역사 속 인물을 따라야 할 모범으로 제시하는 경향이 있다는 것이었습니다. 그래서 '모범' 설교란 말이 나온 것입니다. 이들은 이런 식으로는 본문의 의미를 제대로 다룰 수 없다고 비난했습니다. 판 데이크는 이렇게 말합니다.

> 논쟁의 요점은 선포된 진리가 성경에 있느냐 없느냐가 아니고, 이 진리가 설교하는 본문에 실제로 계시되어 있느냐 없느냐입니다. 말씀 사역은……하나님께서 설교 본문에 주신 말씀을 회중에게 선포하는 것입니다. 그러니까 본문을 연구할 때, 그 본문에 담긴 특별한 내용을 찾아내려고 애써야 합니다. 다른 본문에도 똑같이 갖다 붙일 수 있는 개념(아무리 아름다운 개념이라도)이 아니라, 이 특정한 내용을 설교해야 합니다. [132]

'모범' 설교를 옹호하는 사람들은 서둘러 지적하기를, '구속사' 설교 방법을 쓰는 사람들이 설교를 청중을 위한 아무런 의미 없는 적용도 없는

---

132) 앞의 책, p. 42.

메마른 성경 역사 강의로 끌어내렸다고 말했습니다. '구속사' 설교를 지지하는 사람들이 올바른 성경 주해에 대해 몇 가지 상당히 타당한 의문을 제기한 것은 사실이지만, 이들은 '모범' 설교를 반대하는 데서 너무 도를 지나쳤습니다.

새 방향

'구속사' 학파를 대표하는 사람들이 거의 하나같이 칼빈주의 철학 협회에 속한 것은 우연이 아닙니다. 이 협회는 1935년에 세워졌는데, 도예베르트Herman Dooyeweerd의 『법이념 철학』Philoshophy of the Law-Idea이 나오고 얼마 뒤였습니다.

'도예베르트주의'의 특징은 문화에, 그리고 종교의 외형에 지나칠 정도로 관심을 보였다는 점입니다. 그만큼 내면과 영혼의 문제에는 관심이 적었습니다. '모범' 설교를 비판한 사람들은 또한 잠재된 경건주의와 그 세 딸(주관주의, 개인주의, 유심론)을 반대했습니다. 이들은 이런 것들이 네덜란드 칼빈주의 교회 역사의 뿌리라고 하면서, 스스로를 '새 방향'의 사도로 여겼습니다.

이들은 모범 설교에 관심 있는 설교자들의 이른바 주관주의를 반대하면서, 기대와는 달리 객관주의를 지지하지 않았습니다. 이들은 자신들의 설교를 '규범' 설교라고 일컬었습니다. 스피르에 따르면, "하나님의 말씀은 객관적이거나 주관적인 것이 아니라……구원을 주시는 하나님의 능력입니다……하나님의 말씀은 우리 삶을 지배하는 규범입니다." 페인호프는 이에 덧붙여 이렇게 말합니다. "성경은 케리그마, 곧 전파하고 호소하는 것입니다……하나님께서는 성경 안에서 우리를 붙드십니다. 성경은 하나님의 말씀이기 때문에 결코 말씀하시는 하나님과 갈라설 수 없습니다. 그리스도께서는 이 말씀 안에 계시며, 신적 로고스로서 이 말씀을 보증하십니다. 이 말씀은 결코 그리스도의 성령과 떨어질 수 없습니다. 말씀과 성령은 언제나 함께 갑니다."[133]

'새 방향'에 속한 사람들은 이런 식으로 해묵은 주관–객관의 딜레마를 극복하려 했습니다. 하지만 이런 노력은 결국 실패로 돌아가고 말았습니다. 모든 점을 고려해 볼 때, 이들이 이룬 일이라고는 설교에서 주관적 요소를 없앤 일뿐입니다. 마침내 설교는 석의 논문이 되었고, 영적인 적용은 거의 사라졌습니다. 스힐더를 반대한 어떤 사람은 이렇게 말했습니다. "스힐더의 설교는 스힐더의 강의와 크게 다르지 않았습니다. 스힐더의 설교는 이성주의 성격을 띠었고, 객관성이 압도했습니다. 적용은 그냥 '귀 있는 자는 성령이 교회들에게 하시는 말씀을 들을지어다'로 끝이었습니다." 이것이 치우친 얘기처럼 들리십니까? 그렇다면 스힐더의 친한 친구가 스힐더의 강단 사역에 대해 뭐라고 했는지 들어 보십시오. "언제나 엄격한 객관성이 스힐더의 설교를 지배했습니다. 스힐더는 주관주의와 신비주의라고 하면 아주 진저리를 쳤습니다. 또 적용이 쓸모없음을 알았기 때문에 적용도 싫어했습니다."[134]

언약 설교 대 개인주의 설교

스힐더와 스힐더의 동료들이 정의하는 경건주의의 두 번째 특징은 개인주의입니다. 이들은 언약을 새롭게 강조해서 이 '병'을 고치려고 했습니다. 이것을 왜 개인주의에 효과 있는 무기로 생각했는지는 더흐라프의

---

133) 앞의 책, pp. 153-154.
134) 앞의 책, p. 180.

다음 글에서 밝혀집니다. 더흐라프는 『약속과 구원』(평단 문화사)에서 이렇게 쓰고 있습니다. "하나님께서는 언약 안에서 언제나 자기 백성 전체에게 다가가시지, 절대로 그냥 백성 하나하나에게 다가가시지 않습니다. 언약 때문에 온 백성이 하나님의 신실하심 안에서 평안히 쉼을 누리고, 언약의 각 지체마다 이 공동체의 지체로서 이 쉼을 함께 누립니다."[135]

'새 방향'에 속한 사람들에 따르면, 경건주의의 세 번째 특징은 유심론입니다. 신칼빈주의자들은 이것을 신비주의라고 하기를 더 좋아합니다. 신비주의는 종교에서 바람직하지 않게 여겨지는 온갖 잡다한 것을 포함하는 말이 되었습니다. 사람들은 인간 중심주의, 본성과 은혜의 이분법, 내향성, 지나친 자기 성찰, 모자란 확신 따위를 모두 신비주의 탓으로 돌렸습니다. 스힐더는 신비주의에 빠진 사람들을 이렇게 비난했습니다. "이들은 바깥 세계에서 눈을 돌리고, 구속과 계시 역사의 넓은 도로 위에서 하나님이 하신 일과 하실 일에 눈을 감습니다. 남은 것이라고는 서로를 부둥켜안은 하나님과 영혼뿐입니다."[136] 스힐더는 교회에서 이런 신비주의 경향을 없애려면, 종교개혁의 위대한 주제인 '오직 성경'을 다시 한 번 강조하고, 하나님의 말씀이 삶의 모든 영역에 의미 있음을 선포하는 수밖에 없다고 생각했습니다.

이제껏 말한 것만 보면, 1930년대의 개혁교회에 주관주의자와 개인주의자와 신비주의자가 가득했고, 그래서 스힐더와 다른 사람들의 비판이 절실했다고 쉽게 결론 내릴 수 있을 것입니다. 하지만 당시 스힐

---

135) S. G. DeGraaf, *Promise and Deliverance*, vol. 1(St. Catharines: Paideia Press, 1977), p. 24.

136) Sidney Greidanus, *Sola Scriptura: Problems and Principles in Preaching Historical Texts*(Eugene, OR: Wipf & Stock, 2001), p. 38. 우리말로는 『구속사적 설교의 원리』(SFC 출판부)로 옮겨졌다.

더가 아직 회원으로 있던 교회에 이런 악이 정말로 널리 퍼져 있었습니까? 아닙니다. 그렇지 않았습니다. 물론 칼빈주의 진영에는 그 경건이 건전하지 않고, 나쁜 의미에서 신비주의에 물든 사람들이 있었지만, 이것은 주요 개혁교단에는 해당하지 않는 일이었습니다. '새 방향'에 속한 사람들이 반대한 것은 잘못된 체험 설교가 넘쳐난다는 것이 아니었습니다. 이들은 성경이 말하는 건전한 체험 설교, 한때 모든 네덜란드 칼빈주의를 특징짓던 남아 있는 체험 설교를 반대했습니다. '모범' 학파를 옹호한 요한 바빙크J. H. Bavinck는 그 반대자들이 하는 공격의 실제 성격을 이렇게 진단했습니다. "새로운 정신은 영혼의 신앙체험과 그리스도인의 내적 표지를 싫어합니다."[137]

구분 짓는 설교를 반대함

예상대로 새 학파는 또한 회중을 구분 짓는 설교를 반대했습니다. 이런 설교는 보이는 교회가 회심한 사람과 회심하지 않은 사람으로 이루어져 있다고 가정하기 때문입니다. '구속사' 학파 사람들은 회중 안에 위선자가 있을 수 있다고 인정했지만, 서로 다른 청중에게 전해지는 어떤 설교도 격렬히 반대했습니다. 판 데이크 목사는 이렇게 썼습니다.

> 신앙고백을 따르는 교회는 주님의 회중에 속해 있지 않음을 그 삶으로 증명하는 모든 사람을 교적에서 내쫓기 때문에, 이런 교회를 받아들인 설교자는 설교할 때 사람들을 또다시 걸러 낼 권리가 없습니다……이렇게 하는 설교자는 세 가지 잘못을 저지르는 것입니다. 첫째, 그리스도 교회

---

137) 앞의 책, p. 87.

를 뒤섞인 무리라고 함으로 그리스도 교회를 욕되게 합니다. 둘째, 그리
스도 교회에 해를 끼칩니다. 믿는 사람들은 의심하기 시작할 테고, 위선
자들은 익숙한 후렴구에 쉽사리 귀를 닫기 때문입니다. 끝으로, 교회가
더디 자라게 합니다. 이런 설교자가 청중을 보는 관점은 기어코 설교의
목표와 내용을 일그러뜨릴 것이기 때문입니다. [138]

위의 진술은 전통 칼빈주의 곧 구파 칼빈주의와 '새 방향' 곧 신파 칼빈
주의가 본질에서 어떤 차이가 있는지 뚜렷이 보여 줍니다. 이 두 학파
는 종교개혁에 같은 기원을 두고 있지만, 잇따른 개혁주의 역사에서 상
당히 다르게 발전해 왔습니다.

카이퍼의 신칼빈주의

앞에서 지적했다시피, 도예베르트의 『법이념 철학』에 영향을 받은 사람
들이 '구속사' 설교를 지지했고, 지지하고 있습니다. 이 철학은 결국 카
이퍼 박사의 신칼빈주의에 그 뿌리를 두고 있습니다. 이 위대한 신학자
는 사십 년이 넘도록(1880-1920년) 네덜란드의 신학 현장 전체를 장악했
습니다. 카이퍼는 훌륭한 사람이었지만, 흔히 그렇듯 이런 사람도 크
나큰 잘못을 저지를 수 있습니다.

가정 중생

옛 칼빈주의자들이 볼 때, 카이퍼가 저지른 가장 큰 잘못 가운데 하나

---

138) 앞의 책, p. 97.

는 그의 가정 중생 교리였습니다. 카이퍼는 믿는 부모에게서 태어난 자녀를 거듭난 것으로 가정하고 다루어야 한다는 논지를 내세웠습니다. 이것은 얼마 못 가서 언약 안에서 태어나는 것이 천국에 가리라는 보증이나 거의 다름없다는 뜻이 되어 버렸습니다. 물론 카이퍼 자신은 자기 성찰의 필요성을 강조했지만, 시간이 지날수록 영혼을 살피라는 요청은 점점 작아졌습니다. '새 방향'에 속한 사람들은 급기야 앞에서 말한 이유로 이런 실천을 모두 그만둘 것을 요구했습니다. 결국 새로운 세대의 언약 자손은 요한복음 3장 3절의 뜻을 들어 보지도 못한 채 자라게 되었고, 이 가운데 많은 자녀가 목사가 되었습니다. 이 가운데 적지 않은 이들이 체험신앙을 낯설어한다는 것은 실로 걱정스러운 일입니다.

우리는 여기서 네덜란드 개혁교회가 현재 앓고 있는 고질병의 원인(유일한 원인은 아니라도 한 가지 원인인 것은 분명합니다)을 볼 수 있습니다. 새로운 탄생을 몸소 체험하지 못한 사람들이 그리스도 교회의 목사가 된다면, 이들은 잘못을 한없이 이어 갈 뿐이며, 신앙에서 마음과 체험의 측면은 내버리고 기껏해야 지성만 강조할 것입니다. 설교의 초점은 내면보다 사실에 있을 것이고, 믿으라는 요청은 성경 진리에 머리로 찬성하는 사람을 낳을 것입니다. 바꿔 말해, 구원 신앙이 아닌 역사 신앙이 있을 것입니다.

이런 환경에서 믿음의 열매는 내면보다는 외면으로 기울기 십상입니다. 물론 역사 신앙을 구원 신앙으로 혼동하는 곳에서도, 신앙을 발휘하려는 노력이 있을 것입니다. 신칼빈주의 안에서 나타난 신앙은 문화와 이른바 문화 명령에 대한 유례없는 관심과 걱정이었습니다. 윌리엄 영은 "역사 깊은 칼빈주의와 신칼빈주의"라는 글에서 이렇게 말합니다.

문화는 이제 예술만 아니라 경제와 정치 활동까지 포함하는 가능한 가장 넓은 의미로 이해되고, 이렇게 이해되면서 개혁주의 그리스도인을 사로잡게 됩니다. 칼빈주의는 택함 받은 자들의 구원에 나타나는 하나님의 주권적 은혜에 가장 먼저 관심 갖기를 그만두고, 심미적 도락과 정치 활동을 위한 명분이 됩니다. [139]

구파 칼빈주의 설교의 뿌리

이제 역사와 전통이 있는 네덜란드 칼빈주의 설교의 뿌리를 살펴봅시다. 우리는 이 뿌리를 16세기 종교개혁과 17-18세기 제2종교개혁에서 찾아야 합니다. 신칼빈주의자들은 자신들이 못마땅해하는 주관주의, 개인주의, 은혜의 표지, 구분 짓는 설교 따위를 모두 청교도주의와 경건주의의 영향 탓이라고 자꾸 비난했습니다. 이 두 운동이 네덜란드 개혁주의를 잘못된 길로 이끌어서 제네바의 순수한 칼빈주의에서 벗어나게 했다는 것입니다.

아브라함 카이퍼가 지배하기 전의 개혁교회에서 볼 수 있었고, 오늘날의 몇몇 교단에서도 볼 수 있는 네덜란드 칼빈주의가 청교도주의에 크게 영향을 받았고, 그보다는 적지만 독일 경건주의에도 영향을 받았다는 것은 부인할 수 없는 사실입니다.

하지만 다양한 모습을 띤 잉글랜드와 네덜란드의 청교도주의는 개인의 구원과 성화에만 관심 갖지 않았습니다. 적어도 초기 청교도들은 전체 교회와 사회의 개혁도 목표로 삼았습니다.

---

139) William Young, "Historic Calvinism and Neo-Calvinism," *Westminster Theological Journal* 37, no. 2(Winter 1974): p. 169.

네덜란드 청교도들과 그 관심사

네덜란드 청교도들은 잉글랜드 청교도들보다 종교개혁이 자신들의 땅에서 이룬 일에 감사할 이유가 훨씬 많았습니다. 개혁교회는 네덜란드의 국가교회가 되었고, 더구나 도르트 총회 이후로는 모든 강단에서 건전한 교리가 선포되었습니다. 하지만 더 분별력 있는 목사들은 순수한 교리만으로는 부족하다는 사실을 알았습니다. 이들은 건전한 신앙고백을 거룩한 행실로 꾸미지 않는 한, 종교개혁은 끝내 사람들을 놓치고 말 것임을 알았습니다. 그래서 더 철저한 개혁을 위해 힘쓰기 시작했습니다.

청교도 성향의 설교자들은 교회 안에 이름뿐인 그리스도인의 수가 늘어나는 것을 걱정하면서, 참된 회심자와 거짓된 회심자를 구분하기 시작했고, 성경에서 믿는 사람과 위선자의 표지를 보여 주었습니다.

이 가운데 어떤 사람들은 귀한 것을 헛된 것에서 나누려는 열정이 너무 지나쳤습니다. 얼마든지 있을 수 있는 일이었습니다. 또 어떤 사람들은 교회와 사회를 개혁하려고 온 힘을 다했는데도 상황이 별로 나아지지 않자 환멸을 느껴서, 마음을 접고 비슷한 생각을 가진 신자들끼리 몰래 숨어서 모이기 시작했습니다. 이것도 이해할 만합니다. 하지만 몇몇 사람의 부족과 실패에도, 전체로 볼 때 네덜란드 청교도들은 하나님을 참으로 두려워하는 사람들이었습니다. 이들은 영혼에 대해 참된 부담을 느꼈고, 하나님의 영광에 깊은 관심을 가졌습니다.

객관적이며 주관적인 설교

네덜란드 청교도 설교의 특징은 객관적이면서 주관적이었다는 데 있습니다. 옛 학파에 속한 칼빈주의자들은 성경이 말하는 참된 설교가 하나님의 말씀을 설명하고 적용하는 것이라고 믿었고, 지금도 그렇게 믿습니다. 이들에게 적용이란 그저 현실에 들어맞는 설교, 곧 설교자가 본문을 일상생활에 적용해야 한다는 뜻이 아닙니다. 물론 이 일도 필요하지만, 이들이 말하는 적용은 청중이 설교 내용을 주관적으로 받아들이는 것을 뜻합니다. 이런 적용이 성령님의 일이라는 신칼빈주의자들의 반론에 맞서, 옛 칼빈주의자들은 말씀을 적용하시는 분이 실로 성령님이지만, 설교자가 말씀을 쪼개서 성령님께 적용거리를 드려야 한다고 주장합니다.

칠십 년 전쯤에 네덜란드 개혁교회(NHK, 개혁주의 연맹)의 목사이자 옛 칼빈주의 설교 학파의 걸출한 대표인 키빗 목사는 『객관적이면서 주관적인 설교: 성경의 요구』Objective-Subjective Preaching: The Demand of Holy Scripture라는 제목의 책을 썼습니다. 이 책에서 저자는 먼저 철학에서 객관과 주관을 어떻게 구분하는지 설명한 다음, 객관적 설교에 대해 이렇게 말합니다.

객관적 설교는 믿음, 회심, 회개, 하나님, 구원, 그리스도에 대해 말합니다. 객관적 설교는 진리를 다루지만, 삶이 없고 체험이 없습니다. 이런 설교에는 심장의 고동침이 없습니다. 설교자는 강연과 연설을 하지만, 생명과 활기가 없습니다. 이런 설교는 완고하고 교만한 마음을 불어넣습니다. 역사 신앙을 구원 신앙으로 착각하게 만들기 때문입니다. 사실 객관적 설교는 말씀을 시행하는 것이 아닙니다. 그리스도가 어떻게 죄인의 소유가 되는지 설명하지 않기 때문입니다. 물론 설교자는 믿음으로 된다고 하겠지만, 이 믿음이 어떻게 은혜로 역사되는지, 어떻게 발휘되는지 이야기하지 않습니다.

그러고 나서 말씀 사역자에게 이런 충고를 건넵니다.

> 설교자는 그리스도를 가리키고 주어진 약속에 대해 말해야 할 뿐 아니
> 라, 이 약속을 받아들이고 이 약속이 우리 삶에서 이루어지는 마음의 활
> 동에 대해 말해야 합니다. 설교자는 그리스도가 누구시고 누구를 위해
> 세상에 오셨는지 설명해야 할 뿐 아니라, 그리스도께 가는 길도 보여 줘
> 야 합니다. 또 그리스도가 필요함을 말해야 할 뿐 아니라, 그리스도와 잃
> 어버린 죄인이 어떻게 하나 되고, 이 믿음의 관계가 어떻게 세워지고, 그리
> 스도께서 어떻게 친히 죄인의 마음에 들어갈 자리를 마련하시는지 말해
> 야 합니다. 오늘날 설교에는 이런 요소가 많이 빠져 있습니다. 그래서 사
> 람들은 빵 대신 돌을 받고는 다른 데서 먹을 것을 찾기 시작합니다. 물론
> 객관적 요소가 먼저 옵니다. 우리는 오직 성경에서 객관적 진리의 충만함
> 을 이끌어 낼 수 있고, 이끌어 내야 합니다. 하지만 주관적 체험과 활동을
> 절대로 잊어서는 안 됩니다. 이런 것도 설교의 본체에 속합니다. 주관적
> 요소를 빠트린 설교는 성경이 말하는 설교라 할 수 없습니다. [140]

위의 인용문은 키빗 목사가 청교도 개혁주의 전통 위에 굳게 섰음을 똑
똑히 보여 줍니다. 어떤 사람들은 이런 전통이 17세기에 도르트 선조들
과 함께 시작되었다고 비난하지만, 사실 이 전통은 칼빈과 다른 개혁
자들과 함께 시작되었습니다. 키빗 목사가 주로 누구의 글을 인용하고
있는지 보십시오. 예상과 달리 제2종교개혁 대표들의 글이 아닌 칼빈의
글입니다. 이것은 정말 의미심장한 일입니다. 이를테면 키빗 목사는 이
위대한 개혁자가 설교의 목적에 대해 말한 것을 인용하고 있습니다.

---

140) I. Kieviet, *Voorwerpelijke-Onderwerpelijke Prediking, Eisch der Heilige Schrift*(Huizen: J. Bout & Zonen, n. d.), pp. 62-65.

전체 복음 사역의 목적은 모든 지복의 원천이신 하나님께서 죄 때문에 하나님과 떨어져 망하게 된 우리에게 그리스도를 전해 주셔서, 우리가 그리스도로부터 영원한 생명을 누리게 하시는 것입니다. 한마디로, 하늘의 모든 보화를 우리에게 적용해 주셔서 이 보화가 그리스도 자신의 것인 만큼 우리 것이 되게 해주시는 것입니다. [141]

칼빈의 설교관

칼빈은 말씀 설교에서 두 목사가 일한다고 믿었습니다. 우리 밖에서 일하는 목사는 귀에 들리도록 소리 나는 말로 설교하고, 우리 안에서 일하는 목사이신 성령께서는 "자신의 은밀한 능력으로 자신이 뜻하시는 모든 사람의 마음속에서 이들이 믿음으로 그리스도와 연합하게 하십니다."[142] 칼빈은 이 성령님의 적용 사역 없이는 그리스도께서 우리에게 아무 소용없고, 우리와 완전히 동떨어져 계신다고 말합니다. [143] 성령님께서는 자신의 은밀한 역사로 우리 안에 믿음을 일으키사 '저기 바깥'에 계시는 그리스도를 우리에게 모셔와 우리 마음속에 거하게 하시는 분이십니다.

이처럼 칼빈은 설교의 객관적 측면과 주관적 측면을 똑똑히 구분했습니다. 그러니까 이런 구분을 없애려는 사람들은 칼빈한테 지지를 호소할 수 없습니다.

---

141) J. K. S. Reid 편집, *Calvin: Theological Treatises*(Westminster John Knox Press), p. 171.

142) 앞의 책, p. 173.

143) 존 칼빈, 『기독교 강요』 3권 1장 3절.

칼빈의 관점에 대한 반응

'새 방향'에 속한 사람들은 칼빈이 모범 설교 방법을 따랐다는 사실을 충분히 알았습니다. 모범 설교의 옹호자인 다우마J. Douma 박사는 이렇게 말했습니다. "칼빈은 자신이 거룩한 역사를 모범의 방법으로 설교하도록 하나님께 부르심 받았다고 생각했고, 칼빈만 아니라 모든 개혁파 설교자가 같은 확신을 가졌습니다."[144] '새 방향'에 속한 판 데이크 박사도 이 사실을 부인하지 않습니다. "다우마는 우리 중 많은 사람이 정죄하는 이 방법이 제네바의 위대한 개혁자요 위대한 설교자의 방법이었음을 반박하지 못할 만큼 아주 분명히 보여 주었습니다." 하지만 이런 인정도 이들을 막지는 못했습니다. 이들은 이 사실을 알고도 여전히 이 전통 깊은 방법을 매섭게 비난했습니다.

헤르만 바빙크 박사

구파 네덜란드 칼빈주의 설교의 또 다른 특징은 구분 짓는 설교입니다. 신칼빈주의자들은 설교자에게 신앙을 고백하는 사람들을 나눌 권리가 없다고 주장합니다. 믿는 사람이 자신의 상태를 의심하게 하면 안 되기 때문이라는 것입니다. 옛 칼빈주의 학파인 '1834년 분리'에서 나온 바빙크 박사는 여러 면에서 카이퍼를 따랐지만, 구분 짓지 않는 설교를 부추긴 자기 동료의 가정 중생 교리는 반대했습니다. 바빙크는 『부르심과 거듭남』Calling and Regeneration이라는 책에서 특정한 회중 안에서 신앙을 고백하는 모든 신자를 구원받은 것으로 가정하고 설교해서는 안 된다고 경고합니다. 이런 설교는 이상에서 나온 것이기 때문에, 현실을

---

144) Greidanus, *Sola Scriptura*, p. 29.

인식하지 못하고 역사의 교훈을 무시한다는 것입니다. 그래서 결국 신앙고백(서)을 믿는 것과 신앙을 고백하는 것을 혼돈하게 되고, 교리를 머리로 찬성하는 데 만족하는 죽은 정통을 부추기게 된다는 것입니다. 바빙크는 이렇게 경고합니다.

> 이런 설교 아래서는 마음의 성향과 순결한 삶에 대한 관심이 거의 없습니다. 이스라엘이 아브라함의 혈통임을 의지하고 그 가운데 있는 성전을 의지했듯이, 신약성경 교회의 수많은 지체는 영원에 대한 소망을 자신들이 함께 누리는 교회의 외적 특권(세례와 신앙고백과 성찬) 위에 쌓기 시작합니다. 이렇게 해서 거짓된 안도감에 빠집니다. 교회는 그리스도를 참되게 믿는 사람들의 모임이지만, 그 안에서 믿고 회개하라는 부르심을 끊임없이 선포해야 합니다. [145)

칼빈의 기독교 강요와 주석

바빙크의 이런 진술은 역시 그 뿌리가 구분 짓는 목회를 주장한 청교도들에게만 있는 것이 아니라, 종교개혁과 칼빈에게도 있습니다. 칼빈은 자신의 주석과 『기독교 강요』에서 자신이 그리스도를 고백하는 모든 사람이 참으로 그리스도 안에 있다고 믿지 않는다는 사실을 분명히 합니다. 이를테면, 바나바가 믿는 사람들에게 "굳건한 마음으로 주와 함께 머물러 있으라"고 권고하는 사도행전 11장 23절을 주석하면서, 칼빈은 이렇게 말합니다.

---

145) A. Hoekema 요약, "Two Types of Preaching," *Reformed Journal*(May 1966).

바나바는 굳건한 마음을 지키라고 하면서 견인의 방법을 밝히고 있는데, 여기서 우리는 믿음의 뿌리가 살아 있으려면 이 뿌리를 마음에 내려야 한다는 사실을 배우게 됩니다. 그러니까 신앙을 고백하는 열 사람 가운데 한 사람도 끝까지 견디기가 무척 힘들다는 것은 그리 놀라운 일이 아닙니다. 기꺼운 마음, 굳건한 마음의 뜻을 아는 사람이 매우 드물기 때문입니다.[146]

칼빈은 또한 시편 15편 1절("여호와여 주의 장막에 머무를 자 누구오며 주의 성산에 사는 자 누구오니이까")을 주석하면서, 이렇게 쓰고 있습니다.

다윗은 큰 무리로 북적이는 성전을 보았습니다. 이들은 같은 신앙을 고백했고, 외적 의식에 따라 자신을 하나님 앞에 바치고 있었습니다. 이 광경을 보고 놀란 다윗은 이렇게 수많은 사람으로 뒤엉키고 어수선한 가운데서도 자기 백성과 이방인을 쉽게 구별하실 수 있는 하나님께 아룁니다.

그러고 나서 이 구절을 이렇게 적용합니다.

우리는 하나님의 교회가 수많은 불순물로 더럽혀진 것을 너무 자주 보기 때문에, 아무도 이 걸림돌에 걸려 넘어지지 않도록, 교회의 영원한 시민과 얼마 동안 이들 사이에 끼여 있는 이방인을 구분합니다……하나님의 거룩한 곳간은 그리스도께서 다시 오셔서 쭉정이를 까불러 버리실 마지막 날까지 완전히 깨끗해지지 않을 것입니다. 하지만 그리스도께서는 자신의 복음 교리로 벌써 이 일을 시작하셨습니다. 그래서 이 복음 교리를 키

---

146) 존 칼빈, 『사도행전 주석』 11장 23절.

라고 하신 것입니다(마 3:12).[147]

칼빈과 언약의 지체 됨

앞에서 봤다시피, 신칼빈주의자들은 언약 교리를 새롭게 강조해서 개
인주의를 막으려고 합니다. 이들은 칼빈도 이 성경의 핵심 교리를 강조
했다며 자꾸 칼빈한테 호소합니다. 물론 이것은 사실입니다. 하지만
칼빈은 오늘날의 몇몇 제자들과 달리 언약의 지체 됨을 천국으로 들어
가는 입장권으로 만들지 않았습니다. 물론 칼빈은 아브라함과 그 후
손이 은혜 언약으로 받아들여진 것처럼, 신약성경의 신자와 그 자녀도
은혜 언약 안에 있다고 가르쳤습니다. 칼빈은 언약의 지체가 되는 것을
일반 선택이라고까지 했습니다. 하지만 이것을 특별 선택과 구별했습
니다. 칼빈은 신명기 10장 15-17절을 설교하면서 자신의 언약관을 이
렇게 설명합니다.

> 한편 모든 사람(유대인)과 관련 있는 일반 선택이 있음을 눈여겨봅시다.
> 이 선택은 크게 존중받아야 마땅합니다. 하지만 각 사람이 자기 편에서
> 그 안에 참여하지 않는 한, 이 선택은 아무런 유익도 주지 않습니다……
> 여기서 아브라함의 혈통과 세상의 나머지 사람들을 차별하시는 하나님
> 의 선택을 보십시오……보십시오. 여기에 아브라함의 모든 자녀와 관련
> 있는 일반 선택이 있습니다. 하지만 믿음으로 이 은혜를 확증해야 했습
> 니다……우리는 이 가운데 적지 않은 이들이 잘려 나간 것을 보기 때문
> 입니다……자, 그렇다면 모든 사람한테 미치는 하나님의 선택은 충분하

---

147) 존 칼빈, 『시편 주석』 15장 1절.

지 않았습니다. 각 사람은 스스로를 위해 이 선택에 참여해야 했습니다. 어떻게요? 믿음으로요! 하지만 이 믿음이 어디서 나오는지 봅시다. 이 믿음은 오로지 하나님의 뜻에서 나옵니다. 하나님께서는 자신이 그렇게 하기를 기뻐하시는 사람들한테 자신의 은혜를 확증해 주십니다……보십시오. 여기에 하나님의 이중 선택이 있습니다. 하나는 모두에게 미치는 선택입니다. 할례는 작은 자나 큰 자나 모두가 차별 없이 받기 때문입니다. 마찬가지로 약속도 모두가 받습니다. 하지만 하나님께서 두 번째 은혜를 더해 주셔야 합니다. 곧, 택하신 사람들의 마음을 만져 주셔야 합니다……이들은 하나님께 나아오며, 하나님께서는 이들이 제안된 유익을 받아들이게 하십니다. [148]

맺음말

이처럼 언약이나 보이는 교회의 지체가 되는 것은 커다란 복이요 특권이지만, 이것이 구원을 보증하지는 않습니다. 믿음이 있어야 하며, 회개, 죄에 대한 슬픔, 의에 주리고 목마름, 하나님과 친밀한 동행, 예수 그리스도와 맺는 인격 관계와 같이 구원에 곁딸린 다른 모든 은혜가 있어야 합니다. 우리는 설교할 때 이런 것들을 강조해야 합니다. 우리의 설교가 청교도들이 말하는 '그리스도와 가까이함'에 이르지 않는다면, 우리가 비참하고 망하게 된 죄인으로 하나님의 귀하신 아들에게 나타난 하나님의 자비를 의존하는 법을 배우지 않는다면, 하나님께서 실로 우리 영혼을 끌어안으시고 우리를 그 사랑하시는 자 안에서 받아 주시

---

148) A. Hoekema, "The Covenant of Grace in Calvin's Teaching," *Calvin Theological Journal* 2, no. 2(November 1967): p. 151에서 재인용.

지 않는다면, 우리의 신앙은 껍데기와 겉치레밖에 남는 것이 없습니다. '새 방향'에 속한 사람들은 이것을 병적 신비주의라고 하겠지만, 이런 체험 지식, 곧 각 사람이 몸소 경험해서 얻는 친밀한 마음 지식이 없으면, 우리는 아무리 석의에서 바른 설교라 해도 생기를 불어넣을 수 없는 마르고 죽은 뼈로 남게 됩니다.

우리는 구속사 설교에서 배울 수 있는 것이 많습니다. 하지만 성경이 말하는 선포에서 모범을 보이고 구분 짓는 측면을 무시한다면, 우리는 엄청난 잘못을 저지르는 것입니다. 날카롭고 심각하면서도 따뜻하고 애정 어린 적용이 없다면, 설교는 지성을 가르치겠지만, 마음에 닿아 삶을 바꾸고 구원에 이르게 하지는 못할 것입니다. 옛 칼빈주의자들은 이 사실을 알았습니다. 이들은 여기에 청중의 영원한 운명이 달려 있음을 알고, 절박한 심정으로 설교했습니다. 리처드 백스터는 종종 이렇게 말했습니다. "나는 다시는 설교할 수 없는 사람처럼, 죽음을 앞둔 사람들한테 죽음을 앞둔 사람처럼 설교했다."

백스터나 다른 많은 청교도의 설교는 성령께서 기름 부으시는 설교요, 성령을 의존하는 설교였습니다. 말로만 이른 것이 아니라 능력과 성령과 큰 확신으로 된 설교였습니다(살전 1:5). 하나님께서는 청교도 시대나 종교개혁 시대에만 아니라 사도 시대부터 지난 수 세기 동안 이런 설교에 복을 주셨습니다. 이런 설교는 아무리 좋은 신학교라고 해도 신학교에서 배울 수 없고, 다른 사람을 돌이키러 나가기 전에 자기 먼저 돌이킨 사람만을 목회로 부르시는 분의 학교에서만, 그분의 발치에서만 배울 수 있습니다. 주님께서 이런 추수할 일꾼들을 많이 보내 주시길 빕니다(눅 10:2).

1 칼빈주의 설교를 크게 둘로 나눠서 설명해 봅시다.

2 모범 설교와 구속사 설교를 설명해 봅시다.

3 '새 방향'에 속한 사람들의 설교의 특징과 이들이 노력했지만 실패한 부분, 그들이 이룬 일에 대해 말해 봅시다. 그 결과는 무엇입니까?

4 새 방향에 속한 사람들이 정의하는 경건주의의 두 번째, 세 번째 특징은 무엇입니까? 그리고 당시 스힐더가 아직 회원으로 있던 교회에 이런 악이 정말로 널리 퍼져 있었습니까? 설명해 봅시다.

5 새 학파가 회중을 구분 짓는 설교를 반대한 까닭은 무엇입니까? 구속사 학파와 비교하여 말해 봅시다.

6 카이퍼의 가정 중생 교리란 무엇입니까? 여기서 네덜란드 개혁교회가 현재 앓고 있는 고질병의 원인을 말해 봅시다. 그리고 나서 자신과 우리 교회를 돌아보고 나눠 봅시다.

7 네덜란드 칼빈주의 설교의 뿌리를 살펴본 뒤, 네덜란드 청교도들과 그 관심사를 말해 봅시다.

8 네덜란드 청교도 설교의 특징은 무엇입니까? 특별히 이들에게 적용이란 무슨 의미입니까?

9 키빗 목사가 말씀 사역자에게 건네는 충고와 칼빈의 설교관을 읽어 봅시다. 오늘날 우리가 듣고 있거나, 하고 있는 설교를 되돌아보고 나눠 봅시다.

10 구파 네덜란드 칼빈주의 설교의 또 다른 특징은 무엇입니까? 바빙크 박사의 경고와 칼빈의 주석을 읽어 보고 우리 자신을 되돌아봅시다.

11 리처드 백스터의 "나는 다시는 설교할 수 없는 사람처럼, 죽음을 앞둔 사람들한테 죽음을 앞둔 사람처럼 설교했다"는 말을 다시 한 번 읽어 봅시다. 그러고 나서 설교자라면 설교자로서, 신자라면 신자로서 말씀을 어떻게 전하고 들어야 할지 고민해 보고 나눠 봅시다. 그리고 하나님께서 우리의 설교에 복 주시기를 함께 기도합시다.

12 이 장을 읽으면서 하나님께서 깨닫게 해주신 것과 베풀어 주신 은혜를 생각하며 감사합시다. 또 깨달아 배우고 확신한 일에 거할 수 있게 해달라고 기도합시다.

24장
교리문답 설교: 사람의 말인가 하나님의 말씀인가[149]

역사

하이델베르크 교리문답은 전 세계의 개혁교회에서 사백 년이 넘도록 쓰였습니다. 1563년에 자카리아스 우르시누스와 카스파 올레비아누스가 이 유명한 기독교 교리 교육 지침을 완성하자마자, 이것은 수많은 언어로 옮겨졌고, 개혁교회가 세워지는 곳마다 언약의 자녀를 가르치는 데 가장 사랑받는 도구가 되었습니다. 더 나아가 네덜란드 개혁교회 총회는 1589년에 목사가 주일마다 하이델베르크 교리문답도 설교해야 한다는 결정을 내렸습니다. 하이델베르크 교리문답은 우리가 잘 아는 도르트 총회에서 벨직 신앙고백과 도르트 신조와 함께 개혁교회의 공식 신조로 채택되었고, 이것은 세 일치 신조로 잘 알려져 있습니다. 이 세 신조로 된 진술에는 개혁교회가 무엇을 믿고, 무엇을 내세우는지 잘 나타나 있습니다. 개혁교회에서 직분을 맡는 사람은 누구나 서약서Form of Subscription에 서명을 해야 하는데, 이것은 이 사람이 개혁

---

149) 「메신저」 2005년 2월 호에 실린 글.

교회 신앙고백의 내용에 찬성한다는 뜻일 뿐 아니라, 하이델베르크 교리문답 설교 관행을 지지한다는 뜻이기도 합니다. 목사가 어떤 교회에서 청빙을 받을 때, 청빙서신에는 이렇게 명시되어 있습니다. "설교 한 편은 성경 본문을 토대로(이른바 자유 설교), 다른 한 편은 하이델베르크 교리문답을 토대로 전해 주십시오." 이런 관행이 4세기가 넘도록 이어졌고, 그 결과 개혁교회 신자와 그 자녀는 대대로 이 교리문답에서 밝히는 성경의 진리 위에 굳게 서게 되었습니다.

몇 가지 반론

안타깝게도 최근 들어 교리문답 설교 관행은 공격을 받아 왔습니다. 교리문답 설교를 반대하는 데는 여러 이유가 있지만, 이것을 다음 세 가지로 간추릴 수 있을 것입니다.

첫째, 교리문답 설교는 너무 교리만 내세우고, 막연하며, 현실과 멀다.
둘째, 교리문답 설교는 자꾸 반복되어 지루하며, 아이들과 젊은이들한테는 더욱 그러하다.
셋째, 교리문답 설교는 하나님의 말씀이 아닌 사람의 말을 전하는 것이므로 잘못되었다.

앞의 두 반론은 짤막하게 다룰 수 있습니다. 교리문답 설교가 교리를 강조한다면, 성경도 교리를 강조합니다. 이를테면, 바울의 로마서를 보십시오. 처음부터 끝까지 교리가 나옵니다. 바울은 실천의 문제를 논의할 때조차 교리를 다룹니다. 이 문제가 성화라는 주제에 들어가기 때문입니다.

또 교리문답 설교가 자꾸 되풀이되어 지루하다는 비난에 답하자면, 성경 역시 몇 가지 기초 교리를 끊임없이 되풀이합니다. 바울은 빌립보 사람들에게 이렇게 쓰고 있습니다. "너희에게 같은 말을 쓰는 것이 내게는 수고로움이 없고 너희에게는 안전하니라"(빌 3:1). 교리문답 설교가 지루하다면, 이것은 설교자가 다루는 재료보다는 설교자의 방법 때문일 수 있습니다. 아니 그보다는 하나님의 일에 관심 없는 청중에게 문제가 있을지 모릅니다.

주된 반론

우리가 주의 깊게 살펴봐야 할 것은 세 번째 반론입니다. 이것은 심각한 반론이기 때문입니다. 교리문답을 설교하는 것이 정말 하나님의 말씀이 아니라 사람의 말을 설교하는 것이라면, 우리는 곤란한 처지에 놓이게 됩니다. 왜 그렇습니까? 그렇다면 개혁교회는 사백 년이 넘도록 오류와 죄 가운데 살았다는 말이 되기 때문입니다. 이 오랜 시간 동안 개혁교회는 콜브뤼허가 일컬은바 "단순한 하이델베르크!"를 토대로 수도 없이 설교해 왔기 때문입니다.

이 반론이 더욱 심각한 까닭은, 이것이 그저 신조고 고백서고 크게 신경 쓰지 않는 근본주의자들이나 복음주의 그리스도인들에게서 나온 반론이 아니기 때문입니다. 개혁주의 공동체 안에서도 이런 반론을 내놓는 사람이 갈수록 많아지고 있습니다. 개혁주의 공동체 안에서 나오는 반론은 많은 경우 하이델베르크 교리문답의 내용(특별히 사람의 죄와 비참을 다루는 제2주일부터 제4주일까지)과도 관련이 있어서 걱정입니다. 하지만 하이델베르크 교리문답에서 가르치는 은혜 교리에 온전히 찬성하면서도 이 교리문답을 설교 재료로 쓰는 것이 잘못된 일이라고 믿는 사람도 있습니다. 이를테면, 로이드존스는 이렇게 쓰고 있습니다.

> 교리문답의 기능은……설교의 재료를 공급하는 일이 아니라, 설교의 정
> 확성을 보호하고 성경을 읽는 사람들의 해석을 보호하는 일입니다. 이것
> 이 신조와 교리문답의 주된 기능이기 때문에, 여러분 앞에 언제나 펼쳐져
> 있는 성경을 가지고 사람들의 생각을 성경에 대한 사람의 이해가 아닌 성
> 경 자체로 모으면서 성경에서 바로 말씀을 전하지 않고, 단순히 교리문답
> 을 토대로 해마다 거듭해서 설교하는 것은 분명히 잘못된 일입니다.[150]

이 반론에 대한 답변

이것은 잉글랜드와 스코틀랜드 칼빈주의자들이 늘 제기하는 반론입니
다. 이들은 우리(네덜란드 칼빈주의)와 함께 개혁 신학과 청교도 신학의 풍
성한 유산을 물려받았지만, 교리문답을 설교하는 문제에서는 우리를
비롯한 대륙의 다른 개혁교회와 생각을 달리합니다. 우리가 마음 깊이
존경하는 로이드존스 박사의 반론에 우리는 어떻게 답해야 할까요? 많
은 독자가 로이드존스의 반론을 제법 그럴듯하게 여기는 것은 아닐까
모르겠습니다.

　대륙 개혁교회의 후손인 우리는 이 반론에 어떻게 대응해야 할까요?
물론 우리도 설교가 그 이름에 걸맞게 하나님의 말씀을 전하는 것이어
야 한다는 데 찬성합니다만, 교리문답 설교는 이 기준에서 벗어나지 않
습니다. 교리문답 설교도 하나님의 말씀을 설교합니다. 훅스트라 박

---

150) Martyn Lloyd Jones, *Preaching and Preachers*(Grand Rapids: Zondervan, 1972), pp.
187-188. 우리말로는 『설교와 설교자』(복 있는 사람)로 옮겨졌다.

사는 네덜란드 설교 교과서인 『개혁교회 설교학』에서 이렇게 썼습니다.

> 주님은 교리문답 설교 가운데 자기 백성에게 찾아오셔서, 자기 회중을 위해 은혜 언약의 신비를 밝혀 주십니다. 그렇기 때문에 교리문답 설교는 말씀을 시행하는 것입니다. 엄밀히 말해 이것은 교리문답을 설교하는 것이 아니라 말씀을 설교하는 것입니다. 151)

누가 옳습니까? 로이드존스입니까, 혹스트라입니까? 이 질문에 답하려면, 우리는 먼저 또 다른 질문을 해야 합니다. 신조나 신앙고백은 무엇인가요? 그 기능과 성격은 무엇이고, 성경과 어떤 관련이 있습니까?

신조의 기능과 성격

로이드존스는 신조의 기능이 설교의 정확성과 성경을 읽는 사람의 해석을 보호하는 일이라고 했습니다. 물론 우리도 이 말에 찬성합니다. 하지만 우리는 신조에 또 다른 목적이 있다고 믿습니다. 신조는 하나님과 사람, 사람의 창조와 타락, 그리스도로 말미암는 사람의 구속, 구원의 길, 은혜의 방편, 이밖에 우리가 알아야 할 모든 것에 대한 성경의 가르침을 간추리고 있습니다.

우리는 이런 요약이 아무리 성경에 충실하다고 해도 성경 자체는 아니라는 사실을 인정합니다. 이 안에는 성경에서 바로 따온 낱말이나 구절도 많고, 또 여백에 적힌 본문들이 이 요약에 제시된 모든 교리를 뒷받침하고 있기도 하지만, 성경에서 볼 수 없는 수많은 낱말과 구절이

---

151) Tjeerd Hoekstra, *Gereformeerde Homilitiek*, p. 371.

담겨 있습니다.

지금 문제는 가령 하이델베르크 교리문답에 담긴 이 요약의 성격과 지위는 무엇이냐 하는 것입니다. 우리는 이것이 사람의 문서라는 점에서 로이드존스나 다른 사람들의 말에 찬성합니다. 하지만 이런 문서에 담긴 교리는 어떻습니까? 이 교리도 사람이 만든 것인가요? 물론 이론상으로는 그럴 수 있습니다. 모든 교리문답이 성경의 진리를 정확하게 반영하고 있는 것은 아니기 때문입니다. 가톨릭교회의 교리문답은 삼위일체나 그리스도의 두 본성과 같은 교리에서 성경에 충실한 진술을 많이 담고 있지만, 칭의와 성례 두 가지만 봐도 그 표현이 과녁에서 크게 빗나갔습니다. 하지만 우리는 하이델베르크 교리문답을 비롯한 개혁교회 신조가 모든 면에서 성경에 충실하다고 믿습니다. 우리가 이렇게 믿는 까닭은 그 작성자들의 말을 곧이곧대로 받아들이기 때문이 아닙니다. 개혁교회는 우르시누스와 올레비아누스의 글을 주의 깊게 살펴봤고, 이것이 하나님의 말씀을 속속들이 다 담고 있지는 않더라도 하나님의 말씀에 온전히 충실하다는 사실을 알았습니다. 그래서 도르트 총회 때 벨직 신앙고백과 도르트 신조와 함께 하이델베르크 교리문답을 정식으로 받아들였습니다.

하지만 반대자들은 여전히 이것이 교리문답 설교가 옳다는 뜻은 아니라고 말할 것입니다. 한두 사람이나 교회 연맹 전체가 이것을 성경 진리의 충실한 요약으로 받아들였든 말든, 이 문서가 사람의 문서요 그래서 오류 있는 문서라는 사실은 달라지지 않는다는 것입니다.

우리는 하이델베르크 교리문답의 표현에 오류가 있다는 사실을 선뜻 인정합니다. 하지만 이 안에 표현된 진리가 하나님 말씀의 진리기 때문에, 이 진리를 이 신조로 된 표현 안에서 설교할 수 있다고 믿습니다.

모든 설교는 사람의 요소를 담고 있다

많은 사람이 깨닫지 못하는 것은 하나님께서 언제나 사람을 도구로 자신의 진리를 전하신다는 사실입니다. 하나님께서 구약성경 시대에 이스라엘에게 자신의 말씀을 어떻게 전하셨습니까? 선지자를 통해 전하셨습니다. 하나님께서 자기 백성에게 친히 말씀하신 것이 아니라, 자신이 권한을 준 대언자를 통해 말씀하셨습니다. 오늘날도 마찬가지입니다. 목사가 성경에서 본문을 고르고 이 본문을 토대로 설교할 때, 하나님의 말씀은 원어 훈련을 아무리 잘 받았어도 성경을 온전히 알지 못하는 사람을 통해 전해질 뿐입니다. 그래서 이 사람은 잘못 판단하기 쉽고, 잘못 해석하기 쉽습니다. 하지만 이 사람이 이단 사설을 전하지 않는 한, 회중은 이것을 하나님의 말씀으로 받아들이고, 실제로 "여호와가 이같이 말하노라"로 받아들입니다. 설교는 성경에 명백히 적혀 있지 않은 수많은 낱말과 문장과 표현을 담고 있더라도, 하나님의 말씀입니다.

교리문답 설교가 하나님의 말씀을 대신한다는 이유로 교리문답 설교를 반대한다면, 성경 구절을 토대로 전하는 설교에도 같은 논증을 쓸 수 있습니다. 왜 그렇습니까? 설교는 짜깁기해 놓은 성경 구절을 읽는 것이 아니라, 이 구절들을 회중에게 설명하고 적용하는 것이기 때문입니다. 그러니까 엄밀히 따지면, 절대의 의미에서 말씀 설교는 다른 것은 다 제쳐두고 성경을 읽을 때만 일어날 수 있습니다. 물론 아무도 이런 설교를 고집하지는 않을 것입니다. 하나님의 말씀을 토대로 전하는 설교를 그저 사람의 말이라고 하는 사람은 없을 것입니다.

그렇다면 교리문답 설교가 왜 잘못된 것입니까? 교리문답 설교는 교회의 신앙고백을 통해 우리에게 하나님의 말씀을 가져다줍니다. 하이델베르크 교리문답은 그저 한두 사람(아무리 박식하고 경건한 사람이라 해도)의 의견이 아닙니다. 이 안에는 오랫동안 쌓여온 교회의 지혜와 이해가 담겨 있습니다. 성령님께서 그 과정을 인도하셨고, 온 교회가 함께 이것을 자신의 공식 신조와 고백으로 밝혔습니다. 설교로 부르심 받은 사람들이 하이델베르크 교리문답이라고 하는 이 작은 책을 펼칠 때마다, 그 손에는 개혁교회가 죄와 구원과 감사에 대해 고백하는 바를 간명하게 설명하는 문서가 들려 있는 것입니다. 이 안에 은혜 교리에 대한 개혁교회의 관점이 분명하고도 강력하게 적혀 있습니다. 교리문답 설교가 꼭 필요한 때가 있다면, 바로 지금입니다. 오늘날 수많은 '개혁교회' 사람들이 아르미니우스주의나 다른 위험한 세력에 열려 있기 때문입니다.

교리문답 설교 방법

교리문답 설교가 정당함을 입증할 수 있다면, 우리는 교리문답 설교를 어떻게 해야 할까요? 교리문답의 말만 가지고, 이것이 바로 성경 말씀인 것처럼 이것을 주해하며 설교해야 합니까? 예전 설교자들이 이와 비슷한 방법을 썼지만, 저는 이 방법이 옳다고 생각하지 않습니다. 이 방법은 교리문답이 성경과 같다는 인상을 주기 때문입니다. 교리문답이 하나님 말씀의 충실한 요약이라고 믿는다 해도, 교리문답은 성경이 아닙니다.

아마 더 나은 접근 방법은 성경 구절 하나나 둘을 골라 설교의 발판으로 삼고, 그 뒤로 교리문답을 설명해 가면서 다른 성경 구절을 덧붙여 언급하는 방법일 것입니다. 이렇게 하는 것이 언제나 쉬운 일은 아닙니다. 많은 주일이 엄청난 양의 성경 구절에 근거를 두고 있고, 이 많은 구절을 다 설명하는 것은 그만두고 다 언급하는 것조차 사실상 쉽지 않은 일이기 때문입니다. 어쨌든 이 많은 구절을 다 설명하려고 해서는 안 됩니다. 그러면 결국 죽도 밥도 아닌 설교로 끝날 위험이 있기 때문입니다. 저는 여러 해 전에 남긴 다음의 조언에 아직도 귀 기울일 가치가 있다고 믿습니다. 북미기독개혁교회에서 정식으로 발행하는 「깃발」 The Banner지 1954년 1월 호에 보면, 몬스마Nicholas J. Monsma 목사의 이런 글이 실려 있습니다.

> 저는 교리문답 설교를 준비하고 전하는 데서, 반드시 이래야 한다는 방법을 감히 규정하려 하지 않을 것입니다. 어떤 목사든 시간이 지남에 따라, 자기가 섬기는 회중과 자기 자신한테 가장 잘 맞는 자기만의 방법을 개발할 것입니다. 그런데 교리문답 설교로 회중의 덕을 세우기 어려우니까, 목사들이 교리문답 설교의 의도나 목적 자체를 뒤엎는 방법(제 눈에는 그렇게 보입니다)에 기댄 것이 아닌가 싶습니다. 이들은 성경 한 구절이나 본문 하나를 골라 자세히 설명하고, 이 과정에서 교리문답을 언급하기는 하지만 설명하거나 적용하지는 않습니다. 물론 성경 구절을 쓰는 데는 이의가 없습니다. 어떻게 이의가 있을 수 있겠습니까? 하지만 교리문답 설교의 의도와 목적은 성경의 모든 부분을 할 수 있는 한, 테두리 안으로 가져오는 것입니다. 본문 하나만 다뤄서는 이 목적을 이룰 수 없습니다. 본문을 무시하거나 교리문답을 무시할 것입니다. 게다가 본문 하나나 구절 하나에 의존하고 있는 주일은 없습니다. 이런 설교는 교리문답 설교라는 얘기를 들을 자격이 없습니다. 이런 설교로는 어떤 회중도 꾸준히 덕 세움을 받을 수 없습니다.

교리문답 설교와 하나님의 모든 뜻

이 마지막 이야기는 정말 중요합니다. 본문 설교든 교리문답 설교든 모든 설교의 목적은 회중의 덕을 세우는 것입니다. 교리문답 설교는 이 목적을 이루기에 꼭 알맞습니다. 성경 교리의 전체 범위를 다루기 때문입니다. 바울이 에베소 장로들에게 말한 것을 교리문답에도 적용할 수 있을 것입니다. 바울은 자신이 이 사람들과 함께 있을 때 꺼리지 않고 하나님의 뜻을 다 전했다고 말합니다(행 20:27). 바울은 같은 곳에서 이 뜻이나 계획을 "하나님의 은혜의 복음"(행 20:24)이라고 말합니다. 하나님의 뜻을 모두 전했다는 말은, 바울이 에베소 교회에서 설교하고 목회 사역을 할 때 하나님의 구원 사역 가운데 어떤 부분도 소홀히 하지 않았다는 뜻입니다. 그래서 바울은 이들 가운데 죄 때문에 멸망하는 사람이 있다면 누구도 자신을 비난할 수 없다고 덧붙였습니다. "모든 사람의 피에 대하여 내가 깨끗하니"(행 20:26). 제 요점은 설교할 때 구원 계획 가운데 빼먹거나 홀대하는 부분이 없는지 확인해야 한다는 것입니다. 하나님의 전체 계획 가운데 어떤 부분을 소홀히 하기가 얼마나 쉬운지 모릅니다. 고재수 박사는 이렇게 설명합니다.

> 목사가 자신이 다룰 수 있거나 알고 있는 본문을 고를 때, 이 사람은 본문 선택에서 한쪽으로 치우치기 쉽습니다. 목사의 마음속에 가장 먼저 회중의 필요가 있을 때도, 이 사람은 회중에게 필요하다고 생각되는 본문을 골라서 또다시 한쪽으로 치우칠 수 있습니다. 하나님 계시의 교리 구조에 집중하는 교리문답은 성경의 전체 내용을 훑고 있기 때문에, 회중이 하나님 계시의 핵심 내용을 파악하는 데 도움을 줍니다. 교리문답은 목사에게도 도움을 줍니다. 설교할 때 한쪽으로 치우치는 것을 막아줄 수 있기 때문입니다. 잇따른 본문 설교가 교리문답 설교를 신선하게 해주듯이, 잇따른 교리문답 설교가 본문 설교의 균형을 잡아 줍니다. [152]

---

152) N. H. Gootjes, "Catechism Preaching (Part 2)," in *Proceedings of The International Conference of Reformed Churches, September 1-9, 1993, Zwolle, The Netherlands* (Neerlandia: Inheritance Publications, 1993), p. 158.

1　교리문답 설교를 반대하는 세 가지 이유와 이에 대한 지은이의 답변은 무엇입니까? 각자의 경험과 의견도 나눠 봅시다.

2　세 번째 반론이 심각한 이유는 무엇입니까?

3　이 반론에 어떻게 대응해야 할까요?

4　신조나 신앙고백은 무엇인가요? 그 기능과 성격은 무엇이고, 성경과 어떤 관련이 있습니까?

5　하나님께서는 구약성경 시대에 이스라엘에게 자신의 말씀을 어떻게 전하셨습니까? 오늘날은 어떻습니까?

6　교리문답 설교가 정당함을 입증할 수 있다면, 우리는 교리문답 설교를 어떻게 해야 할까요?

7　모든 설교의 목적은 무엇입니까? 교리문답 설교가 이 목적을 이루기에 꼭 알맞은 이유를 말해 봅시다.

8　고재수 박사의 글을 읽고, 다시 한 번 교리문답 설교의 중요성을 나눠 봅시다.

9　이 장을 읽으면서 하나님께서 깨닫게 해주신 것과 베풀어 주신 은혜를 생각하며 감사합시다. 또 깨달아 배우고 확신한 일에 거할 수 있게 해달라고 기도합시다.

25장

오늘날 강단에서 왜 지옥을 거의 말하지 않는가[153]

얼마 전에 「로스앤젤레스 타임스」The Los Angeles Times에 실린 기사에 따르면, 오늘날 미국 강단에서 지옥을 말하는 횟수는 "역사상 가장 낮습니다." 이 기사는 하버드 신학교 종교학 교수인 하비 콕스Harvey Cox Jr. 박사의 말을 인용하고 있습니다. "종교가 달라졌습니다. 전에는 '다음 세상에서 무슨 일이 있을까?'에 초점을 맞췄지만, 이제는 '우리가 지금 꾸려 가는 이 삶의 질이 어떠한가?'를 묻습니다……여러분은 주마다 여러 교회에 찾아갈 수 있습니다. 여러분은 거기서 지옥이라는 말만 들어도 깜짝 놀랄 것입니다."

중대한 변화

요사이 설교의 내용과 초점에 중대한 변화가 일어났습니다. 복음주의 교회의 흐름은 심판과 영원한 형벌에 대한 성경의 개념에서 확실히 멀어

---

153) 「메신저」 2005년 4월 호에 실린 글.

지고 있습니다. 일상 문제에 대한 설교가 이런 엄숙한 주제에 대한 설교를 거의 몰아내다시피 했습니다. 강단에서는 자녀 양육이나 부부 관계를 비롯한 '현실' 문제를 다루는 설교가 줄을 잇고 있습니다. 오늘날 이런 요구가 빗발치다 보니 거의 모든 설교자가 이 요구에 굴복해 버렸습니다. 결국 하나님의 진노나 영원한 불과 같이 듣기 거북한 주제는 뒷전으로 밀려나게 되었습니다. 브루스 셸리Bruce Shelley는 이렇게 말합니다. "오늘날 교회는 소비자 지향이 되라는 커다란 압박을 받고 있습니다. 교회는 요구보다 호소가 필요함을 느낍니다."

물론 자녀 양육이나 부부와 부모의 의무와 책임과 같은 현실 문제를 설교하는 데도 알맞은 자리가 있습니다. 성경 자체도 이런 문제에 대해 분명한 원리와 명령을 제시하고 있습니다. 더구나 결혼과 가정이 사납고 끈질긴 공격을 받을 때, 우리는 강단에서 성경을 토대로 이런 중대한 문제를 가르칠 필요가 있습니다.

하지만 사람들이 반기지 않을까 겁이 나서 성경의 다른 주제는 내버리고 이런 설교만 할 때는, 뭔가 상당히 잘못된 것입니다. 예수님께서 바리새인들에게 하신 말씀은 여기에도 똑같이 적용됩니다. 예수님께서는 박하와 회향과 근채의 십일조는 드리면서 하나님을 사랑하고 긍휼을 행하는 더 중요한 의무를 저버린 바리새인들에게 "이것도 행하고 저것도 버리지 말아야 할지니라"(마 23:23; 눅 11:42)고 하셨습니다.

지옥을 말하지 않은 결과

많은 사람이 지옥 설교를 내팽개친 까닭에 교회에서나 사회에서나 하나님을 두려워하는 모습이 거의 사라져 버렸습니다. 감정을 보이지 않고 양심의 거리낌이라고는 눈곱만큼도 없어 보이는 사람들이 가장 끔찍한 죄를 저지르고 있습니다. 교회 안에서조차 죽음과 영원에 거의 또는 아예 관심 없는 사람을 자주 보게 됩니다. 나이 든 사람도 마찬가지지만, 젊은 사람들 사이에서 더욱 그렇습니다. 이들은 천국에 매력을 느끼지도, 지옥을 무서워하지도 않습니다. 이들은 '지금 여기'만을 생각하는 듯 보입니다. "그들의 눈앞에 하나님을 두려워함이 없느니라"(롬 3:18)는 성경 말씀은 우리 세대의 수많은 사람(교회 안에 있는 사람이든 교회 밖에 있는 사람이든)이 가진 생각과 태도를 정확히 보여 줍니다.

과거에서 들려오는 목소리

얼마 전에 저는 1686년 보스턴 매사추세츠에서 있었던 한 살인자의 사형 집행 이야기를 읽었습니다. 이 사형수는 교수대에 오르기 전에 구경꾼들에게 설교할 기회를 얻었고, 자기가 곧 들어갈 관을 보면서 이렇게 말했습니다.

> 나는 내가 당신들 모두한테 경고가 되기를 하나님께 기도하오……나는 죽음을 앞둔 사람으로, 이제 곧 하나님 앞에 서게 될 사람으로, 당신들이 내 말을 새겨듣기를 하나님께 간청하오……나처럼 하나님 말씀에 등 돌리지 마시오. 내가 교회에 있을 때, 나는 죄를 짓고 육신의 정욕을 채우려고 예배당을 떠났소이다……아, 세상을 떠나 사라지기 전에 이 짧고도 짧은 시간을 바꿀 수만 있다면! 아, 이제 곧 이 세상을 떠나는 내 말을 아무도 흘려듣지 마시오! 아, 나를 거울삼아 나를 멸망에 빠트린 이 죄에서 지켜 달라고 하나님께 간청하시오. [154]

---

154) Daniel J. Boorstin, *The Americans: The Colonial Experience*, pp. 13-14.

누구 탓인가

여러분은 지금은 시대가 달라졌다고 말할 것입니다. 맞습니다. 하지만 범죄자든 정직한 시민이든 존경받는 교회 지체든 사람은 여전히 죽어야 합니다. "모든 사람이 죄를 범하였으매 하나님의 영광에 이르지 못하더니"(롬 3:23). 그렇기 때문에 모든 사람이 정죄 아래 있고, 하나님의 심판을 마주해야 합니다. 하지만 이 무시무시한 전망을 놓고 걱정하는 사람이 이제 더는 없어 보인다는 데 비극이 있습니다. 왜 이렇게 되었습니까? 위의 사형수가 남긴 유언에서 뚜렷이 나타나는 하나님을 두려워함이 왜 사회에서나 교회에서나 거의 사라져 버렸습니까?

상당 부분은 교회를 탓해야 합니다. 사람들은 '하나님은 당신을 사랑하십니다'는 말을 오랫동안 귀에 못이 박이도록 들어서, 이제 아무도 '저 위에 계신 양반'[155]을 무서워하지 않습니다. 이들이 '하나님은 사랑이시라'는 말을 허튼소리라고 무시하든, 심각하게 받아들이든 결과는 같습니다. 둘 다 이 상냥한 천상의 존재를 두려워할 필요가 없다고 굳게 믿습니다. 그분은 지옥이란 곳이 정말 있다 해도, 아무에게도 지옥의 형벌을 내릴 생각이 없으실 테니까 말입니다.

자유개혁교회의 설교는 어떤가

우리 교회는 어떤지 모르겠습니다. 지옥이란 주제는 어쩌다가 한 번씩 나오는데, 가령 하이델베르크 교리문답(10, 37, 52, 84문답)을 토대로 설교할 때입니다. 이밖에 우리는 설교자로서 회중에게 필요하다 싶은 대로 우리가 설교하고 싶은 성경 구절을 자유롭게 선택합니다. 하지만

---

155) 옮긴이—영어로는 Man Upstairs로, 하나님을 익살스레 이르는 말이다.

이 자유 때문에 우리 역시 많은 사람이 언짢게 여길 것 같은 성경 구절을 피할 수 있습니다. 하나님의 종이라면 누구나 이런 유혹과 마주하며, 이 사탄의 덫에 걸린 적이 없노라고 정직하게 말할 수 있는 사람은 많지 않습니다.

지옥에 대해 사과해서는 안 된다

우리가 하나님의 모든 뜻을 성실하게 전하려고 정직하게 애쓴다고 해도, 우리의 방법과 동기가 여전히 잘못될 수 있습니다. 죄인들에게 하나님의 진노를 피하라고 경고하는 데서도 마찬가지입니다. 제 말뜻은 이것입니다. 어떤 설교자가 지옥을 설교하는데, 청중에게 자신이 이 주제 때문에 곤란해한다는 느낌을 줄 수 있습니다. 심지어 이 주제로 들어갈 때 회중에게 사과할지도 모릅니다. 이 주제가 인기 없다는 것을 알기 때문입니다. 아마 이런 식으로 말할 것입니다. "저는 이 얘기를 하지 않았으면 좋겠습니다. 그런데 성경에 충실하려면, 그리스도 밖에 있는 여러분에게 경고하지 않을 수 없습니다."

하지만 이것은 명백히 잘못된 태도입니다. 왜 그렇습니까? 지옥이라는 주제를 이런 식으로 소개한다면, 저는 사실상 제가 무한하신 하나님보다 더 자비롭고, 더 친절하고, 더 사랑이 많고, 더 은혜로운 사람이라고 말하는 것이기 때문입니다. 하지만 제가 어떻게 자기 독생자를 십자가에 보내사 죄인들을 대신해 지옥의 고통을 견디게 하신 분보다 더 은혜로울 수 있겠습니까? 저는 말할 것도 없이 하나님보다 덜 거룩하고 덜 공의롭고 덜 의롭습니다. 하나님께서 그리스도를 거부하는 모든 사람에게 지옥의 형벌을 내리시는 것은 아주 정당한 일입니다. 사람들이 그리스도의 피로 용서받고 씻음 받기보다 차라리 계속 죄를 짓는 편이 낮다고 한다면, 구속자께 얼마나 큰 모욕입니까? 하나님께서 이런 은혜도 모르는 악한 자들의 불신과 반역을 벌하지 않고 가만 내버려 두신다면, 하나님은 공의로우신 분이 아닐 것입니다.

그러니까 우리는 하나님 편에 서야 하며, 하나님의 지혜롭고 의로우신 결정에 찬성해야 합니다. 우리는 하나님의 어떤 속성에 대해서도 사과해서는 안 됩니다. 회개하지 않은 죄인에게 영원한 형벌을 요구하는 하나님의 보복하는 공의에 대해서도 마찬가지입니다. 다윗은 죄의 심각성을 알았고, 자신의 죄 때문에 자신을 벌하시는 하나님이 의로우시다고 인정했습니다(시 51:4). 하나님께서 심판 날에 사람들이 이 땅에서 어떻게 살았고, 특별히 자기 아들의 복음에 어떻게 반응했는지에 따라 사람들의 영원한 운명을 정해 주실 때, 아무도 하나님의 공평하심에 의문을 제기하지 못할 것입니다. 하나님께서 사람의 모든 행동과 말과 생각과 동기에 대한 자신의 무한한 지식에 따라 사람들을 심판하실 것이니, 이 심판에 불공평이 전혀 없을 것입니다. "세상을 심판하시는 이가 정의를 행하실 것이 아니니이까"(창 18:25)?

지옥의 가혹함을 누그러뜨려서는 안 된다

지옥을 잘못 설교하는 또 다른 방법이 있습니다. 제가 말하는 것은, 성경에서 말하는 영원한 형벌을 문자 그대로 해석하기보다는 비유로 해석해야 한다고 제안함으로 지옥의 끔찍함을 누그러뜨리려는 오늘날의 경향입니다. 자, 성경이 지옥과 천국을 묘사할 때 모두 비유로 말한다는 것은 사실입니다. 하지만 비유로 말한다고 해서 현실을 반영하지 않는다는 뜻은 아닙니다. 성경이 천국을 비유로 말할 때, 이것은 천국이 상상도 못할 만큼 놀라운 곳임을 가르쳐 주려는 것입니다. 지옥을 묘사할 때 쓰는 말과 표현도 마찬가지입니다. 지옥은 상상도 못할 만큼 끔찍할 것입니다.

어떤 신학자들은 지옥을 죄인이 하나님과 떨어져 있는 곳이라고 정의하기도 합니다. 이들의 생각은 죄인들에게 이런 말로 경고하려는 것입니다. 곧, 죄를 회개하지 않고 그리스도를 믿지 않으면, 하나님도 없고 일반 은혜의 복도 없이 영원히 홀로 지낼 위험을 감수해야 한다는 것입니다. 하지만 스프롤 박사가 지적하듯이 이것은 잘못된 해석입니다. 스프롤은 이렇게 쓰고 있습니다.

> 누군가 "지옥은 하나님과 떨어져 있음을 상징한다"고 선언할 때, 보통 안도의 한숨 소리가 들립니다. 회개하지 않은 사람들은 하나님과 영원히 떨어져 있다는 말에 조금도 위협을 느끼지 않습니다. 하나님과 떨어져 있는 것은 오히려 불경건한 사람들의 가장 큰 바람입니다. 지옥에서 이들에게 문제가 되는 것은 하나님과 떨어져 있는 것이 아니라, 하나님이 거기에 계시다는 사실일 것입니다. 하나님의 임재가 이들을 괴롭힐 것입니다. 하나님께서는 지옥에서 그 신성한 진노의 충만함 가운데 계시사, 저주받은 자들에게 공의로운 형벌을 집행하실 것입니다. 이들은 하나님을 소멸하는 불로 알 것입니다. [156]

156) R. C. Sproul, *Essential Truths of the Christian Faith* (Wheaton, IL: Tyndale House Publishers, 1998), p. 286. 우리말로는 『기독교의 핵심 진리 102가지』(생명의말씀사)로 옮겨졌다.

지옥에 대해 따뜻하게 말해야 한다

지옥을 잘못 설교하는 또 다른 방법도 말할 필요가 있습니다. 지옥에 대해 사과하거나 지옥의 심각성을 누그러뜨리지 않고 성실하게 설교하면서도, 차갑고 매몰찬 인상을 줄 수 있습니다. 로버트 맥체인은 언젠가 동료 목사 보너에게 지난 주일에 무슨 설교를 했냐고 물었습니다. 보너는 "악인들이 스올로 돌아감이여"(시 9:17)를 본문으로 설교했다고 답했습니다. 이 이야기를 듣더니 지혜로운 맥체인은 "이 본문을 따뜻하게 설교할 수 있었냐?"고 물었습니다. 보너는 이 날카로운 질문을 곰곰이 생각하고는 회고록에 이렇게 썼습니다.

> 꾸짖고 나무라는 말투와 엄숙한 경고의 목소리가 크게 다르다는 것은 분명한 사실이다. 사람들의 양심을 찌르는 것은 끔찍한 일들을 말하는 것이 아니라, 우레 가운데 들리는 하나님의 사랑의 목소리다. 좌우에 날선 검의 가장 날카로운 부분은 죽음이 아니라 생명이다. 자기 의에 사로잡힌 영혼에게 더 많이 써야 할 것은 죽음보다 생명이다. 이런 영혼은 천국 문이 활짝 열려 있으니 지금 바로 돌이키라는 설교보다 열린 지옥문과 꺼지지 않는 불에 대한 설교를 훨씬 태연하게 받아들일 수 있기 때문이다. [157]

다가올 진노를 피하라는 엄숙한 경고를 조금이라도 효력 있게 전하려면, 감정과 정열과 절박함으로 전해야 하며, 무엇보다 사랑으로 전해야 합니다. 바울은 이렇게 쓰고 있습니다. "우리가 그리스도를 대신하

---

157) Andrew A. Bonar, *Memoir and Remains of R. M. M'Cheyne*(Edinburgh: Banner of Truth Trust, 1978), p. 43. 우리말로는 『로버트 맥체인 회고록』(부흥과개혁사)으로 옮겨졌다.

여 사신이 되어 하나님이 우리를 통하여 너희를 권면하시는 것같이 그리스도를 대신하여 간청하노니 너희는 하나님과 화목하라"(고후 5:20). 우리는 사도행전 20장에서 바울이 이 일을 어떻게 했는지, 설교하고 가르칠 때 어떻게 감정에 휩싸였는지 배울 수 있습니다. 바울은 이렇게 증언합니다. "내가 삼 년이나 밤낮 쉬지 않고 눈물로 각 사람을 훈계하던 것을 기억하라"(31절). 이랬기 때문에 바울은 다음과 같이 말할 수 있었습니다. "오늘 여러분에게 증언하거니와 모든 사람의 피에 대하여 내가 깨끗하니"(26절).

하나님께서는 "나는 악인이 죽는 것을 기뻐하지 아니하고 악인이 그의 길에서 돌이켜 떠나 사는 것을 기뻐하노라"(겔 33:11)고 선언하십니다. 우리는 복음 전체를 '예루살렘'에서 시작해 온 세상에 전하도록 부르심 받았습니다. 이런 설교는 회개하지 않은 죄인에게 전하는 엄숙하고도 애정 어린 경고(그 상태로 죽으면 지옥에 갈 수밖에 없다는)를 포함해야 합니다. 하지만 이만큼 중요한 것이 있습니다. 곧, 이 같은 죄인이 진실로 회개하고 그리스도께 돌이키면 하나님께서 자비로 받아 주시리라는 사실을 확신해야 한다는 사실입니다. 그리스도께서 "내게 오는 자는 내가 결코 내쫓지 아니하리라"(요 6:37)고 약속하셨기 때문입니다.

1   여러분은 최근에 지옥에 대한 설교를 들어 본 적이 있습니까? 있다면, 지옥이 여러분에게 어떤 의미가 있는지 함께 나눠 봅시다. 없다면, 언제 지옥 설교를 마지막으로 들었는지 되돌아보고 나눠 봅시다.

2   "이것도 행하고 저것도 버리지 말아야 할지니라"는 예수님의 말씀에 비추어 볼 때, 오늘날 우리가 듣는 설교는 이 말씀에 충실합니까?

3   지옥을 말하지 않은 결과는 무엇입니까? 먼저 우리 자신부터 되돌아보고 나눠 봅시다.

4   1686년 보스턴 매사추세츠에서 있었던 한 살인자의 사형 집행 이야기를 읽어 봅시다. 이 사형수의 외침이 여러분의 양심에 뭐라고 말합니까?

5   '지옥에 대해 사과해서는 안 된다'는 말은 무슨 뜻입니까? 왜 그렇습니까?

6   '지옥의 가혹함을 누그러뜨려서는 안 된다'는 말은 무슨 뜻입니까? 왜 그렇습니까?

7   '지옥에 대해 따뜻하게 말해야 한다'는 말은 무슨 뜻입니까? 왜 그렇게 해야 합니까?

8   하이델베르크 교리문답 10, 37, 52, 84문답을 읽어 봅시다.

9   이 장을 읽으면서 하나님께서 깨닫게 해주신 것과 베풀어 주신 은혜를 생각하며 감사합시다. 또 깨달아 배우고 확신한 일에 거할 수 있게 해달라고 기도합시다.

26장
천국: 그리스도인이 현재와 장래에 거하는 집[158]

다음 세상에 대한 관심

앞의 글에서 저는 오늘날 대다수의 강단에서 지옥이란 주제가 거의 사라졌다고 말했습니다. 그러면 천국은 어떻습니까? 천국은 훨씬 매력 있는 주제니까 훨씬 관심을 많이 받을 것 같습니다. 그런데 꼭 그렇지가 않습니다. 이 이야기가 놀랍게 들릴지 모르지만, 훨씬 놀라운 사실은 그리스도인보다 세상 사람이 이 주제에 더 관심이 많아 보인다는 것입니다.

우리는 물질주의 시대를 살고 있지만 (적어도 서구 문화에서), 사람들이 죽음 이후의 삶에 완전히 사로잡힌 것은 아니더라도 관심이 꽤 많은 것을 보게 됩니다. 많은 독자가 『그 빛에 감싸여』(김영사)나 『낙원으로 이끌려 가서』Caught up into Paradise와 같은 책에 매력을 느끼고, 천사 세계

---

158) 「메신저」 2005년 5월 호에 실린 글.
　　옮긴이―저자는 다음 책에서 도움을 받고있다. Edward Donnelly, *Biblical Teaching on the Doctrines of Heaven and Hell*(Edinburgh: Banner of Truth Trust, 2001). 우리말로는 『성경이 말하는 천국과 지옥』(부흥과개혁사)으로 옮겨졌다.

나 다른 초자연 현상을 다루는 텔레비전 프로그램도 시청률이 높습니다. 이 세상이 끝이 아니라는 인식은 사람들 안에 억누를 수 없는 본능으로 있는 것 같습니다. 우리는 이 사실을 성경에서 말하는 대로 설명할 수 있을 뿐입니다. "하나님이……사람에게 영원을 사모하는 마음을 주셨느니라"(전 3:11, 개역한글판).

하지만 많은 사람이 다음 세상(특별히 천국)에 관심을 갖는데도, 이런 관심이 이들의 삶에 의미 있는 영향을 끼치고 있다는 조짐은 전혀 보이지 않습니다. 이들의 생활방식은 조금도 달라지지 않습니다. 죽고 나서 천국에 간다는 것은 즐거운 생각이지만, 이 행복한 전망이 어떤 도덕을 요구한다는 생각은 사람들 머릿속에 들어가지 않은 모양입니다.

그리스도인의 일반 상황

우리는 세상에서 이런 태도를 얼마든지 기대할 수 있습니다. 하지만 교회의 상황도 크게 다르지 않습니다. 어떤 사람은 신앙을 고백하는 그리스도인들끼리 천국을 주제로 자주 그리고 깊게 논의한다고 생각할 것입니다. 어쨌든 성경(특별히 신약성경)은 천국을 자주 말합니다. 하지만 우리는 거의 모든 신학 교과서에서 천국을 거의 말하지 않는다는 사실을 알 수 있습니다. 이를테면 벌코프는 1032쪽이나 되는 자신의 『조직신학』(크리스챤다이제스트)에서 겨우 한 쪽(종말론 맨 마지막 한 쪽)만을 이 주제에 할애하고 있습니다. 설문에 따르면, 강단의 상황도 크게 다르지 않으며, 믿는 사람의 사교 모임에서도 다가올 세상과 본향에 가리라는 소망을 논의하는 경우가 매우 드물다고 합니다.

자유개혁교회의 상황

우리 교회의 상황은 어떨까요? 제가 말할 수 있는 것은 우리 교회도 천국을 많이 논의하지 않는다는 사실입니다. 우리는 의롭다 하심을 받을 때, 죄책의 사면과 죄사함의 복을 받을 뿐 아니라, 영생에 들어갈 자격도 얻는다는 사실을 잊은 듯 보입니다. 물론 하나님을 경외하시던 할머니가 돌아가셔서 주님 곁으로 가실 때, 우리는 천국을 이야기합니다. 하지만 우리도 생각보다 빨리 천국에 가고 싶지 않습니까? 물론 주님을 만날 준비가 되어 있지 않다면, 우리는 이 주제를 피할 것입니다. 하지만 저는 지금 은혜로 선한 소망을 품고 있을 사람들에 대해 말하고 있습니다. 우리는 왜 천국을 삶이 끝나고 죽음에 이른 다음에나 있을 먼 훗날 일로만 생각합니까?

우리는 다른 나라에 찾아갈 계획을 세울 때도, 될 수 있는 대로 많은 정보를 얻으려고 애를 씁니다. 거기서 한 주나 두 주 이상 보내지 않을지언정, 무슨 기대할 만한 일이 있을까 어느 정도는 알고 싶어합니다. 부모님이랑 캐나다로 오기 전에 열여섯 소년이었던 저는 제가 앞으로 살게 될 나라, 어쩌면 남은 한평생 살게 될지 모를 이 나라가 궁금해 이 것저것 찾아보려고 애썼습니다. 저는 들떴고, 캐나다에 가고 싶어 견딜수가 없었습니다. 그런데 왜 수많은 그리스도인은 자신이 영원히 살 집인 하늘의 나라에 큰 관심이 없어 보일까요?

이런 역설의 까닭

우리가 천국에 이토록 관심이 없는 이유 하나는 이 세상살이에 너무 정신이 팔려 있기 때문입니다. 이와 밀접하게 관련된 또 다른 이유는 이 세상에서 너무 편하기 때문입니다. 제3세계에 사는 어지간한 사람에 대면, 우리는 상당히 부유하고 건강하고 행복합니다. 우리 대부분에게 삶은 달콤하고 재밌습니다. 그러니까 사도 바울이 아무리 "세상을 떠나 그리스도와 함께 있는 것이 훨씬 더 좋은 일이라"(빌 1:23)고 확신 있게 말해도, 우리가 지금 가진 것을 장차 우리를 기다리는 것과 바꾸고 싶은 마음이 없는 것입니다.

우리는 비극이 닥쳐야만 충격을 받고 현실을 바로 봅니다. 이때 우리는 영원을 생각할 수밖에 없습니다. 사랑하는 사람의 병세가 나빠지고 죽음이 다가오면, 불현듯 천국(그리고 지옥!)은 관념이 아니라 놀라운 현실이 됩니다. 어머니가 예수님과 함께 있고 싶다고 하자, 자녀들은 크게 안도합니다. 어머니의 고통은 이제 곧 끝날 것입니다. 마침내 어머니가 숨을 거두고, 모두가 눈물을 흘립니다. 어머니가 본향에 있다는 사실이 얼마나 놀랍습니까! 장례 설교는 밝고 소망이 넘칩니다. 이것은 당연한 일입니다. 믿는 사람이 예수님 안에서 잠들 때, 하나님께서는 그 구원하시는 은혜와 용서하시는 사랑 때문에 찬송을 받으셔야 하기 때문입니다. 모두가 용기를 얻고 감사하며 집으로 돌아갑니다.

하지만 이내 일상의 요구와 걱정이 다시 우리를 집어삼킵니다. 천국과 영원에 대한 생각은 다시 생각할 일이 생길 때까지 뒤로 미루어 둡니다. 더구나 가정을 꾸리고 생계를 잇느라 바쁜 젊은이들이 인생의 끝을 깊게 생각하리라 기대하기는 어렵습니다.

천국을 사모하는 마음

하지만 앞 세대의 그리스도인들은 이와 같지 않았습니다. 이들의 삶에서는 훨씬 더 순례자 정신이 엿보였습니다. 이들의 세계관은 다음 구절로 간추릴 수 있을 것입니다. "이 세상은 내 집 아니네. 그냥 거쳐 갈 뿐

일세." 이들은 천국을 생각하려고 삶이 끝날 때까지 기다리지 않았습니다. 이들은 늙어서만 아니라, 젊어서도, 중년이 되어서도 천국을 생각하려고 크게 애썼습니다. 이들은 그저 이렇게 할 수 있다고 믿은 것이 아니라, 반드시 이렇게 해야 한다고 믿었습니다. 청교도들은 이것을 분명하게 주장했습니다. 천국이 지금 그리스도인 안에 있어야, 그리스도인이 장차 천국에 있을 수 있다는 것입니다. 가장 훌륭한 청교도 작가 가운데 한 사람인 토머스 브룩스는 『지상에서 누리는 천국』이라는 책에서, 그리스도인이 구원을 확신함으로 천국에 실제로 이르기 한참 전에 천국의 기쁨을 맛볼 수 있다고 말합니다. 서문에 보면 이렇게 쓰여 있습니다.

> 참된 은혜 가운데 있다는 말은 더는 비참하지 않다는 뜻입니다. 영원히 복되다는 뜻입니다. 이런 상태에 있는 영혼은 하나님께 가까이 있고 하나님께 소중한 영혼입니다……하나님의 돌보심을 받는 영혼입니다. 영원하신 품에 안겨 안전한 영혼입니다……어떤 사람이 지금 은혜 가운데 있다면, 장차 천국에 들어갈 것입니다. 하지만 자신이 은혜 가운데 있음을 안다면, 장차 천국에 들어갈 뿐 아니라 이 땅에서도 천국을 누릴 것입니다. 천국에서 복을 누리고, 자기 양심에서 복을 누릴 것입니다. 갑절로 복을 누리는 것입니다……은혜가 있는 것, 나아가 은혜가 있다고 확신하는 것은 보좌에 앉은 영광이며, 이 땅에서 누리는 천국입니다. [159]

---

159) Thomas Brooks, *The Works of Thomas Brooks*, vol. 2(Edinburgh: Banner of Truth Trust), p. 316.

여기서 우리는 천국과 우리가 죽을 때에 우리를 기다리는 영광에 초점을 맞추는 사람이 왜 그토록 적은지 그 진짜 이유를 볼 수 있습니다. 천국을 생각하지 않거나, 생각한다 해도 충분히 생각하지 않기 때문입니다. 이번에도 저는 회심하지 않은 사람을 말하는 것이 아닙니다. 회심하지 않은 사람이 천국을 곱씹어 생각할 수 없다는 것은 말할 필요도 없습니다. 이들은 천국에 살기에 합당하지 않기 때문입니다. 이들이 하나님 나라(하늘나라)를 보고 하나님 나라에 들어가려면, 다시 태어나야 합니다(요 3:3, 5).

천국: 지금의 현실

두 번째 탄생을 체험한 사람들, 믿음으로 그리스도와 연합한 사람들은 장차 천국에 갈 뿐 아니라, 원리상 벌써 천국에 있습니다. 바울은 이렇게 쓰고 있습니다. "또 함께 일으키사 그리스도 예수 안에서 함께 하늘에 앉히시니"(엡 2:6). 사도는 에베소 신자들이 실제로 천국에 있다고 말하는 것이 아닙니다. 그렇다면 에베소에 있는 신자들에게 보내는 편지가 아니었을 것이기 때문입니다. 하지만 그리스도께서 이들을 위해 구원을 얻으셨기 때문에, 이들은 천국에 있는 것이나 다름없습니다. 이것이 그리스도와 하나 됨으로 얻는 믿는 사람의 지위입니다(실제 상태가 언제나 이와 같지는 않더라도).

믿음으로 이 사실을 붙들 때, 하나님의 자녀는 실제로 천국을 미리 맛볼 수 있습니다. 그리고 그 상태가 그 지위에 더 가까워질수록, 천국을 더욱 깊이 맛볼 것입니다. 스펄전은 "영생을 취하라"(딤전 6:12)는 말씀을 설교하면서 믿음의 동료들에게 "천국의 기쁨을 자주 기대하라"고 권고했습니다. 그런 다음 이런 말을 덧붙였습니다. "제 생각에 여러분이나 저나 천국에 충분히 자주 가지 않는 것 같습니다. 어떤 사람은 죽은 뒤에나 천국에 갈 수 있다고 말합니다. 맞습니다. 여러분이 그리스도를 믿는다면, 그것은 확실한 사실입니다. 그런데 왜 지금 천국에 가지 않습니까?"[160] 스펄전의 말은 그리스도인이 동시에 두 세계에서 살고 있다는 뜻입니다. 지금 여기서 하나님을 체험하는 것과 장차 천국에서 하나님을 체험하는 것은 정도와 강도만 다를 뿐, 하나로 이어진 일입니다. 이것이 뜻하는 바는 분명합니다. 곧, 우리가 장차 천국을 온전히 체험하려면, 지금 미리 천국을 맛봐야 한다는 것입니다. 하이델베르크 교리문답 58문은 이렇게 묻습니다. "'영원히 사는 것'이라는 항목은 당신에게 어떤 위로를 줍니까?" 답은 이렇습니다. "지금 벌써 영원한 기쁨이 시작된 것을 내 마음으로 느끼기 때문에, 나는 이 생명이 끝나고 나서 완전한 구원을 이어받을 것입니다."

이처럼 앞 세대의 그리스도인들은 천국을 사모하는 마음을 크게 강조했습니다. 그러나 오늘날 우리는 여기서 완전히 멀어진 것 같아 안타깝습니다. 그 까닭을 하나 들자면, 묵상의 기술을 잃어버렸기 때문입니다. 우리는 너무 빨리 살아갑니다. 모든 일을 서둘러 행합니다. 설교는 짧아야 하고, 간결해야 하고, 행동을 지향해야 합니다. 또 현실에 특별히 쓸모가 있어야 합니다. 사람들은 이렇게 말합니다. "천국이나 천국을 사모하는 마음을 너무 자주 말하지 마세요. 어떻게 결혼생활을 개선할 수 있는지 말해 주세요. 자녀를 어떻게 키울지 조언해 주세요. 직장 상사를 어떻게 대해야 하나요? 화는 어떻게 다스리고, 정욕은 어떻게 극복해야 할까요? 도와주세요." 이런 것들은 분명 설교자가

---

160) C. H. Spurgeon, *Metropolitan Tabernacle Pulpit*, vol. 37(Pasadena: Pilgrim Publications, 1977), p. 537.

때에 따라 전하기에 알맞은 주제입니다. 하지만 더 중대한 문제, 곧 그리스도를 더욱 닮아서 그리스도와 더욱 깊이 사귐으로 천국에 갈 준비를 하는 일을 무시해서는 안 됩니다.

주제넘은 생각을 지나치게 두려워함

여기서 우리를 비롯한 많은 강단이 기대에 못 미치고 있습니다. 우리는 천국과 천국의 기쁨을 그렇게 자주 설교하지 않습니다. 제 생각에는 위에서 말한 이유 말고 우리가 이 주제를 조심스럽게 다루는 또 다른 동기가 있지 않나 싶습니다. 우리는 주제넘은 생각을 너무 두려워합니다. 우리는 잘못된 사람들이 천국에 가리라고 생각하면서 집으로 돌아가지 않기를 바랍니다. 그래서 이들이 스스로를 속이지 않도록 경고할 수밖에 없다고 느낍니다. 경고는 성경이 말하는 설교에서 꼭 필요한 요소지만, 이 과정에서 조심해야 할 것은 참된 신자가 마땅히 들을 바를 듣지 못하게 해서는 안 된다는 사실입니다. 주님께서는 작은 자나 큰 자나 믿음이 약한 자나 강한 자나 주님께서 자기 백성을 사랑하시고, 자기 백성을 위해 영광스러운 앞날을 예비하고 계심을 알기 바라십니다. "너희의 하나님이 이르시되 너희는 위로하라 내 백성을 위로하라 너희는 예루살렘의 마음에 닿도록 말하며 그것에게 외치라 그 노역의 때가 끝났고 그 죄악이 사함을 받았느니라 그의 모든 죄로 말미암아 여호와의 손에서 벌을 배나 받았느니라 할지니라 하시니라"(사 40:1-2). 사도 바울은 주님의 다시 오심과 공중에서 주님을 만날 때 구속받은 자들을 기다리는 영광에 대해 이야기하면서 "이러한 말로 서로 위로하라"(살전 4:18)고 말합니다.

에드워드 도넬리는 이렇게 쓰고 있습니다.

우리는 천국에 대한 성경의 말씀을 무시해서, 우리에게 필요한 것보다 더욱 가난하고 연약하고 근심하는 신자로 머뭅니다. 천국에 대한 성경의 가르침은 대부분 복음 전도[161]를 위한 것이 아니라, 하나님의 백성을 목양하기 위한 것입니다. 하나님께서는 성경에서 주로 자기 자녀를 위해 천국을 설명하십니다. 곧, 우리를 돕고 위로하고, 우리에게 용기와 힘을 주고, 우리를 더욱 거룩하게 하고, 우리의 기쁨을 충만하게 하시려고 천국을 말씀하십니다. 천국 교리를 계시하신 까닭은, 우리가 오늘과 내일 더 나은 사람이 될 수 있도록, 지금 여기서 여러분과 저의 삶에 빛을 비추시려는 것입니다. 우리가 이 놀라운 가르침을 활용하지 않는다면, 우리는 자신을 속이게 됩니다. 천국을 더 많이 아는 것은 어마어마한 복입니다. 그리고 우리는 알 수 있습니다. 우리는 어두움 가운데 머물러서는 안 됩니다. [162]

"기록된 바 하나님이 자기를 사랑하는 자들을 위하여 예비하신 모든 것은 눈으로 보지 못하고 귀로 듣지 못하고 사람의 마음으로 생각하지도 못하였다 함과 같으니라 오직 하나님이 성령으로 이것을 우리에게 보이셨으니"(고전 2:9-10).

---

161) 옮긴이—저자가 말하는 복음 전도는 교회 안팎에 있는 회심하지 않는 사람들에게 전하는 설교를 뜻한다.

162) Edward Donnelly, *Biblical Teaching on the Doctrines of Heaven and Hell* (Edinburgh: Banner of Truth Trust, 2001), p. 69.

1 여러분은 다음 세상에 대한 관심이 있습니까? 있다면 왜 그러하고, 그렇지 않다면 왜 그러한지 나눠 봅시다.

2 우리 교회의 상황은 어떠합니까? 천국을 주제로 자주 그리고 깊게 논의하는 모습을 볼 수 있나요?

3 우리가 천국에 관심이 없는 이유는 무엇입니까? 각자 자신의 삶을 돌아보고 나눠 봅시다.

4 앞 세대의 그리스도인들은 어떠했습니까? 토머스 브룩스의 글을 읽고 나눠 봅시다.

5 천국과 우리가 죽을 때에 우리를 기다리는 영광에 초점을 맞추는 사람이 왜 그토록 적은지 그 진짜 이유가 무엇입니까?

6 회심하지 않은 사람이 하나님 나라를 보고 하나님 나라에 들어가려면, 무엇이 우선되어야 합니까?

7 "영생을 취하라"는 스펄전의 설교에서 본문에 인용된 부분이 뜻하는 바는 무엇입니까?

8 하이델베르크 교리문답 58문답을 읽어 봅시다. 교리문답이 주는 위로를 나눠 봅시다.

9 오늘날 우리가 천국을 사모하는 마음에서 멀어진 까닭은 무엇입니까?

10 위에서 말한 이유 말고 우리가 이 주제를 조심스럽게 다루는 또 다른 동기는 무엇입니까? 이사야 40장 1-2절과 데살로니가전서 4:13-18절을 읽고 말씀이 주는 위로를 받읍시다.

11 토머스 브룩스의『지상에서 누리는 천국』을 읽고 나눠 봅시다.

12 에드워드 도넬리의『성경이 말하는 천국과 지옥』을 읽고 나눠 봅시다.

13 이 장을 읽으면서 하나님께서 깨닫게 해주신 것과 베풀어 주신 은혜를 생각하며 감사합시다. 또 깨달아 배우고 확신한 일에 거할 수 있게 해달라고 기도합시다.

27장
성령님께서 기름 부으시는 설교와
이런 설교가 부흥 때에 하는 일 [163]

최근 들어 부흥을 다룬 책이 많이 쓰였고, 이 강력한 성령 운동 가운데 일어난 비상한 회심에도 대단히 관심이 많아졌습니다. 하지만 우리가 또한 강조해야 할 것은, 이런 회심이 일어나는 데 설교가 중요한 구실을 했다는 사실입니다. 새로운 탄생은 결국 모두 성령님께서 일으키시는 것이지만, 우리는 성령님께서 보통 방편을 통해 일하신다는 사실을 기억해야 합니다. 성령님께서는 특별한 재능을 타고난 사람들의 설교를 방편으로 새로운 탄생을 일으키십니다. 성령님께서 기름 부으신 설교는 대각성이나 그와 비슷한 일들이 일어나는 동안 영혼들을 엄청나게 거두어들이는 일로 이어졌습니다.

참된 설교는 모두 성령님께서 기름 부으시는 설교지만, 부흥 때에 이런 비상한 현상으로 이어진 설교는 설교자에게나 청중에게나 성령을 비상하게 부어주신 것이 그 특징이라고 할 수 있습니다.

우리가 에드워즈나 휫필드가 설교하는 예배에 한 번이라도 참석해

---

163) 「메신저」 1998년 6월과 7/8월 호에 실린 글.

볼 수 있었다면, 우리는 우리 교회에서 듣는 설교와 이들이 전한 말씀이 다르다는 사실을 이내 알았을 것입니다. 어떤 경우에는 전달 방식만 아니라 내용도 다를 수 있습니다. 하지만 크게 볼 때 내용이 같더라도, 다시 말해 둘 다 성경과 개혁 신학을 철저히 따른다 해도, 여전히 뚜렷한 차이가 있을 것입니다. 이 차이를 한마디로 줄이면, '능력'입니다.

능력을 느낌

로이드존스 박사는 『설교와 설교자』에서 이 능력이 설교자에게 갑자기 내려올 수도 있고, 또 바로 거두어질 수도 있다고 말합니다. 로이드존스는 웨일즈 설교자 데이비드 모건David Morgan을 보기로 듭니다. 모건은 어떤 설교자가 비범한 능력으로 설교하는 것을 듣고서, 마음에 깊은 영향을 받은 채로 잠자리에 들었습니다. 여러 해 동안 성실하게 설교한 그였지만, 사역의 열매는 별로 없었습니다. 모건은 후에 이렇게 말했습니다. "그날 밤, 나는 여느 날처럼 데이비드 모건으로 잠자리에 들었다. 다음 날 아침에 잠에서 깼을 때, 나는 성령의 능력으로 충만한 사자가 된 것 같았다." 모건의 설교에 능력이 나타나기 시작했고, 수많은 사람이 죄를 깨닫고 회심하기에 이르렀습니다. 이런 일이 두 해가 넘도록 이어지다가 어느 날 갑자기 멈추었습니다. "어느 날 밤, 나는 여전히 지난 이 년 동안 누린 이 이상한 능력으로 충만한 사자처럼 잠자리에 들었다. 다음 날 아침에 잠에서 깼을 때, 나는 다시 데이비드 모건으로 돌아와 있었다." 모건은 그 뒤로 약 십오 년을 살면서 지극히 평범한 목회를 했습니다. 로이드존스는 이렇게 설명합니다. "능력이 왔다가 능력이 거두어졌습니다. 이것이 성령님의 주권입니다! 여러분은 이 복을 명령하고 지시할 수 없습니다. 이것은 순전히 하나님의 선물입니다……부흥은 영원히 이어지도록 되어 있지 않습니다. 하지만 모든 설교자는 설교할 때마다 이 능력을 구해야 합니다."[164]

설교자가 자신에게 이 능력이 있음을 어떻게 알까요? 이 사람은 사도 바울이 말한 것과 비슷한 체험을 할 것입니다. "우리 복음이 너희에게 말로만 이른 것이 아니라 또한 능력과 성령과 큰 확신으로 된 것임이라."(살전 1:5) 바울은 자기에게 일어나고 있는 일을 알았고, 이것을 체험한 사람도 모두 알 것입니다. 사도에게는 '큰 확신'이 있었습니다. 사도는 자신이 능력과 권세로 옷 입고 있음을 알았습니다. 로이드존스는 자신의 체험을 바탕으로 이 능력을 가진 사람에게 일어나는 일을 이렇게 말합니다. "생각이 뚜렷해지고, 말투가 분명해지고, 말하기가 수월해지고, 설교할 때 권위와 확신을 크게 느끼게 되고, 온 존재를 전율하게 하는 능력(자신의 것이 아닌)을 알게 되고, 말할 수 없이 기뻐하게 됩니다."[165] 회중에 대해서는 이렇게 말합니다.

회중도 이것을 즉각 알아챕니다. 무엇이 달라졌는지 바로 말할 수 있습니다. 이들은 사로잡히고, 심각해지고, 죄를 깨닫게 되고, 감동을 받고, 겸손해집니다. 어떤 사람은 죄를 깨닫게 되고, 어떤 사람은 천국으로 들려 올라갑니다……이들은 뭔가 평소와 다른 일이 일어나고 있음을 직감합니다. 그 결과 하나님의 일들을 기뻐하기 시작하고, 배우고 싶은 열망이 더욱 커집니다. 사도행전에 나오는 사람들처럼, 사도의 가르침을 받아 서로 교제하고 떡을 떼며 오로지 기도에 힘쓰기를 바랍니다. [166]

---

164) Martyn Lloyd-Jones, *Preaching and Preachers*(London: Hodder and Stoughton, 1971), pp. 322-324.
165) 앞의 책, p. 324.
166) 앞의 책, pp. 324-325

저는 돌아가신 로이드존스 박사의 글을 꽤 길게 인용했습니다. 로이드존스는 확고하고 냉철한 성경학자요, 교회사에 관심 많은 사람이었기 때문입니다. 로이드존스는 가령 1905년에 일어난 부흥을 몸소 체험한 자기 고향 설교자들, 곧 주님께 능력 있게 쓰임 받은 웨일즈의 설교자들을 알았습니다. 그리고 무엇보다 로이드존스 자신이 때때로 비상한 능력과 기름부음으로 설교했고, 그래서 자신이 말한 것을 알았습니다.

참된 부흥의 표지

오늘날 로이드존스의 책에서 말하는 부흥을 몸소 체험한 사람은 혹시 있더라도 매우 적습니다. 우리는 지역 교회에서 특별 강사를 모셔 놓고 준비한 이른바 부흥 집회에 참석하거나, 사람들이 짖고 웃는 따위의 온갖 괴상한 짓을 하는 토론토 빈야드 교회 같은 곳에 들를 수 있습니다. 하지만 이런 '부흥'을 18세기 대각성(19세기와 20세기까지도 비슷한 부흥이 있었습니다) 때 일어난 하나님의 강력한 행위와 혼동해서는 안 됩니다.

물론 이런 운동에도 지나친 면이 없지 않았지만, 오늘날 부흥이라고 하는 것과는 여전히 본질에서 달랐습니다. 제 생각에는 적어도 세 가지 면에서 달랐습니다. 먼저 부흥의 준비가 달랐고, 부흥의 특징과 부흥 때의 설교가 달랐습니다.

첫 번째 요점을 보면, 오늘날 부흥은 미리 계획한 행사입니다. 사람들은 몇 주나 몇 달 전부터 모여서 부흥 집회를 계획하고 준비합니다. 강사를 예약하고, 합창단 연습을 하고, 신문에 광고를 내야 합니다. 그러나 지난날의 부흥은 이렇지 않았습니다. 준비는 했습니다. 하지만 주님께서 능력으로 임해 달라고 간절히 기도했을 뿐입니다. 하나님께서 이 기도에 응답하시자, 부흥이 찾아왔습니다. 하지만 정확한 시간을 말하자면, 여전히 갑작스러웠고 예측할 수 없었습니다. 부흥이 왔을 때, 이것이 순전히 하나님의 역사라는 것이 모두에게 분명했습니다. 사람들은 성령님의 주권을 인정했고, 경외감과 엄숙함이 모두를 압도했습니다.

다음으로 부흥의 특징을 보면, 초기의 부흥은 지역 교회에서 정기 예배 때 일어났습니다. 부흥은 성령님께서 가장 먼저 믿는 사람들 사이에서 비상한 일을 하신 결과였습니다. 이들은 죽기 직전에 되살아나고, 무기력한 가운데서 생기와 활력을 되찾고, 잠든 가운데서 깨어났습니다. 부흥이란 말 자체는 그 대상에게 시작할 생명이 있어야 함을 암시합니다. 여러분은 죽은 것을 부흥시킬 수 없습니다. 숨이 붙어야만, 생명의 불씨가 남아 있어야만 부흥할 수 있습니다. 대각성이나 비슷한 부흥의 때에 이런 일이 일어났습니다. 로이드존스는 성령님께서 무기력하고 반쯤 잠든 신자들에게 일하신 결과를 이렇게 설명합니다.

이들에게 느닷없이 성령의 능력이 임하고, 이들은 이전에 머리로 알던 진리, 아마 깊은 수준으로까지 알고 있었을 진리를 새로이, 더 깊이 깨닫게 됩니다. 이들은 겸손해지고, 정죄함을 받아 자신이 죄인임을 깨닫고, 두려움에 사로잡힙니다. 이 가운데 많은 사람이 자신은 결코 그리스도인이 아니었다고 느낍니다. 그런 다음 하나님의 큰 구원과 그 모든 영광을 보게 되고, 구원의 능력을 느끼게 됩니다. 이렇게 생기와 활력을 되찾은 이들은 이제 기도하기 시작합니다. 목사의 설교에 새로운 능력이 임하고, 결국 이전에 교회 바깥에 있던 수많은 사람이 회심하고 교회 안으로 들어옵니다. 그러니까 부흥의 두 가지 주된 특징은, 첫째 교회 지체들이 이렇게 비상한 방식으로 생기를 되찾는 것이고, 둘째 이제껏 밖에서 아무 관심 없이 죄 가운데 살던 수많은 사람이 회심하는 것입니다.[167]

하지만 1830년대 중반 무렵 찰스 피니Charles Finney 때부터 시작되었다고 할 수 있는 근대 부흥은 부흥이라기보다 영혼들을 왕국으로 데려가기 위한 복음 전도 운동이었습니다. 이것이 아직도 오늘날 부흥의 특징입니다. 오늘날 사람들이 '부흥 집회를 연다'고 할 때, 이것은 온갖 계획과 준비가 필요한 복음 전도 운동을 말합니다. 이들은 이렇게 해야 부흥이 시작될 수 있다고 말합니다.

건전한 설교에 임한 능력

하지만 가장 크게 다른 점은 부흥 때에 나타나는 설교의 종류입니다. 곧, 설교의 강조점이 무엇이고, 어떤 교리가 담긴 진리를 제시하는가 하는 것입니다. 초기 부흥은 모두 개혁주의와 칼빈주의 맥락에서 일어났습니다. 길버트 테넌트Gilbert Tennant, 조지 휫필드, 조나단 에드워즈 같은 설교자들은 모두 청교도들과 같은 신념을 가졌고, 도르트와 웨스트민스터의 신학을 굳게 붙들었습니다.

그 뒤로 피니나 다른 사람들의 영향으로 미국의 부흥은 뚜렷하게 아르미니우스와 펠라기우스주 성격을 띠기 시작했습니다. 값없는 은혜 free grace는 차츰 자유 의지free will에 자리를 빼앗겼고, 이것이 오늘날까지 이어졌습니다. 잘 알려지지 않은 사실이지만, 역사책에서는 에드워즈나 휫필드의 신학을 피니의 신학과 줄곧 같은 것으로 여겨 왔습니다. 하지만 이안 머리가 『부흥과 부흥주의』(부흥과개혁사)에서 보여 주었듯이, 미국의 초기 부흥과 후기 부흥은 성격 자체가 달랐습니다.

---

167) Martyn Lloyd-Jones, *The Puritans: Their Origins and Successors*(Edinburgh: Banner of Truth Trust, 1987), pp. 1-2. 우리말로는 『청교도: 그 기원과 계승자들』(생명의말씀사)로 옮겨졌다.

스펄전은 "교회에 필요한 사역" 강의에서 이렇게 말합니다. "종교의 큰 부흥은 언제나 건전한 교리의 부흥과 관련 있었습니다." 18세기 잉글랜드 부흥을 언급하면서, 스펄전은 휫필드와 웨슬리가 예정 교리에서 달랐지만, 둘 다 부패와 구속과 중생과 같은 예수 그리스도 복음의 핵심 진리를 분명하고 뚜렷하게 밝혔다고 말합니다. 스펄전은 이렇게 쓰고 있습니다. "여러분은 이 가운데 누구도 사람을 타락하고 부패한 죄인으로 묘사하지 않고, 그리스도만을 구주로 높이지 않고, 성령의 역사가 필요함을 분명하고 확실하게 주장하지 않고 설교하는 것을 들을 수 없습니다. '여러분, 거듭나야 합니다!' 하는 말이 이 나라에 우레와 같이 울려 퍼졌습니다."[168]

뉴잉글랜드를 흔든 대각성과 그 뒤로 미국의 다른 지역에서 일어난 2차 대각성 때도 같은 교리를 강조했습니다. 하지만 사람이 타락하고 부패해서 주권적 은혜로 말미암은 구속이 필요하고 새로운 탄생이 반드시 필요하다는 이 교리는 부흥의 때에만 설교한 교리가 아니었습니다. 이것은 순례자들[169]과 청교도들 때부터 19세기를 한참 지나서까지 미국 곳곳의 강단에서 꾸준히 강설된 진리입니다. 어떤 사람이 장로교 예배에 참석하든지, 회중교회나 침례교회나 네덜란드 개혁교회에서 예배를 드리든지, 지배하는 신학은 칼빈주의였습니다. 물론 성공회와 루터교회는 예외였지만, 이런 곳에서조차 건전한 설교를 자주 들을 수 있었습니다.

어쨌든 초기의 부흥은 청교도 신학을 규범으로 삼은 교회, 사람이 전

---

[168] C. H. Spurgeon, "Ministry Needed by the Churches and measures for providing it," *Banner of Truth Magazine*, 20:7.

[169] 옮긴이—1620년에 메이플라워 호를 타고 미국으로 건너간 분리파 청교도들을 말한다. 보통 필그림 파더스(Pilgrim Fathers)라고 한다.

적으로 부패했고, 스스로를 구원할 능력이 없고, 그래서 죽은 죄인을 거듭나게 하사 믿고 회개하게 하시는 성령님의 초자연 역사가 필요함을 설교의 초점으로 삼은 교회에서 일어났습니다. 청교도 설교에는 두 가지 목적이 있었습니다. 곧, 죄인의 회심과 성도의 성화입니다.

에드워즈나 휫필드 같은 사람은 자신이 섬기는 회중이 참된 신자로만 이루어져 있다고 믿지 않았습니다. 그렇게 믿었다면, 정말 부흥이 일어났을지 모르겠습니다. 모두가 자기 영혼에 아무런 문제가 없다고 잘못 생각했을 것이기 때문입니다. 설교자와 회중이 모두 시온에서 안일하다면(암 6:1, 개역한글판), 자기 성찰의 필요를 느끼지 못할 테고, 하나님께 돌이키라는 강력한 부름도 없을 것입니다. 또 하나님의 성령께서 죄인들을 깨우쳐 주시고 성도들을 다시 살려 달라는 간절한 기도도 틀림없이 없을 것입니다. 청교도 설교자들은 결코 이런 착각 속에서 일하지 않았습니다. 그래서 죄인들의 회개를 촉구하는 데 많은 시간을 썼습니다. 이들은 죄인이 스스로를 구원할 능력이 없을뿐더러, 죄에서 돌이키고 싶어하지도 않는다는 사실을 일깨워 주었고, 이런 식으로 회심하지 않은 사람에게 경종을 울려서 하나님께 구원을 부르짖게 하려고 애썼습니다. 그런 다음 이렇게 각성하고 괴로워하는 죄인에게 죄인을 구원할 능력이 있으시고 구원하기를 기뻐하시는 그리스도를 제시했습니다.

청교도 설교자들은 회심하지 않은 사람에게 설교하든 믿는 사람에게 설교하든 설교하는 내내 성령님의 역사가 필요하다는 사실을 깊이 인식하고 있었습니다. 이들은 성령님의 도우심이 없으면 자신들이 아무것도 이룰 수 없음을 알았습니다. 오늘날 우리도 이렇게 성령님을 의존한다고 인정할 수 있습니다. 하지만 우리의 인정은 형식에 지나지 않을 때가 많은 반면에, 청교도들에게 이것은 마음속 깊숙한 확신이었습니다.

저는 하나님께서 이들의 설교에 그토록 복을 주신 까닭이 바로 여기에 있다고 믿습니다. 성령의 비상한 나타나심 없이 사역을 이어 나가는 평상시에도 하나님의 자녀는 덕 세움을 받고, 죄인은 구원을 받습니다. 그런데 이제 신앙을 고백하는 그리스도인들 사이에서 살아 움직이는 경건이 사라지고, 회심도 드문드문 일어납니다. 목사들은 이런 일을 볼 때마다 부흥을 구했을 것입니다. 하나님께서 이런 기도에 자주 응답하셨고, 그 결과 새롭게 되는 날이 주 앞으로부터 이르렀습니다(행 3:19). 그리고 교회는 오순절 때와 비슷한 일을 겪었습니다.

하지만 이런 부흥의 때에도 설교 내용은 달라지지 않았습니다. 전에는 믿는 사람의 덕을 세우는 데 중점을 두고, 이제는 회심하지 않은 사람에게 복음을 전하는 데 중점을 두고, 하는 일은 없었습니다. 우리가 방금 봤다시피, 이들은 줄곧 두 가지 일을 모두 했습니다. 그러나 달라진 점은 이제 같은 진리를 더 능력 있고 더 절박하게 전했다는 것입니다.

성령님의 사역

우리는 위대한 부흥의 때에 전한 설교와 평소에 강단에서 선포한 설교의 내용이 본질에서 같았다는 사실을 보았습니다. 다만 위대한 복음 진리가 이제 비상한 능력과 절박함으로 전해졌을 뿐입니다. 성령님께서 청중 안에서 하신 일도 더욱 강렬했다는 사실 말고는 평소와 같았습니다. 이 사실을 똑똑히 보는 것이 정말 중요합니다. 이안 머리는 이렇게 지적합니다.

> 참된 부흥이 일어날 때마다 성령님께서 평범하게 일하신 증거가 있을 것입니다……부흥은 정의상 교회의 평범한 상태가 아니지만……교회의 평

범한 상태와 부흥의 상태는 정도가 다를 뿐이지 종류가 다른 것이 아닙니다. 부흥 때의 신앙체험은 다른 날의 신령한 체험과 본질에서 다르지 않습니다. 다만 부흥 때는 평범한 기독교가 한창 무르익을 뿐입니다. 부흥이 오면 죄를 더 깊이 깨닫게 되고 감정이 더 뜨거워지겠지만, 하나님의 성령께서 구원하시고 거룩하게 하시는 역사는 부흥이 없을 때와 본질에서 같습니다. 성령님께서는 진리로 생각을 깨우치시고, 마음을 겸손하게 하시고, 그리스도의 의를 의지하게 하시고, 삶에서 거룩함의 열매를 맺으십니다. 이것은 성령님의 '평범한' 사역이고, 한 사람에게서나 부흥 때의 큰 무리에게서나 성경의 근본 틀은 달라지지 않습니다.[170]

머리의 말은 정말 중요합니다. 오늘날과 지난날의 부흥을 비교하는 데 도움을 주기 때문입니다. 많은 사람이 말하는 것처럼, 감정이 비상하게 나타난다는 점에서 이 두 부흥이 크게 닮았다는 것은 어느 정도 사실입니다. 하지만 이것이 다가 아닙니다. 기준은 눈에 보이는 비상한 나타남이 있느냐 없느냐가 아니라, 성령님의 구원 사역이 있느냐 없느냐에 있습니다.

　과거에 부흥이 일어났을 때는 지나친 행동이 나타날 때마다 지도자들이 걱정하며 이것을 막으려고 애썼습니다. 이들은 그저 설교에 감정으로 반응하는 것이 꼭 성령님의 구원 사역을 나타내는 것은 아니라는 사실을 알았습니다. 이런 현상은 가령 군중 심리와 같이 그 원인이 사람에게 있는 것으로 설명할 수 있기 때문입니다. 그러니까 부흥을 평가할 때 살펴봐야 할 것은, 성령님의 비상한 사역이 아니라, 회심을 일으

---

170) Iain H. Murray, "Necessary Ingredients of a Biblical Revival," *Banner of Truth Magazine*, 184:25.

키시고 믿는 사람을 거룩함에서 자라게 하시는 성령님의 평범한 사역입니다.

역사를 힐끗 봄

역사에서 부흥은 보통 회중이 차가운 심령을 보인 다음에 찾아왔습니다. 성실한 설교자는 회중 사이에서 영적 생명력이 사라져 가는 서글픈 현상을 보고 놀라, 자신의 설교와 목회 사역에서 이 상황을 다뤄야 한다는 사실을 깨달았습니다. 그러면서 자연스레 코앞에 닥친 문제를 다루는 본문을 골랐을 것입니다. 1730년대에 조나단 에드워즈는 수많은 회중이 무지와 무관심 가운데 살고 거짓된 평안 가운데 쉽게 잠드는 것을 보고, 이들을 잠에서 깨워야 한다고 느꼈고, 실제로 흔들어 깨웠습니다.

참된 부흥 설교는 언제나 회심하지 않은 사람에게 전하는 진지한 부름, 곧 성령의 능력으로 죄를 버리고 그리스도께로 돌아오라는 부름을 담고 있고, 또 믿는 사람에게 전하는 권고, 곧 배역의 죄를 자백하고 주님께 다시 자신을 바치라는 권고도 담고 있습니다. 1792년부터 1832년까지 자신의 회중 가운데서 잇달아 부흥이 일어나는 것을 본 앨번 하이드Alvan Hyde라는 설교자(매사추세츠 리의 회중교회 목사)는 후에 자신의 설교를 이렇게 기억합니다.

> 제가 공개 강론을 할 때 제시한 진리……는 사실상 다음과 같은 것들이었습니다. 곧, 하나님의 거룩하심, 하나님 율법의 순결함과 완전함, 하나님과 거룩함을 자진하여 반대하는 데서 드러나는 사람 마음의 전적 부패, 그리스도 속죄의 충만함과 충분함, 회개를 조건으로 모두에게 값없이

제안되는 용서, 마음의 부패가 너무 깊어 피조물의 손으로 뿌리 뽑을 수 없고 성령님께서 마음을 바꾸셔야 함, 자비의 친절한 제안을 거부하는 죄인이 자유롭게 자진해서 이 일을 하는 까닭에 절대로 핑계할 수 없음, 하나님께 바로 굴복해야 할 의무와 그 타당함이었습니다. 하나님께서 이런 진리를 인정하시고, 이런 진리에 복 주셨던 것 같습니다. 성령님의 역사로 이 진리가 살아 있고 활력이 있어 좌우에 날선 어떤 검보다도 예리하게 되었습니다.[171]

또 다른 뉴잉글랜드 목사인 새뮤얼 블레어Samuel Blair는 1744년에 프린스Thomas Prince 목사에게 보낸 편지에서 자신이 사역할 때 일어난 각성의 이야기를 이렇게 적고 있습니다.

이 지역의 보이는 교회visible church에서 종교는 죽음을 앞둔 듯, 금방이라도 숨이 멎을 듯 누워 있었습니다……이곳에 와서 처음 맞은 겨울 내내, 제 설교의 목적은 주로 거듭나지 않고 타고난 상태로 있는 사람들을 헤아려 보는 것이었습니다. 저는 이런 상태에 있는 사람들이 죄를 깨닫고 회심하려면 어떤 진리를 가장 먼저 알고 믿어야 할지 판단했고, 주님께서 힘 주시는 대로 이 진리를 하나님 말씀에서 드러내 밝히려고 애썼습니다. 저는 이 진리를 철저하고 진지하게 다루려고 애썼습니다. 하나님께서 복을 더해 주신 까닭에, 그 겨울에 너덧 사람이 죄를 깊이 깨닫게 되었습니다.[172]

---

171) W. B. Sprague, *Lectures on Revivals*(London: Banner of Truth Trust, 1958), pp. 47-48, (Appendix 5). 우리말로는 『참된 영적 부흥』(엠마오)으로 옮겨졌다.

172) Eifion Evans, "Preaching and Revival," *Banner of Truth Magazine*, 87:19.

하지만 양심을 불안하게 하고 죄를 깨닫게 하는 것이 부흥 설교의 전부는 아니었습니다. 잘 알려지지 않은 하이드나 블레어뿐 아니라, 에드워즈와 휫필드 같은 설교자는 온전히 충족하시며 구원하시기를 기뻐하시는 그리스도를 제시하는 법도 알았습니다. 휫필드의 "성령의 내주하심, 모든 신자의 공통된 특권"(요 7:37-39)이란 설교에서 뽑아낸 다음 내용을 보십시오.

> 감옥에서 바로의 궁으로 부름을 받은 요셉은 잠깐 머물러 궁에 갈 채비를 했습니다(창 41:14). 하지만 여러분은 그냥 죄수복을 입고 와도 괜찮습니다. 있는 그대로, 가난하고 비참하고 눈멀고 벌거벗은 채로 오십시오. 하나님 아버지께서 돌아온 탕자를 맞아 주시듯 두 팔을 활짝 벌려 여러분을 맞아 주실 것입니다. 아버지께서 벌거벗은 여러분을 제일 좋은 옷, 곧 그 귀하신 아들의 의로 덮으시고, 자신의 성령으로 인 치시고, 살진 송아지, 곧 성령의 위로로 먹이실 것입니다. 아, 제가 주님께 돌아가서 "주님, 저들이 제 말을 믿으려 하지 않나이다" 하고 말하지 않게 하십시오. 여러분, 이제 그만 고집을 꺾고, 마음 문을 활짝 열어 영광의 왕을 맞이하십시오. 제 말을 믿으십시오. 여러분을 위해서라면 저는 기꺼이 옥에 갇히거나 목숨을 내놓을 수 있습니다. 하지만 여러분 없이는 천국에 가고 싶지 않습니다. 예수 그리스도의 사랑이 저를 강권하여 제 목소리를 나팔같이 높이십니다. 저는 지금 가슴이 벅차오릅니다. 제 입술은 지금 여러분의 귀한 불멸의 영혼을 향한 넘치는 사랑으로 말하고 있습니다. 저는 지금 한밤중까지 쉬지 않고 강론할 수 있을 뿐 아니라, 더는 말할 수 없을 때까지 말할 수 있습니다. [173]

---

173) 앞의 책, pp. 15-16.

영혼을 향한 이런 타오르는 사랑은 부흥 때에 주님께서 쓰신 모든 복음 사역자의 특징이었습니다. 이들은 그리스도 밖에 있는 사람들이 길을 잃고 지옥으로 가고 있다는 사실을 진실로 믿었습니다. 그래서 사람들을 설득해 그리스도께 피하게 하려고 할 수 있는 일은 뭐든 다 했습니다. 하지만 이들은 또한 성령님만이 죄인의 마음에 믿음을 일으키실 수 있다고 확신했습니다. 이들은 믿고 회개하라는 하나님의 명령과 이런 신령한 행동을 할 수 없는 사람의 무능력을 모두 설교했습니다. 이것이 모순처럼 보일지라도, 이들은 이것을 기꺼이 받아들이려 했습니다. 이것이 성경의 가르침임을 알았기 때문입니다. 이안 머리는 이렇게 설명합니다.

> 이 목사들은 죄를 깨닫게 하기 위해 설교하고, 죄를 깨달은 사람들을 지혜롭게 다루는 것보다 더 큰 관심과 시간과 노력이 필요한 일은 없음을 알았습니다. 물론 이들은 모든 영혼이 지금 바로 회개하고 복음을 믿어야 한다고 가르쳤고, 청중에게 어서 회개하고 믿으라고 간청했습니다. 하지만 성실한 설교는 또한 사람들에게 그들의 죄악 된 무능력을 숨기지 않는다고 생각했습니다. 참된 회심은 죄를 깨닫는 것을 어떻게든 건너뛸 수 있을 때 더 쉬워지지 않습니다. 이들은 죄인이 자기 스스로 적대감에서 거룩함으로 돌이킬 수 없다는 사실을 인정하는 것이 죄를 깨닫는 데서 반드시 필요하다고 생각했습니다.[174]

---

174) Iain H. Murray, *Revival and Revivalism: The Making and Marring of American Evangelicalism* (Edinburgh: Banner of Truth Trust, 1994), p. 213.

'부흥과 부흥주의'

이런 성실한 접근법은 장로교도든 회중교도든 침례교도든 모든 칼빈주의 설교자가 받아들인 방법이었습니다. 하지만 찰스 피니나 다른 사람들이 아르미니우스주의에 더 가까운 설교 방식을 쓰면서 상황은 달라지기 시작했습니다. 이들은 죄를 깨닫게 된 죄인에게 앞으로 나와 '참회자석'에 앉으라고 권면했고, 이렇게 제단 앞으로 불러내는 기술을 쓰면 죄인이 훨씬 빨리 믿음에 이를 수 있다고 믿었습니다. 복음 전도자는 앞으로 나온 구도자와 함께 기도했고, "그리스도를 믿으십니까? 구원을 위해 그리스도를 신뢰하십니까?"와 같은 물음에 답하도록 했습니다. "예"라고 답한 사람은 은혜 안에 있는 것으로 여겨졌습니다. 피니는 부흥을 하나님이 보내신 기적으로 믿지 않고, 교회가 추진해야 할 복음 전도 운동으로 믿었습니다. 피니는 방법만 제대로 쓰면, 성공은 따 놓은 당상이나 다름없다고 확신했습니다. 피니에 따르면, 회심은 강력한 설득으로 일어납니다.

피니는 사람의 본성과 타락의 정도를 다르게 봤고, 이에 따라 회심을 다르게 봤습니다. 이것이 피니 신학의 중심 사상이었습니다. 피니는 사람의 본성이 부패했고, 이 부패한 본성이 사람의 의지를 지배한다는 사실을 부인했습니다. 타락한 본성이든 거룩한 본성이든 사람은 본성의 지배를 받지 않는다는 것입니다. 피니에 따르면, 창조받을 때 아담의 본성은 거룩하지도 죄악 되지도 않았습니다. 아담은 다만 자기 의지를 발휘해 하나님을 섬기기로 결심했을 뿐입니다. 타락한 뒤로도 사람은 여전히 이 선택의 능력을 간직하고 있어서, 하나님을 섬기거나 마귀를 섬기기로 결심할 수 있습니다. 회심은 하나님을 섬기는 것이 가장 유익하다는 말에 설득당할 때 일어납니다. 그러니까 피니에 따르면, 설교자가 할 일은 성경에서 논리에 맞는 좋은 논증을 이끌어 내서, 하나님께 돌이키도록 죄인을 설득하는 것입니다. 겉으로 드러나는 방편과 동기는 진리인데, 이 진리를 먼저 설교자가 제시하고 그 뒤로 성령께서 제시하십니다. 피니는 말씀을 지성에 제대로 제시하기만 하면, 죄인이 말씀의 지혜를 깨닫고, 회개하고 믿으라는 부름에 순종하는 것이 합당하다는 사실을 깨달을 것이라고 말합니다.

이 말은 곧 회심이 일어나려면, 죄인이 자기 의지를 바르게 써야 한다는 뜻입니다. 결국 결정권은 죄인의 손에 있습니다. 여기서 우리는 피니가 왜 사람들을 '참회자석'에 앉히거나 제단 앞으로 불러내는 기술을 썼는지 알 수 있습니다. 피니는 회심이 죄인 자신이 결정한 결과고 성령님의 도우심으로 이 결정을 강요하는 것이 설교자의 책임이라면, 목적이 방편을 정당화하기 때문에, 죄인이 죄를 자백하고 복음을 받아들이게 하기 위해 어떤 방법을 써도 괜찮다고 생각했습니다.[175]

이 펠라기우스주의 부흥관이 마침내 칼빈주의와 청교도 부흥관을 밀어냈고, 오늘날까지 규범이 되었습니다. 그런데 서글프게도 휫필드나 에드워즈나 다른 개혁파 사람들 아래 일어난 참된 부흥과 오늘날 일어나는 부흥의 차이를 아는 사람이 매우 드물다는 사실입니다. 밑바탕을 이루는 신학이 아예 다르기 때문에, 설교도 다르고, 많은 경우 회심하는 사람도 다른 것 같아 안타깝습니다. 오늘날 영혼을 다루는 방법이 예전과 견주어 얼마나 크게 달라졌는지 머리의 다음 글에서 드러납니다.

> 에드워즈 전통에 있는 이 목사들은, 죄를 깨닫게 된 사람들을 부추겨 겉
> 으로 보이는 어떤 행동을 하게 하는 것(이런 행동 자체가 회심이라고 하지

---

175) 앞의 책, pp. 244-246.

않고, 그저 회심에 도움이 될 뿐이라고 하더라도)이 사람을 죽음에서 생명으로 데려가는 신령한 변화의 중요성을 무시하는 일이라고 믿었습니다. 하나님께서 구원으로 이끄시는 사람들은 회개하고 믿고 그리스도를 고백할 것이지만, 이런 변화를 설교자가 결정한 순간에 행하는 눈에 보이는 어떤 육신의 행동으로 여기도록 가르친다면, 사람들은 잘못된 길로 빠질 수밖에 없고 그럴싸한 신앙체험이 늘어날 수밖에 없습니다. [176)]

청교도 개혁주의 학파에 속한 사람들은 성령님께서 성령님의 때에 성령님의 방법으로 일하시기를 기꺼이 바랐습니다. 물론 이들은 설교하고, 상담하고, 권면하고, 경고하고, 초청했지만, 주권자로 일하시며 하나님의 자비가 필요한 사람들을 아무도 끼어들 수 없는 방식으로 다루시는 성령님의 적용이 반드시 필요하다는 사실을 잠시도 잊지 않았습니다. 그래서 아무에게나 경솔히 안수하지 않았고(딤전 5:22), 그리스도를 믿는다는 고백만 보고 회심한 사람으로 간주하지 않았습니다. 이들은 먼저 열매를 보고 싶어했고, 구원받는 믿음의 증거가 있는지 살펴보았습니다. 회심을 마음과 삶이 뿌리째 달라지는 것으로 여겼기 때문에(당연한 일입니다), 이런 변화가 일어났다는 증거를 어느 정도 보여 주기 전까지는 하나님의 역사로 인정하지 않았습니다.

이런 조심스러운 접근법은 오늘날과 같이 쉽게 믿고 빨리 결심하는 시대에, 진기하고 낡아 빠진 방법으로 비칠 수 있습니다. 하지만 성경이 말하는 회심이 죄의 원리를 뿌리 뽑는 것임을 아는 사람들에게, 영혼을 다루는 청교도들의 방법은 아주 합당한 방법입니다. 그렇기 때문에 이안 머리가 말하듯이 "먼저 삶의 순결함으로 드러나지 않은 것을 성령

---

176) 앞의 책, p. 214.

의 역사라고 주장하는 것은, 기독교의 참된 의미를 약화시키는 일입니다."[177] 머리는 이런 관찰로 결론짓습니다.

> 19세기 초의 부흥이 그토록 강력하게 불신을 정죄하고 잠재울 수 있었던 까닭은 이 부흥의 반박할 수 없는 영향력 때문이었습니다. 곧, 사람들의 습관이 바뀌었고, 이기심과 교만이 꺾였으며, "누구든지 그리스도 안에 있으면 새로운 피조물이라 이전 것은 지나갔으니 보라 새 것이 되었도다" (고후 5:17)는 사도의 주장이 눈에 뚜렷하게 보였기 때문입니다.[178]

영광을 받으실 하나님의 능력

저는 부흥이 일어나는 동안 설교자들이 비상한 능력을 체험했다고 했습니다. 부흥이 없었을 때, 이들은 자신들이 평범한 능력으로 설교한다고 생각했습니다. 그런데 이들이 평범하고 흔하다고 생각한 것을 우리는 비범하고 보기 드문 일로 생각하는 것은 아닌지 모르겠습니다. 이들이 능력을 받은 비결은 무엇이었습니까? 답은 스스로는 능력이 없다는 것을 알았다는 것입니다. 하나님의 성령께서 그 전능하신 능력으로 죄인의 눈과 귀와 마음을 열어 주시지 않으면, 자신들의 설교에 아무런 효과가 없으리라는 사실을 알았습니다. 이들은 "내가 약한 그때에 강함이라"(고후 12:10)는 바울의 말이 무슨 뜻인지 이해했습니다. 바울은 자신의 능력이나 지혜나 자신에게 있는 어떤 것도 의지하지 않고, 오로지 주님만을, 성령의 능력만을 의지했습니다. 바울은 성령의 나타나심

---

177) 앞의 책, p. 216.
178) 앞의 책, pp. 216-217.

과 능력으로 설교했습니다(고전 2:4). 고린도의 훌륭한 웅변가들은 굉장한 설득력을 가지고 연설했지만, 이들이 청중에게 미친 영향은 그리 오래 이어지지 못했습니다. 바울이 사람의 솜씨와 기술을 썼다면, 바울에게 귀 기울이고 바울의 말을 선뜻 받아들이는 청중이 더욱 많아졌겠지만, 이들은 구주 없이 죄 가운데 머물렀을 것입니다. 바울이 온전히 성령의 능력을 의지했기 때문에, 바울의 설교는 근본이 달라진 삶을 낳았습니다.

에드워즈나 휫필드 같은 설교자도 마찬가지였습니다. 이들은 말씀을 효력 있게 하시는 성령님께 모든 것을 맡기고, 할 수 있는 한 강력하고 성실하고 분명하게 하나님 말씀의 진리를 제시했습니다. 이들은 특별한 기술을 쓰지 않았습니다. 아무런 술책도, 속임수도 쓰지 않았습니다.

우리는 여전히 우리 세대에 참된 부흥의 날, 주 앞으로부터 이를 새롭게 되는 날을 보기를 기대합니다. 그날이 오면, 교회 안에서나 밖에서나 모두가 그 결과를 보게 될 것입니다. 회중은 하나님의 영이 목사 위에 머무른다는 사실을 알 것이고, 목사는 주님께서 자신을 쓰고 계신다는 사실을 알 것입니다. 삶이 바뀌고, 죄인이 회심하고, 믿는 사람이 하나님을 경외하는 가운데 행하며 은혜와 거룩함에서 자라 가기 때문입니다.

1 설교자가 자신에게 이 '능력'이 있음을 어떻게 알까요?

2 로이드존스가 회중에 대해 설명한 부분을 읽고, 각자 자신의 경험도 나눠 봅시다.

3 오늘날 말하는 부흥과 18세기 대각성 때 일어난 부흥을 비교하여, 참된 부흥의 표지를 설명해 봅시다.

4 로이드존스가 성령님께서 무기력하고 반쯤 잠든 신자들에게 일하신 결과를 설명한 인용문을 읽고, 느낀 점이나 각자의 경험을 나눠 봅시다.

5 역사를 통해 볼 때, 참된 부흥의 때에는 어떤 설교가 울려 퍼졌습니까?

6 청교도 설교의 두 가지 목적은 무엇이었습니까? 그래서 어떻게 설교했습니까?

7 부흥 때, 우리는 왜 성령님의 비상한 사역이 아니라 성령님의 평범한 사역을 살펴봐야 합니까? 오늘날 부흥 집회를 생각해 보고, 나눠 봅시다.

8 참된 부흥 설교는 언제나 어떤 내용을 담고 있습니까? 역사의 좋은 보기들을 보면서 깨닫거나 느낀 것이 있다면 나눠 봅시다.

9 찰스 피니의 신학의 중심 사상은 무엇입니까? 피니의 부흥관에 대해 어떻게 생각하는지 나눠 봅시다.

10 이와 달리 청교도 개혁주의 학파에 속한 사람들은 성령님께서 성령님의 때에 성령님의 방법으로 일하시기를 기꺼이 바랐습니다. 이에 그들은 어떻게 설교하고 목회했습니까?

11 부흥의 때에 설교자들이 능력을 받은 비결은 무엇이었습니까? 우리에게

도 참된 부흥의 날, 주 앞으로부터 이를 새롭게 되는 날을 보기를 합심하여 기도합시다.

12 이안 머리의『부흥과 부흥주의』를 읽고 나눠 봅시다.

13 로이드존스의『설교와 설교자』를 읽고 나눠 봅시다.

14 스프레이그의『참된 영적 부흥』을 읽고 나눠 봅시다.

15 이 장을 읽으면서 하나님께서 깨닫게 해주신 것과 베풀어 주신 은혜를 생각하며 감사합시다. 또 깨달아 배우고 확신한 일에 거할 수 있게 해달라고 기도합시다.

목회 · 역사 · 현대 신학 주제에 대한 27편의 소고

예수 그리스도 외에 다른 터는 없네

펴 낸 날 2015년 5월 25일 초판 1쇄

지 은 이 코르넬리스 프롱크
옮 긴 이 임정민

펴 낸 이 한재술
펴 낸 곳 그 책의 사람들

편 집 서금옥
디 자 인 안소영

판 권 ⓒ 코르넬리스 프롱크, 그 책의 사람들 2015, *Printed in Korea.*
저작권법에 의하여 한국 내에서 보호를 받는 저작물이므로 무단 전재와 복제를 금합니다.

주 소 경기도 수원시 권선구 여기산로 42, 101동 313호
전 화 0505-273-1710 **팩 스** 0505-299-1710
카 페 cafe.naver.com/thepeopleofthebook
메 일 tpotbook@naver.com **페이스북** www.facebook.com/tpotbook
등 록 2011년 7월 18일 (제251-2011-44호)
인 쇄 불꽃피앤피

책 값 27,000원
I S B N 979-11-85248-13-4 03230

이 도서의 국립중앙도서관 출판시도서목록(CIP)은
서지정보유통지원시스템 홈페이지(http://seoji.nl.go.kr)와
국가자료공동목록시스템(http://www.nl.go.kr/kolisnet)에서 이용하실 수 있습니다.
(CIP제어번호: CIP2015012951)